국내 최대 대학생 디자인 네트워크인 디노마드 회원들이
《맛있는 디자인 포토샵 CS6》를 먼저 만났습니다.

이 페이지를 넘기면 이 책에 대한 예비 디자이너들의 프리뷰를 들을 수 있습니다.

* 디노마드(D.NOMADE)
홈페이지 : www.dnomade.com
페이스북 : www.facebook.com/dnomade

PREVIEW

윤지희 경희대 시각정보디자인학과
예제로 다룬 보석, 물방울 등은 학습에도 도움이 되지만 나만의 스타일로 다시 만들어 활용할 수 있다는 점이 유용하다.

천진우 연세대 테크노아트학부
페이지 측면의 진도 안내, 중간 중간의 Note, 설명을 보조하는 생생한 이미지들. 타 서적과 차별되는 독자를 위한 배려가 특징적이다.

최희진 홍익대 시각디자인과
콘텐츠가 편리하게 분류되어 있고 예제 따라하기도 직관적으로 잘 표현되었네요. 툴 효과를 설명하는 부분은 자칫 지루할 수 있는 흐름을 환기시켜주네요.

박예지 가천대 실내건축학과
스카이블루와 옐로로 꾸민 본문 색감이 예뻐요. 폰트도 깔끔해서 읽기 편했답니다. 무작정 따라하기가 아니라 자세한 설명이 곳곳에 있어 중급자까지 두루 볼 수 있을 것 같아요.

한세훈 연세대 패키징과
평상시 유용하게 쓰이는 기능들이 깔끔하게 정리되어 있습니다. 내용이 충실하고 상세해서 누구나 혼자서 배우기 충분하며 초보자도 무리 없이 소화할 수 있는 좋은 교재입니다.

김찬영 한성대 패션디자인과
책을 본다고 달라지는 게 있을까? 그런 생각으로 책을 펼쳤는데 어렵게 여겼던 기술과 시간을 단축하는 방법을 알게 되었다.

최재민 건국대 법학과
차례가 한눈에 들어오기 때문에 원하는 챕터를 빠르게 찾을 수 있습니다. 친절한 설명과 구성으로 초보자들도 쉽게 따라할 수 있습니다.

조하늘 숭실대 실내건축학과
드래그하는 방향에 대한 설명, 효과를 적용했을 때 나타나는 변화에 대한 설명이 세세하고 친절하다. 또 사용하는 툴을 Note에서 더 자세히 다뤄 응용할 수 있는 범위를 넓혀준다.

김주연 이화여자대학교 시각디자인학과
명시성이 높은 색을 사용하여 한번에 직관적으로 알아보기 쉽다. 기본부터 시작되는 카테고리가 실질적으로 사람들에게 필요한 것들로 구성되어 있다. 새로운 툴이 등장할 때마다 해당 툴에 대한 설명이 잘 나와 있는 점도 좋다.

이지현 성신여대 산업디자인과
설명이 꼼꼼하고 진행 과정이 부드러워 읽기가 수월했습니다.

한유진 경원대 산업디자인과
예로 든 패턴, 보정, 텍스트 등이 조리 있게 잘 표현되어 있네요. 실제 작업에서 유용하게 사용할 수 있을 것 같아요.

차지은 홍익대학교 조치원 광고홍보학과
광고홍보학과를 다니며 공모전이나 리포트 때문에 포토샵과 일러스트레이터 등 그래픽 관련 프로그램을 많이 다뤄야 했다. 하지만 처음 써보는 것들이라 작업하는 데 시간이 오래 걸리고 어려웠다. 이 책으로 공부하면 문제없을 것 같다.

최미진 성신여대 공예과
새로 나온 CS6 버전에 대한 궁금증이 해결되었어요. 평소에도 충분히 사용할 수 있는 예제가 마음에 꼭 들어요.

오혜린 동덕여대 미디어디자인과
다른 책들은 무조건 따라하기 식인데 Note라는 추가 설명을 통해 무슨 기능인지 자세히 설명해주는 점이 맘에 듭니다.

손종민 동덕여대 미디어디자인과
놓치기 쉬운 중요한 부분을 강조해서 집중하기 쉽다. 최신 기능이 잘 설명되어 있다.

황세원 남서울대학교 공예디자인학과
시중에 나와 있는 디자인 서적들은 대부분 디자인이라는 이름하에 너무 디자인에 몰두한 나머지 학습 능력 면에서 산만한 듯합니다. 이 책은 디자인도 튀지 않고 내용도 알차게 구성되어 있어서 학습 능력을 좀더 끌어올릴 수 있을 것 같네요.

이수정 덕성여대 텍스타일디자인과
다양한 기능이 파트별로 잘 분류되어 있어 여러 면에서 활용할 수 있겠어요.

방수연 서울여대 산업디자인과
이제 막 포토샵을 시작했는데 섹션을 따라하며 완전 집중했어요. 프로그램에 도전해볼 만하다는 확신이 들었답니다.

갤/러/리

01 사진 보정

빛으로 선명하게,
색으로 화사하게 되살리기 – 97쪽

중심인물이나 초점 강조하기 – 100쪽

모노톤으로 은은하게 분위기 살리기 – 108쪽

빈티지 느낌으로 빛바랜 추억 만들기
– 110쪽

새벽안개 연출하기 – 116쪽

시선을 한곳에 집중시키기 – 119쪽

줌인 효과로 역동적인 이미지 만들기
– 121쪽

일부 색상만 변경해
독특한 분위기 나타내기 – 124쪽

액션으로 눈 내리는 사진 만들기 – 134쪽

레이어 마스크로 배경만
흑백으로 만들기 – 105쪽

사실적인 스케치를 연출하는
필터 활용하기 – 112쪽

역광으로 어두워진
사진 보정하기 – 126쪽

사진을 유화처럼 변형하기
– 132쪽

갤/러/리

02 사진편집

각도와 크기를 조절하고 부족한
배경 채우기 – 139쪽

수평을 맞추고 인물은 보호한 채
배경 확장하기 – 142쪽

얼굴의 상처나 잡티 제거하기 – 147쪽

두 개의 사진을 경계 없이 합성하기 – 152쪽

머리카락처럼 미세한 부분 분리하기 – 158쪽

03 테두리

모서리가 둥근 테두리 – 169쪽

알록달록한 단풍잎 테두리 – 174쪽

부드럽게 번지는 테두리 – 177쪽

접힌 모서리가 살짝 들뜬 사진 테두리
– 183쪽

빈티지 느낌의 폴라로이드 테두리
– 190쪽

우표 모양의 테두리 – 194쪽

필름 모양의 테두리 – 197쪽

GALLERY

04 텍스트

눈 쌓인 볼록한 입체 텍스트 – 205쪽

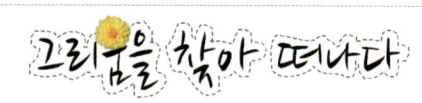
점선 테두리로 둘러싸인 텍스트 – 210쪽

사이버틱한 네온사인 느낌의 텍스트 – 214쪽

조각칼로 새긴 듯한 텍스트 – 216쪽

유리 바닥에 투명하게 비치는 텍스트 – 217쪽

둥근 선을 따라 흐르는 텍스트 – 219쪽

칠판에 분필로 쓴 듯한 텍스트 – 223쪽

물결을 따라 출렁이는 텍스트 – 229쪽

05 아이콘

깔끔하고 심플한 아이콘 – 239쪽

작고 선명한 도트 아이콘 – 244쪽

무지개 띄우기 – 246쪽

테이크아웃 컵을 라인으로 그리기 – 249쪽

투명한 비눗방울 만들기 – 299쪽

갤/러/리

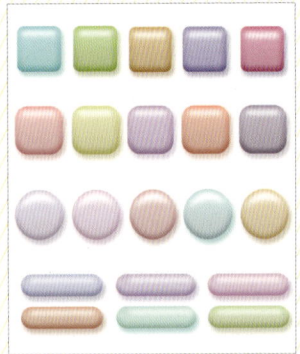
볼록하고 반짝이는 버튼 – 235쪽

반투명 테이프 만들기 – 256쪽

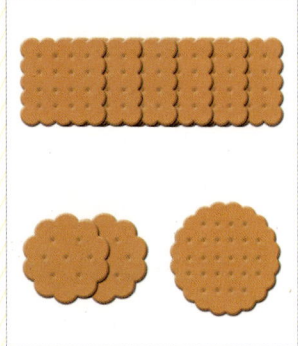
바삭한 비스킷 만들기 – 290쪽

색상과 패턴으로 리본 연출하기 – 266쪽

편지 봉투 만들기 – 269쪽

보송보송한 털방울 만들기 – 315쪽

신선한 물방울 만들기 – 295쪽

레이스로 브러시 만들기 – 310쪽

06 패턴

워터마크 만들기 – 325쪽

꽃 패턴 – 338쪽

GALLERY

사선 패턴 – 327쪽

땡땡이 패턴 – 331쪽

체크 패턴 – 333쪽

하트 패턴 – 335쪽

격자 패턴 – 346쪽

동심원 패턴 – 346쪽

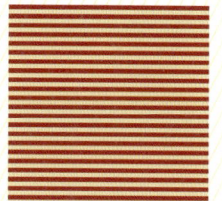
직선 패턴 – 346쪽

중앙 집중형 패턴 – 347쪽

달마시안 패턴 – 349쪽

젖소 얼룩무늬 패턴 – 351쪽

07 배경

   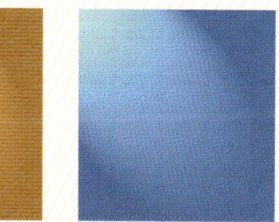
입체감이 돋보이는 캔버스 배경 – 355쪽

알록달록 색이 번진 배경 – 357쪽

찢어지고 구겨진 종이 배경 – 366쪽

갤/러/리

주변을 활용한 배경 1 – 373쪽

한쪽이 말린 편지지 배경 – 390쪽

학교 칠판 배경 – 398쪽

블링블링한 불빛 배경 – 360쪽

주변을 활용한 배경 2 – 380쪽

다이어리 배경 만들기 – 383쪽

포토샵
cs6

지은이 임화연

㈜디자인아트플러스의 대표이며, 동양미래대학 인터넷비즈니스학과 겸임교수입니다. SK 11번가에서 '상품 페이지 디자인/편집', 네이버에서 '키워드 광고 컨설팅' 등을 강의하고 있습니다. 주요 저서로는 《맛있는 디자인 드림위버 CS6》(한빛미디어), 《쇼핑몰 포토샵 북(개정판)》(한빛미디어), 《쇼핑몰 상품 페이지 스타일 북》(한빛미디어) 등이 있습니다.

• 홈페이지 http://www.designart.co.kr

지은이 이세련

프리랜서 그래픽 출판 기획자로 활동 중입니다. 주요 저서로는 《포토샵 CS2 무작정 따라하기》(길벗), 《포토샵 CS2》(아카데미소프트) 등이 있습니다.

지은이 이해령

현재 고도소프트에서 일하며 IT와 디자인 분야를 관심 있게 살펴보고 있습니다. 《맛있는 디자인 드림위버 CS6》(한빛미디어)의 집필에도 참여했습니다.

맛있는 디자인 포토샵 CS6

초판 1쇄 발행 2013년 2월 27일
초판 13쇄 발행 2020년 9월 24일

지은이 임화연, 이세련, 이해령 / **펴낸이** 김태헌
펴낸곳 한빛미디어(주) / **주소** 서울시 서대문구 연희로2길 62 한빛미디어(주) IT출판부
전화 02-325-5544 / **팩스** 02-336-7124
등록 1999년 6월 24일 제25100-2017-000058호 / **ISBN** 978-89-6848-001-0 13000

총괄 전정아 / **책임편집** 배윤미 / **기획** 박정수, 김진한 / **편집** 김진한 / **진행** 박은경
디자인 표지 천승훈 내지 김연정 / **제작** 박성우, 김정우
영업 김형진, 김진불, 조유미 / **마케팅** 박상용, 송경석, 조수현, 이행은, 고광일 / **독자평가단** 디노마드

이 책에 대한 의견이나 오탈자 및 잘못된 내용에 대한 수정 정보는 한빛미디어(주)의 홈페이지나 아래 이메일로 알려주십시오. 잘못된 책은 구입하신 서점에서 교환해 드립니다. 책값은 뒤표지에 표시되어 있습니다.
한빛미디어 홈페이지 www.hanbit.co.kr / 이메일 ask@hanbit.co.kr

Published by HANBIT Media, Inc. Printed in Korea
Copyright © 2013 임화연, 이세련 & HANBIT Media, Inc.
이 책의 저작권은 임화연, 이세련과 한빛미디어(주)에 있습니다.
저작권법에 의해 보호를 받는 저작물이므로 무단 복제 및 무단 전재를 금합니다.

지금 하지 않으면 할 수 없는 일이 있습니다.
책으로 펴내고 싶은 아이디어나 원고를 메일(writer@hanbit.co.kr)로 보내주세요.
한빛미디어(주)는 여러분의 소중한 경험과 지식을 기다리고 있습니다.

맛있는
디자인

포토샵
cs6

임화연, 이세련, 이해령 지음

추/천/사

상상을 가능하게 하는 크리에이티브 혁신 CS6!

한국어도비시스템즈
마케팅 총괄 이사 **정기수**

한빛미디어의 어도비 크리에이티브 스위트6 제품군 도서인 《맛있는 디자인》 시리즈 출간을 축하드립니다. 2012년 6월 국내 출시를 발표한 어도비 CS6 제품군은 창의적이고 혁신적인 디자인을 꿈꾸는 수많은 크리에이티브 전문가들에게 전 세계 어디서나 큰 사랑을 받고 있습니다. 어도비 CS6 제품군은 디자인, 웹, 비디오 전문가들이 새로운 모바일 워크플로우뿐 아니라 진화된 출판 부문에서까지 놀라운 콘텐츠와 앱을 만들 수 있도록 모든 역량을 집중하였습니다. 지금까지 상상 속에서나 가능했던 크리에이티브 혁신을 꿈꾸어왔던 분들을 위해 쉽고 빠르게 익혀 활용할 수 있는 도서가 출간된다니 아주 반가운 일입니다.

이 책 한 권으로 원하는 기능을 빠르게 찾을 수 있으며 지금껏 몰랐던 수많은 테크닉을 단숨에 익힐 수 있습니다. 어도비 CS6 제품의 핵심 기능으로 멋진 디자인을 하고 싶어하는 예비 디자이너뿐만 아니라, 현직 디자이너들에게 꼭 추천하고 싶은 책입니다. 또한 실무 현장에서 활용되는 예제로 디자인 트렌드까지 익힐 수 있으니, 더욱 효율적이며 효과적으로 업무에 적용할 수 있을 것입니다. 이 책과 함께 여러분의 지속적인 발전을 진심으로 기원하며 늘 응원과 격려를 아끼지 않겠습니다.

《맛있는 디자인》과 함께 하는 놀라운 변화!

한국어도비시스템즈
기술 영업 총괄 이사 **강진호**

어도비의 철학은 디지털 경험을 통해 세상을 새롭게 바꾸는 것입니다. 이러한 기치 아래 최근 출시된 어도비 크리에이티브 스위트6 제품군은 여러분의 기대를 충분히 충족시킬 만큼 새로운 기능으로 가득 차 있습니다. 어도비 CS6 제품군은 전반적으로 혁신적인 워크플로우 및 기능 강화를 통해 웹 디자이너, 개발자, 인터랙티브 전문가의 창의적인 작업 과정을 단순화하여 작업 시간을 단축시켰습니다. 웹 전문가를 위해 HTML5 기능을 대폭 향상시킨 것은 물론, 비디오와 오디오 분야의 주요 기능 향상으로 비디오 전문가에게 새로운 표준을 제시하게 된 것도 획기적인 변화입니다.

올해 한빛미디어에서 어도비 CS6 제품군에 대한 도서 시리즈를 출간한다는 반가운 소식을 들었습니다. 《맛있는 디자인》이란 시리즈 이름이 무척 신선했습니다. 핵심적이고 유용한 기능을 알기 쉽게 설명하고 따라할 수 있도록 구성하여 예비/현직 디자이너는 물론이고, 어도비 제품군에 관심 있는 일반 대중에게도 매우 유용한 책이 될 것입니다. 한빛미디어의 어도비 CS6 제품군 도서로 여러분의 크리에이티브 작업에서 새로운 변화를 한껏 즐겨보길 바랍니다.

머/리/말

조금 더 쉽게 조금 더 멋지게
일상생활로 디자인하다

임화연

포토샵은 디지털 사진이나 판매할 상품 이미지를 조금 더 예쁘고 돋보이게 꾸미려는 사람들에게 마치 필수 단어로 인식될 만큼 많은 영역에서 사용되는 프로그램입니다. 어도비에서 새로 출시된 CS6 버전에는 다양하고 새로운 기능들이 탑재되어, 더 쉽고 다양하게 이미지 작업을 할 수 있게 되었습니다.

이 책의 집필은 필자에게도 하나의 색다른 경험이었습니다. 마치 포토샵을 처음 배우는 사람처럼 CS6의 새로운 기능을 공부하면서 재미있게 작업했습니다. 《맛있는 디자인 포토샵 CS6》는 포토샵을 처음 접하는 독자들에게 최대한 쉽게 다가갈 수 있도록 자세한 따라하기와 재미있는 예제들로 구성했습니다. 특히 우리 주변에 있는 작은 사물이나 풍경을 활용해 간단하게 포토샵 이미지를 만드는 방법, 촬영한 이미지를 디자인 소스로 변환하는 방법 등을 다양하게 담았습니다.

포토샵으로 이미지를 마음껏 꾸며 보고 싶은 여러분에게 이 책이 좋은 길잡이가 되길 소망합니다.

이 책이 나오기까지 함께 고생해준 한빛미디어의 모든 분들과 곁에서 응원해주신 엄마와 가족들, 디자인아트 직원 모두에게 감사드립니다.

모두에게 인정받는
디자이너가 되세요

이세련

디자이너를 꿈꾸는 모든 분들이 다양한 디자인을 보고 툴도 많이 다루었으면 좋겠습니다. 모방은 창조의 어머니라는 말이 있습니다. 여러 스킬을 따라하다 보면 자신만의 독특하고 창의적인 노하우를 찾게 될 것입니다.

이 책을 집필하는 동안은 기다림의 연속이었습니다. 하지만 기다림이 지루하지 않았던 건 이 책을 볼 예비 디자이너들에게 더 나은 정보를 제공해줄 수 있으리라는 믿음과 설렘 때문이었습니다. 자신만 만족하는 디자인은 결코 좋은 디자인이 아닙니다. 모두에게 인정받을 수 있는 좋은 디자이너가 되길 바랍니다.

일하는 내내 투정을 받아준 남편 정일호, 사랑하는 두 딸 은지, 은서, 이 책을 쓸 수 있게 해준 한빛미디어의 모든 분들에게 감사드립니다.

감/사/의 글

다양한 이미지를 협찬해준 고마운 분들이 있습니다. 이분들 덕분에 더 좋은 책을 만들 수 있었습니다. 콘텐츠 사용을 허락해주신 윙스몰 황윤식 팀장님, 금찌의 박현영 대표님, 마리샵의 박규리 대표님, 고도디자인팩토리의 권영석 대표님, 모두 감사드립니다. 이 책에 사용한 모든 예제 소스는 상업적으로 사용할 수 없습니다.

● 윙스몰
http://wingsmall.co.kr/

● 금찌
http://www.gumzzi.co.kr/

● 마리샵
http://themari.com/index.html

● 고도디자인팩토리
http://designfactory.godo.co.kr/index.php

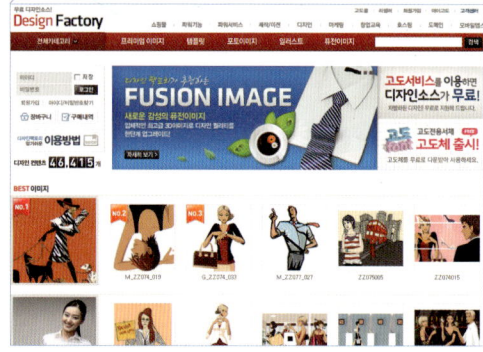

다/운/로/드

포토샵 CS6 시험버전과 실습 예제 다운로드

어도비 포토샵 CS6 시험버전과 이 책에 사용된 모든 실습 예제는 한빛미디어 홈페이지(www.hanbit.co.kr/media/)에서 다운로드할 수 있습니다. 예제 파일은 실습 내용을 따라할 때마다 사용해야 하므로 내 컴퓨터에 복사하여 사용하는 것이 좋습니다.

01 한빛미디어 홈페이지(www.hanbit.co.kr/media/)로 접속합니다. 메인 화면 하단 오른쪽에 있는 [자료실] 버튼을 클릭합니다.

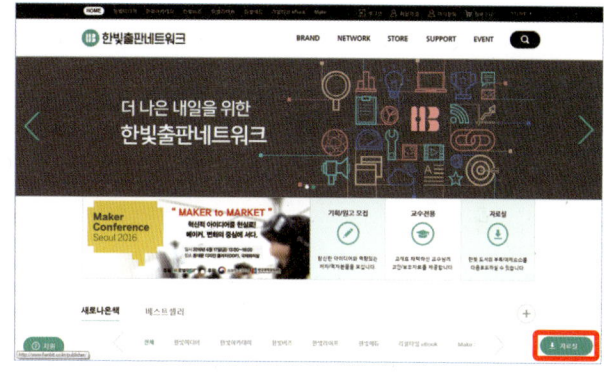

02 검색 창에 도서명을 입력하고, 목록에 나타난 도서명을 클릭합니다.

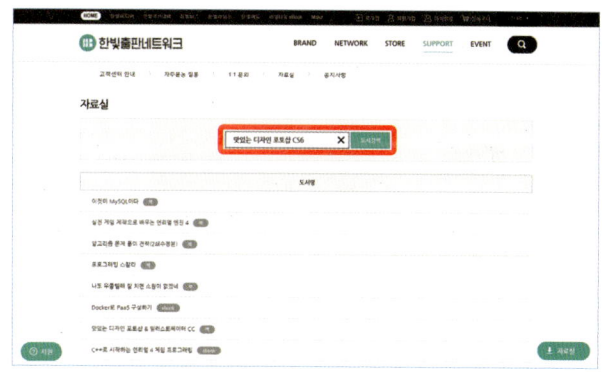

03 자료 다운로드 화면에서 CS6 평가판과 예제 파일을 각각 다운로드하여 압축을 풉니다.

이/책/의 구/성

포토샵 CS6의 기본 기능부터 이미지 보정과 편집, 디자인 소스를 만드는 데 필요한 모든 기능을 담았습니다. 다양한 예제를 직접 만들어보면서 실무에서 자주 사용하는 기능의 쓰임새를 확실히 익혀보세요. 또한 다양한 디자인 소스를 잘 갈무리한다면 실무에서 큰 도움을 받을 수 있습니다.

SECTION 포토샵의 필수 기능 및 활용 방법을 소개합니다.

기능별 메뉴 해당 섹션에서 배우는 핵심 기능을 한눈에 볼 수 있도록 정리했습니다.

장별 인덱스 페이지를 따로 펼치지 않고도 원하는 내용에 빠르게 접근할 수 있도록 해당 장의 핵심 키워드를 찾아보기 쉽게 제공합니다.

STEP BY STEP 실습 내용과 그림을 보면서 쉽게 따라할 수 있습니다.

TIP 좀더 빠르고 효율적으로 작업할 수 있는 방법, 실습하다가 헷갈리기 쉬운 부분, 사용자 환경에 따라 다르게 나타나는 상황을 해결하는 방법 등을 알려드립니다.

활용예제 해당 기능을 실무에서 직접 활용한 사례나 다른 디자인 요소와 결합해 색다른 느낌으로 연출한 결과를 예제로 보여줍니다.

NOTE 알고 가야 할 개념, 자세히 짚어봐야 하는 기능이나 옵션 등을 알려드립니다.

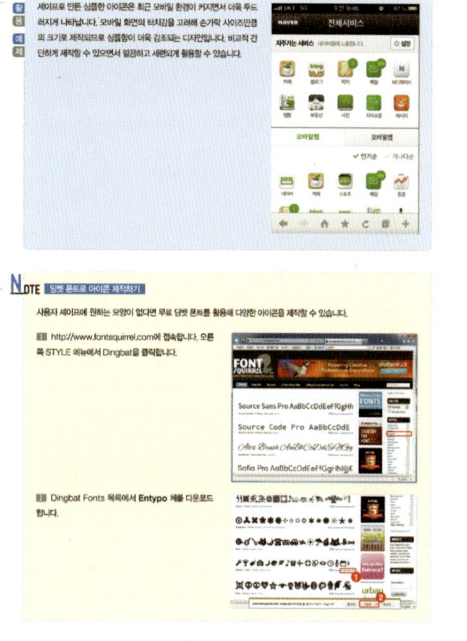

GALLERY 작업 과정에 약간의 변화를 주거나 과정을 추가하면 만들 수 있는 다양한 결과물을 소개합니다.

목/차

CHAPTER 01 — 포토샵 CS6 시작하기

SECTION 001	포토샵 CS6 내 컴퓨터에 설치하고 시작하기	023
SECTION 002	설치 문제 해결하기 10	027
SECTION 003	기본 화면 살펴보기	029
SECTION 004	툴 바와 패널 살펴보기	030
SECTION 005	파일 열고 저장하기	033
SECTION 006	나만의 작업환경 설정하고 이용하기	034
SECTION 007	새 기능 알아보기 1 – 인터페이스 색상 바꾸기	036
SECTION 008	새 기능 알아보기 2 – 레이어 검색 바	038
SECTION 009	새 기능 알아보기 3 – 블러 효과	039
SECTION 010	새 기능 알아보기 4 – 내용 인식 이동 툴	041
SECTION 011	새 기능 알아보기 5 – 자르기 툴	042
SECTION 012	새 기능 알아보기 6 – 패스로 점선 그리기	044
SECTION 013	새 기능 알아보기 7 – 도형의 속성 복사하여 붙여넣기	045
SECTION 014	새 기능 알아보기 8 – 가장자리 맞춤	046
SECTION 015	새 기능 알아보기 9 – 그 밖의 추가된 기능	047

CHAPTER 02 — 포토샵 CS6 기본 다지기

SECTION 016	일정한 모양으로 선택하기	051
SECTION 017	자유로운 형태로 선택하기	053
SECTION 018	클릭 한 번으로 넓은 영역 선택하기	055
SECTION 019	원하는 부분만 잘라 원근감 적용하기	056
SECTION 020	얼룩이나 불필요한 부분 제거하기	058
SECTION 021	자유롭게 드로잉하기	059
SECTION 022	도장으로 복제하듯 찍어내기	061
SECTION 023	사진을 붓으로 그린 듯이 연출하기	062
SECTION 024	지우개로 깨끗하게 지우기	063
SECTION 025	페인트를 칠하듯 특정 부분의 색상 바꾸기	065
SECTION 026	흐릿하게 하거나 선명하게 하기	067
SECTION 027	클릭 한 번으로 명도와 채도 조절하기	068

SECTION 028 _	펜으로 자유롭게 패스 그리기	069
SECTION 029 _	메시지를 전달하는 글자 입력하기	070
SECTION 030 _	다양한 셰이프로 손쉽게 기본 도형 그리기	073
SECTION 031 _	이미지와 캔버스 크기를 내 맘대로 조절하기	075
SECTION 032 _	이미지 배율을 편리하게 확대/축소하기	078
SECTION 033 _	눈금자와 가이드라인으로 작업 기준 설정하기	080
SECTION 034 _	작업 실수 되돌리기	082
SECTION 035 _	간편하게 파일 불러오기	084
SECTION 036 _	필요한 부분을 손쉽게 복사하고 이동하기	086
SECTION 037 _	새로운 패턴을 등록하고 적용하기	087
SECTION 038 _	나만의 브러시 등록하고 사용하기	090
SECTION 039 _	퀵 마스크로 이미지 선택하고 합성하기	092

CHAPTER 03

사진 보정

SECTION 040 _	빛으로 선명하게, 색으로 화사하게 되살리기	097
SECTION 041 _	중심인물이나 초점 강조하기	100
SECTION 042 _	뽀샤시하게 피부 메이크업하기	102
SECTION 043 _	레이어 마스크로 배경만 흑백으로 만들기	105
SECTION 044 _	모노톤으로 은은하게 분위기 살리기	108
SECTION 045 _	빈티지 느낌으로 빛바랜 추억 만들기	110
SECTION 046 _	사실적인 스케치를 연출하는 필터 활용하기	112
SECTION 047 _	새벽안개 연출하기	116
SECTION 048 _	시선을 한곳에 집중시키기	119
SECTION 049 _	줌인 효과로 역동적인 이미지 만들기	121
SECTION 050 _	일부 색상만 변경해 독특한 분위기 나타내기	124
SECTION 051 _	역광으로 어두워진 사진 보정하기	126
SECTION 052 _	조명 효과로 빛을 자유롭게 다루기	130
SECTION 053 _	사진을 유화처럼 변형하기	132
SECTION 054 _	액션으로 눈 내리는 사진 만들기	134

CHAPTER 04 사진 편집

SECTION	제목	페이지
SECTION 055	각도와 크기를 조절하고 부족한 배경 채우기	139
SECTION 056	수평을 맞추고 인물은 보호한 채 배경 확장하기	142
SECTION 057	얼굴의 상처나 잡티 제거하기	147
SECTION 058	잘라낸 부분을 자연스럽게 채우기	149
SECTION 059	두 개의 사진을 경계 없이 합성하기	152
SECTION 060	날씬하게 개미허리 만들기	155
SECTION 061	머리카락처럼 미세한 부분 분리하기	158
SECTION 062	두 개의 사물에 각기 다른 원근감 연출하기	161
SECTION 063	사진에 나만의 카피라이트 넣기	163

CHAPTER 05 테두리

SECTION	제목	페이지
SECTION 064	사각 반투명 테두리	167
SECTION 065	모서리가 둥근 테두리	169
SECTION 066	둥글둥글 웨이브 테두리	172
SECTION 067	알록달록한 단풍잎 테두리	174
SECTION 068	부드럽게 번지는 테두리	177
SECTION 069	이미지를 둘러싼 다양한 모양의 테두리	180
SECTION 070	접힌 모서리가 살짝 들뜬 사진 테두리	183
SECTION 071	빈티지 느낌의 폴라로이드 테두리	190
SECTION 072	우표 모양의 테두리	194
SECTION 073	필름 모양의 테두리	197
SECTION 074	구멍 뚫린 테두리	201

CHAPTER 06 텍스트

SECTION 075	눈 쌓인 볼록한 입체 텍스트	205
SECTION 076	점선 테두리로 둘러싸인 텍스트	210
SECTION 077	사이버틱한 네온사인 느낌의 텍스트	214
SECTION 078	조각칼로 새긴 듯한 텍스트	216
SECTION 079	유리 바닥에 투명하게 비치는 텍스트	217
SECTION 080	둥근 선을 따라 흐르는 텍스트	219
SECTION 081	다양한 색상과 패턴을 입힌 텍스트	221

SECTION 082 _	칠판에 분필로 쓴 듯한 텍스트	223
SECTION 083 _	물방울 모양 안에 들어간 특수문자 텍스트	226
SECTION 084 _	물결을 따라 출렁이는 텍스트	229

SECTION 085 _	볼록하고 반짝이는 버튼	235
SECTION 086 _	깔끔하고 심플한 아이콘	239
SECTION 087 _	작고 선명한 도트 아이콘	244
SECTION 088 _	무지개 띄우기	246
SECTION 089 _	테이크아웃 컵을 라인으로 그리기	249
SECTION 090 _	반투명 테이프 만들기	256
SECTION 091 _	텍스트가 있는 반투명 테이프 만들기	259
SECTION 092 _	포스트잇 제작하기	263
SECTION 093 _	색상과 패턴으로 리본 연출하기	266
SECTION 094 _	편지 봉투 만들기	269
SECTION 095 _	해외 편지 봉투 만들기	276
SECTION 096 _	은은한 진주 만들기	282
SECTION 097 _	반짝이는 보석 만들기	285
SECTION 098 _	바삭한 비스킷 만들기	290
SECTION 099 _	신선한 물방울 만들기	295
SECTION 100 _	투명한 비눗방울 만들기	299
SECTION 101 _	맑은 유리 같은 별 만들기	304
SECTION 102 _	레이스로 브러시 만들기	310
SECTION 103 _	보송보송한 털방울 만들기	315

CHAPTER 07 아이콘

SECTION 104 _	모눈종이 패턴	323
SECTION 105 _	워터마크 만들기	325
SECTION 106 _	사선 패턴	327
SECTION 107 _	땡땡이 패턴	331

CHAPTER 08 패턴

SECTION 108 _	선택 툴로 만드는 체크 패턴	333
SECTION 109 _	하트 패턴	335
SECTION 110 _	꽃 패턴	338
SECTION 111 _	격자, 동심원, 직선 패턴	346
SECTION 112 _	중앙 집중형 패턴	347
SECTION 113 _	달마시안 패턴	349
SECTION 114 _	젖소 얼룩무늬 패턴	351

CHAPTER 09
배경

SECTION 115 _	입체감이 돋보이는 캔버스 배경	355
SECTION 116 _	알록달록 색이 번진 배경	357
SECTION 117 _	블링블링한 불빛 배경	360
SECTION 118 _	찢어지고 구겨진 종이 배경	366
SECTION 119 _	핑킹가위로 잘라낸 천 조각 배경	370
SECTION 120 _	수변을 활용한 배경 1	373
SECTION 121 _	주변을 활용한 배경 2	380
SECTION 122 _	다이어리 배경 만들기	383
SECTION 123 _	한쪽이 말린 편지지 배경	390
SECTION 124 _	학교 칠판 배경	398

CHAPTER 10
애니메이션 3D 비디오

SECTION 125 _	깜빡이듯 움직이는 GIF 애니메이션	407
SECTION 126 _	반짝반짝 별이 빛나는 밤	410
SECTION 127 _	글씨 위로 지나가는 광선	414
SECTION 128 _	하나씩 등장하는 글자	419
SECTION 129 _	3D 글자 만들기	425
SECTION 130 _	3D 상자 만들고 이미지 입히기	430
SECTION 131 _	동영상 편집하기	435

PHOTO SHOP CS6

CHAPTER 01
포토샵 CS6 시작하기

ADOBE
PHOTOSHOP
CS6

포토샵 CS6를 시작해봅시다. 프로그램을 설치하고 기본 화면과 툴, 패널을 살펴보세요. 파일을 열고 저장하며, 자기 습관에 맞는 작업환경도 설정해보겠습니다. 포토샵 CS6에서 새롭게 추가된 기능도 담았습니다. 인터페이스 색상을 바꿔 작업환경을 쾌적하게 만들거나, 더욱 막강해진 기능으로 편리하고 빠르게 작업할 수 있습니다.

포토샵 CS6 내 컴퓨터에 설치하고 시작하기

포토샵 CS6 시험버전 설치

▶ HOW TO + 포토샵을 실행하려면 우선 내 컴퓨터에 프로그램을 설치해야 합니다. 본격적인 실습을 따라하기에 앞서 포토샵 CS6 시험버전을 설치해봅시다. 시험버전은 정품과 달리 30일 동안만 사용할 수 있습니다.

01 포토샵 CS6를 설치하려면 컴퓨터가 다음과 같은 최소 사양을 갖춰야 합니다.

Windows	Mac OS X
– Intel Pentium 4 또는 AMD Athlon 64 프로세서 – Microsoft Windows XP(서비스 팩3), Windows Vista Home Premium · Business · Ultimate 또는 Enterprise(서비스 팩 2), Windows Vista 64비트, Windows 7 – 1GB RAM(2GB 이상 권장)	– 멀티코어 Intel 프로세서 – Mac OS X v10.6.8 또는 v10.7 – 1GB RAM(2GB 이상 권장)
– 하드 디스크 여유 공간 1GB 이상(설치할 때 추가 여유 공간이 필요함. 플래시 메모리 기반 이동식 디스크에는 설치할 수 없음) – 하드웨어 가속 OpenGL 그래픽카드, 16비트 컬러 및 256MB VRAM이 지원되는 1024×768 디스플레이(1280×800 권장) – DVD-ROM 드라이브/온라인 서비스를 이용할 때 필요한 인터넷 연결	

02 포토샵 CS6 시험버전을 설치해보겠습니다. 우선 어도비 사이트(www.adobe.com/kr)로 접속합니다. 홈페이지 상단의 다운로드 탭을 클릭하면 프로그램 목록이 나타납니다. 〈Photoshop CS6 Extended〉에 마우스 커서를 올리면 하위 항목이 보입니다. 이중 〈시험버전〉을 클릭합니다.

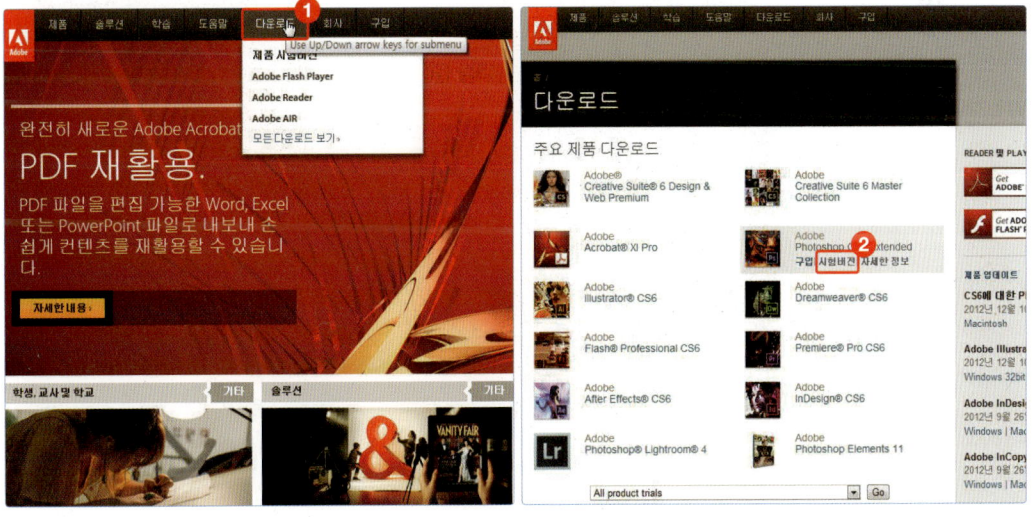

03 Photoshop CS6 Extended 무료 시험버전 다운로드 화면이 나타납니다. 언어를 '영어'로 선택하고 화면 하단의 〈지금 다운로드〉를 클릭합니다. 시험버전을 다운로드하려면 이를 돕는 프로그램을 설치해야 합니다. 바로 지금 다운로드하려는 Adobe Download Assistant입니다.

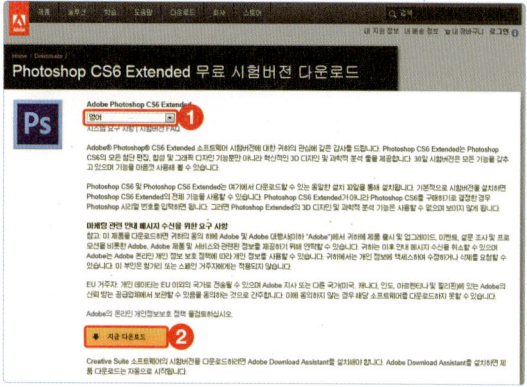

04 지금 다운로드를 실행할지 저장할지 묻는 창이 나타나면 〈실행〉을 클릭합니다. 설치할 위치를 지정하고 〈계속〉을 클릭합니다.

TIP. 이전에 Adobe Download Assistant를 다운로드한 적이 있다면 이번 과정은 생략되므로 다음 과정을 진행합니다.

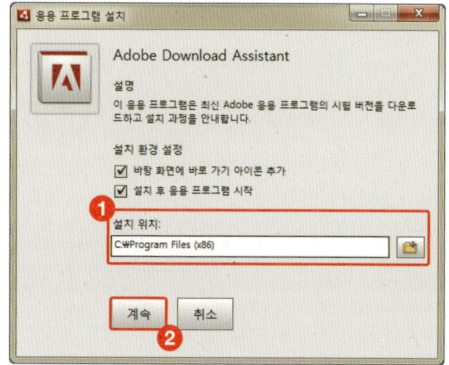

05 Adobe Download Assistant가 자동으로 실행됩니다. 프로그램을 다운로드하려면 먼저 로그인을 해야 합니다. Adobe ID와 비밀번호를 입력한 후 로그인 버튼을 누릅니다.

TIP. Adobe 회원이 아닌 경우에는 오른쪽 아래에 있는 〈Adobe ID 만들기〉를 클릭해 회원 가입을 먼저 진행하고 시작합니다.

06 폴더 찾아보기 창이 나타나면 저장할 위치를 지정한 후 〈확인〉을 클릭합니다. 다운로드가 진행됩니다.

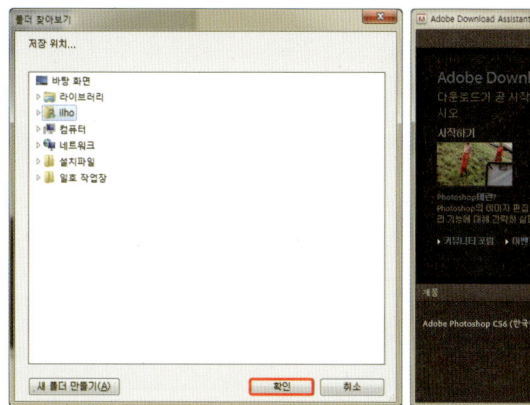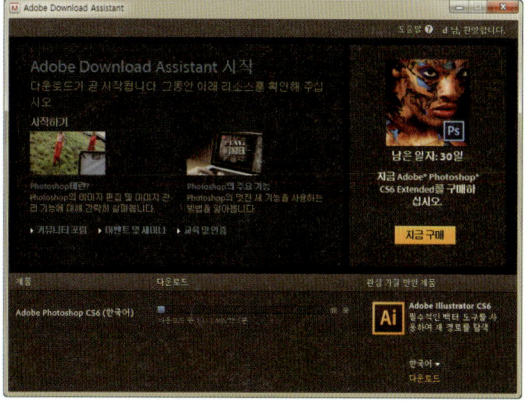

07 〈시험 사용〉을 클릭합니다.

TIP. 정품 프로그램을 구입했다면 〈설치〉를 선택하고 사용권 계약에 동의한 후 일련번호를 입력합니다.

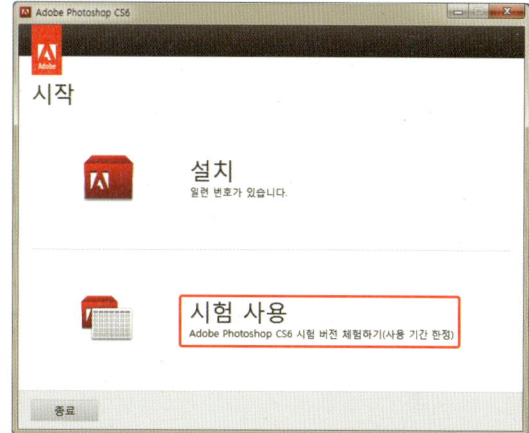

08 소프트웨어 사용권 계약서를 확인하고 〈동의〉를 클릭합니다. **07** 번 과정에서 〈시험 사용〉을 선택했다면 로그인 필요 화면이 나타납니다. 〈로그인〉을 클릭합니다.

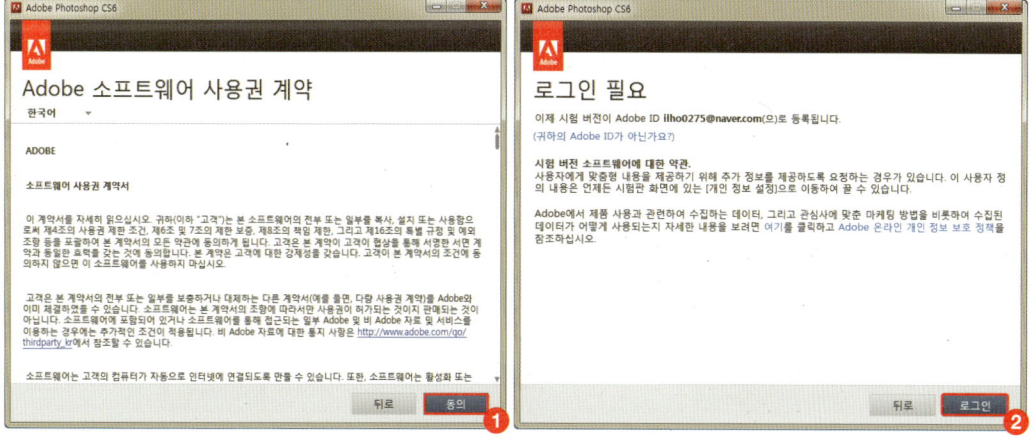

09 **05**번 과정에서 로그인했기 때문에 바로 옵션이 나타납니다. 다운로드할 제품을 선택하고 위치를 지정한 다음 〈설치〉를 클릭합니다.

TIP. 빠른 작업을 원한다면 옵션에서 64Bit를 선택합니다. 64Bit는 모든 메모리를 활용하므로 빠르게 작업할 수 있습니다. 단 이때 사용하는 컴퓨터는 64Bit 운영체제에서 4GB 이상의 메모리를 지원하는 사양이어야 합니다.

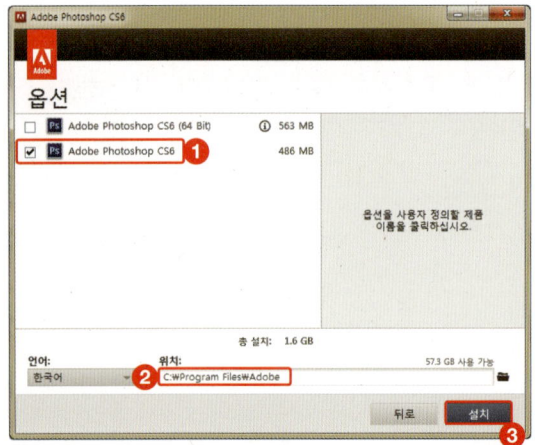

10 설치가 완료되면 〈닫기〉를 클릭해서 설치한 포토샵 CS6를 실행합니다.

TIP. 시험버전은 30일이 지나면 사용할 수 없습니다. 이후에는 정품 소프트웨어를 구입한 후 정품 인증 일련번호를 입력해 사용하세요.

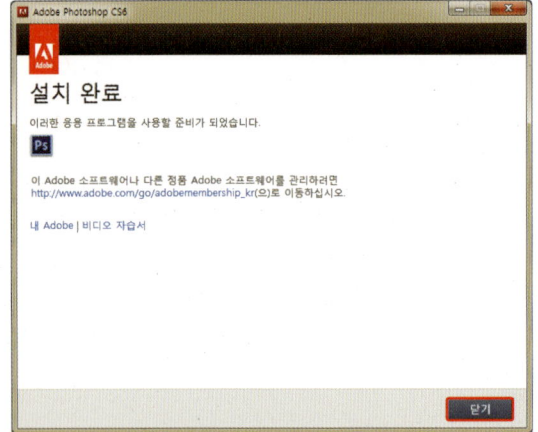

11 설치한 프로그램은 [시작] – [모든 프로그램] 메뉴에서, 윈도우 8 사용자라면 메트로 UI에서 찾을 수 있습니다. 프로그램을 클릭하면 포토샵이 실행되고 Photoshop trial 창이 나타납니다. 〈Continue Trial〉을 클릭해 시험버전으로 들어갑니다.

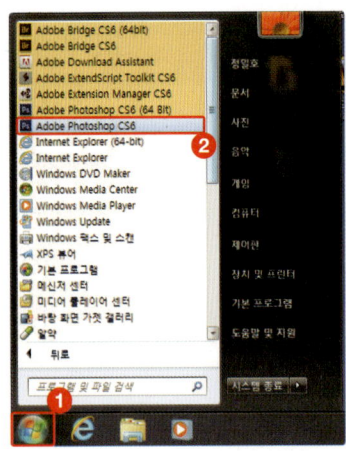 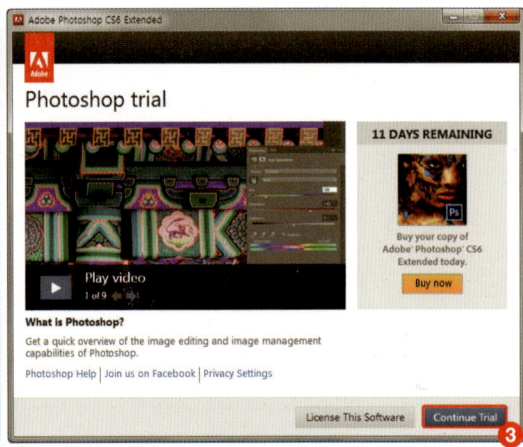

설치 문제 해결하기 10

설치 Q&A

▶ HOW TO + 프로그램을 설치하는 과정에서 나타나는 오류에 당황하지 말고 아래의 Q&A를 참고해 막힘없이 포토샵 CS6를 설치하세요.

Q01 포토샵을 어떻게 설치하나요?

A01 포토샵을 설치하려면 정품 프로그램을 구입해야 합니다. 우선 어도비 홈페이지에서 무료로 제공하는 시험버전을 사용해본 후 필요하다면 구입하세요. 시험버전은 30일간 사용할 수 있습니다.

Q02 이전 버전을 이미 사용하고 있는데 새로 출시된 버전을 설치해도 되나요?

A02 네, 포토샵은 다른 버전을 두 개 설치하든 세 개 설치하든 상관없습니다. 하지만 버전이 다른 프로그램을 동시에 실행할 수는 없습니다. 사용하고 있는 버전을 종료한 다음 다른 버전을 실행하도록 합니다.

Q03 컴퓨터 사양이 낮아 CS6 버전은 설치가 안 돼요. 다른 버전을 설치해도 되나요?

A03 상관없지만, 사양 안에서 가능한 최신 버전을 설치하는 것이 좋습니다. 프로그램이 업그레이드되면서 새로운 기능이 추가되었기 때문에 본문의 내용을 제대로 실습하려면 아무래도 최신 버전을 설치하는 것이 효과적이겠지요.

Q04 최신 버전 말고 이전 버전의 포토샵은 어떻게 다운로드하나요?

A04 안타깝지만 어도비 홈페이지에서는 이전 버전을 지원하지 않습니다. 이전의 정품 프로그램을 구하거나 최신 버전을 다운로드할 수밖에 없습니다.

Q05 정품을 구입해 설치했는데 한글판으로 설치되었어요. 영문판으로 바꿔 쓸 수는 없나요?

A05 C:₩Program Files₩Adobe₩Adobe Photoshop CS6₩Locales₩ko_KR₩Support Files 폴더를 엽니다. tw10428.dat 파일의 파일명을 'tw10428x.dat'로 바꿉니다. 즉 파일명에 'x'를 추가하면 영문판으로 변경됩니다. 반대로 수정하면 한글판으로 되돌아옵니다.

Q06 포토샵을 삭제하고 다시 설치하려는데 Adobe Bridge를 닫으라는 창이 계속 떠요.

A06 Adobe Bridge는 어도비를 실행하거나 컴퓨터를 켜는 순간 실행되는 경우가 많습니다. 컴퓨터 화면 오른쪽 하단을 확인해보세요. Adobe Bridge가 실행되어 있을 거예요. 브리지 아이콘(▣)을 더블클릭해 프로그램을 불러와 종료한 후 포토샵을 다시 설치해보세요.

Q07 포토샵이 잘 설치되지 않아요.

A07 포토샵이 설치되지 않을 때는 몇 가지 원인이 있습니다. 우선 다른 응용 프로그램이나 인터넷이 켜져 있는지 확인합니다. 시험버전이라면 상관없지만 정품 CD를 넣고 설치할 경우에는 다른 응용 프로그램과 인터넷을 종료한 후 설치합니다. 또는 윈도우 운영체제나 시스템 사양이 맞지 않을 수 있습니다. 최소 사양을 확인해보세요.

Q08 설치 중에 'Please insert photoshop CS6 to Continue installation'이라는 메시지가 뜨면서 설치가 진행되지 않아요.

A08 디스크를 뺐거나 드라이브에 문제가 생기면 나타나는 현상입니다. 설치된 포토샵을 제어판에서 완전히 삭제하고, 포토샵 설치 디스크 내용을 로컬 디스크로 복사한 다음에 설치합니다.

Q09 시험버전을 설치했는데 인증 번호를 입력하라고 나와요.

A09 〈Continue Trial〉을 클릭했는데도 그렇다면 이미 시험버전을 설치해서 사용했을 가능성이 많습니다. 기간이 만료되었을 경우 시험버전을 지우고 다시 설치해도 사용할 수 없습니다.

Q10 설치하는 과정에서 무엇이 잘못되었는지 'an error has been detected with a required application library and the product cannot continue please reinstalled the application'이라는 메시지가 나타납니다.

A10 컴퓨터의 〈시작〉을 클릭해 〈실행〉을 선택합니다. 실행 창이 나타나면 'REGEDIT'를 입력한 후 〈확인〉을 클릭합니다. 레지스트리 편집기 창이 나타나면 HKEY-CURRENT-USER → SOFTWARE → ADOBE → PHOTOSHOP을 마우스 오른쪽 버튼으로 클릭합니다. 나타나는 메뉴에서 〈삭제〉를 선택합니다. HKEY-LOCAL-MACHINE → SOFTWARE → ADOBE → PHOTOSHOP을 삭제한 후 새로 설치합니다.

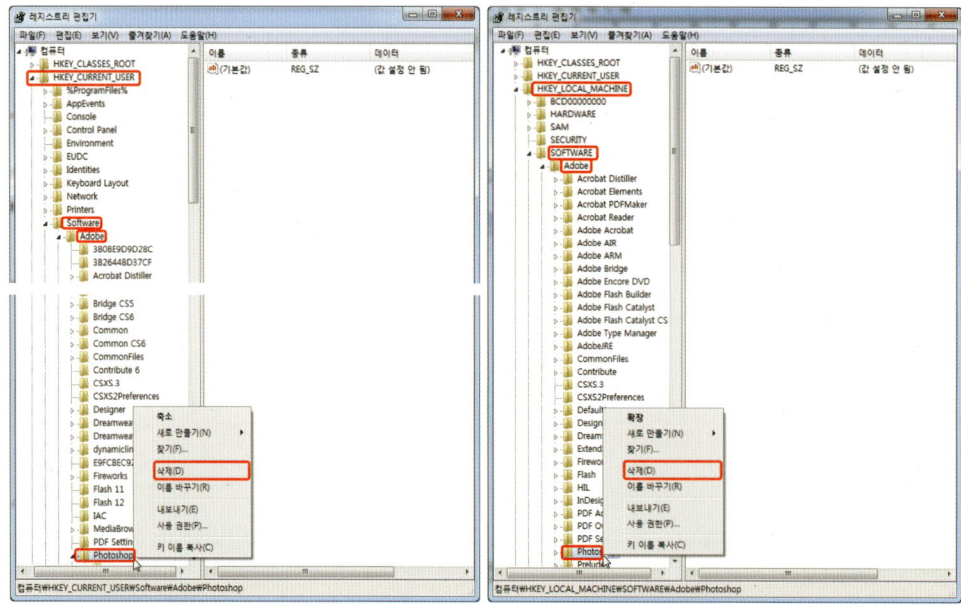

기본 화면 살펴보기

인터페이스 구성

▶ HOW TO + 포토샵 기본 화면이 어떻게 구성되어 있는지 살펴봅시다. 구성 요소를 가볍게 읽어보는 것만으로도 본격적인 실습을 따라할 때 큰 도움이 됩니다.

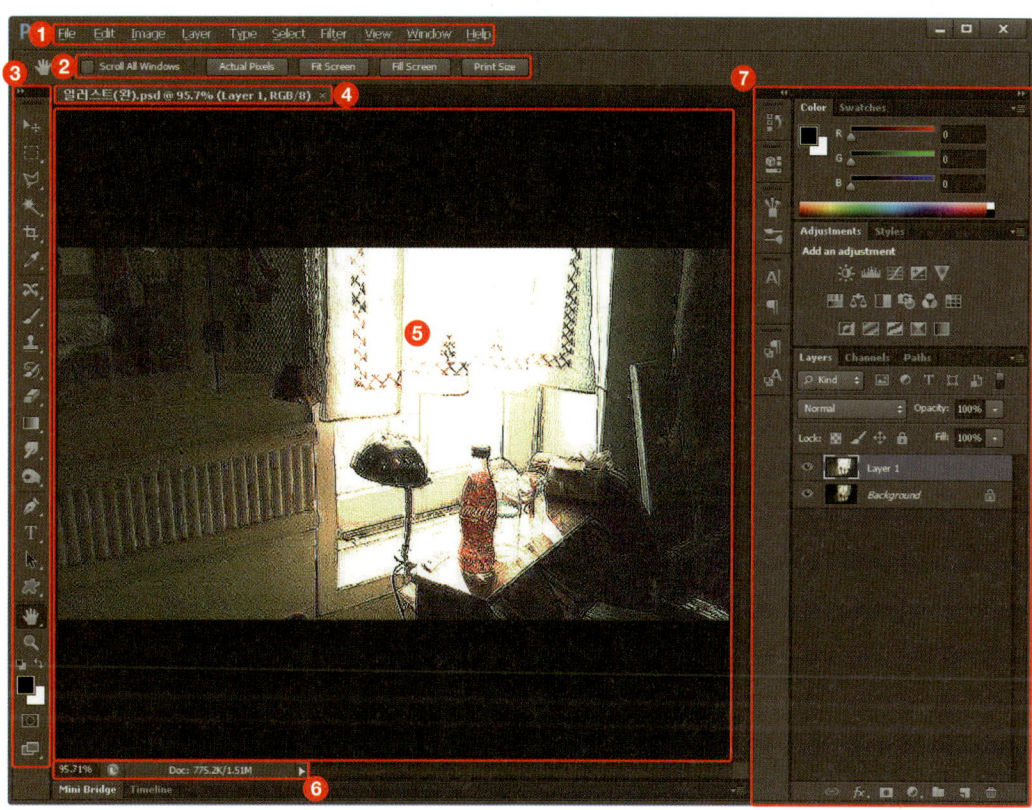

1. **메뉴 바** : 포토샵에서 사용하는 모든 명령어가 메뉴별로 나뉘어 있습니다.
2. **옵션 바** : 선택한 툴을 좀더 세밀하게 조절할 수 있는 옵션이 표시됩니다.
3. **툴 바** : 주요 기능을 모아 아이콘 형식으로 만들어놓은 툴 모음입니다.
4. **파일 이름 탭** : 작업하는 이미지의 이름과 화면 확대 비율, 색상 모드가 표시됩니다.
5. **캔버스** : 이미지 작업을 하는 공간으로 이미지 전체가 캔버스입니다.
6. **상태 표시줄** : 화면 확대 비율을 설정할 수 있고 현재 작업 중인 이미지 정보를 볼 수 있습니다.
7. **패널** : 작업에 필요한 옵션이 팔레트 형태로 표시됩니다. 화면에서 원하는 패널이 보이지 않는다면 Window 메뉴에서 해당 패널을 불러올 수 있습니다.

004 툴 바와 패널 살펴보기

사용 방법과 기능

▶ HOW TO + 툴 바와 패널은 포토샵 작업에 필요하고 가장 기본이 되는 도구와 옵션을 모아놓은 곳입니다. 먼저 툴과 패널의 사용법과 기능에 대해 익혀보세요.

툴 바

각 툴을 마우스 오른쪽 버튼으로 클릭하면 하위 툴이 나타납니다.

0 화살표 ▶ : 클릭하면 1단 배열이 2단으로 바뀌며, 다시 누르면 2단 배열이 1단으로 바뀝니다.

1 [V] 이동 툴 : 선택한 이미지를 옮깁니다.

2 [M] 사각형 선택 / 원형 선택 / 가로선 선택 / 세로선 선택 툴 : 사각형, 원형, 가로선, 세로선 형태로 선택합니다.

3 [L] 올가미 / 다각형 올가미 / 자석 올가미 툴 : 직선이나 불규칙한 형태를 손쉽게 선택합니다.

4 [W] 빠른 선택 / 마술봉 툴 : 이미지에서 비슷한 색상 영역을 빠르게 선택합니다.

5 [C] 자르기 / 원근 자르기 / 분할 / 분할 선택 툴 : 원하는 부분을 자르거나 나눕니다.

6 [I] 스포이트 / 3D 스포이트 / 색상 샘플러 / 눈금자 / 노트 / 카운트 툴 : 스포이트와 색상 샘플러는 색상이나 색상 정보를 추출합니다. 눈금자와 카운트로는 길이, 각도, 면적 등을 측정하고 노트로 메모를 남깁니다.

7 [J] 스팟 힐링 브러시 / 힐링 브러시 / 패치 / 내용 인식 이동 / 적목 제거 툴 : 얼룩을 제거하거나 복원합니다.

8 [B] 브러시 / 연필 / 색상 대체 / 혼합 브러시 툴 : 선을 그리거나 면을 칠합니다.

9 [S] 도장 / 패턴 도장 툴 : 이미지의 일부분이나 패턴을 복제합니다.

10 [Y] 히스토리 브러시 / 아트 히스토리 브러시 툴 : 작업 내역을 원래 이미지 상태로 복구합니다.

11 [E] 지우개 / 배경 지우개 / 매직 지우개 툴 : 원하는 부분을 지웁니다.

12 [G] 그레이디언트 / 페인트 통 / 3D 드롭 툴 : 그레이디언트는 두 가지 색 이상을 섞어 칠할 때 쓰고 페인트 통은 한 가지 색으로 칠할 때 씁니다.

13 블러 / 샤픈 / 스머지 툴 : 블러는 이미지를 흐리게 하고 샤픈은 선명하게 합니다. 스머지는 이미지를 뭉갭니다.

14 [O] 닷지 / 번 / 스펀지 툴 : 특정 부분을 밝게 하거나 어둡게 합니다. 또는 채도를 조절합니다.

15 [P] 펜 / 프리폼 펜 / 기준점 추가 / 기준점 삭제 / 기준점 변환 툴 : 직선이나 곡선 패스를 드로잉하거나 수정합니다.

16 [T] 가로 문자 / 세로 문자 / 가로 문자 마스크 / 세로 문자 마스크 툴 : 문자를 입력합니다.

17 [A] 패스 선택 / 직접 선택 툴 : 패스 포인트를 수정하거나 패스 개체를 옮깁니다.

18 [U] 사각형 / 둥근 사각형 / 원형 / 다각형 / 선 / 사용자 셰이프 툴 : 사각형, 모서리가 둥근 사각형, 타원, 다각형, 선, 다양한 모양을 만듭니다.

19 [H] / [R] 손바닥 / 회전 툴 : 확대한 이미지에서 보고 싶은 부분으로 위치를 옮깁니다.

20 Z 돋보기 툴 : 이미지를 확대하거나 축소해서 볼 수 있습니다.

21 D / X 기본색 / 전경색과 배경색 바꾸기 : 전경색과 배경색이 바뀝니다.

22 전경색과 배경색 : 전경색은 채우거나 칠해지는 색이고 배경색은 지우개 툴로 지웠을 때 드러나는 색입니다.

23 Q 보기 모드 : 특정 부분을 선택할 때 주로 씁니다. 클릭하면 퀵 마스크 모드로 바뀌고 한 번 더 클릭하면 표준 모드로 바뀝니다.

24 F 작업창 전환 모드 : 캔버스의 크기를 작업창 전면에 나타낼지, 메뉴를 보일지, 보이지 않게 할지 선택합니다.

패널

1 Actions 패널 : 반복되는 명령을 기록해 한번에 실행시킵니다. 반복 작업을 빠르게 할 수 있습니다.

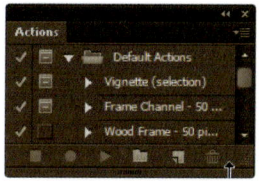

2 Adjustments 패널 : 보정 기능을 쉽고 빠르게 사용할 수 있습니다. 레이어 패널의 보정 레이어 추가하기 아이콘과 동일한 기능을 합니다.

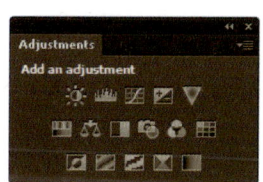

3 Brush 패널 : 브러시 옵션 조정은 물론, 새로운 브러시를 등록해서 사용할 수 있습니다.

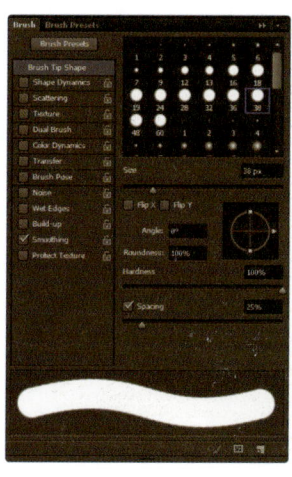

4 Channels 패널 : 색상 채널과 알파 채널을 이용해 선택 영역을 관리합니다. 알파 채널은 추가하거나 삭제할 수 있습니다.

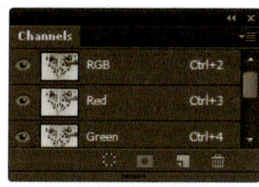

5 Character 패널 : 문자 툴로 작성한 문자의 폰트, 크기, 색, 자간, 행간 등을 설정합니다.

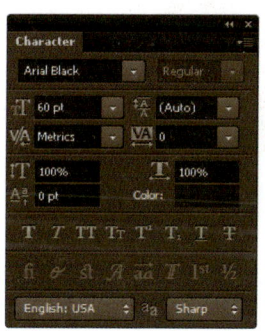

6 Clone Source 패널 : 복제한 부분의 크기, 각도, 위치 등을 조절할 수 있습니다.

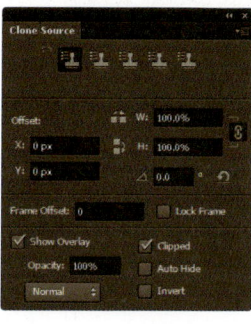

7 Color 패널 : 색상 모드를 이용해서 전경색과 배경색을 원하는 색으로 만들 수 있습니다.

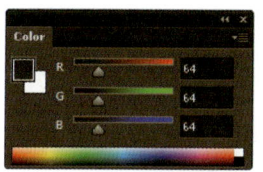

8 Histogram 패널 : 이미지의 색상 분포도를 그래프 형식으로 보여줍니다.

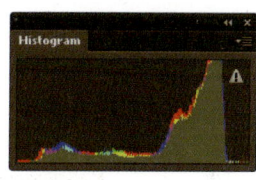

9 History 패널 : 작업 과정이 단계별로 기록됩니다. 이전 단계로 손쉽게 이동할 수 있습니다.

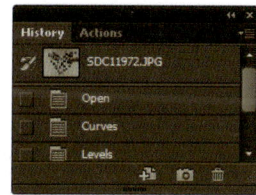

10 Info 패널 : 현재 마우스 포인터가 있는 곳의 색상, 각도, 좌표 값 등을 보여줍니다.

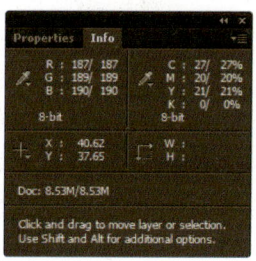

031

11 **Layer Comps 패널** : 레이어 위치, 블렌딩 모드, 효과 등 레이어 상태를 스냅숏으로 저장하여 불러올 수 있습니다.

12 **Layers 패널** : 이미지 구성을 알 수 있는 패널입니다. 모든 이미지는 한 개 이상의 레이어로 구성되어 있습니다. 레이어에 다양한 효과를 적용할 수 있습니다.

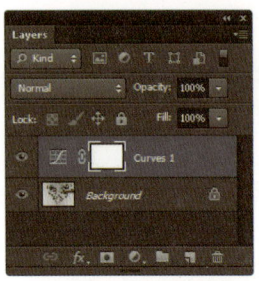

13 **Navigator 패널** : 이미지를 확대하거나 축소해서 볼 수 있고, 원하는 부분으로 이동할 수 있습니다.

14 **Notes 패널** : 이미지나 효과에 설명을 다는 기능입니다. 포스트잇처럼 메모지를 삽입할 때 사용합니다. 메모지 색과 글쓴이 이름은 옵션 바에서 설정하며 여러 장을 삽입할 수 있습니다.

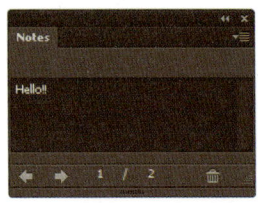

15 **Paragraph 패널** : 문단 정렬, 간격처럼 문단과 관련된 사항을 설정합니다.

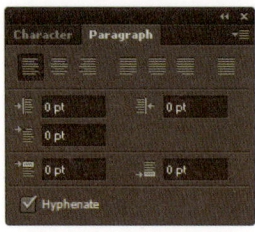

16 **Paths 패널** : 패스와 관련된 기능을 모아놓았습니다. 펜이나 셰이프 툴을 이용해서 만든 패스를 관리합니다.

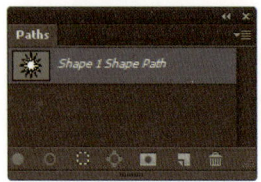

17 **Styles 패널** : 정해진 스타일이나 패턴을 선택하거나 새로운 스타일을 등록해서 사용할 수 있습니다.

18 **Swatches 패널** : 견본으로 정해진 색상을 선택하여 적용하거나 특정한 색상을 등록해서 사용할 수 있습니다.

19 **Timeline 패널** : 타임라인으로 애니메이션을 만들 수 있습니다.

20 **Tool Presets 패널** : 자주 사용하는 툴을 저장해서 다른 작업에 편리하게 사용할 수 있습니다.

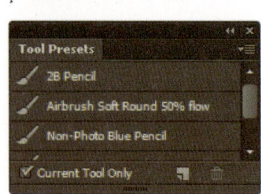

파일 열고 저장하기

Open, Save 메뉴

> HOW TO + 포토샵을 시작하려면 이미지를 불러오거나 새로운 도큐먼트를 만들어야 합니다. 파일을 불러와 작업한 이미지를 저장하는 방법에 대해 알아봅니다.

01 [File]–[Open] 메뉴를 선택하거나 Ctrl+O를 누릅니다. Open 창이 나타나면 파일을 선택하고 〈열기〉를 클릭합니다.

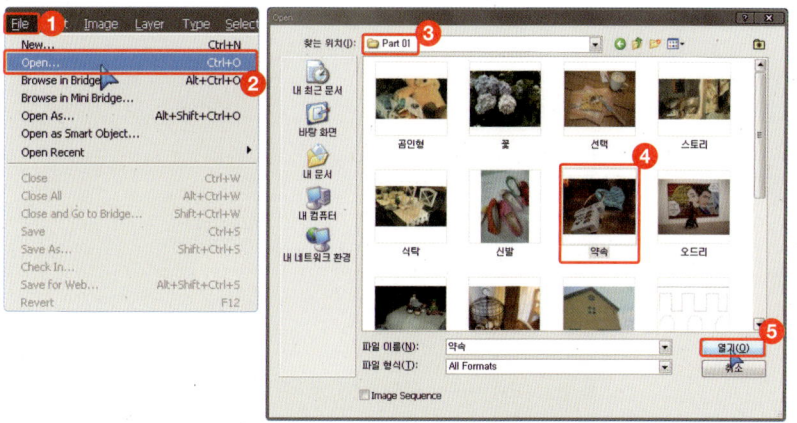

02 이미지가 나타나면 작업을 하고 [File]–[Save] 메뉴를 선택하거나 Ctrl+S를 눌러 작업한 이미지를 저장합니다.

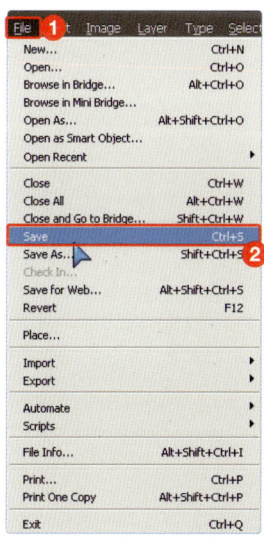

TIP. [File]–[Save As] 메뉴를 선택하거나 Shift+Ctrl+S를 누르면 저장한 이미지를 다른 이름으로 다시 저장할 수 있습니다.

나만의 작업환경 설정하고 이용하기

패널 이동과 정리

▶ HOW TO ✦ 포토샵 화면에서 자주 사용하는 패널은 열어놓고 그렇지 않은 패널은 정리해 자신에게 편리한 작업환경을 만들 수 있습니다. 특히 여러 사람이 사용하는 컴퓨터라면 자신만의 작업환경을 만들어 저장한 뒤 사용하는 것이 효율적입니다.

패널 이동하기

01 레이어 패널 윗부분을 원하는 방향으로 드래그하여 Dock과 분리할 수 있습니다.

TIP. 패널이 보이지 않을 경우 [Window] 메뉴에서 원하는 메뉴를 선택하면 패널이 다시 나타납니다.

TIP. 툴 바 역시 윗부분을 드래그하여 원하는 방향으로 옮길 수 있습니다.

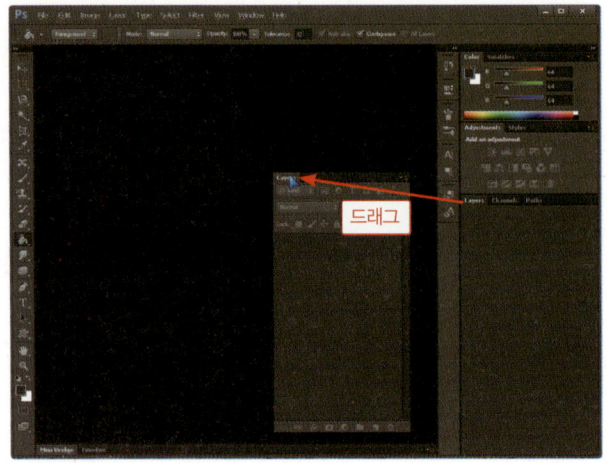

불필요한 패널 닫기

01 패널 이름 위에서 마우스 오른쪽 버튼을 클릭하면 메뉴가 나타납니다. 그중 [Close]를 선택하면 패널이 사라집니다.

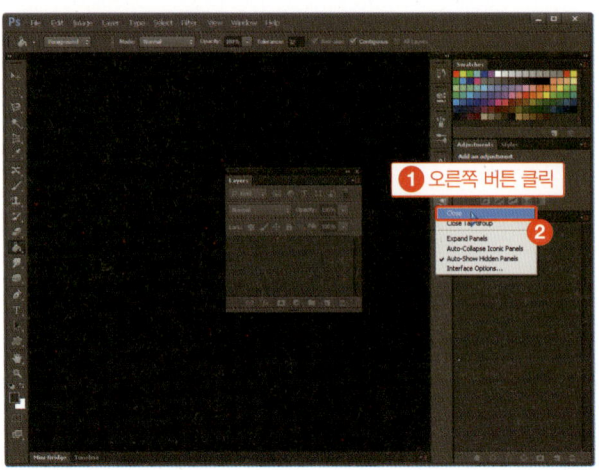

작업환경 저장하기

01 패널과 툴 바를 본인이 사용하기 편리한 상태로 정리한 후 [Window]-[Workspace]-[New Workspace] 메뉴를 선택합니다.

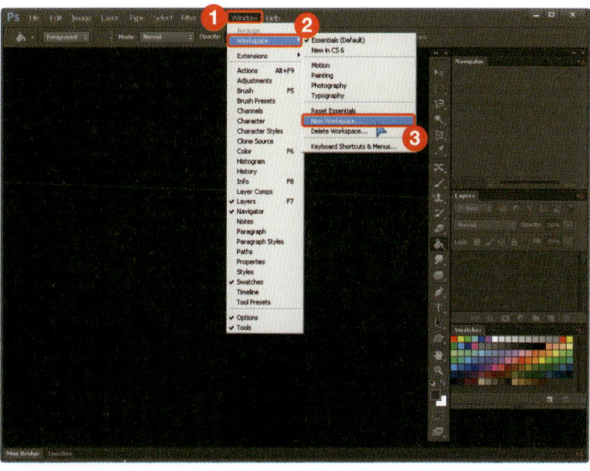

02 New Workspace 창이 나타나면 Name에 알아보기 쉬운 이름을 입력한 후 〈Save〉를 클릭해 내 습관에 맞는 작업환경을 저장합니다.

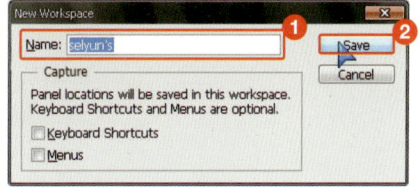

작업환경 불러오기

01 [Window]-[Workspace] 메뉴를 선택하면 저장한 작업환경이 나타납니다. 입력한 이름을 선택하면 언제든지 저장한 작업환경을 불러와 사용할 수 있습니다.

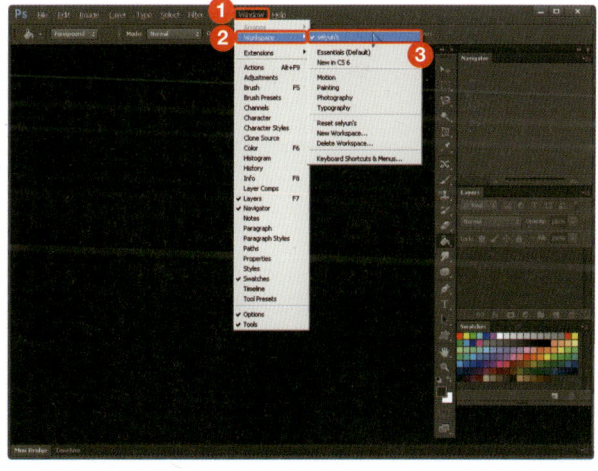

새 기능 알아보기 1
인터페이스 색상 바꾸기

▶ HOW TO + 지금까지 포토샵 인터페이스의 색상은 회색 한 가지였습니다. 그러나 CS6에서는 포토샵 인터페이스의 색상을 어두운 회색부터 밝은 회색까지 4단계로 나누어 골라 사용할 수 있도록 하였습니다.

01 [Edit]-[Preferences]-[Interface] 메뉴를 선택합니다.

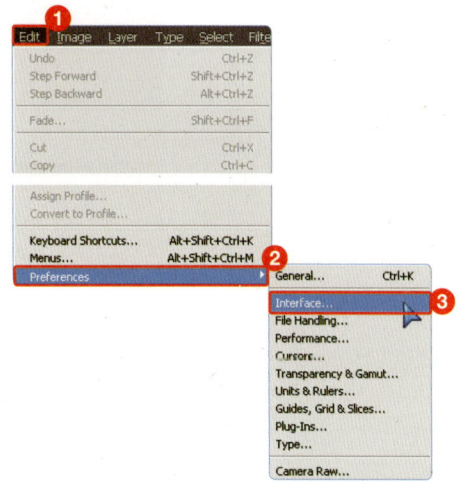

02 Preferences 창이 나타납니다. Color Theme에서 어두운 회색부터 밝은 회색까지 4개의 테마를 볼 수 있습니다. 테마를 선택하면 인터페이스의 색상이 바뀝니다.

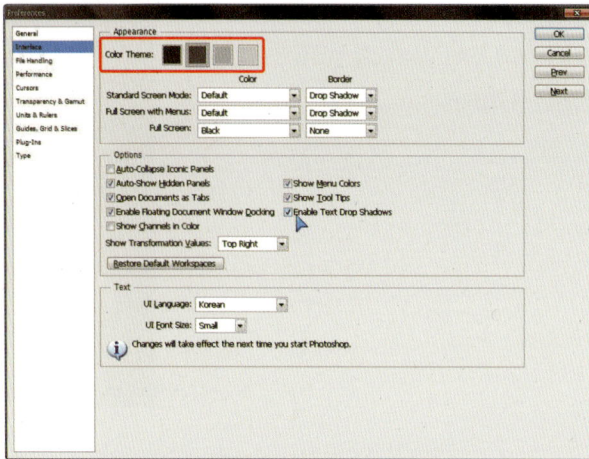

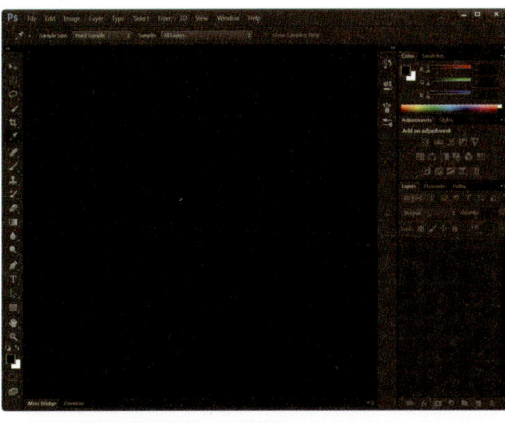 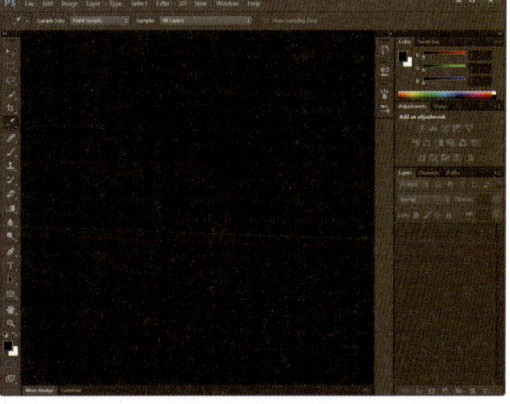

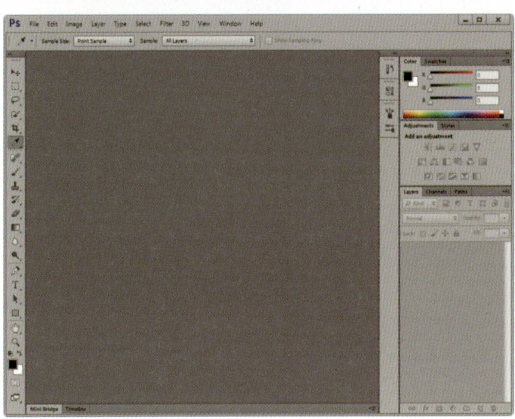 

N OTE Preferences 창 살펴보기

포토샵을 설치한 뒤 환경설정을 자신이 쓰기 편리한 방식으로 바꾸어두면 작업이 훨씬 수월해집니다. Preferences 창에서 환경설정을 변경할 수 있는데 각각의 메뉴가 어떤 기능을 하는지 알아봅니다.

1 **General** : 포토샵의 기본적인 환경설정을 결정합니다.

2 **Interface** : 메뉴 또는 패널 등을 어떻게 구성할지 결정합니다.

3 **File Handling** : 파일을 어떤 형식으로 불러오고 저장할지 결정합니다.

4 **Performance** : 메모리를 얼마나 어떻게 사용할지 결정합니다.

5 **Cursors** : 커서 모양을 결정합니다.

6 **Transparency & Gamut** : 레이어에서 투명한 부분의 색상과 형태를 결정합니다.

7 **Units & Rulers** : 단위나 그리드, 가이드를 결정합니다.

8 **Guides, Grid & Slices** : 가이드나 그리드 선의 색상과 간격을 변경할 때, 색상 또는 수치를 입력하여 변경합니다.

9 **Plug-Ins** : 필터의 경로 및 가상 작업 공간을 결정합니다.

10 **Type** : 서체 이름을 한글 또는 영문으로 표시하는 것을 결정합니다.

008 새 기능 알아보기 2
레이어 검색 바

▶ HOW TO ✦ 기존의 레이어 패널에서는 볼 수 없었던 검색 바가 추가되어 특정 레이어를 빠르고 쉽게 찾을 수 있습니다. 복잡한 디자인을 다룰 때 이 기능을 이용하면 작업 시간을 줄일 수 있습니다.

01 검색 바를 클릭하면 Kind, Name, Effect, Mode, Attribute, Color의 하위 메뉴가 나타납니다.

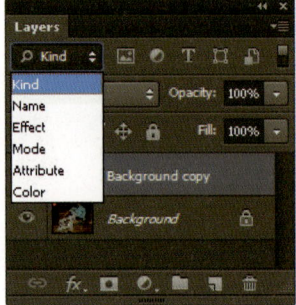

02 필요한 하위 메뉴를 선택하면 해당 레이어만 나타납니다. 여기에서는 Mode를 선택해 블렌딩 모드가 적용된 레이어만 찾아보았습니다. 이렇게 검색해서 한번에 수정한다면 레이어를 모두 열어볼 필요가 없으므로 정말 편리합니다.

새 기능 알아보기 3

블러 효과

▶ HOW TO + 세 가지 블러 효과가 새로 추가되었습니다. 심도 깊은 사진을 원할 때는 Field Blur, 흐림 효과를 주어 인물을 돋보이게 하고 싶을 때는 Iris Blur를 사용하면 좋습니다. Tilt-Shift 효과는 미니어처 같은 느낌을 살려 줍니다.

▶ FILE + 예제 : data/009flower.jpg, 009drawing.jpg

Field Blur

01 Ctrl+O를 눌러 data/009flower.jpg 파일을 불러옵니다. [Filter]-[Blur]-[Field Blur] 메뉴를 선택하면 초점을 맞출 포인트 하나가 나타납니다.

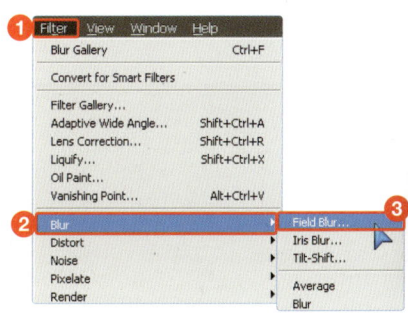
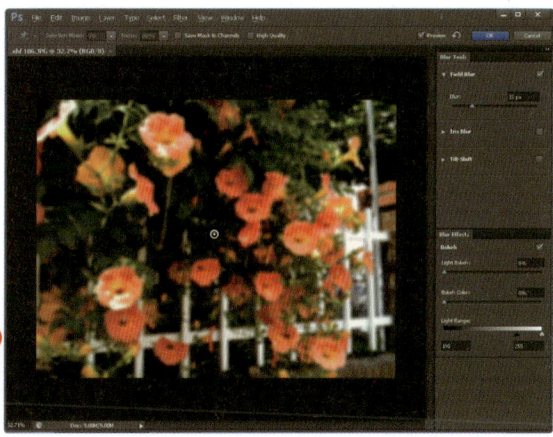

02 흐리게 지정할 부분을 클릭해서 포인트를 찍습니다. Blur Tools 패널에서 블러의 강약을 조절하는 수치를 조정한 후 옵션 바에서 〈OK〉를 클릭합니다.

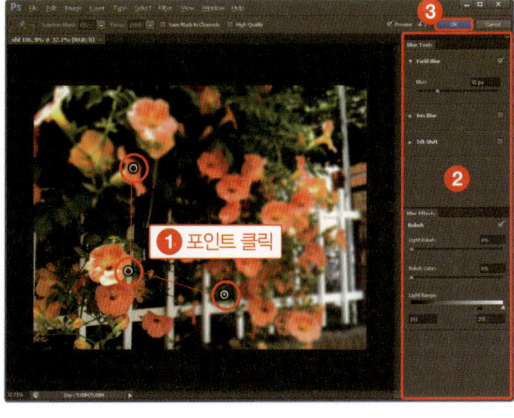

TIP . 각각의 포인트에 수치를 지정해야 합니다.

039

Tilt-Shift

01 Ctrl+O를 눌러 data/009drawing.jpg 파일을 불러옵니다. [Filter]-[Blur]-[Tilt-Shift] 메뉴를 선택합니다. 작업창 중앙에 동그란 모양의 포커스와 그 위아래로 점선 및 실선이 나타납니다.

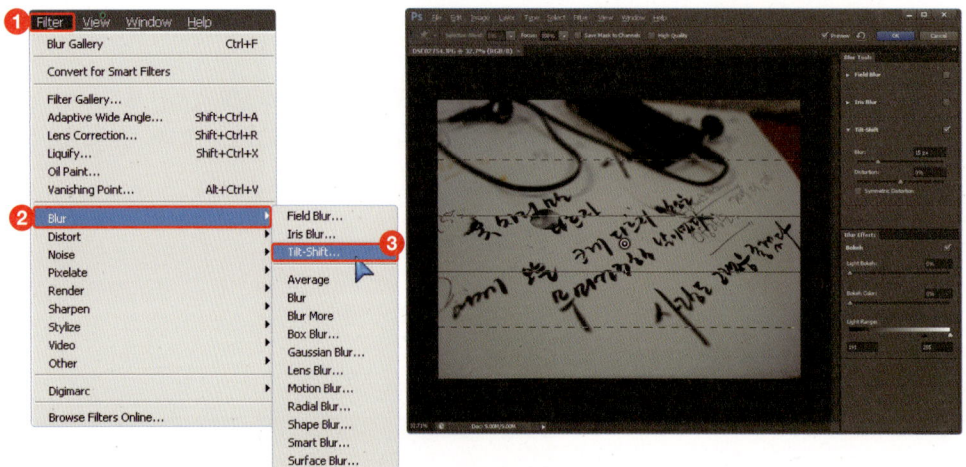

02 포커스와 선을 움직여 조정한 후 Blur Tools 패널에서 블러의 강약을 조절하는 수치를 조정합니다. 옵션 바에서 〈OK〉를 클릭합니다.

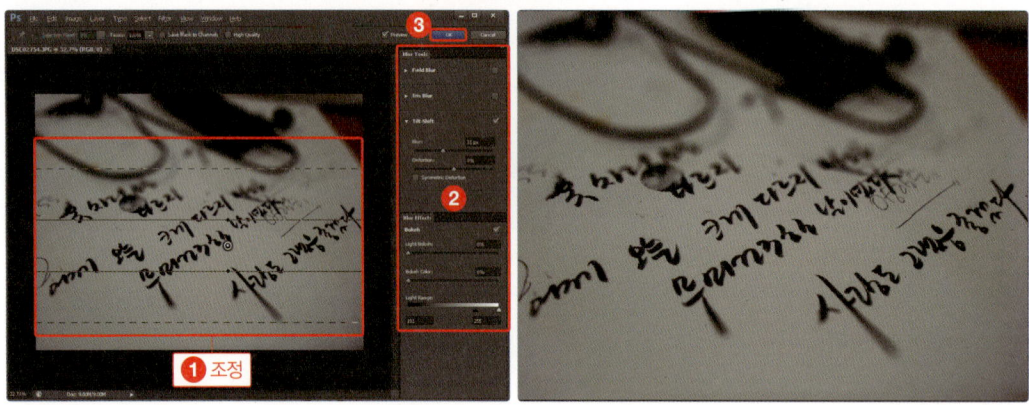

TIP . Iris Blur는 119쪽, SECTION 048을 참고하세요.

새 기능 알아보기 4

내용 인식 이동 툴

▶ HOW TO + 더욱 편리하고 간단하게 사용할 수 있도록 내용 인식 이동 기능이 업그레이드되었습니다. 이전 버전에서는 여러 단계를 거쳐 작업해야 했던 기능을 하나의 툴 안에 넣었습니다.

▶ FILE + 예제 : data/010doll.jpg

01 Ctrl+O를 눌러 data/010doll.jpg 파일을 불러옵니다. 툴 바에서 내용 인식 이동 툴(⌧)을 선택합니다.

02 이동할 부분을 드래그해 선택합니다. 선택 영역을 원하는 부분으로 옮기면 위치 정보가 나타나고 원래 있던 자리는 주변 배경으로 간단히 채워집니다.

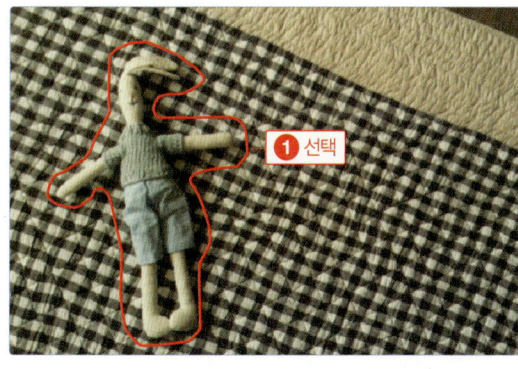
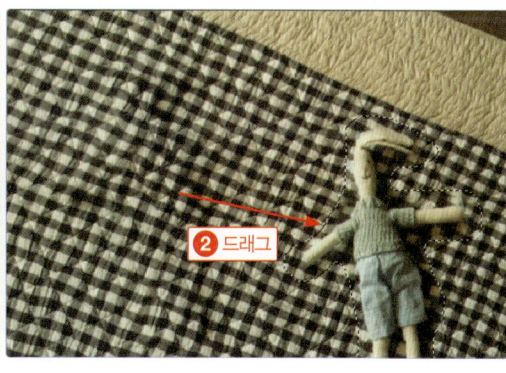

새 기능 알아보기 5
자르기 툴

▶ HOW TO + 자르기 툴은 방식이 조금 달라졌습니다. 그전까지 자르기 툴을 회전시켜 잘랐다면 CS6에서는 사진을 회전시켜 자릅니다. 새로운 방식이 불편하다면 옵션 설정을 통해 예전의 방식을 그대로 사용할 수도 있습니다.

▶ FILE + 예제 : data/011cake.jpg

01 [Ctrl]+[O]를 눌러 data/011cake.jpg 파일을 불러옵니다. 자르기 툴(🔲)을 선택하면 이미지 전체에 자르기 툴이 적용됩니다.

02 조절점을 클릭해서 드래그하면 선택된 부분이 자동으로 중앙에 배치됩니다.

03 이미지를 회전시켜도 선택된 부분은 자동으로 중앙에 나타납니다.

회전

NOTE 자르기 툴 옵션 바 살펴보기

1 Unconstrained : 사용자가 임의로 드래그하거나 설정되어 있는 여러 크기로 자를 영역을 지정합니다.

2 ▬▬▬×▬▬▬ : 원하는 크기로 설정하여 이미지를 자릅니다.

3 가로×세로 크기 변경하기 : 설정된 가로×세로 크기의 자리를 서로 바꿉니다.

4 Straighten : 드래그한 선을 기준으로 이미지의 수평을 맞춥니다.

5 View : 변환 박스 내에 보이는 가이드라인의 모양을 설정합니다.

6 Additional Crop options : CS6 버전의 새 기능과 예전 기능 중 어떤 것을 사용할지 선택할 수 있으며, 자르기 툴 변환 박스의 경계 부분에 대한 옵션을 설정합니다. 새로 업그레이드된 자르기 기능이 불편하다면 Use Classic Mode에 체크해 예전의 방식으로 사용합니다.

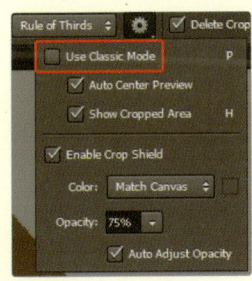

7 Delete Cropped Pixels : 잘린 부분의 이미지를 삭제합니다.

8 Reset the Crop box : 자르기 툴 변환 박스와 이미지 설정을 초기화합니다.

9 Cancel current crop operation : 현재 설정된 자르기를 취소합니다.

10 Commit current crop operation : 선택한 영역으로 이미지를 자릅니다.

새 기능 알아보기 6
패스로 점선 그리기

▸ HOW TO + 많은 사용자들이 기다리던 기능 중 하나입니다. 기존의 레이어 스타일 외곽선 효과와 함께, 새로운 벡터 선 기능을 사용해서 한 오브젝트에 두 개의 선을 한꺼번에 만들 수 있습니다.

▸ FILE + 예제 : data/012Giraffe.jpg

01 [Ctrl]+[O]를 눌러 data/012Giraffe.jpg 파일을 불러온 뒤 사용자 셰이프 툴( )을 클릭합니다. 옵션 바에서 **Shape**를 선택하고 Fill을 클릭해 색상을 지정합니다. 설정 아이콘( )을 클릭하고 **Talk 1**을 선택해 적당한 위치에 드래그해서 원하는 크기로 그립니다.

02 옵션 바에서 **Stroke type**을 클릭하면 Stroke Options가 나타납니다. 여기에서 원하는 점선을 선택하거나 〈More Options〉를 클릭해 설정합니다.

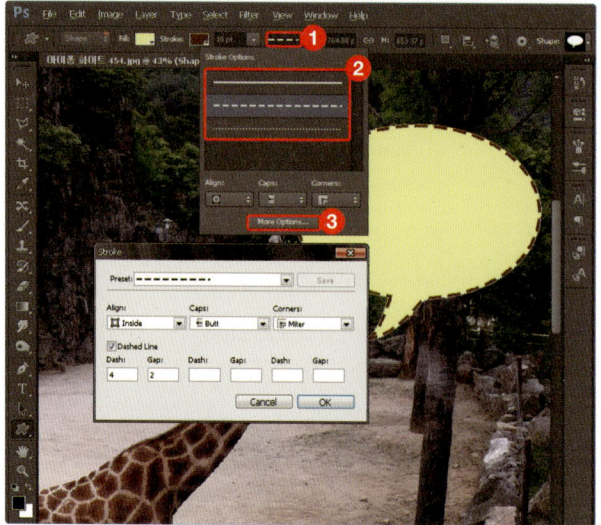

새 기능 알아보기 7
도형의 속성 복사하여 붙여넣기

▶ HOW TO + 지금까지 벡터 모양끼리는 속성(색상, 외곽선 등)을 복사할 수 없었습니다. 모양을 하나하나 클릭해서 속성을 적용해야만 했죠. 이제는 레이어 스타일까지 복사할 수 있게 되었습니다.

01 Layers 패널에서 효과가 적용된 벡터 모양의 레이어를 선택합니다. 마우스 오른쪽 버튼을 클릭해 [Copy Shape Attributes]를 선택합니다.

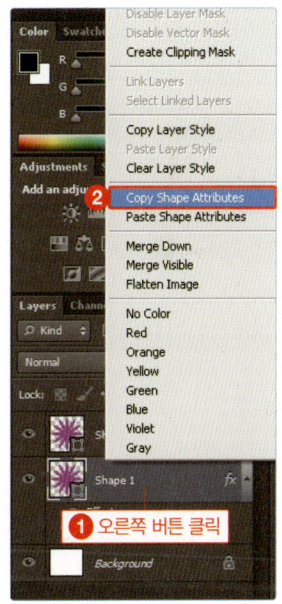

02 Layers 패널에서 효과를 적용하고 싶은 벡터 모양의 레이어를 선택합니다. 마우스 오른쪽 버튼을 클릭해 [Paste Shape Attributes]를 선택하면 복사된 속성이 적용됩니다.

TIP. 벡터 & 비트맵

비트맵은 점을 찍어 이미지를 만들고, 벡터는 점과 점을 잇는 선의 좌표값을 사용하여 이미지를 만듭니다. 이러한 이유로 비트맵은 이미지를 확대하거나 축소하면 이미지를 이루고 있는 점도 덩달아 확대되거나 축소되어 깨질 수 있지만, 벡터는 좌표값을 기억하는 방식이라 이미지를 확대하거나 축소해도 깨지지 않습니다.

새 기능 알아보기 8

가장자리 맞춤

▶ HOW TO + 포토샵을 CS6로 업그레이드해야 할 매력적인 이유 중 하나입니다. 지금까지는 오브젝트를 정확히 그리기 위해 배경에 그리드를 고정시켜 복잡하게 작업해야 했습니다. 이 기능을 사용하면 새로 만들거나 수정하는 모든 오브젝트가 가장자리 맞춤이 되어 훨씬 편리하게 작업할 수 있습니다.

01 옵션 바의 **Align Edges**에 체크하면 새로 만들거나 수정하는 모든 오브젝트는 가장자리 맞춤이 됩니다.

02 또는 [Edit]-[Preferences]-[General] 메뉴를 선택해 Preferences 창이 나타나면 Options 항목에서 제일 아래에 있는 **Snap Vector Tools and Transforms to Pixel Grid**에 체크합니다. 그러면 새로 만들거나 수정하는 모든 오브젝트는 가장자리 맞춤이 됩니다.

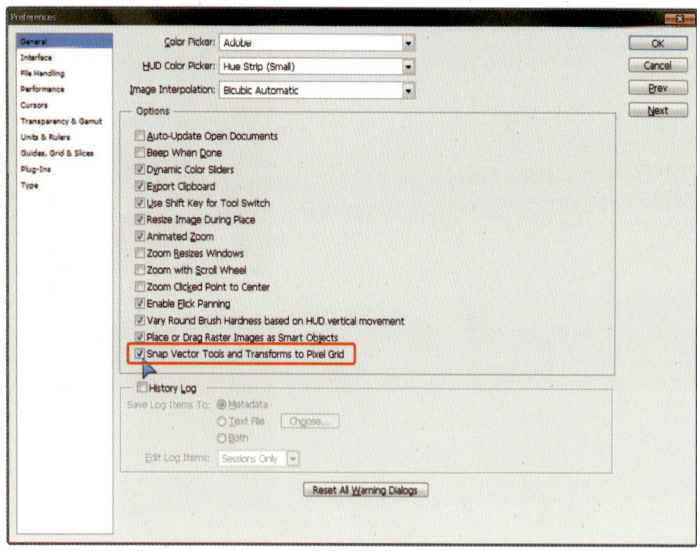

새 기능 알아보기 9
그 밖의 추가된 기능

▶ HOW TO ✚ CS6에서는 레이어 그룹이나 여러 레이어에도 다양한 속성을 한번에 적용하거나 변경할 수 있어 매우 편리합니다. 또한 더 빠른 작업을 위해 직관적인 정보를 보여주며, 텍스트 편집 기능도 강화되었습니다.

그룹에 레이어 스타일, 클리핑 마스크 적용하기

그동안 어떤 레이어 스타일 또는 클리핑 마스크를 다른 레이어 그룹에도 적용하려면 일일이 레이어를 선택해 적용했습니다. 하지만 CS6에서는 레이어와 마찬가지로 그룹에도 똑같이 레이어 스타일 또는 클리핑 마스크를 적용할 수 있습니다.

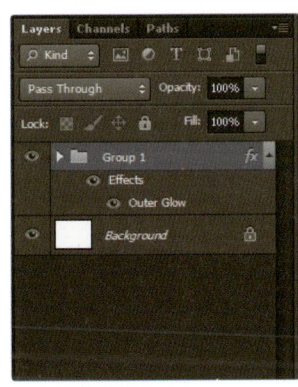
그룹에 적용된 레이어 스타일

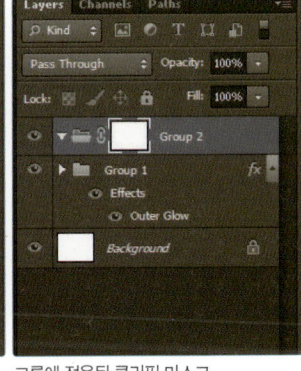
그룹에 적용된 클리핑 마스크

TIP. 레이어 스타일은 말 그대로 각각의 레이어를 꾸며주는 기능입니다. 클리핑 마스크를 예로 들면 Layer 1의 투명 부분에서는 Layer 2의 이미지가 보이지 않고, Layer 1의 색상 영역 부분에서만 Layer 2의 이미지가 나타나게 합니다. 즉 어떤 모양(도형 또는 텍스트) 안에 그 모양대로 이미지를 넣는 것과 같습니다.

여러 레이어에 한번에 블렌딩 모드 적용/변경하기

Layers 패널에서 여러 개의 레이어를 선택한 후 블렌딩 모드를 한번에 변경할 수 있습니다.

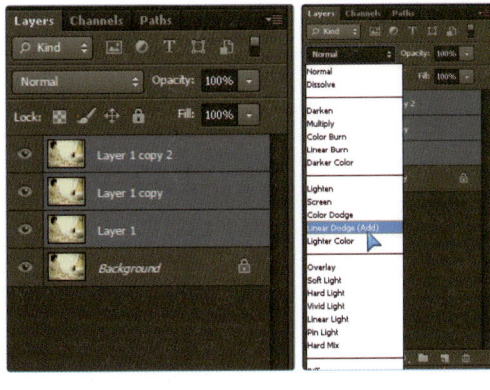

TIP. 블렌딩 모드는 Layers 패널에 있는 편집 도구로 픽셀을 변경하는 방법을 조절합니다. 쉽게 말해 이미지의 톤을 보정하는 도구인데 이미지를 어둡게/밝게 하거나 대비를 높일 수 있습니다.

직관적인 정보 표시

작업 중인 마우스 포인터 옆에 좌표 등의 수치 정보가 대부분 자동으로 표시되어 Info 패널을 따로 보지 않아도 됩니다.

단락 및 문자 스타일

그동안 포토샵은 문자 속성만 적용할 수 있어 텍스트 편집 기능이 약했습니다. CS6에서는 문자의 스타일은 물론, 문단의 속성과 스타일도 조절할 수 있습니다.

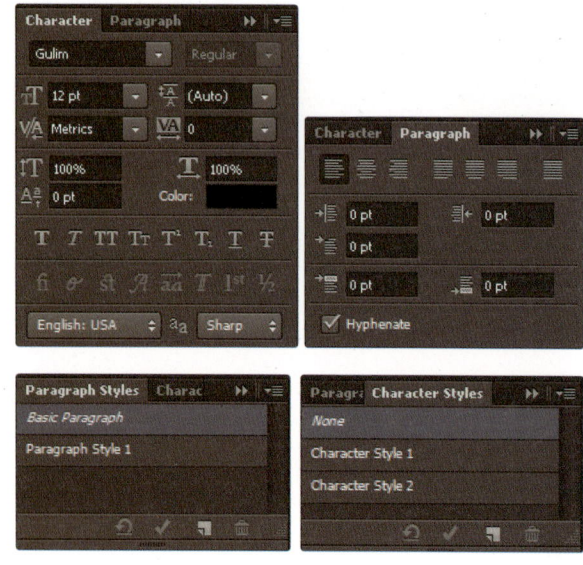

TIP . Character 패널과 Paragraph 패널 설명은 72쪽을 참고하세요.

PHOTO SHOP CS6

CHAPTER 02

포토샵 CS6 기본 다지기

ADOBE
PHOTOSHOP
CS6

포토샵 CS6의 기본 기능을 살펴봅시다. 툴 바와 패널의 기능을 직접 따라하면서 포토샵 작업을 도와주는 다양한 도구를 만나보세요. 이미지의 영역을 선택하고 자유롭게 자르거나 이동하면서 여러 효과를 다뤄보겠습니다. 작업창을 조절하거나 작업 실수를 되돌리는 방법, 눈금자와 가이드라인 등은 더 편리한 작업 환경을 마련해줍니다.

일정한 모양으로 선택하기
사각형 선택, 원형 선택, 가로선 선택, 세로선 선택 툴

▶ HOW TO + 선택 툴을 이용해 일정한 모양으로 원하는 영역을 빠르고 쉽게 선택할 수 있습니다. 일정하지 않거나 불규칙적인 모양을 선택할 때는 어려운 편이지만, 옵션 바를 이용해 가장자리를 흐리게 하거나 선택 영역을 추가, 삭제하면 더 나은 결과물을 얻을 수 있습니다.

▶ FILE + 예제 : data/016bread.jpg

01 Ctrl+O를 눌러 data/016bread.jpg 파일을 불러옵니다. 사각형 선택 툴(▭)을 선택하고 시작 부분에서 대각선 방향으로 드래그하면 사각형 모양으로 지정됩니다.

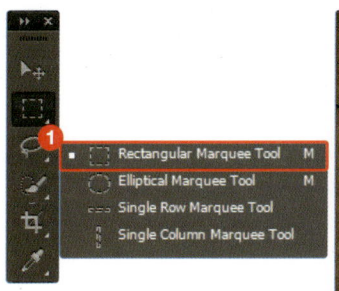

02 원형 선택 툴(◯)을 선택하고 대각선 방향으로 드래그하면 원 모양으로 지정됩니다.

TIP . Shift를 누른 채 드래그하면 정사각형, 정원으로 그릴 수 있습니다.
TIP . Ctrl+D를 누르면 선택 영역이 해제됩니다.

03 가로선 선택 툴(▬) 또는 세로선 선택 툴(▮)을 선택하고 원하는 부분을 클릭하면 1 픽셀의 가로선 또는 세로선이 지정됩니다.

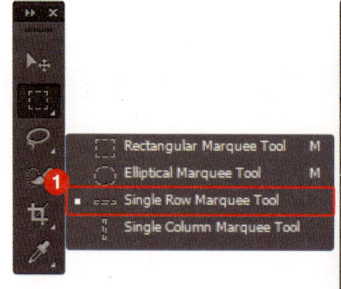 

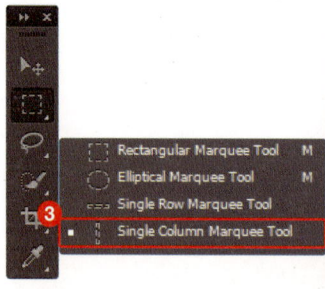 

NOTE 선택 툴 옵션 바 살펴보기

1. **New selection** : 드래그할 때마다 새로운 영역이 생성됩니다.
2. **Add to selection** : 드래그할 때마다 기존 영역에 새로운 영역이 추가됩니다.
3. **Subtract from selection** : 기존의 선택 영역에서 불필요한 영역을 삭제합니다.
4. **Intersect With selection** : 기존의 선택 영역 중 새로 선택하는 영역과 겹쳐지는 부분만 선택합니다.
5. **Feather** : 선택 영역의 가장자리를 설정한 픽셀 수만큼 번지도록 해서 부드럽게 하는 정도를 설정합니다. 수치가 높을수록 가장자리가 부드러워집니다.

Feather : 20   Feather : 40   Feather : 60

6. **Anti-alias** : 주로 원형 선택 툴(○)을 이용해서 곡선 형태의 이미지를 선택할 때 사용합니다. 비트맵 이미지는 픽셀로 이루어져 있어 가장자리에 계단 현상이 나타납니다. 이 옵션을 체크하고 작업하면 계단 현상을 부드럽게 처리해주므로 자연스러운 곡선 이미지를 만들 수 있습니다.

자유로운 형태로 선택하기
올가미, 다각형 올가미, 자석 올가미 툴

▶ HOW TO + 마우스로 클릭 또는 드래그하면서 선택 영역을 지정합니다. 직선 모양이나 자유로운 형태를 선택할 때 사용하면 편리합니다. 이 툴을 활용해 작업 시간을 단축해보세요.

▶ FILE + 예제 : data/017cushion.jpg

01 Ctrl+O를 눌러 data/017cushion.jpg 파일을 불러옵니다. 올가미 툴( )을 클릭하고 선택할 영역의 테두리를 따라 마우스를 클릭한 상태로 드래그합니다. 처음 클릭한 지점에 도착해 손을 떼면 선택 영역이 지정됩니다.

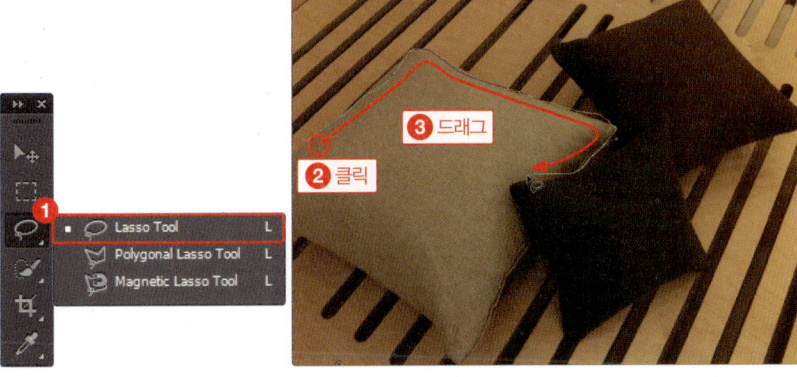

02 다각형 올가미 툴( )을 클릭합니다. 우선 시작점을 클릭하고 각진 부분 중간 중간을 클릭하면서 다음 영역을 선택해나갑니다. 처음 클릭한 지점을 다시 클릭하면 선택 영역으로 지정됩니다.

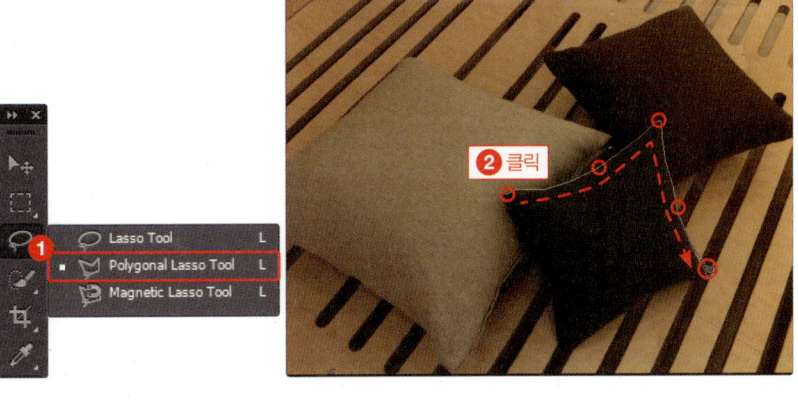

03 자석 올가미 툴(🧲)을 클릭합니다. 선택할 영역의 테두리 첫 지점을 클릭한 후 선택할 이미지의 경계를 따라 마우스 커서를 이동합니다. 이미지의 색상이나 명도, 채도에 따라 윤곽선을 자석처럼 자동으로 선택해줍니다.

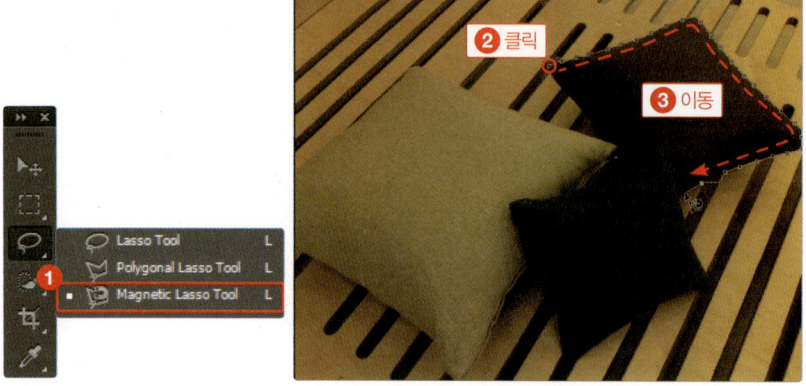

TIP. 외곽선을 따라 드래그하다가 Esc 를 누르면 선택 작업을 취소할 수 있습니다.

NOTE 자석 올가미 툴 옵션 바 살펴보기

옵션 바의 사용법은 선택 툴과 동일하지만 자석 올가미 툴(🧲)을 선택하면 추가적으로 생성되는 옵션에 대해 알아봅시다.

1 Width : 선택되는 경계선을 어느 정도에서 검색할지 수치로 설정합니다. 10으로 설정했다면 마우스의 위치에서 10픽셀 내를 검색해 색 차이가 가장 많이 나는 부분을 경계선으로 결정합니다. 수치가 낮을수록 정교하게 선택됩니다.

2 Contrast : 선택되는 경계선을 수치로 조정합니다. 색의 대비 차에 따라 선택 영역을 지정하므로 수치가 높을수록 정교하게 선택됩니다.

3 Frequency : 선택하는 도중에 나타나는 포인트의 수를 결정합니다. 수치가 높을수록 생성되는 포인트가 많아지므로 정교하게 선택됩니다.

018 클릭 한 번으로 넓은 영역 선택하기
빠른 선택, 마술봉 툴

▶ HOW TO + 동일한 색상이나 아주 넓은 영역을 선택할 때 일일이 선택 툴이나 올가미 툴로 지정하려면 작업 시간이 오래 걸립니다. 이 툴을 이용하면 클릭 또는 드래그만으로도 넓은 영역을 빠르게 선택할 수 있습니다.

▶ FILE + 예제 : data/018ribbon.jpg

01 Ctrl+O를 눌러 data/018ribbon.jpg 파일을 불러옵니다. 빠른 선택 툴(   )을 클릭하면 브러시 형태의 포인터가 나타납니다. 선택할 부분을 드래그하면, 그 부분과 동일한 색상이 한꺼번에 선택 영역으로 지정됩니다.

TIP. 선택 영역이 다른 부분으로 확장되어 잘못 선택되었다면 옵션 바에서 선택 영역 제외하기 아이콘(   )을 선택한 후 잘못 선택된 영역을 드래그하여 선택 영역에서 제외합니다.

02 마술봉 툴(   )을 선택합니다. 클릭한 부분의 색상과 동일한 색상을 가진 영역이 한번에 지정됩니다.

원하는 부분만 잘라 원근감 적용하기

자르기, 원근 자르기 툴

▶ HOW TO + 자르기 툴은 주로 불필요한 부분을 제거하는 용도입니다. CS6에서는 새롭게 추가된 원근 자르기 툴로 원근 효과를 적용할 수 있습니다. 인물은 길어 보이게, 건물은 높아 보이게 하는 효과를 낼 수 있습니다.

▶ FILE + 예제 : data/019crop.jpg, 019Audrey.jpg

01 Ctrl + O 를 눌러 data/019crop.jpg 파일을 불러옵니다. 자르기 툴(口)을 선택하면 이미지 전체에 자르기 영역이 표시됩니다.

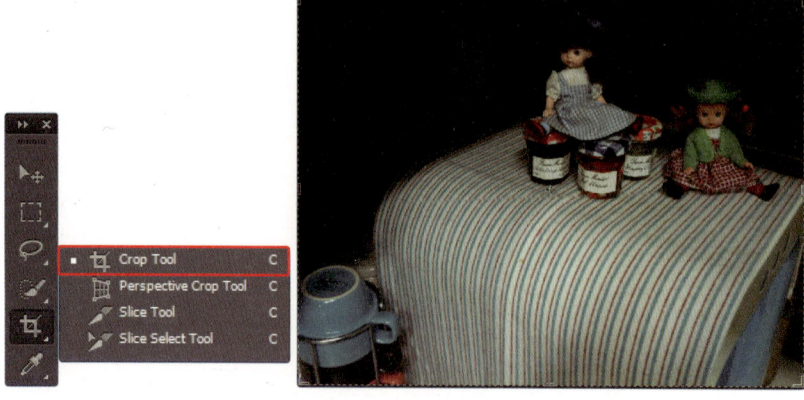

02 모서리 부분을 드래그해 원하는 위치와 크기로 조절합니다. 자르기 영역 안쪽을 더블클릭하거나 Enter 를 눌러 이미지를 자릅니다.

TIP . Esc 를 누르면 조정한 위치를 처음 상태로 되돌릴 수 있습니다.

03 Ctrl+O를 눌러 data/019Audrey.jpg 파일을 불러옵니다. 원근 자르기 툴(圃)을 선택해 화면에서 원하는 부분을 드래그하거나 마우스로 자르기 영역을 지정합니다. 여기서는 원하는 부분을 드래그해 지정해보겠습니다.

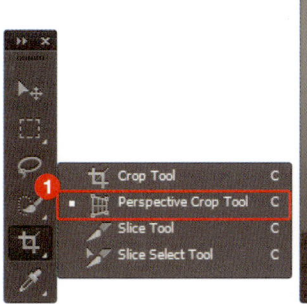

04 인물 왼쪽과 오른쪽 아래의 꼭짓점을 중앙 쪽으로 드래그합니다. 그림처럼 마름모 형태를 만들어 원근 효과를 적용하는 것입니다.

05 자르기 영역 안쪽을 더블클릭하거나 Enter를 눌러 이미지를 자릅니다.

얼룩이나 불필요한 부분 제거하기

스팟 힐링 브러시, 힐링 브러시, 패치 툴

▶ HOW TO + 이 툴들은 클릭 또는 드래그만으로 그 지점의 인접 픽셀을 가져와 이미지를 복원합니다. 인물 사진에서 작은 점 같은 결점을 제거하거나 어떠한 사물을 복제할 때 주로 사용합니다.

▶ FILE + 예제 : data/020violet.jpg, 020shoes.jpg

01 Ctrl+O를 눌러 data/020violet.jpg 파일을 불러옵니다. 스팟 힐링 브러시 툴( )을 선택하고 작은 점들을 클릭하면 점이 제거됩니다.

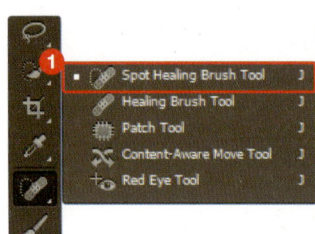
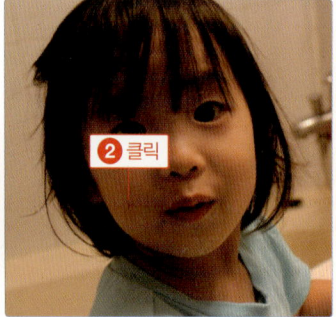

02 Ctrl+O를 눌러 data/020shoes.jpg 파일을 불러옵니다. 힐링 브러시 툴( )을 선택하고 Alt를 누른 채 클릭하면 삭제하거나 복원에 사용할 이미지 부분이 클립보드에 복사됩니다. 수정할 곳을 클릭하면 클립보드에 복사된 이미지로 변경됩니다.

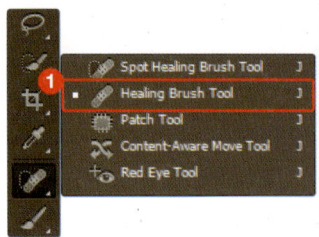

TIP. 패치 툴은 147쪽, SECTION 057을 참고하세요.

021 자유롭게 드로잉하기

브러시 툴

▶ HOW TO + 브러시 툴을 이용해 밋밋한 사진에 재미있는 그림을 그려 넣으면 근사한 작품으로 완성할 수 있습니다. 최근에는 브러시 툴의 다양한 속성을 이용해 멋진 캘리그래피를 완성하는 분들도 많이 있습니다.

▶ FILE + 예제 : data/021cute.jpg

01 Ctrl+O를 눌러 data/021cute.jpg 파일을 불러온 뒤 브러시 툴(✏)을 선택합니다. Layers 패널에서 새 레이어 추가 아이콘(📄)을 클릭합니다.

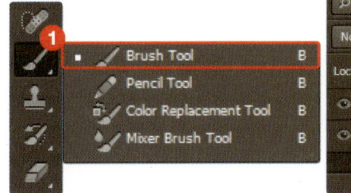 

02 옵션 바에서 설정 아이콘(▼)을 클릭해 **Hard Round**를 선택하고 Size를 7로 설정합니다. 툴 바의 전경색을 클릭하면 컬러 피커 창이 나타납니다. **하늘색(#49b8a7)**으로 설정하고 〈OK〉를 클릭합니다.

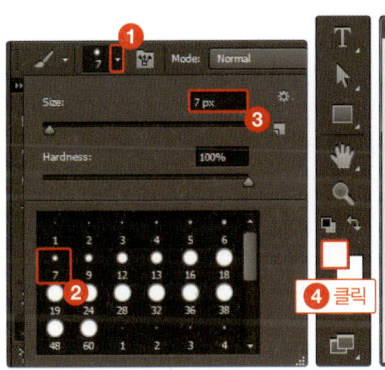 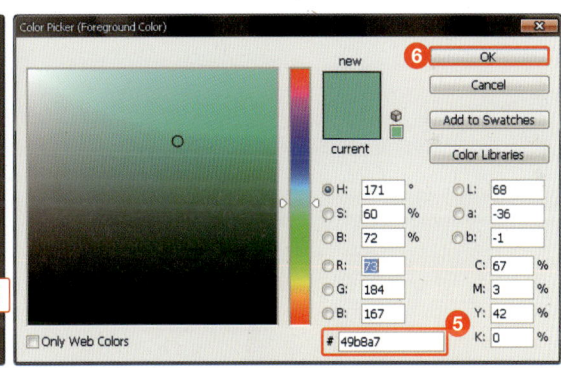

TIP . 그림에 나타나는 설정과 다르다면 브러시 확장 아이콘(▶)을 클릭해 [Basic Brushes]를 선택합니다.

03 꼬마 인형 주위에 재미있는 그림을 자유롭게 그립니다.

04 옵션 바에서 가장자리가 부드러운 **Soft Round**를 선택하고, Size를 **28**로 설정합니다. 툴 바의 전경색을 **분홍색(#cb1e7c)**으로 설정합니다.

05 드래그해서 꼬마 인형 얼굴에 볼터치 느낌을 표현해봅시다. 캔버스를 확대, 축소하면서 그림을 그리면 디테일한 그림을 연출할 수 있습니다.

TIP . 돋보기 툴을 이용하거나 [Ctrl]+[+] 또는 [Ctrl]+[-]를 누르면 확대, 축소할 수 있습니다.

NOTE 브러시 패널 살펴보기

[Window]-[Brush] 메뉴 또는 F5 를 눌러 브러시 패널을 엽니다. 옵션 바에서 패널 열기 아이콘(🔲)을 클릭해도 됩니다. 붓 터치를 표현하기 위한 브러시 형태, 크기, 재질, 노이즈 효과 등을 설정할 수 있습니다.

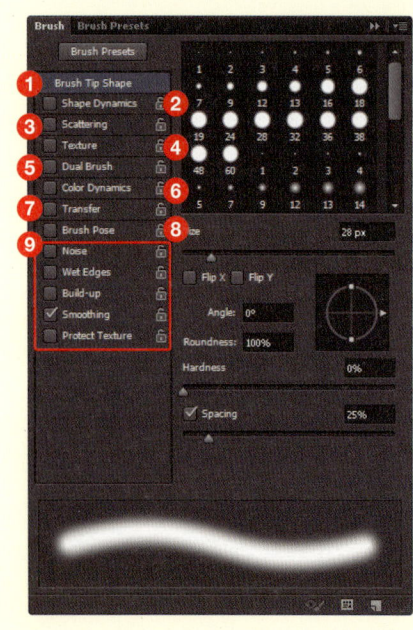

1 **Brush Tip Shape** : 끝 모양을 다듬을 수 있는 옵션으로 질감 및 느낌을 결정합니다.

2 **Shape Dynamics** : 테두리 모양을 세부적으로 지정할 수 있습니다.

3 **Scattering** : 분산 정도를 조절합니다.

4 **Texture** : 무늬를 삽입하는 옵션으로 질감이 강한 브러시를 만들 때 사용합니다.

5 **Dual Brush** : 새로운 브러시를 추가하거나 기존의 브러시와 합쳐 새롭게 만들 수 있습니다.

6 **Color Dynamics** : 전경색과 배경색 사용 빈도를 결정해 하나의 브러시로 다양한 색상을 표현할 수 있습니다.

7 **Transfer** : 불투명한 정도를 조절합니다.

8 **Brush Pose** : 기울기 및 강약을 조절합니다.

9 나머지 기능 : 각각의 옵션에 체크하면 해당하는 효과를 브러시에 표현합니다.

도장으로 복제하듯 찍어내기

스탬프, 패턴 스탬프 툴

▶ HOW TO + 스탬프는 이름 그대로 도장처럼 똑같이 찍어내는 툴입니다. 드래그하는 영역마다 똑같은 이미지 또는 똑같은 패턴이 나타나 재미있는 이미지를 연출할 수 있습니다.

▶ FILE + 예제 : data/022tulip.jpg

01 Ctrl+O를 눌러 data/022tulip.jpg 파일을 불러옵니다. 스탬프 툴(🖄)을 선택하고 Alt를 누른 채 복사할 부분을 클릭합니다. 복제할 위치에서 드래그하면 클릭했던 영역부터 이미지가 복제됩니다.

02 패턴 스탬프 툴(🖄)을 선택합니다. 옵션 바에서 설정 아이콘(▼)을 눌러 패턴을 선택하고 드래그하면 이미지에 반복적인 패턴이 나타납니다.

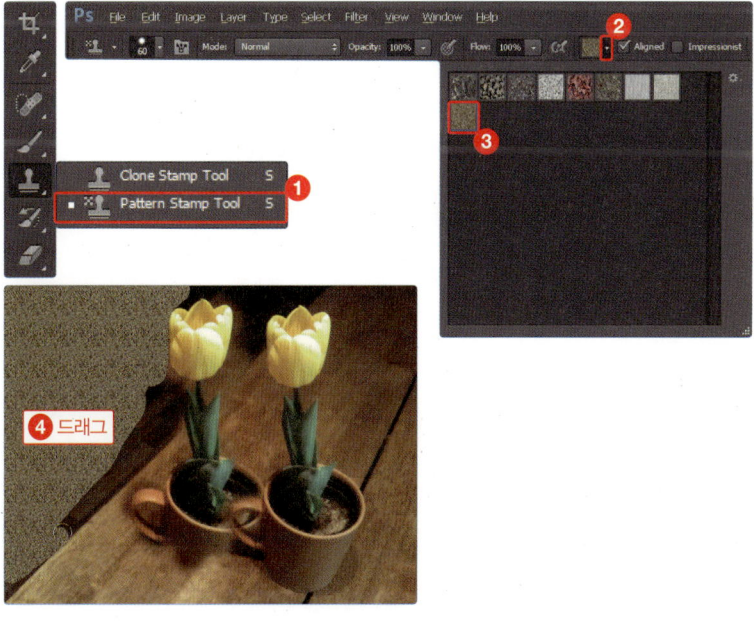

사진을 붓으로 그린 듯이 연출하기

아트 히스토리 브러시 툴

▶ HOW TO + 유화 느낌의 사진을 직접 그릴 시간이 없거나 실력이 부족하다면 이 툴을 이용해 붓으로 그림을 그린 듯한 효과를 낼 수 있습니다. 브러시의 크기, 불투명도 등을 잘 조절하면 사진을 멋지게 만들 수 있습니다.

▶ FILE + 예제 : data/023oil.jpg

01 Ctrl+O를 눌러 data/023oil.jpg 파일을 불러온 뒤 아트 히스토리 브러시 툴( )을 클릭합니다. 옵션 바에서 **Soft Round**를 선택하고 Size를 40으로 지정합니다.

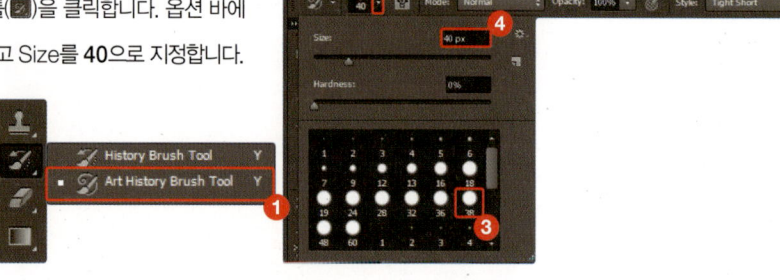

02 이미지의 원하는 부분에서 드래그하면 유화 느낌의 효과가 나타납니다.

03 유화 느낌이 마음에 들지 않으면 히스토리 브러시 툴( )을 선택해 드래그합니다. 이미지가 원본 상태로 돌아옵니다.

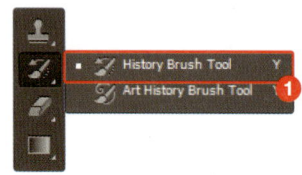

024 지우개로 깨끗하게 지우기

지우개 툴

▶ HOW TO + 불필요한 부분을 지울 때 사용합니다. 원본에 잘못 사용하면 오히려 사진을 망칠 수 있으니 레이어를 추가해 드로잉 작업을 할 경우에 사용하도록 합니다.

▶ FILE + 예제 : data/024house.jpg

01 Ctrl+O를 눌러 data/024house.jpg 파일을 선택합니다. 지우개 툴( )을 선택하고 필요 없는 영역을 드래그합니다. 이때 지우는 영역은 툴 바의 배경색으로 칠해진 것처럼 표현되는데, 원하는 배경색을 먼저 지정한 후 사용합니다. 이 예제에서는 흰색을 사용합니다.

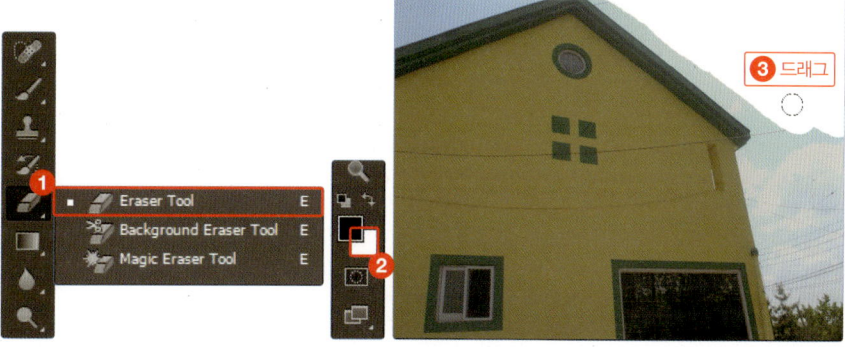

TIP . 지우개 툴을 Background 레이어에서 사용하면 툴 바의 배경색으로 나타납니다. 배경색을 원하는 색으로 지정한 후 사용합니다. 단 Background 레이어를 일반 레이어로 변경하거나 복제한 후 사용하면, **02** 번에서 설명하는 배경 지우개 툴과 동일하게 삭제된 영역이 투명하게 처리됩니다.

02 배경 지우개 툴( )을 선택하고 이미지의 불필요한 부분을 드래그합니다. 툴 바의 배경색과 상관없이 삭제된 영역이 투명하게 처리됩니다.

03 매직 지우개 툴( )을 선택합니다. 클릭 한번으로 특정 색상만을 삭제합니다.

NOTE 지우개 툴 옵션 바 살펴보기

• 지우개 툴( )

1 Mode : 브러시의 방식을 설정합니다.
2 Opacity : 브러시의 불투명도를 조절합니다.
3 Flow : 에어브러시가 선택된 상태에서만 사용 가능하며 마우스 버튼을 누르는 압력에 따라 지우개 툴( )을 사용할 수 있습니다.

• 배경 지우개 툴( )

1 Limits : 이미지가 투명하게 제거되는 영역을 설정합니다.
2 Tolerance : 수치를 조절하여 지우려는 영역을 설정합니다. 수치가 클수록 비슷한 색상의 범위가 확장돼 넓은 범위의 색상을 지울 수 있습니다.
3 Protect Foreground Color : 툴 바의 전경색과 같은 색상만 남기고 모두 삭제합니다.

• 매직 지우개 툴( )

1 Tolerance : 수치를 조절하여 지우려는 색상의 범위를 설정합니다.
2 Anti-alias : 선택 영역의 경계 부분을 부드럽게 설정합니다.
3 Contiguous : 체크 표시하면 클릭한 곳과 인접한 색상만을 지우고, 체크 표시를 해제하면 이미지 전체의 유사한 색상을 지웁니다.
4 Sample All Layers : 레이어에 상관없이 유사한 색상을 모두 지웁니다.
5 Opacity : 불투명도를 적용해서 이미지를 지웁니다.

페인트를 칠하듯 특정 부분의 색상 바꾸기

그레이디언트, 페인트 통 툴

▶ HOW TO ◆ 그레이디언트 툴을 이용하면 특정 영역을 다양한 모양으로 꾸밀 수 있으며, 페인트 통 툴로는 클릭 한 번으로 특정 영역에 원하는 색을 채울 수 있습니다. 이미지의 밋밋한 부분을 드래그 또는 클릭만으로 꾸며봅시다.

▶ FILE ◆ 예제 : data/025plane.jpg

01 Ctrl + O를 눌러 data/025plane.jpg 파일을 불러옵니다. 마술봉 툴()을 선택하고 색상을 채울 영역을 클릭해 선택 영역으로 지정합니다.

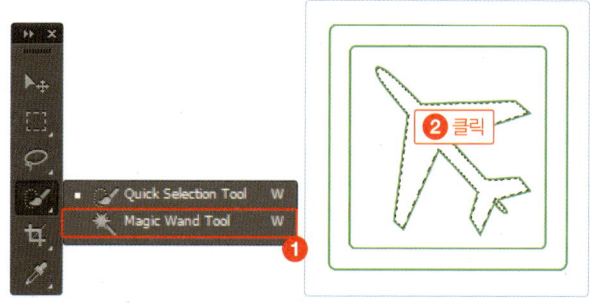

TIP. 마술봉 툴로 선택 영역을 지정하는 이유는, 선택 영역을 지정하지 않은 상태에서 그레이디언트 툴을 선택해 드래그하면 이미지 전체에 그레이디언트가 적용되기 때문입니다.

02 전경색을 **연녹색(#ccff9a)**, 배경색을 **회색(#a0a0a0)**으로 설정하고 그레이디언트 툴()을 선택합니다. 옵션 바에서 설정 아이콘()을 클릭하고 **Foreground to Background**를 선택합니다. 선택 영역 안쪽을 위에서 아래로 드래그해 색상을 채웁니다.

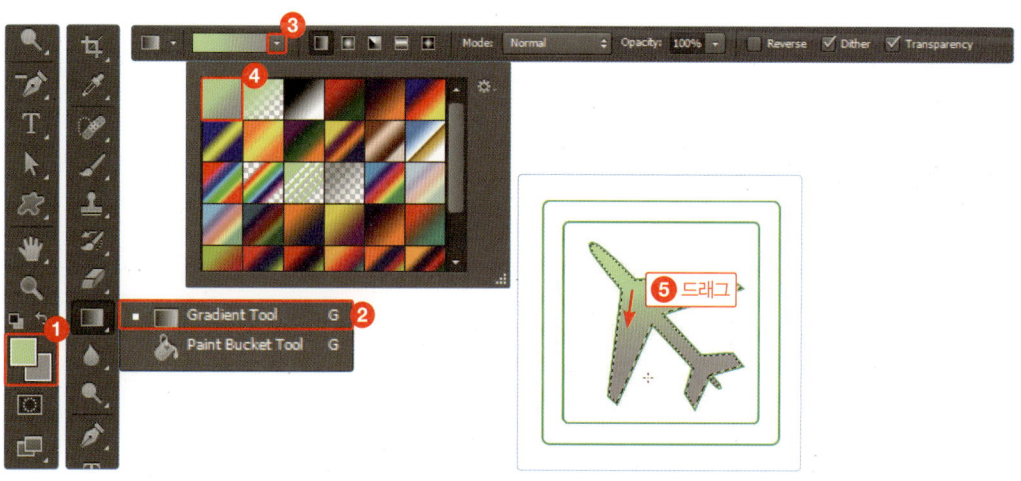

03 마술봉 툴(🪄)로 색을 채울 영역을 클릭해 선택 영역으로 지정합니다. 이번에는 클릭 한 번으로 색상을 채울 수 있는 페인트 통 툴(🪣)을 선택합니다. 전경색을 클릭하여 컬러 피커 창이 나타나면 원하는 색을 선택하고 채울 부분에 클릭합니다.

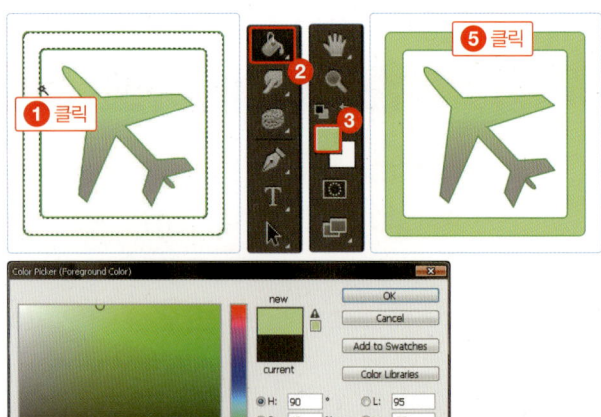

NOTE 그레이디언트 툴 옵션 바 살펴보기

1 Gradient Style : 전경색과 배경색을 기준으로 그레이디언트 색상을 표시하거나 저장된 그레이디언트 스타일의 색상을 선택할 수 있습니다. 클릭하면 Gradient Editor 창이 나타납니다.

2 Gradient : 선형, 원형, 앵글, 방사, 다이아이몬드의 형태를 선택할 수 있습니다.

 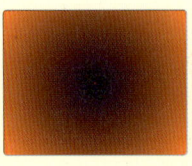  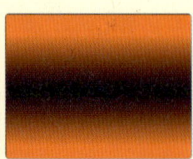 

3 Mode : 바탕색과 그레이디언트 색상의 블렌딩 모드를 선택할 수 있습니다.
4 Opacity : 그레이디언트의 불투명도를 조절합니다.
5 Reverse : 그레이디언트의 색상 단계를 반전합니다.
6 Dither : 그레이디언트의 색상 단계를 부드럽게 표현합니다.
7 Transparency : 그레이디언트의 투명도를 설정합니다.

026 흐릿하게 하거나 선명하게 하기

블러, 샤픈, 스머지 툴

▶ HOW TO + 블러는 이미지를 흐릿하게, 샤픈은 선명하게 하는 효과를 줍니다. 두 툴을 적절히 활용하면 DSLR 카메라로 찍은 것처럼 아웃포커싱 효과를 빠르고 간단하게 만들 수 있습니다.

▶ FILE + 예제 : data/026story.jpg

01 Ctrl+O를 눌러 data/026story.jpg 파일을 불러온 뒤 블러 툴(◉)을 선택합니다. 이미지를 드래그하면 흐릿해집니다.

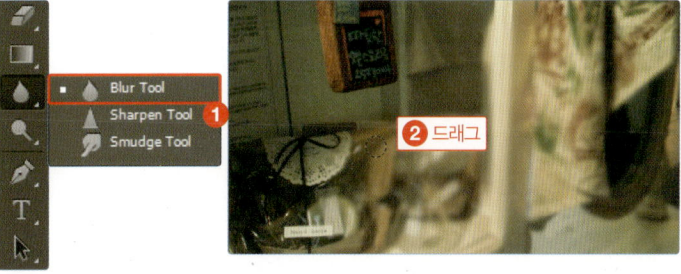

02 샤픈 툴(◉)을 선택합니다. 이미지를 드래그하면 선명해집니다. 너무 과도하게 사용하면 오히려 이미지가 손상되므로 적절하게 사용합니다. 블러 툴과 함께 이용하면 더 완벽한 아웃포커싱 사진을 만들 수 있습니다.

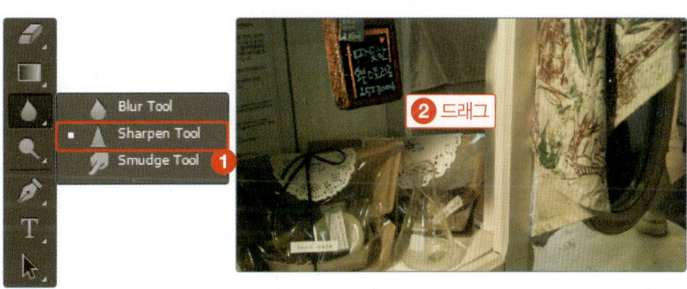

TIP. 블러 툴이 선택된 상태에서 Alt 를 누르면 샤픈 툴로, 샤픈 툴이 선택된 상태에서 Alt 를 누르면 블러 툴로 변환됩니다.

03 스머지 툴(◉)을 선택합니다. 드래그하면 이미지가 뭉개집니다. 인물 사진에서 피부를 매끄럽게 만들 때 적용하면 좋습니다.

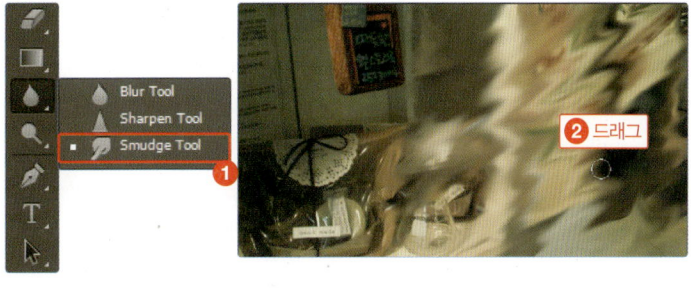

클릭 한 번으로 명도와 채도 조절하기

닷지, 번, 스펀지 툴

▶ HOW TO + 사진이 역광으로 일부분만 어둡게 나왔다면 닷지 툴로 밝게, 반대로 그림자 효과를 만들고 싶을 때는 번 툴로 어둡게, 빈티지 사진을 만들고 싶다면 스펀지 툴을 이용해 빠르게 사진을 보정합니다.

▶ FILE + 예제 : data/027table.jpg

01 Ctrl+O를 눌러 data/027table.jpg 파일을 불러온 뒤 닷지 툴( )을 선택합니다. 이미지에서 어두운 부분을 드래그하면 해당 부분의 이미지가 밝아집니다.

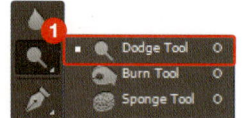

02 번 툴( )을 선택합니다. 닷지 툴과는 반대로 과도하게 밝은 부분에 드래그하면 이미지가 어두워집니다.

TIP. 닷지 툴이 선택된 상태에서 Alt 를 누르면 번 툴로, 번 툴이 선택된 상태에서 Alt 를 누르면 닷지 툴로 변환됩니다.

03 스펀지 툴( )을 선택합니다. 드래그하면 이미지의 채도(맑고 탁한 정도)를 조절할 수 있습니다.

028 펜으로 자유롭게 패스 그리기

펜 툴

▶ HOW TO + 펜 툴은 다양한 형태의 패스를 만들 때 사용합니다. 직선과 곡선으로 이미지의 원하는 부분만 따서 합성 사진 등을 만들 수 있습니다. 쇼핑몰 홈페이지 디자인에서 디테일한 컷을 만들 때도 유용합니다.

▶ FILE + 예제 : data/028paths.jpg

01 Ctrl+O를 눌러 data/028paths.jpg 파일을 불러온 뒤 펜 툴(✎)을 선택합니다. 옵션 바에서 **Shape**를 선택하고 Fill은 **no color**, Stroke는 **검은색(#000000)**으로 설정합니다.

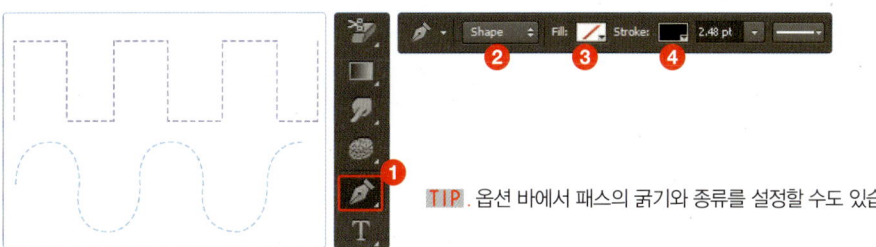

TIP. 옵션 바에서 패스의 굵기와 종류를 설정할 수도 있습니다.

02 직선 패스를 그려보겠습니다. 시작점을 클릭하고 Shift를 누른 상태에서 안내선의 모서리를 클릭합니다. 안내선을 따라 클릭하여 패스를 모두 그리면 다시 펜 툴(✎)을 클릭해 패스를 완성합니다.

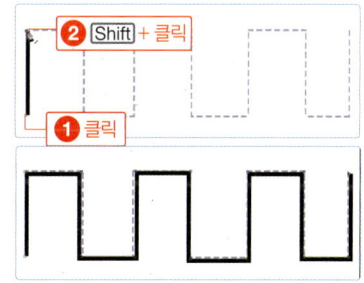

03 곡선 패스를 그려보겠습니다. 펜 툴(✎)로 시작점을 클릭하고 두 번째 점을 클릭한 후 드래그하면 직선이 곡선으로 바뀝니다. Alt를 누른 채 두 번째로 클릭한 지점을 다시 클릭하여 방향선을 삭제합니다. 다시 세 번째 점을 클릭하고 마우스에서 손을 떼지 않은 상태에서 드래그합니다. 이와 같은 방법으로 패스를 모두 그리면 다시 펜 툴(✎)을 클릭해 패스를 완성합니다.

TIP. 패스 선택 툴(▶)은 패스로 이루어진 개체를 선택할 때 사용합니다. 클릭하면 하나의 패스나 개체가 선택되며, 마우스로 특정 영역을 드래그하면 영역 안의 모든 패스가 함께 선택됩니다. 직접 선택 툴(▶)은 포인트나 선분이 하나씩 선택되므로 패스 선택 툴보다 정교하게 패스를 수정할 수 있습니다.

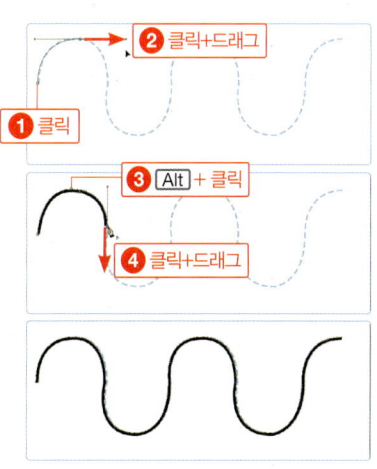

메시지를 전달하는 글자 입력하기

문자 툴

▶ HOW TO + 전달하고자 하는 메시지를 직관적으로 가장 정확하게 알릴 수 있는 툴입니다. 문자 툴에서 폰트, 색상 등을 변경해 나만의 느낌을 살려 글자를 표현할 수 있습니다.

▶ FILE + 예제 : data/029freedom.jpg

01 Ctrl+O를 눌러 data/029freedom.jpg 파일을 불러온 뒤 문자 툴(T)을 선택합니다. 옵션 바에서 폰트를 **가을10**, 크기를 **36**으로 설정합니다. 이때 입력할 텍스트의 색상을 배경보다 밝거나 어둡게 하여 잘 보이게 한 뒤 텍스트를 입력합니다.

TIP. 세로 문자 툴(T)을 선택하고 입력하면 문자를 세로 방향으로 입력할 수 있습니다.

02 글자를 드래그해 블록으로 지정한 후 폰트 크기와 색상을 변경합니다. 폰트의 크기와 색상 변경만으로도 원하는 의도를 쉽게 전달할 수 있습니다.

TIP. 곡선에 텍스트를 쓸 때는 219쪽, SECTION 080을 참고하세요.

N OTE 문자 툴 옵션 바 및 패널 살펴보기

• 옵션 바

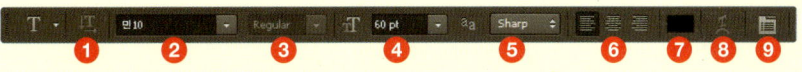

1 **텍스트 방향** : 텍스트의 방향을 설정합니다. 문자 툴로 입력한 후 클릭하면 가로로 입력된 문자가 세로로 변경되고 다시 클릭하면 가로로 회전합니다.

2 **폰트** : 폰트 모양을 선택합니다.

3 **폰트 유형** : 폰트의 스타일을 선택합니다.

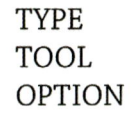

Regular   Italic   Bold

4 **폰트 크기** : 폰트의 크기를 설정합니다.

5 **안티에일리어싱** : 폰트의 계단 현상을 없애 경계면을 부드럽게 합니다.

6 **정렬** : 폰트를 정렬합니다. 왼쪽, 가운데, 오른쪽 정렬이 있습니다.

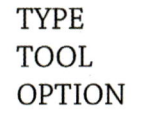

왼쪽   가운데   오른쪽

7 **컬러** : 폰트의 색상을 설정합니다.

8 **Wrap Text** : 입력한 텍스트를 변형 또는 왜곡합니다.

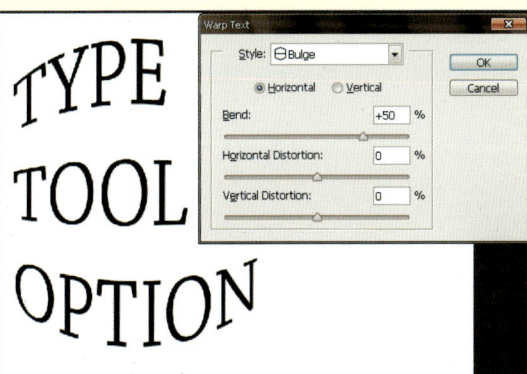

9 **패널 설정** : 클릭하면 글자와 문단의 속성을 설정하는 Character 패널과 Paragraph 패널을 열고 닫을 수 있습니다.

• **Character 패널**

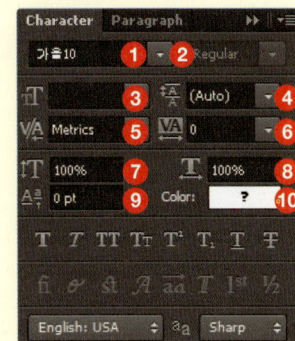

1. **Font** : 지정된 폰트가 보이고 사용할 폰트를 선택할 수 있습니다.
2. **Font Style** : 이탤릭체, 볼드체 등을 지정하거나 폰트마다 다른 스타일을 선택합니다.
3. **Size** : 폰트의 크기를 조절합니다.
4. **Leading** : 입력된 텍스트의 행과 행 사이 간격을 조절합니다.
5. **Kerning** : 마우스 커서가 있는 위치에서 좌우 글자의 간격을 조절합니다.
6. **Tracking** : 글자를 드래그해 블록으로 지정하여 선택한 문자들의 간격을 조절합니다.
7. **Vertical Scale** : 글자의 세로 길이를 조절합니다.
8. **Horizontal Scale** : 글자의 너비를 조절합니다.
9. **Baseline Shift** : 선택한 글자의 기본 높이를 설정합니다.
10. **Color** : 글자 색상을 지정합니다.

• **Paragraph 패널**

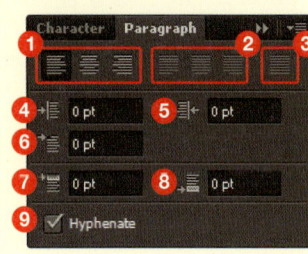

1. **Align Text** : 문단을 정렬합니다. 왼쪽, 가운데, 오른쪽 정렬을 할 수 있습니다.
2. **Justify** : 끝 부분에 만들어지는 여백을 정렬할 때 사용합니다. 왼쪽, 가운데, 오른쪽 정렬을 할 수 있습니다.
3. **Justify All** : 끝 부분에 여백이 발생했을 경우 양쪽 혼합으로 정렬합니다.
4. **Left Margin** : 왼쪽 여백을 설정합니다.
5. **Right Margin** : 오른쪽 여백을 설정합니다.
6. **First Line** : 첫 번째 줄에서 들여쓰기 간격을 조절합니다.
7. **Before Space** : 위쪽 여백을 설정합니다.
8. **After Space** : 아래쪽 여백을 설정합니다.
9. **Hyphenate** : 긴 문장의 영어 단어를 입력할 경우 줄이 자동으로 바뀌어 단어가 나눠졌을 때 하이픈 표시를 통해 한 단어임을 알 수 있게 합니다.

다양한 셰이프로 손쉽게 기본 도형 그리기

셰이프 툴

▶ HOW TO + 셰이프 툴로 다양한 모양의 아이콘이나 사진을 꾸밀 수 있는 폴라로이드, 액자 등을 만들 수 있습니다. 특히 사용자 셰이프 툴에는 다양한 모양의 셰이프가 담겨져 있습니다.

01 Ctrl+N을 눌러 새로운 문서를 만든 뒤 사각형 셰이프 툴(■)을 선택합니다. 옵션 바에서 Shape를 선택하고 Fill을 클릭해 색상을 지정합니다.

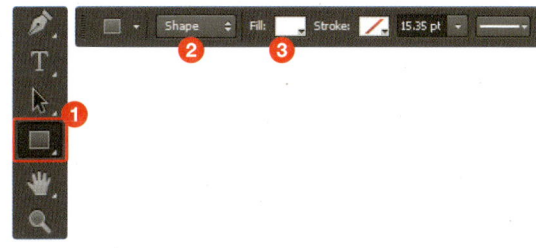

02 왼쪽 윗부분에서 아래로 드래그해 사각형 셰이프를 그립니다.

TIP . 만약 정사각형을 그리고 싶다면 Shift를 누른 상태에서 드래그합니다. 원형 셰이프도 같은 방법으로 그릴 수 있습니다.

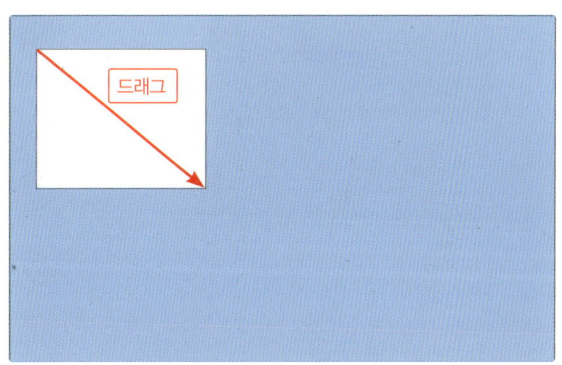

03 사용자 셰이프 툴(■)을 선택합니다. 옵션 바에서 Shape를 클릭하고 원하는 모양을 선택해 왼쪽 윗부분에서 아래로 드래그합니다.

NOTE 셰이프 툴 옵션 바 살펴보기

셰이프 툴 옵션 바에서 패스 형태를 지정하거나 다양한 연산 툴 및 정렬 기능을 사용할 수 있습니다.

1 Pick tool mode : 셰이프 레이어, 패스, 채워진 범위를 만들 때 원하는 형식을 선택합니다.
- Shape : 전경색이나 선택된 레이어 스타일로 영역이 채워집니다.
- Path : 패스만 만들어집니다.
- Pixels : 전경색을 기준으로 영역이 채워지지만 레이어와 패스는 만들지 않습니다.

2 Fill : 셰이프에 칠할 방식(색, 그레이디언트, 패턴 등)을 선택합니다.

3 Stroke : 셰이프 외곽선에 적용될 방식(색, 그레이디언트, 패턴 등)을 선택합니다.

4 Shape stroke width : 테두리 선의 두께를 지정합니다. CS6에서 새로 추가되었습니다.

5 stroke Options : 실선 또는 점선 등의 테두리 선 유형을 지정할 수 있습니다. CS6에서 새로 추가되었습니다.

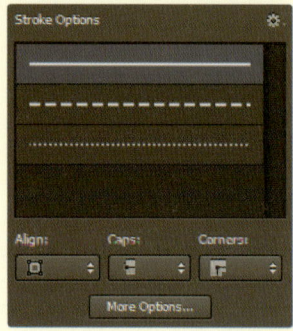

6 W/H : 가로, 세로 길이를 조절합니다.

7 Path operations : 형태를 조절합니다.

8 Path alignment : 위치를 정렬합니다. CS6에서 새로 추가되었습니다.

9 Path arrangement : 순서를 지정합니다. CS6에서 새로 추가되었습니다.

10 Shape option : 크기와 비율을 조절하며 선택한 셰이프에 따라 지정할 수 있는 옵션이 다릅니다. CS6에서 새로 추가되었습니다.

사용자 셰이프 옵션 바에는 셰이프 모양을 선택할 수 있는 설정창이 있습니다.

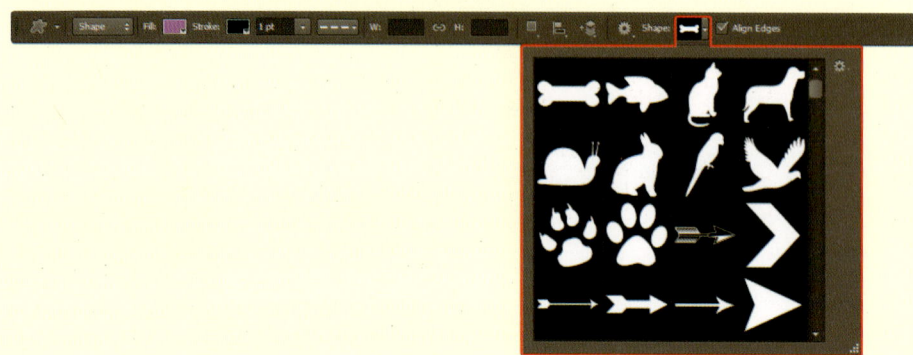

이미지와 캔버스 크기를
내 맘대로 조절하기

이미지와 캔버스 크기 조절

▶ HOW TO + 사진의 크기가 너무 커서 작업하기 힘들거나 작업 중 캔버스에 무언가를 더 채워야 할 때 이미지나 캔버스 크기를 조절할 수 있습니다.

▶ FILE + 예제 : data/031smile.jpg, 031canvas.jpg

01 [Ctrl]+[O]를 눌러 data/031smile.jpg 파일을 불러온 뒤 이미지 크기를 축소해보겠습니다. 툴 바에서 돋보기 툴(🔍)을 더블클릭하여 이미지 보기 배율을 100%로 바꿉니다. [Image]-[Image Size] 메뉴 또는 [Alt]+[Ctrl]+[I]를 누릅니다.

02 Image Size 창이 열리면 Resolution을 **72**, Width를 **300**, Height를 **225**로 지정한 다음 〈OK〉를 누릅니다. 이미지 크기가 작게 변경됩니다.

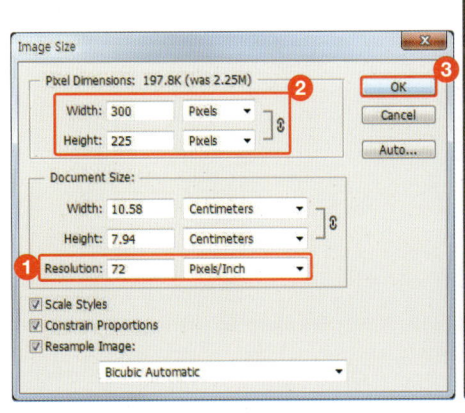

TIP. Resolution(해상도)을 변경하면 이미지의 너비와 높이 픽셀 수치도 같이 바뀌므로 먼저 수정한 다음 너비와 높이를 입력해야 합니다.

03 Ctrl+O를 눌러 data/031canvas.jpg 파일을 불러옵니다. 이미지의 한쪽 방향에 여백을 넣기 위해 캔버스 크기를 넓혀봅니다. [Image]- [Canvas Size]를 선택하거나 Alt+Ctrl+C를 누릅니다.

04 Canvas Size 창에서 New Size의 **Relative**에 체크하고, Width를 300, Height를 0으로 지정한 다음, Anchor를 **왼쪽 중앙**으로 선택합니다. 캔버스 크기가 오른쪽 가로로 넓어집니다.

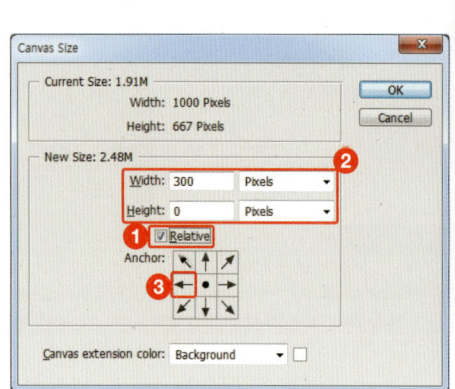

TIP . Relative에 체크하면 입력한 값만큼 기존 캔버스의 크기가 커지거나 작아집니다. 체크를 해제하면 캔버스의 크기가 입력한 값의 크기로 바뀝니다.

NOTE 이미지와 캔버스 사이즈 창 살펴보기

• **Image Size 창**

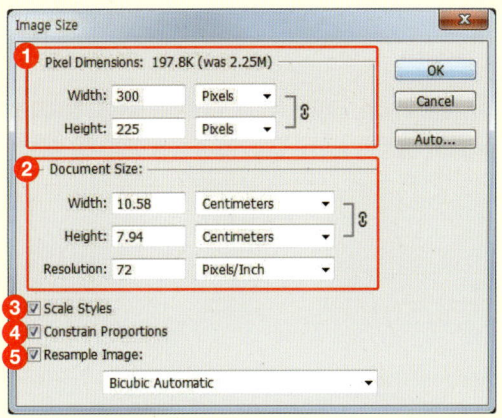

1. **Pixel Dimensions** : 이미지의 픽셀 수와 용량이 표시되며, 가로와 세로 길이를 변경합니다.
2. **Document Size** : 인쇄용 이미지의 가로, 세로 크기와 해상도를 변경합니다.
   – Resolution : 해상도를 변경할 수 있으며, 해상도가 높아지면 이미지의 크기도 인쇄되는 크기도 커집니다.
3. **Scale Styles** : 크기를 변경할 때 레이어 스타일이 적용된 이미지의 크기도 같이 조정됩니다.
4. **Constrain Proportions** : 가로, 세로의 비율을 유지하여 함께 변경됩니다. 한쪽의 길이만 변경할 경우 이 옵션의 체크를 해제해야 하며 옵션을 해제하면 오른쪽 클립 모양이 없어집니다.
5. **Resample Image** : 이미지 크기를 조절할 때 해상도가 자동으로 조정됩니다.

• **Canvas Size 창**

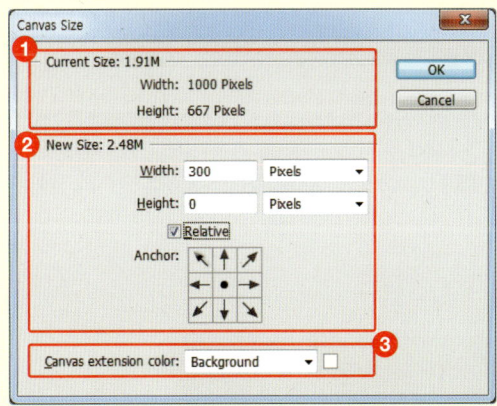

1. **Current Size** : 현재 캔버스의 크기와 용량을 보여줍니다.
2. **New Size** : 새 캔버스의 넓이와 높이 및 수치와 방향을 설정합니다.
   – Relative : 캔버스의 크기가 아닌, 상하좌우 여백의 크기를 설정합니다.
   – Anchor : 캔버스의 크기가 늘어나거나 줄어들 때 방향을 지정합니다.
3. **Canvas extension color** : 늘어난 캔버스 영역의 색상을 지정합니다. 기본적으로 배경색이 선택되어 있습니다.

이미지 배율을 편리하게 확대/축소하기

돋보기, 손바닥 툴

▶ HOW TO + 이미지의 확대나 축소는 어떤 작업에서든 반드시 필요합니다. 세밀한 작업을 위해서는 확대도 필요하고 전체적인 구도나 느낌을 확인할 때는 축소도 해야 합니다. 돋보기 툴이나 단축키를 이용해 이미지의 배율을 조정해보세요.

▶ FILE + 예제 : data/032zoom.jpg

01 Ctrl+O를 눌러 data/032zoom.jpg 파일을 불러옵니다. 돋보기 툴(🔍)을 더블클릭하여 이미지를 100%로 조정한 다음 옵션 바에서 줌인 아이콘(🔍)이 선택되었는지 확인합니다. 돋보기 툴로 클릭할 때마다 클릭한 부분을 중심으로 이미지가 확대됩니다.

TIP. 작업 도중 Ctrl+[+]를 누르면 이미지가 확대되며, 축소하려면 Ctrl+[-]를 사용합니다.

02 이미지를 다시 축소하기 위해 옵션 바에서 줌아웃 아이콘(🔍)을 선택하고 이미지를 클릭합니다. 마찬가지로 클릭할 때마다 이미지가 점차 축소됩니다.

TIP. 옵션 바에서 줌인 아이콘이 선택된 상태에서 다시 이미지를 축소하려면 Alt 를 누른 채 이미지를 클릭합니다. 일일이 옵션 바에서 아이콘을 선택하지 않아도 빠르게 축소할 수 있습니다.

03 이번에는 화면에 보이지 않는 부분을 표시하기 위해 이미지를 이동시켜보겠습니다. 툴 바에서 손바닥 툴(✋)을 선택합니다. 이미지를 보이지 않는 반대쪽 영역으로 드래그합니다. 그러면 보이지 않았던 영역이 화면에 나타납니다.

NOTE 돋보기 툴 옵션 바 살펴보기

이미지를 확대하거나 축소하기 위해 툴 바에서 돋보기 툴을 선택하면 화면 상단에 이미지의 확대, 축소 및 이미지 창과 관련된 기능을 선택할 수 있는 옵션 바가 표시됩니다.

1. **Zoom In/Zoom Out** : 보기 배율을 확대하거나 축소할 수 있으며, Alt 를 누르면 번갈아 바뀝니다.
2. **Resize Windows To Fit** : 이미지 창을 독립으로 사용할 때 체크하면 화면을 확대, 축소할 때 캔버스의 크기에 맞춰서 창의 크기도 자동으로 조절됩니다.
3. **Zoom All Windows** : 체크하면 두 개 이상의 창을 열었을 경우 한 이미지 보기 배율을 확대, 축소하면 다른 모든 이미지의 보기 배율도 같이 조정됩니다.
4. **Scrubby Zoom** : 체크하면 영역을 지정하지 않고, 화면을 실시간으로 확대, 축소합니다. 오른쪽으로 드래그하면 확대되고, 왼쪽으로 드래그하면 축소됩니다. 이 기능을 사용하려면 그래픽카드가 OpenGL을 지원해야 하고, 환경설정에서 Enable OpenGL Drawing에 체크되어 있어야 합니다.
5. **Actual Pixels** : 이미지를 100%의 보기 배율로 맞춥니다. 돋보기 툴을 더블클릭한 것과 같은 기능입니다.
6. **Fit Screen** : 작업창의 크기에 이미지 보기 배율을 맞춥니다. 즉 스크롤바가 생기지 않는 범위 내에서 확대해 보여줍니다.
7. **Fill Screen** : 캔버스의 가로, 세로 길이 중 짧은 쪽에 맞춰서 화면을 확대합니다.
8. **Print Size** : 인쇄 크기로 이미지 보기 배율을 맞춥니다.

눈금자와 가이드라인으로 작업 기준 설정하기

눈금자, 가이드라인

▶ HOW TO + 눈금자와 가이드라인은 세밀하고 정교하게 작업할 수 있도록 이미지의 수치를 알려줍니다. 작업 화면에서는 나타나지만 웹에 올리거나 인쇄했을 때는 나타나지 않습니다. 웹용 또는 인쇄용 작업 시 반드시 필요하므로 사용법을 익혀봅시다.

▶ FILE + 예제 : data/033ruler.jpg

01 Ctrl+O를 눌러 data/033ruler.jpg 파일을 불러옵니다. [View]-[Ruler] 메뉴 또는 Ctrl+R을 눌러 눈금자를 표시합니다. 표시된 눈금자 위로 마우스 커서를 가져가 오른쪽 버튼을 클릭한 다음 단위가 **Pixel**인지 확인합니다.

TIP. 눈금자 표시를 없애려면 다시 [View]-[Ruler] 메뉴를 선택해서 체크를 해제하거나 단축키 Ctrl+R을 누르면 됩니다.

02 상단의 눈금자 부분을 클릭한 채 아래로 드래그하면 가로 방향의 가이드라인이 하나 생성됩니다. 계속해서 왼쪽의 눈금자를 클릭한 채 오른쪽으로 드래그해 세로 방향의 가이드라인을 추가합니다.

03 이동 툴( )을 선택한 다음 가이드라인을 드래그해 위치를 수정하거나, 눈금자 위치로 이동시키면 하나씩 없앨 수도 있습니다. 또한 [View]-[Clear Guides] 메뉴를 선택하면 여러 개의 가이드라인이 한꺼번에 삭제됩니다.

TIP. 가이드라인을 움직이지 않도록 하려면 [View]-[Lock Guides] 메뉴를 선택합니다. 가이드라인이 잠겨 이동 툴로 옮길 수 없게 됩니다.

NOTE | New Guide 창 살펴보기

[View]-[New Guides] 메뉴를 선택하면 New Guide 창이 나타납니다. 새 가이드라인의 방향과 정확한 위치를 설정할 수 있습니다.

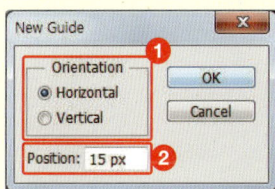

1 Orientation : 가이드라인의 방향을 설정합니다. Horizontal은 가로, Vertical은 세로로 가이드라인을 만듭니다.
2 Position : 수치를 직접 입력해 위치를 설정하며 픽셀을 기본 단위로 합니다.

작업 실수 되돌리기
Undo, History 패널

▸ HOW TO + 작업 중 이전 상태나 몇 단계 전 상태로 되돌아가야 하는 상황이 발생한다면 History 패널을 이용합니다. 작업 목록이 저장되어 있는 History 패널을 이용해 실수의 두려움에서 벗어나봅시다.

▸ FILE + 예제 : data/034undo.jpg

01 Ctrl+O를 눌러 data/034undo.jpg 파일을 불러옵니다. [Image]-[Mode]-[Grayscale] 메뉴를 선택해 이미지를 흑백으로 변경합니다.

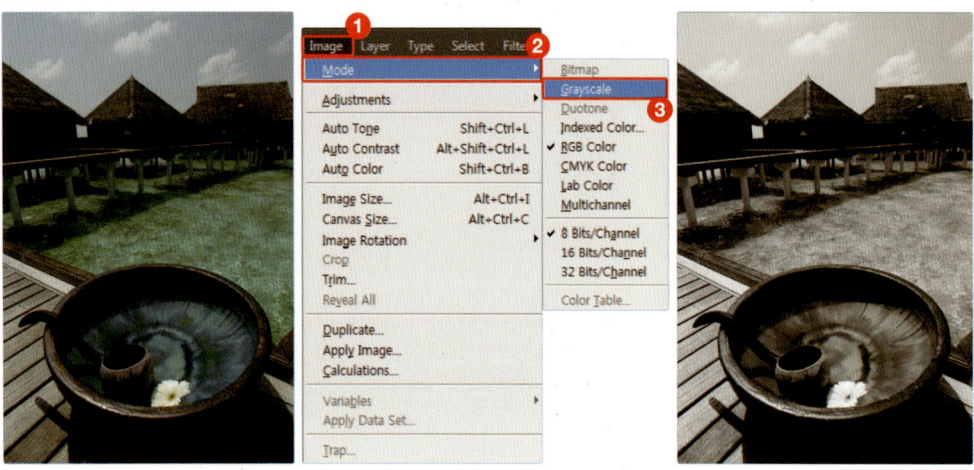

02 [Edit]-[Undo Grayscale] 메뉴를 선택하거나 Ctrl+Z를 눌러 흑백 이미지로 수정하기 전 단계로 되돌립니다.

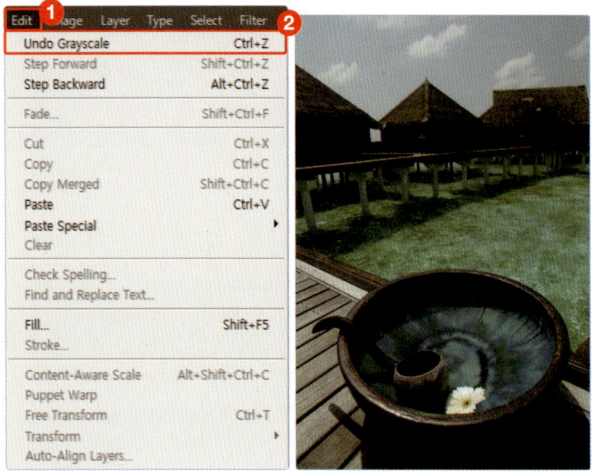

TIP. 작업 도중 Undo 명령을 실행하여 마지막으로 작업한 내용을 취소할 수 있습니다. 만약 여러 단계 이전의 작업 과정으로 되돌리고 싶다면 [Step Forward] 메뉴나 [Step Backward] 메뉴를 사용합니다. Step Forward는 원래 작업으로 되돌릴 때마다 실행하며, 반대로 Step Backward는 실행할 때마다 이전 작업으로 거슬러 올라갑니다.

History 패널에서 작업 단계 되돌리기

01 [Image]-[Auto Color] 메뉴를 선택합니다. 다시 [Image]-[Auto Tone] 메뉴를 선택합니다. History 패널에 Open, Auto Color와 Auto Tone 작업 목록이 나타납니다.

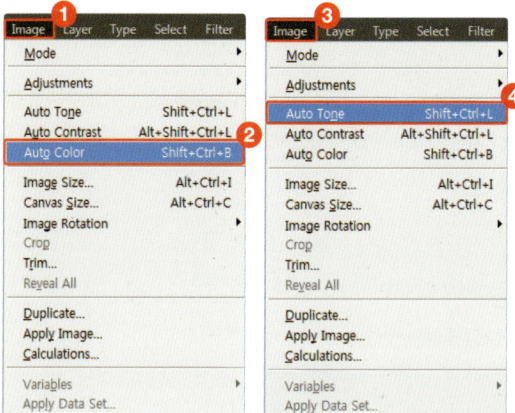

TIP. [Window]-[History] 메뉴를 클릭하면 History 패널을 열 수 있습니다.

02 History 패널에서 가장 위에 있는 단계를 클릭하면 초기 단계로 되돌릴 수 있습니다.

NOTE | History 패널 살펴보기

작업 과정이 기록된 History 패널에서 원하는 단계로 되돌리거나 초기 작업 단계로 복원할 수 있습니다.

1 원본 이미지 : 썸네일 이미지나 파일 이름을 클릭하면 원래의 이미지로 되돌아갑니다.

2 Create new document from current state : 선택한 작업 단계를 새로운 이미지 창으로 만들 수 있습니다.

3 Create new snapshot : 선택한 작업 단계를 스냅숏으로 남겨둡니다.

4 Delete current state : 선택한 작업 단계를 지울 수 있습니다.

간편하게 파일 불러오기
미니 브리지

▶ HOW TO ▶ 미니 브리지를 이용하면 포토샵에서 이미지를 불러올 때 작업자가 원하는 파일의 정보를 바로 보고 선택할 수 있는 장점이 있습니다. 어도비에서 제공하는 여러 응용 프로그램을 사용할 때도 유용합니다.

01 [Window]-[Extensions]-[Mini Bridge] 메뉴를 선택하여 Mini Bridge 패널을 불러옵니다. Navigation 항목에서 이미지 폴더를 선택한 다음 원하는 파일을 더블클릭하면 작업창에 표시됩니다.

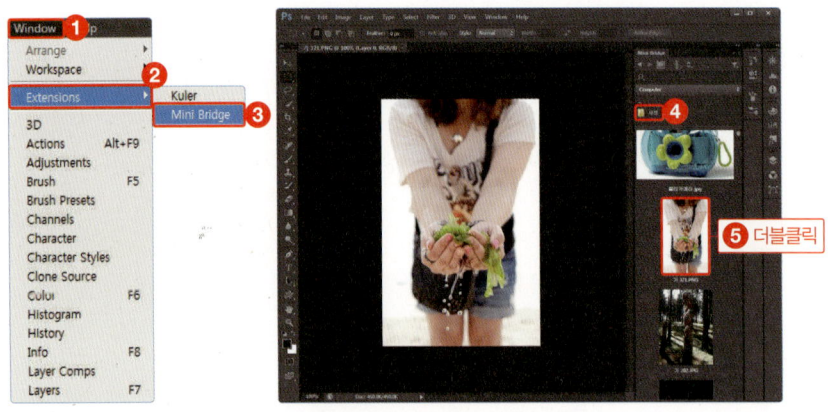

02 Mini Bridge 패널에서 브리지 표시 아이콘(■)을 클릭하면 선택한 폴더가 별도의 창으로 표시됩니다. 마찬가지로 원하는 파일을 더블클릭해서 작업창으로 불러올 수 있으며, 이미지의 세부 정보 보기 및 설정이 가능합니다.

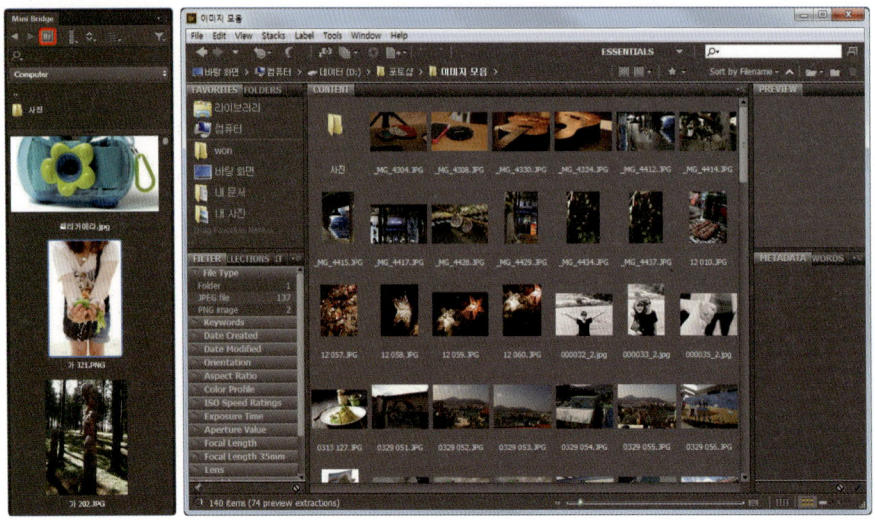

NOTE | Mini Bridge 패널 살펴보기

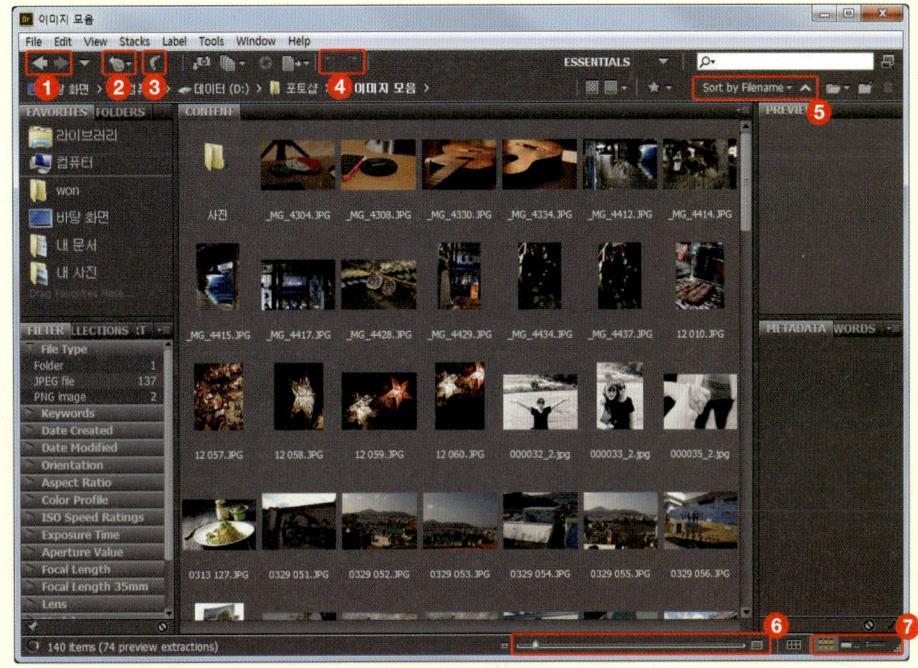

1. **Go Back/Go Forward** : 메뉴를 뒤로 이동하거나 앞으로 이동합니다.
2. **Reveal recent file or go to recent folder** : 상위 항목이나 최근 항목 또는 즐겨찾기 폴더로 이동합니다.
3. **Return to Adobe Photoshop** : 포토샵 화면으로 다시 돌아갑니다.
4. **Rotate 90˚ counterclockwise/Rotate 90˚ clockwise** : 시계 방향 또는 시계 반대 방향으로 90도씩 이미지를 회전시킵니다.
5. **Sort by Filename** : 파일 이름이나 유형, 만든 날짜, 수정한 날짜 등을 기준으로 이미지를 정렬합니다.
6. **Thumbnail size Slider** : 슬라이더를 좌우로 드래그하여 이미지 미리보기의 크기를 조절합니다.
7. **View contents** : 아이콘을 클릭하여 다양한 보기 형식으로 변경합니다.

필요한 부분을 손쉽게 복사하고 이동하기
다각형 올가미 툴

▶ HOW TO + 이미지를 복사하여 이동할 부분을 선택하기 위해서는 펜 툴, 선택 툴, 다각형 툴 등 다양한 도구를 이용할 수 있습니다. 필요한 부분만 선택 영역으로 지정한 후 위치를 변경해봅시다.

▶ FILE + 예제 : data/036tomato.jpg

01 Ctrl+O를 눌러 data/036tomato.jpg 파일을 불러온 뒤 다각형 올가미 툴(♥)을 선택합니다. 이미지에서 원하는 부분을 선택 영역으로 지정합니다.

TIP . 선택 영역을 지정할 때 꼭 다각형 올가미 툴을 이용할 필요는 없습니다. 사각형 선택 툴, 원형 선택 툴, 펜 툴 등 본인이 사용하기 편한 툴을 선택합니다.

02 선택 영역 안쪽에서 Ctrl+Alt를 누르면 마우스 커서 모양이 변경됩니다. 이동할 부분으로 드래그하면 선택된 영역이 복사됩니다.

TIP . Shift를 누른 채 드래그하면 수평, 수직, 45도로 이동합니다. 만약 복사할 부분을 레이어로 생성하고 싶으면 선택 영역이 지정된 상태에서 Ctrl+J를 누릅니다.

새로운 패턴을 등록하고 적용하기

패턴

▶ HOW TO + 밋밋한 배경에 패턴을 넣으면 사진의 집중도를 높이거나 새로운 느낌으로 연출할 수 있습니다. 포토샵에서 기본적으로 제공되는 패턴 외에 나만의 패턴을 만들어 등록하고 사용해봅시다.

▶ FILE + 예제 : data/037pattern.psd   완성 : end/037pattern.psd

01 Ctrl+N을 눌러 그림과 같이 설정하고 〈OK〉를 클릭합니다. 툴 바에서 브러시 툴(✏)을 선택한 뒤 캔버스를 500% 이상 확대해 자유롭게 별 모양을 그립니다.

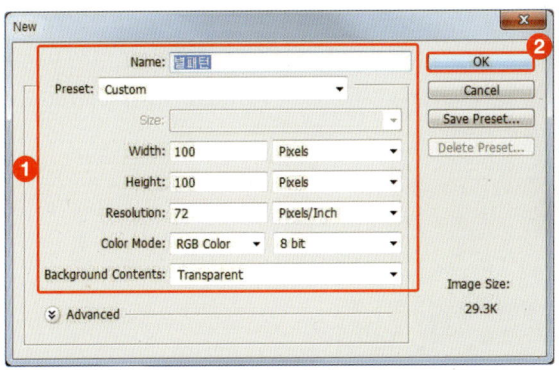
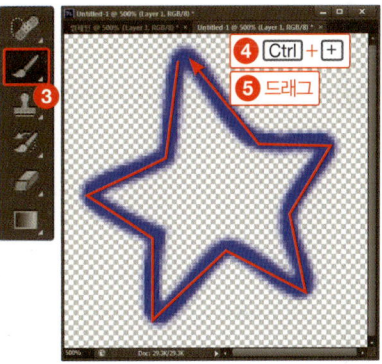

02 [Edit]-[Define Pattern] 메뉴를 선택하여 Pattern Name 창이 열리면 Name을 **파랑별패턴**이라 입력하고 〈OK〉를 클릭합니다.

03 Ctrl+O를 눌러 data/037pattern.psd 파일을 불러옵니다. 툴 바에서 마술봉 툴(✦)을 선택하고 이미지의 배경을 클릭하여 패턴으로 채울 영역을 선택합니다.

087

04 [Window]-[Swatches] 메뉴를 선택하여 Swatches 패널에서 그림과 같이 **노란색**을 선택한 다음 툴바의 전경색도 노란색으로 설정되었는지 확인합니다. Alt + Delete 를 눌러 선택한 배경 영역을 전경색으로 채웁니다.

05 [Edit]-[Fill] 메뉴나 Shift + F5 를 누릅니다. Contents에서 Use를 **Pattern**으로 설정하고 Custom Pattern의 설정 아이콘(▼)을 클릭해 이전에 등록했던 **파랑별패턴**을 선택합니다. Blending에서 Mode를 **Normal**, Opacity를 **100**으로 설정하고 〈OK〉를 클릭합니다. 선택된 배경 영역에 새롭게 등록한 패턴이 적용되었습니다.

TIP. 패턴을 사용하는 또 다른 방법은 329쪽을 참고하세요.

NOTE Fill 창 살펴보기

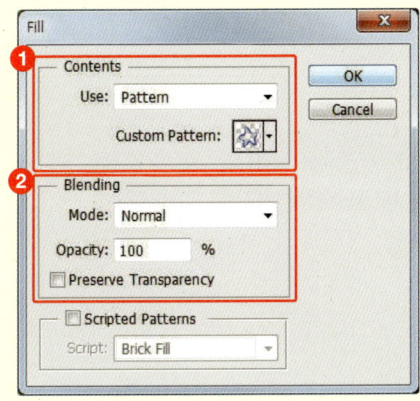

1. **Contents** : 어떤 방식으로 선택 영역을 채울지 설정합니다.
   - Use : 채울 방식을 설정합니다.
   - Custom Pattern : 패턴 피커를 열어 원하는 패턴을 선택합니다.
2. **Blending** : 합성 방식을 설정합니다.
   - Mode : 어떤 방식으로 합성할지 설정합니다.
   - Opacity : 불투명도를 조절합니다.

• **Custom Pattern 메뉴** : Custom Pattern 항목의 설정 아이콘(▼)과 확장 아이콘(✦)을 차례로 클릭하면 세부 메뉴가 나타납니다.

1. **New Pattern** : 새로운 패턴을 만듭니다.
2. **Rename Pattern** : 선택한 패턴의 이름을 변경합니다.
3. **Delete Pattern** : 선택한 패턴을 제거합니다.
4. 패턴 아이콘의 형태와 크기를 설정합니다.
5. **Preset Manager** : 기본 패턴을 편집합니다.
6. 기본 패턴으로 되돌리거나 다른 패턴을 불러옵니다. 패턴을 저장하거나 교체할 수 있습니다.
7. 기본적으로 제공되는 패턴 파일 이름을 볼 수 있으며, 원하는 패턴이 목록에 표시됩니다.

038 나만의 브러시 등록하고 사용하기
브러시 툴

▶ HOW TO + 브러시 툴에는 다양한 스타일의 브러시들이 있습니다. 남들과 똑같은 브러시가 아닌, 작업 중인 이미지에 어울리는 나만의 브러시를 만들어 사용하고 싶다면 손쉽게 사진을 이용해 브러시를 만들어봅시다.

▶ FILE + 예제 : data/038brush1.psd, 038brush2.jpg, 038brush3.jpg

01 Ctrl+O를 눌러 data/038brush1.psd 파일을 불러옵니다. Ctrl+A를 눌러 전체를 선택 영역으로 지정한 다음 [Edit]–[Define brush Preset] 메뉴를 선택합니다. Brush Name 창이 열리면 브러시 이름을 입력하고 〈OK〉를 클릭합니다.

TIP. Define Brush Preset 명령을 사용해 브러시를 등록하면 채도와 명암에 따라 색상이 무채색으로 변경됩니다.

02 툴 바에서 브러시 툴(✏)을 선택한 다음 옵션 바에서 설정 아이콘(▼)을 클릭하면 목록의 가장 아래쪽에 방금 등록한 브러시가 등록되어 있는 것을 볼 수 있습니다.

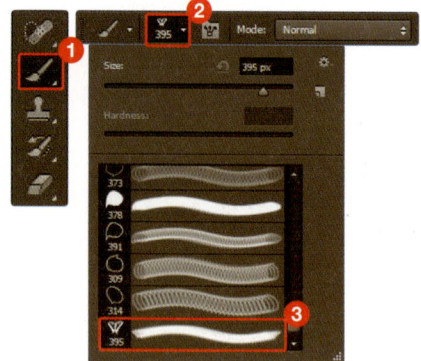

03 Size를 조절한 다음 Ctrl+O를 눌러 data/038brush2.jpg 파일을 불러옵니다. 새로운 이미지를 클릭해 나비 모양의 브러시를 표현합니다.

04 이번에는 브러시의 크기를 다시 설정하여 새로운 브러시로 등록해봅니다. 나비 모양의 브러시를 등록한 다음 크기를 설정하고, create a new preset from this brush 아이콘(□)을 클릭합니다. Brush Name 창에 다시 이름을 설정하면 크기를 변경한 브러시가 추가로 등록됩니다.

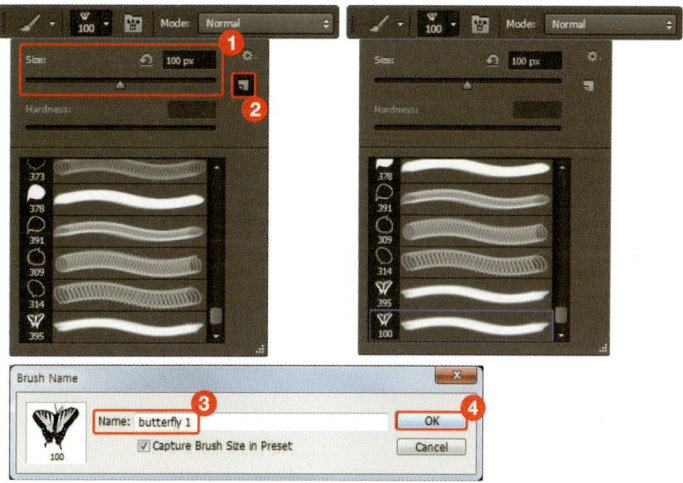

05 브러시의 색상도 변경해봅시다. Swatches 패널에서 노란색을 선택한 다음, 툴 바의 전경색도 변경되었는지 확인합니다. Ctrl+O를 눌러 data/038 brush3.jpg 파일을 불러옵니다. 새로운 이미지를 클릭해 노란색 나비 모양의 브러시를 표현합니다.

06 새로 등록한 브러시를 삭제하려면 브러시를 선택하고 마우스 오른쪽 버튼을 클릭합니다. 펼쳐진 메뉴에서 [Delete Brush]를 선택합니다.

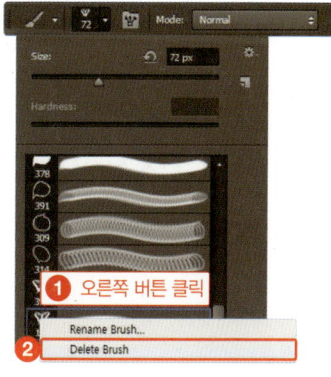

퀵 마스크로 이미지 선택하고 합성하기

퀵 마스크

▶ HOW TO + 필요한 부분만 오려내 다른 사진에 합성하거나 배경을 꾸밀 때 사용합니다. 퀵 마스크와 브러시 툴을 함께 이용해 좀더 세밀하게 이미지를 선택할 수 있습니다.

▶ FILE + 예제 : data/039mask1.jpg, 039mask2.jpg 완성 : end/039mask.psd

01 Ctrl+O를 눌러 data/039mask1.jpg 파일을 불러옵니다. 보기 배율을 확대한 다음 자석 올가미 툴(🔲)을 선택합니다. 클릭과 드래그를 반복해가며 이미지의 외곽을 선택합니다. 경계가 분명하지 않은 부분은 선택하기 어렵습니다. 선택 영역을 다듬기 위해 툴 바에서 퀵 마스크 모드(🔲)를 선택합니다.

TIP. 퀵 마스크 모드는 선택 영역을 편집하기 위한 모드입니다. 선택 영역이 점선이 아닌 이미지로 보이므로 브러시 툴로 지우거나 칠하면서 세밀하게 지정할 수 있습니다. 빨간색 부분은 선택 영역에서 제외되는 부분을 나타냅니다.

02 툴 바에서 브러시 툴(🖌)을 선택하고 옵션 바에서 모양과 크기를 지정합니다. 이미지를 드래그하면 전경색이 검은색일 때는 빨간색으로 채워지며, 반대로 흰색일 경우 빨간색이 지워집니다.

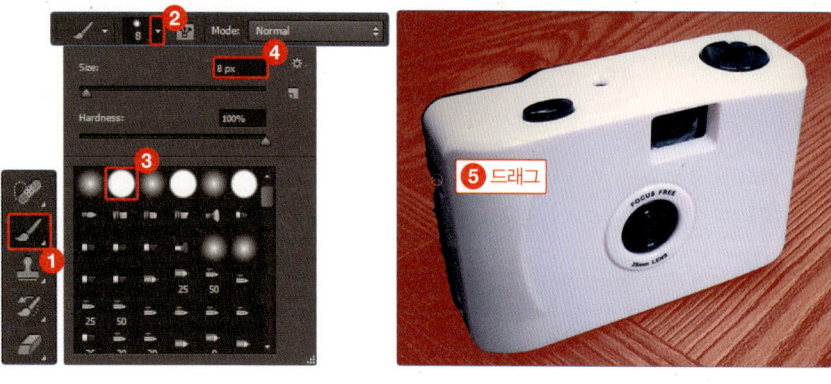

TIP. 세밀한 영역을 수정하려면 이미지를 더욱 확대한 다음 작업합니다.

03 전경색과 배경색 바꾸기(   )를 클릭하거나 X를 눌러 가며 선택된 영역을 꼼꼼하게 수정합니다. 브러시의 크기도 조절해 세밀하게 선택하고 빨간색 부분을 지워 선택 영역에 추가합니다.

04 이미지의 선택이 마무리되면 툴 바에서 표준 모드(   )를 클릭하고, 카메라 부분만 잘 선택되었는지 확인합니다.

05 선택된 이미지를 다른 이미지에 합성해보겠습니다. Ctrl+O를 눌러 data/039mask2.jpg 파일을 불러옵니다. 이동 툴(   )을 이용해 새로 불러온 이미지 위로 이동시킨 다음 Ctrl+T를 눌러 크기를 조절해 적절한 위치에 배치하여 합성을 완성합니다.

NOTE | Quick Mask Option 창 살펴보기

툴 바에서 퀵 마스크 모드 아이콘을 더블클릭하여 Quick Mask Options 창을 표시할 수 있습니다.

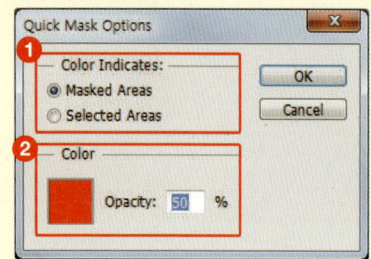

① Color Indicate : 퀵 마스크 모드에서 선택한 색상을 어느 영역에 표시할지 설정합니다.
- Masked Areas : 선택되지 않은 영역에 색을 표시합니다.
- Selected Areas : 선택한 영역에 색을 표시합니다.

② Color : 퀵 마스크 모드로 변환했을 때 표시되는 색상과 투명도를 설정합니다.

PHOTO
SHOP
CS6

CHAPTER 03

사진 보정

ADOBE
PHOTOSHOP
CS6

일반 사진을 전문 작가의 작품처럼 연출하는 보정 작업에 대해 알아보겠습니다. 약간의 보정으로 조명을 설치한 느낌을 주기도 하고, 색다른 렌즈를 사용한 분위기도 연출할 수 있습니다. 사진 보정은 기본적으로 어둡게 나온 이미지를 밝고 선명하게 만드는 것부터 시작합니다. 중심인물이나 초점에 시선을 집중시키는 비네팅, 흑백사진의 일부분만 색상을 남겨두기, 블러 및 조명 효과 등도 이용합니다. 특수 효과로 눈이나 비를 내리게 하고 스케치 및 오일페인팅 등을 적용하여 색다른 분위기를 연출해봅시다.

빛으로 선명하게, 색으로 화사하게 되살리기

levels, Hue/Saturation

▸ HOW TO + levels, Hue/Saturation 두 기능은 이미지 보정의 가장 기본에 해당합니다. Levels를 이용하면 이미지에서 어두운 색은 더 어둡게, 밝은 색은 더 밝게 하여 선명도를 조절할 수 있습니다. Hue/Saturation은 색상을 변경하거나 더 추가하는 보정으로 사물 자체의 색상이 되살아나도록 합니다.

▸ FILE + 예제 : data/040heart.jpg, 040fruit.jpg 완성 : end/040heart.jpg, 040fruit.jpg

01 Ctrl+O를 눌러 data/040heart.jpg 파일을 불러옵니다. [Image]-[Adjustments]-[Levels] 메뉴 또는 Ctrl+L을 누릅니다.

02 Levels 창이 열리면 Input Levels의 검은색 슬라이더(▲), 회색 슬라이더(▲), 흰색 슬라이더(△)를 드래그해서 수치를 조절한 후 〈OK〉를 클릭합니다. **(17 / 0.8 / 236)** 이미지가 선명하게 보정되었습니다.

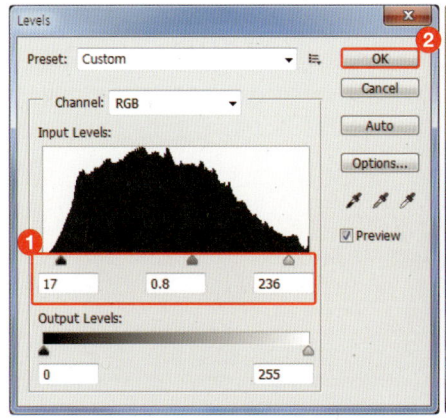

NOTE **Levels 창 살펴보기**

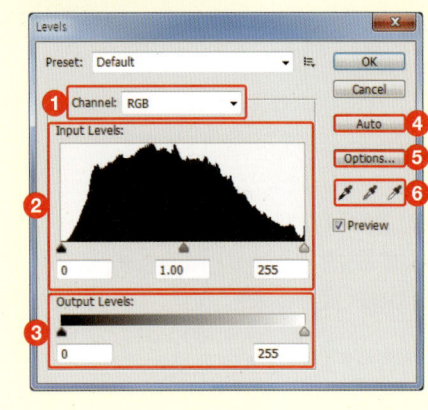

1 **Channel** : RGB/Red/Green/Blue 중 특정 색상을 선택하여 설정할 수 있습니다.
2 **Input Levels** : 검은색 슬라이더(■)/회색 슬라이더(■)/흰색 슬라이더(□)를 이동시키거나 텍스트 필드 부분에 값을 입력하여 밝기를 조정합니다.
3 **Output Levels** : 전체적인 밝기를 조정합니다.
4 **Auto** : 밝기를 자동으로 조정합니다.
5 **Options** : Levels의 옵션을 설정합니다.
6 **스포이트** : 특정 색상을 선택하면 자동으로 보정합니다. 검은색 스포이트(✐)/회색 스포이트(✐)/흰색 스포이트(✐) 세 가지로 구분됩니다.

03 [Image]-[Adjustments]-[Hue/Saturation] 메뉴 또는 Ctrl+U를 누릅니다. Saturation의 슬라이더(■)를 오른쪽으로 드래그하여 **30**으로 설정한 후 〈OK〉를 클릭합니다. 사물의 색상이 좀더 또렷해졌습니다.

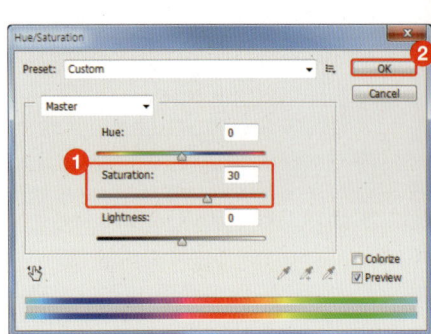

Levles로 배경을 흰색으로 한번에 보정하기

01 Ctrl+O를 눌러 data/040fruit.jpg 파일을 불러옵니다. [Image]-[Adjustments]-[Levels] 메뉴 또는 Ctrl+L을 누릅니다.

NOTE Hue/Saturation 창 살펴보기

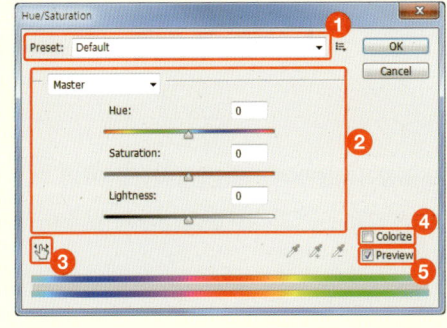

1. **Preset** : 포토샵에 미리 설정되어 있는 값을 불러옵니다.
2. **Master 영역** : 특정 색상을 선택하여 수정이 가능합니다.
   - Hue : 색상을 변경합니다.
   - Saturation : 색채도를 변경합니다.
   - Lightness : 명도를 변경합니다.
3. **색상 구간 선택 아이콘** : 이미지를 클릭하여 원하는 색상의 구간을 선택합니다.
4. **Colorize** : 다양한 색상의 컬러 사진을 하나의 색상(모노톤)으로 변경합니다.
5. **Preview** : 설정하는 옵션들을 작업창에 적용하기 전에 미리보기합니다.

02 Levels 창이 열리면 흰색 스포이트 아이콘( )을 선택하고 작업창 왼쪽 중앙을 클릭합니다.

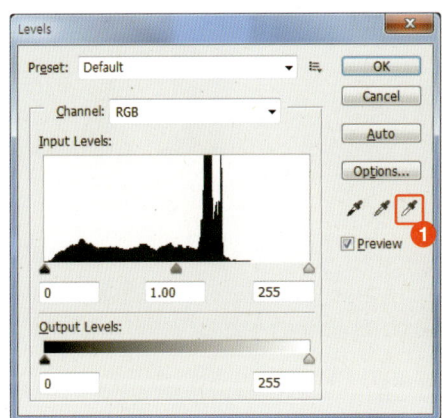

03 클릭한 지점보다 밝은 색은 모두 흰색으로 처리되어 깨끗한 배경이 연출되었습니다. 〈OK〉를 눌러 적용합니다.

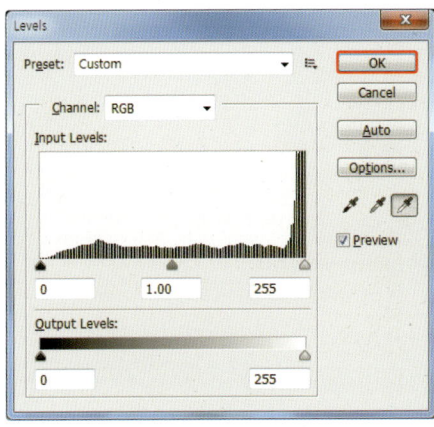

중심인물이나 초점 강조하기

Vignette

▶ HOW TO + 중심인물이나 초점에 시선을 모으기 위해서 비네팅 효과를 많이 사용합니다. 비네팅은 사진의 외각을 약간 어둡게 처리하여, 중앙이 더욱 강조되어 보이도록 처리하는 방법입니다. CS6에서는 Vignette 필터로 간단하게 만들 수 있습니다.

▶ FILE + 예제 : data/041vinette.jpg 완성 : end/041vinette.psd

01 Ctrl+O를 눌러 data/041vinette.jpg 파일을 불러옵니다. [Filter]-[Lens Correction] 메뉴 또는 Shift+Ctrl+R을 누릅니다.

02 우측 메뉴 중 〈Custom〉 탭을 선택하고 Vignette에서 Amount를 **-100**, Midpoint를 **+50**으로 설정한 후 〈OK〉를 클릭합니다.

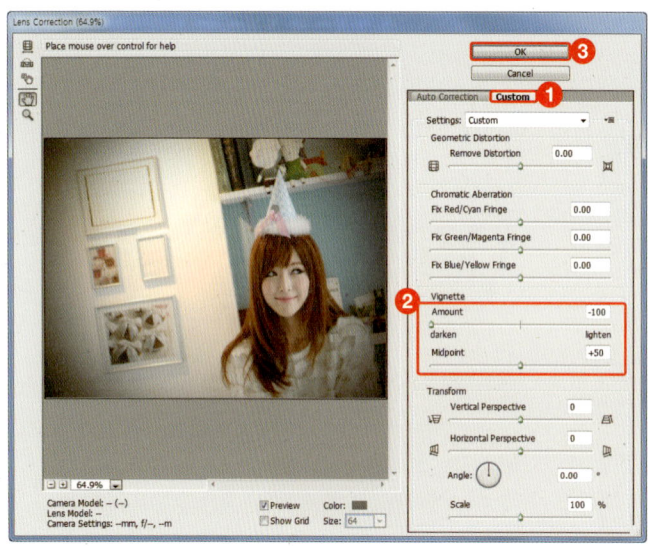

03 이미지에 비네팅 효과가 적용되었습니다.

NOTE Lens Correction 창 살펴보기

렌즈로 왜곡된 사진을 간단하게 보정할 수 있습니다.

• **Auto Correction 탭 : 자동 보정**　　　　• **Custom 탭 : 사용자 보정**

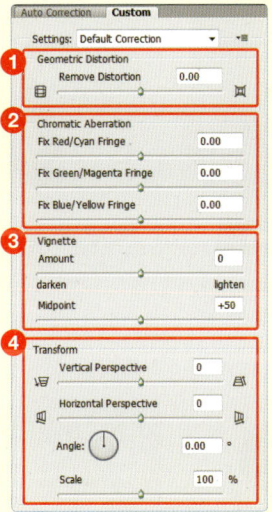

1. **correction** : 보정 방법을 설정합니다.
2. **Auto Scale Image** : 자동으로 이미지의 사이즈를 조절합니다.
3. **Search Criteria** : 검색 기준을 설정합니다.

1. **Geometric Distortion** : 기하학적 왜곡 정도를 설정합니다.
2. **Chromatic Aberration** : 색수차를 설정합니다.
3. **Vignette** : 비네트 정도를 설정합니다.
4. **Transform** : 이미지의 변형 정도를 설정합니다.

뽀샤시하게 피부 메이크업하기

Color Range, Blur, Blend Mode

▶ HOW TO + 흔히 말하는 뽀샤시 합성으로 인물의 피부 톤을 밝고 화사하게 보정해보겠습니다. Color Range로 피부의 색상을 추출하여 밝게 보정하고 Blur로 부드럽게 처리해주는 방법입니다.

▶ FILE + 예제 : data/042skin.jpg 완성 : end/042skin.jpg

01 Ctrl+O를 눌러 data/042skin.jpg 파일을 불러온 뒤 [Select]-[Color Range] 메뉴를 선택합니다. Fuzziness를 130으로 설정하고 스포이트 아이콘(🖉)을 클릭한 후 인물 사진의 이마 부분을 클릭하여 선택합니다. **Selection**을 클릭하고 〈OK〉를 눌러 적용합니다.

02 인물 사진의 밝게 처리된 부분이 선택 영역으로 변경되었습니다. [Select]-[Modify]-[Feather] 메뉴 또는 Shift +F6을 누릅니다. Feather Radius를 5로 설정하고 〈OK〉를 눌러 적용합니다.

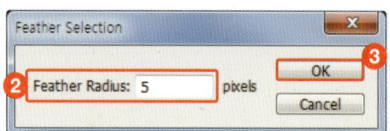

TIP . Feather Radius는 Feather의 반경을 설정합니다. 수치가 높을수록 경계가 부드러워집니다.

NOTE Color Range 창 살펴보기

선택한 색상을 추출해서 시각적으로 보여주는 기능입니다. 범위 수정이 가능해 부분 색상을 수정하기에 편리합니다. 특정 레이어에 상관없이 활성화 영역을 만들어주기 때문에 레이어를 합치지 않고 사용할 수 있습니다.

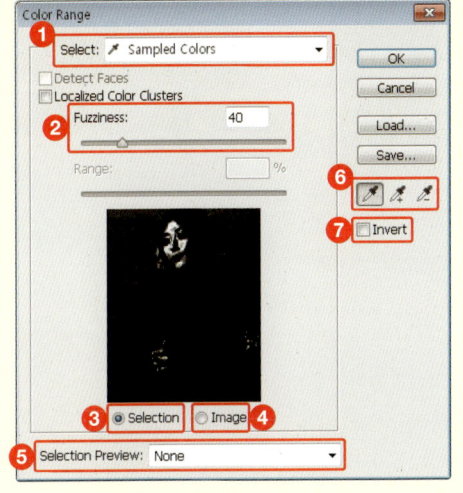

1 Select : 색상 선택 방법을 설정합니다.

2 Fuzziness : 활성화 영역이 선택되는 범위를 조절하며, 수치가 높을수록 범위가 넓어집니다.

3 Selection : 이미지가 흑백으로 표현됩니다. 이미지의 흰 부분이 활성화 영역이 됩니다.

4 Image : 원본 이미지가 그대로 표시됩니다.

5 Selection Preview : 활성화 영역의 미리보기 방식을 설정합니다.

6 스포이트
- 선택 스포이트(🖉) : 색상을 선택해서 활성화 영역으로 설정합니다.
- 추가 스포이트(🖉) : 활성화 영역을 추가합니다.
- 제외 스포이트(🖉) : 활성화 영역에서 제외합니다.

7 Invert : 활성화 영역을 반전시킵니다.

03 선택 영역의 경계가 부드러워졌습니다. [Layer]-[New]-[Layer Via Copy] 메뉴 또는 Ctrl+J를 누릅니다. 선택 영역이 새로운 레이어에 복사되었습니다.

04 [Filter]-[Blur]-[Gaussian Blur] 메뉴를 선택합니다. Radius를 3으로 설정하고 〈OK〉를 눌러 적용합니다. 피부 부분이 매끄럽게 표현되었습니다.

TIP . Gaussian Blur 창에서 흐림 효과를 세밀하게 설정할 수 있습니다. Radius는 흐림 효과의 정도를 설정하며 Preview는 옵션을 작업창에 적용하기 전에 미리보기를 나타냅니다.

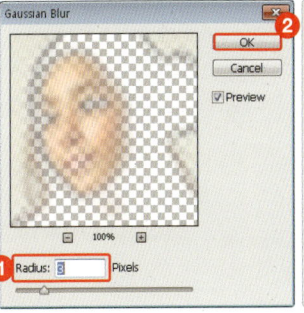 

05 Layers 패널에서 Layer 1의 블렌딩 모드를 **Screen**, Opacity를 **80**으로 설정합니다. Layer 1 레이어가 배경과 자연스럽게 합성되어 피부가 밝고 부드럽게 연출되었습니다.

NOTE | Layers 패널 살펴보기

레이어의 추가와 삭제, 블렌딩 모드, 불투명도, 레이어 스타일 등 레이어의 다양한 기능들을 제어합니다.

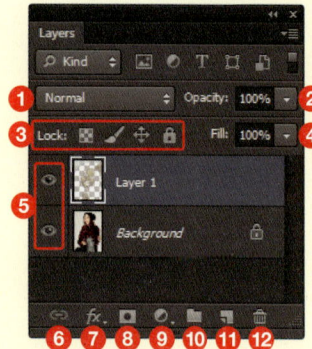

1 블렌딩 모드 : 레이어의 혼합 방식을 설정합니다.

2 Opacity : 레이어 효과를 포함한 이미지의 불투명도를 조절합니다.

3 Lock : 레이어의 속성을 잠급니다.
  – 레이어의 투명 영역을 잠급니다.
  – 레이어의 브러시 영역을 잠급니다.
  – 레이어의 이동을 잠급니다.
  – 모든 기능을 잠급니다.

4 Fill : 레이어 효과를 제외한 이미지의 투명도를 조절합니다.

5 Layer Visibility : 눈 아이콘으로 해당 레이어를 보이거나 보이지 않게 할 수 있습니다.

6 Link Layers : 두 개 이상의 레이어를 연결시킵니다. 해당 기능으로 레이어를 연결한 후 이동시키면 연결된 레이어가 모두 이동됩니다.

7 Layer Style : 레이어 스타일을 설정합니다.

8 Layer Mask : 선택된 레이어에 마스크를 적용합니다.

9 Create new fill or adjustments Layer : 보정 기능의 메뉴를 레이어 형태로 사용합니다.

10 Create a New Group : 새로운 그룹을 추가하여 레이어를 한데 모아둘 수 있습니다.

11 Create a new layer : 새로운 레이어를 추가합니다.

12 Delete layers : 선택된 레이어를 삭제합니다.

043 레이어 마스크로 배경만 흑백으로 만들기

Desaturate, layer Mask

▶ HOW TO + 이미지에서 하나의 포인트에만 색상을 설정하여 부분을 강조하는 방법입니다. Desaturate로 컬러 이미지를 한번에 흑백으로 처리한 후 layer Mask로 일부만 색상이 나타나게 처리합니다.

▶ FILE + 예제 : data/043minigray.jpg 완성 : end/043minigray.psd

01 Ctrl+O를 눌러 data/043minigray.jpg 파일을 불러옵니다. Ctrl+J를 눌러 이미지를 새로운 레이어에 복사합니다.

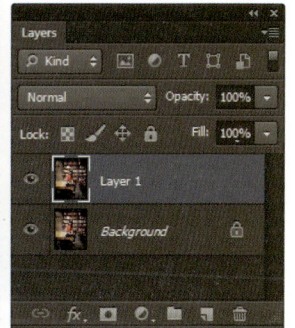

02 [Image]-[Adjustments]-[Desaturate] 메뉴 또는 Shift+Ctrl+U를 누르면 이미지가 흑백으로 변경됩니다. Layers 패널에서 레이어 마스크 추가 아이콘(▢)을 클릭합니다.

03 전경색을 **검은색(#000000)**, 배경색을 **흰색(#ffffff)**으로 설정하고 브러시 툴( )을 선택합니다. 옵션 바에서 설정 아이콘
( )을 클릭하고 **Hard Round**를 선택합니다. Size를 30, Opacity를 100, Flow를 100으로 설정합니다.

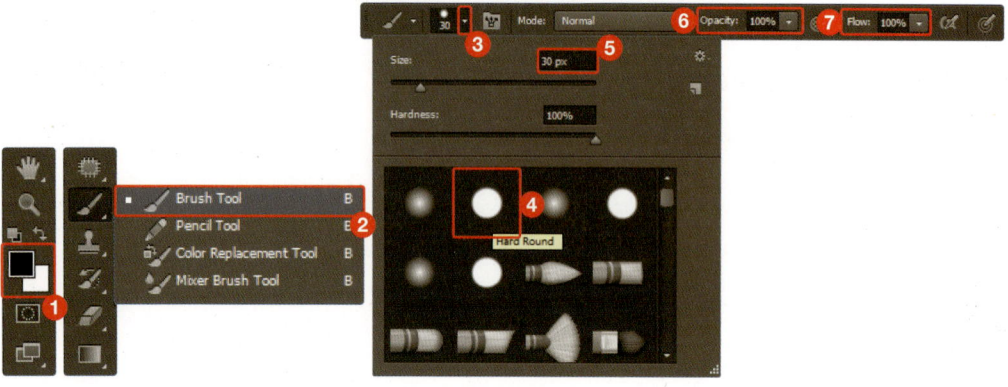

NOTE 브러시 툴 옵션 바 살펴보기

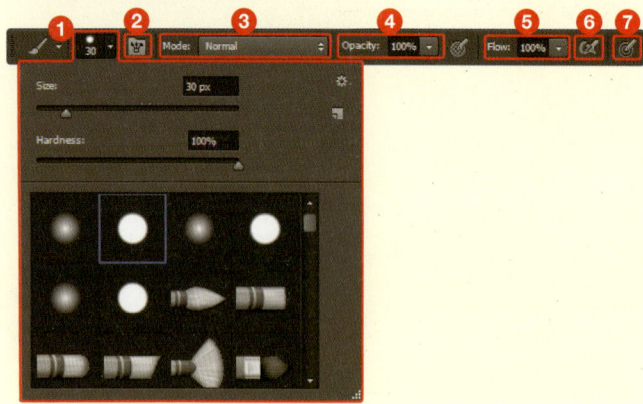

1 **브러시 설정창** : 모양이나 크기, 강도 등 세부 사항을 설정할 수 있습니다.
   – Size : 크기를 설정합니다.
   – Hardness : 강도를 설정할 수 있으며, 수치가 클수록 가장자리가 단단해집니다.
   – 브러시 확장 아이콘( ) : 브러시를 불러오거나 표시 방법을 설정할 수 있습니다.
   – Create a new preset from this brush( ) : 사용자가 여러 가지 옵션을 조절해서 새롭게 만들어진 브러시의 모양과 크기를 preset에 등록합니다.

2 **Toggle the Brush panel** : Brush 패널을 활성화합니다.([Window]-[Brush] 메뉴)

3 **Mode** : 블렌딩 모드를 설정합니다.

4 **Opacity** : 칠해지는 전체 색상의 투명도를 설정합니다.

5 **Flow** : 브러시 자체의 투명도를 설정합니다.

6 **Airbrush-style build-up effects** : 압력을 감지할 수 있는 에어브러시를 이용할 수 있습니다. 마우스 왼쪽 버튼을 클릭하는 동안 브러시를 움직이지 않아도 지속적으로 색상이 작업창에 뿌려집니다.

7 **Pressure for Size** : 태블릿으로 작업할 경우 펜 압력을 사용하여 브러시 크기를 변경합니다.

04 Ctrl+┼를 두어 번 눌러 작업창을 확대하고 인물 부분만 드래그해서 색상을 되살려서 표현합니다.

TIP. 레이어에 레이어 마스크를 설정하면, 해당하는 레이어을 보이게 하거나 보이지 않게 설정할 수 있습니다. 마스크의 색상이 검은색(#000000)이면 해당 레이어를 지우개로 지운 것처럼 인식해 작업창에서 보이지 않습니다. 마스크의 색상이 흰색(#ffffff)이면 어떤 효과도 적용되지 않은 것처럼 이미지가 그대로 잘 보입니다.

05 [를 눌러 브러시 사이즈를 10 정도로 줄인 후 경계 부분을 드래그하여 인물의 경계 부분을 세밀하게 표현합니다. Layers 패널에서는 브러시로 칠한 부분이 검은색으로 표현됩니다.

TIP. 인물 외부를 잘못 선택한 경우 전경색을 흰색으로 변경한 후에 드래그합니다. 브러시로 칠한 부분이 다시 흑백으로 나타납니다.

06 인물은 컬러로 강조되고 인물을 제외한 배경만 흑백으로 연출되었습니다.

모노톤으로 은은하게 분위기 살리기

Black & White

▶ HOW TO + 각각의 색상을 뽐내는 화려한 이미지를 한두 개의 색상으로 처리해 은은한 분위기로 연출하기도 합니다. Black & White의 Tint를 이용해 이미지를 모노톤으로 정리해봅시다.

▶ FILE + 예제 : data/044monotone.jpg 완성 : end/044monotone.jpg

01 Ctrl+O를 눌러 data/044monotone.jpg 파일을 불러옵니다.

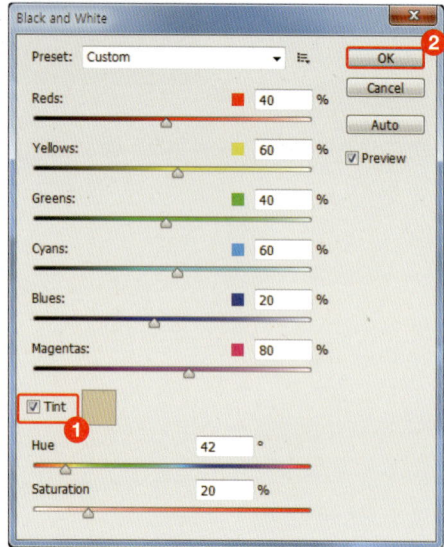

02 [Image]-[Adjustments]-[Black & White] 메뉴 또는 Alt+Shift+Ctrl+B를 누릅니다. Black and White 창에서 **Tint**에 체크하고 〈OK〉를 눌러 적용합니다.

03 이미지가 모노톤으로 연출되었습니다.

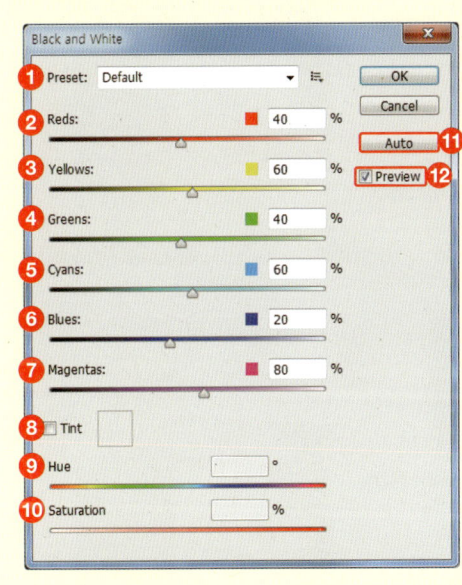

NOTE Black and White 창 살펴보기

이미지를 흑백으로 수정할 때 각 색상별로 밝기를 조절할 수 있습니다.

① **Preset** : 미리 설정되어 있는 값을 불러옵니다.
② **Reds** : Reds 영역의 밝기를 조절합니다.
③ **Yellows** : Yellows 영역의 밝기를 조절합니다.
④ **Greens** : Greens 영역의 밝기를 조절합니다.
⑤ **Cyans** : Cyans 영역의 밝기를 조절합니다.
⑥ **Blues** : Blues 영역의 밝기를 조절합니다.
⑦ **Magentas** : Magentas 영역의 밝기를 조절합니다.
⑧ **Tint** : 선택한 색상을 작업창 전체에 적용합니다. 색상을 변경하면 원하는 색상 톤으로 변경할 수 있습니다.
⑨ **Hue** : 색상을 변경합니다.
⑩ **Saturation** : 채도를 변경합니다.
⑪ **Auto** : 옵션을 자동으로 조정합니다.
⑫ **Preview** : 옵션을 적용하기 전에 미리보기합니다.

빈티지 느낌으로 빛바랜 추억 만들기
Vibrance, Noise

▶ HOW TO + 오래된 낡은 사진첩에서 추억을 꺼내보듯 빛바랜 사진으로 보정해봅시다. Vibrance 기능은 CS6에서 새롭게 추가된 기능으로 전체적인 색상을 조화롭게 다운시켜 빈티지 느낌의 낡은 연출이 가능합니다.

▶ FILE + 예제 : data/045vintage.jpg 완성 : end/045vintage.psd

01 Ctrl+O를 눌러 data/045vintage.jpg 파일을 불러온 뒤 [Image]-[Adjustments]-[Vibrance] 메뉴를 선택합니다.

02 Vibrance를 -100으로 설정하고 〈OK〉를 눌러 적용합니다. 이미지 전체에 빛바랜 효과가 적용되었습니다.

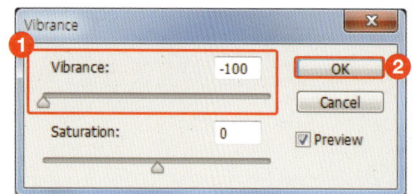

TIP . Vibrance는 이미지 손실을 최소화하며 색의 농도를 올리거나 떨어뜨립니다. Saturation보다 디테일하게 색의 농도를 조절하고 맑게 표현합니다. Saturation은 현재 채도와 관계없이 모든 색상을 동일한 채도로 조절합니다.

03 [Filter]-[Noise]-[Add Noise] 메뉴를 선택합니다. Amount를 3, Distribution을 **Uniform**으로 설정하고 **Monochromatic**에 체크한 후 〈OK〉를 눌러 적용합니다. 이미지에 노이즈 효과가 적용되어 좀더 자연스러운 빈티지 효과가 연출되었습니다.

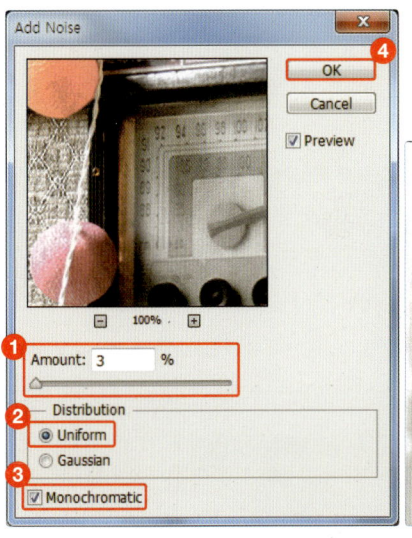

NOTE   Add Noise 창 살펴보기

다양한 색상과 명도를 가진 픽셀을 불규칙적으로 뿌려줍니다.

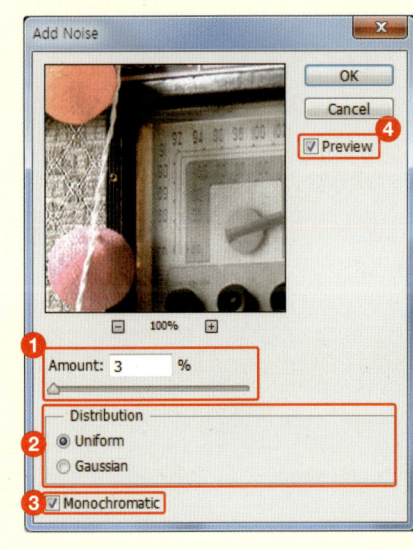

1 Amount : 노이즈의 수치를 설정합니다. 설정 값이 클수록 노이즈의 양이 증가합니다.

2 Distribution : 노이즈의 적용 형태를 설정합니다.
 - Uniform : 노이즈를 규칙적으로 적용합니다.
 - Gaussian : 노이즈를 비규칙적으로 적용합니다.

3 Monochromatic : 노이즈를 단색으로 설정합니다.

4 Preview : 옵션을 적용하기 전에 미리보기합니다.

사실적인 스케치를 연출하는 필터 활용하기

crosshatch

▶ HOW TO + 카메라로 촬영한 사실적인 이미지를 Filter Gallery 기능을 이용해 독특한 분위기의 사진으로 변형할 수 있습니다. 연필로 그리거나 물감이 번진 듯한 효과 등이 내장되어 있고 간단한 옵션 조절로 다양한 분위기를 연출할 수 있습니다.

▶ FILE + 예제 : data/046crosshatch.jpg 완성 : end/046crosshatch.jpg

01 Ctrl+O를 눌러 data/046crosshatch.jpg 파일을 불러옵니다.

02 [Filter]-[Filter Gallery] 메뉴를 선택합니다. Filter Gallery 창에서 [Brush Strokes]의 **Crosshatch** 메뉴를 선택합니다. Stroke Length를 **9**, Sharpness를 **6**, Strength를 **1**로 설정하고 〈OK〉를 눌러 적용합니다.

03 이미지에 Crosshatch가 적용되어 스케치 효과가 나타났습니다.

NOTE Filter Gallery 창 살펴보기

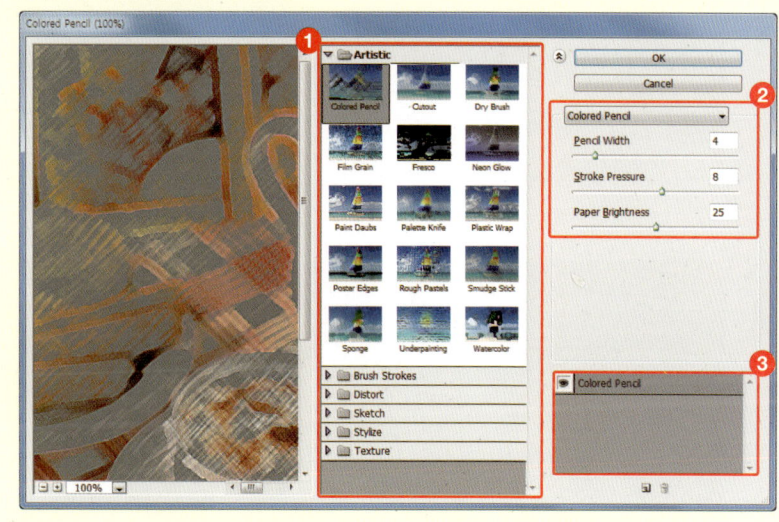

1 선택할 필터의 리스트를 보여줍니다.
2 선택한 필터의 옵션을 보여줍니다.
3 필터 레이어를 생성합니다.

GALLERY 갤.러.리

Filter Gallery에서 제공하는 효과 살펴보기

[Artistic]

COLORED PENCIL FILTER

CUTOUT FILTER

FRESCO FILTER

NEON GLOW FILTER

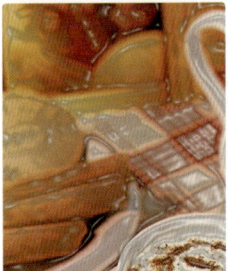
PLASTIC WRAP FILTER

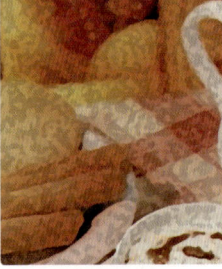
SPONGE FILTER

UNDERPAINTING FILTER

WATERCOLOR FILTER

[Brush Strokes]

ACCENTED EDGES FILTER

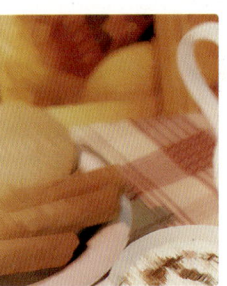
ANGLED STROKED FILTER

CROSSHATCH FILTER

DARK STROKES FILTER

INK OUTLINES FILTER

SPATTER FILTER

SPRAYED STROKES FILTER

SUMI-E FILTER

[Distort]

DIFFUSE GLOW FILTER

GLASS FILTER

OCEAN RIPPLE FILTER

[Stylize]

GLOWING EDGES FILTER

[Sketch]

BAS RELIEF FILTER

CHALK & CHARCOAL FILTER

GRAPHIC PEN FILTER

HALFTONE PATTERN FILTER

NOTE PAPER FILTER

PHOTOCOPY FILTER

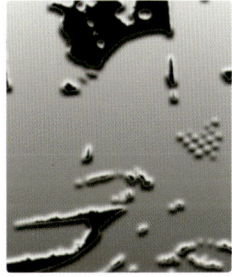
PLASTER FILTER

RETICULATION FILTER

[Texture]

CRAQUELURE FILTER

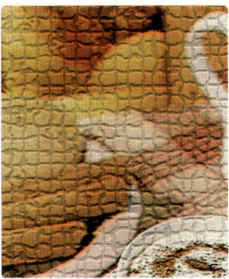
MOSAIC TILES FILTER

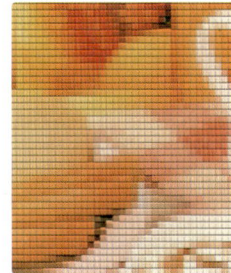
PATCHWORK FILTER

STAINED GLASS FILTER

새벽안개 연출하기
Clouds, Channel

▶ HOW TO + 한낮에 촬영한 사진에 안개를 연출해 마치 새벽에 촬영한 것 같은 사진으로 변경해보겠습니다. Clouds로 사진 위에 회색과 흰색이 섞인 구름을 만들고, Channel로 흰색 부분만을 깔끔하게 분리해 연출합니다.

▶ FILE + 예제 : data/047clouds.jpg   완성 : end/047clouds.psd

01 [Ctrl]+[O]를 눌러 data/047clouds.jpg 파일을 불러옵니다. 전경색을 **검은색(#000000)**, 배경색을 **흰색(#ffffff)**으로 설정합니다. Layers 패널에서 새 레이어 추가 아이콘(🔳)을 클릭하고 레이어 이름을 **clouds1**로 수정합니다.

02 [Filter]-[Render]-[Clouds] 메뉴를 선택합니다. 작업창 전체에 구름 효과가 적용되었습니다. [Window]-[Channels] 메뉴를 선택합니다. Channels 패널에서 Blue 채널을 새 채널 추가 아이콘(🔳)으로 드래그해서 복사합니다.

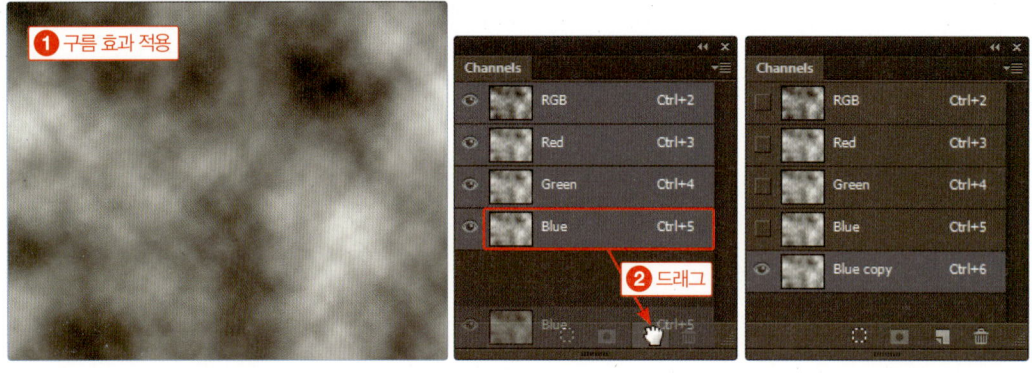

TIP . Channels에서 복사하는 채널은 대비가 가장 큰 색상 채널로 하는 것이 좋습니다.

NOTE   Channels 패널 살펴보기

Channels 패널은 이미지 색상과 선택 영역에 대한 정보가 담겨 있는 패널로, 합성이나 보정 작업을 할 때 유용하게 쓰입니다. 주로 알파 채널을 이용하여 활성화 영역을 저장할 때 사용됩니다.

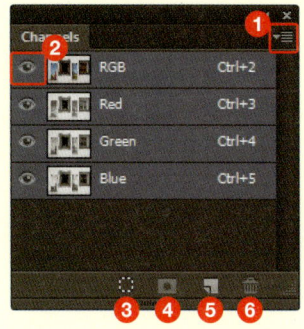

1. 확장 아이콘 : 채널을 불러오거나 표시 방법을 설정할 수 있습니다.
2. **Channel Visibility** : 눈 아이콘으로 해당 채널을 보이게 하거나 보이지 않게 설정합니다.
3. **Load channel as selection** : 채널을 선택 영역으로 설정합니다.
4. **Save selection as channel** : 선택 영역을 채널로 저장합니다.
5. **Create a new channel** : 새로운 알파 채널을 생성합니다.
6. **Delete current channel** : 선택된 채널을 삭제합니다.

03 [Image]-[Adjustments]-[Levels] 메뉴 또는 Ctrl+L을 누릅니다. Input Levels의 검은색 슬라이더(■), 회색 슬라이더(▲), 흰색 슬라이더(□)를 드래그해서 수치를 조절한 후 〈OK〉를 클릭합니다. **(40 / 1.00 / 200)** 작업창에서 구름 효과의 밝기가 보정되었습니다.

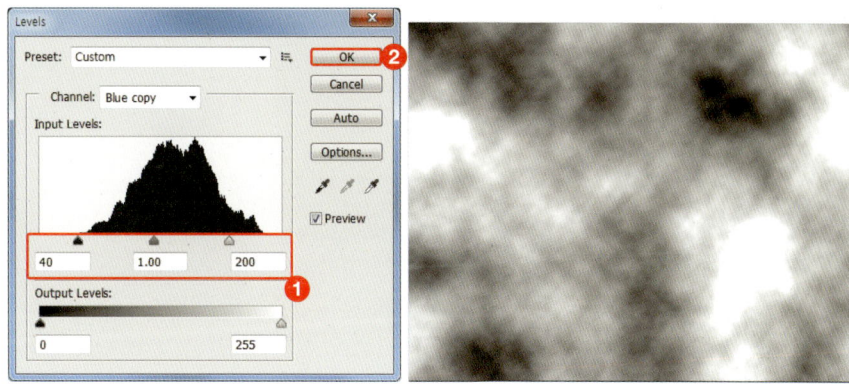

04 Channels 패널에서 선택 영역 만들기 아이콘(◌)을 클릭합니다. Blue copy 채널의 영역이 작업창에 선택 영역으로 적용되었습니다.

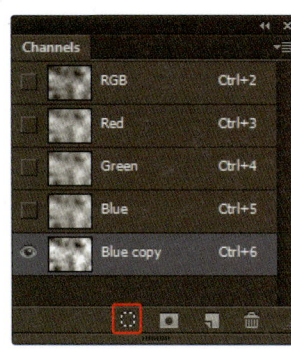
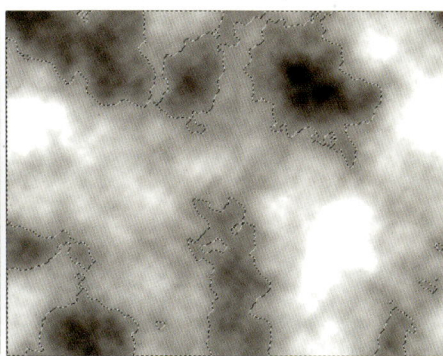

05 Channels 패널에서 RGB 채널을 클릭하여 색상을 원래대로 표현합니다. Layers 패널에서 Ctrl+J를 눌러 선택 영역을 새로운 레이어에 복사하고 복사된 레이어의 이름을 **clouds2**로 수정합니다.

06 Layers 패널에서 clouds1 레이어를 선택합니다. 레이어 삭제 아이콘(🗑)을 클릭해 〈Yes〉를 눌러 clouds1 레이어를 삭제합니다. 사진에 안개가 낀 효과가 연출되었습니다.

07 Layers 패널에서 레이어 투명 잠금 아이콘(▩)을 클릭합니다. clouds2 레이어의 Opacity를 **80**으로 적용합니다. 안개 낀 효과가 좀더 자연스럽게 적용되었습니다.

048 시선을 한곳에 집중시키기

Iris Blur

▶ HOW TO + 배경과 인물이 함께 있는 사진에서 배경을 부드럽게 처리하고 인물만을 선명하게 강조해보겠습니다. Iris Blur를 이용하면 원하는 지점을 클릭하여 모양과 부드러운 강도를 조절해 디테일한 블러 처리가 가능합니다.

▶ FILE + 예제 : data/048blur_iris.jpg 완성 : end/048blur_iris.jpg

01 [Ctrl]+[O]를 눌러 data/048blur_iris.jpg 파일을 불러옵니다. [Filter]-[Blur]-[Iris Blur] 메뉴를 선택합니다. 오른쪽 중앙의 바깥 조절점을 클릭하고 상단 윗부분으로 회전시켜 원의 위치를 변경합니다.

02 오른쪽 중앙의 바깥 조절점을 클릭하고 오른쪽으로 드래그하여 선명하게 처리되는 영역을 확장합니다. 오른쪽 중앙의 안쪽 조절점을 클릭하고 왼쪽으로 드래그하여 블러 처리되는 영역을 조절한 후 〈OK〉를 눌러 적용합니다.

03 배경이 부드럽게 처리되어 인물로 시선을 집중하도록 연출되었습니다.

N OTE Iris Blur 창 살펴보기

원형 블러를 설정합니다. 카메라의 초점을 맞춘 것처럼 연출할 수 있으며 조절점으로 블러의 위치와 정도를 조절합니다.

• **Blur Tools 패널**

1 Field Blur : 핀으로 기준점을 설정하고 다음 기준점마다 등급별로 블러의 정도를 설정합니다.

2 Iris Blur : 원형 블러를 적용합니다.

3 Blur : 블러의 수치를 조절합니다. 값이 클수록 흐림 효과가 강해집니다.

4 Tilt-Shift : 수평 블러를 적용합니다.

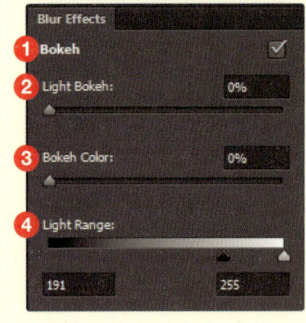

• **Blur Effects 패널**

1 Bokeh : 뿌옇게 보이는 효과를 설정합니다.

2 Light Bokeh : 보케의 밝은 정도를 설정합니다.

3 Bokeh Color : 보케의 색상을 설정합니다.

4 Light Range : 밝기를 설정합니다.

049 줌인 효과로 역동적인 이미지 만들기
Radial Blur, layer Mask

▶ HOW TO + 블러 효과 중에서도 Radial Blur를 이용하면 움직임까지 함께 표현해 더욱 역동적인 이미지를 만들 수 있습니다. 중앙으로 빨려 들어가는 듯한 효과를 만들어 중앙에서 걸어나오는 인물을 강하게 부각시켜봅시다.

▶ FILE + 예제 : data/049zoomin.jpg 완성 : end/049zoomin.psd

01 Ctrl+O를 눌러 data/049zoomin.jpg 파일을 불러옵니다. Layers 패널에서 Ctrl+J를 눌러 이미지를 새로운 레이어에 복사합니다.

02 [Filter]-[Blur]-[Radial Blur] 메뉴를 선택합니다. Amount를 **100**, Blur Method를 **Zoom**, Quality를 **Best**로 설정하고 〈OK〉를 클릭합니다. 이미지에 줌인 효과가 적용되었습니다.

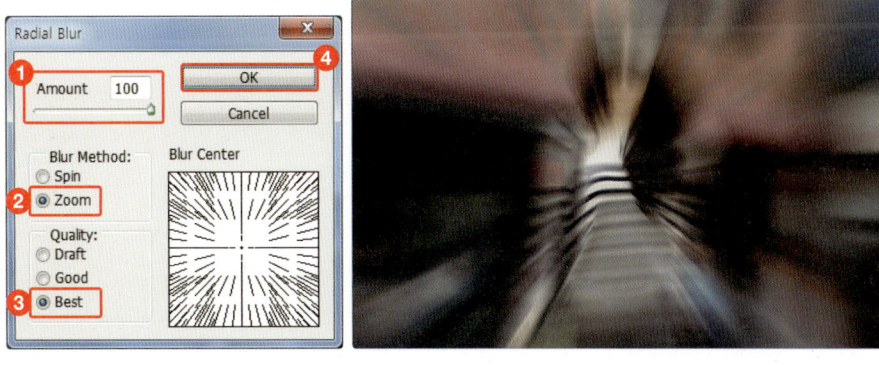

NOTE — Radial Blur 창 살펴보기

방사형으로 흐려지는 효과를 설정합니다.

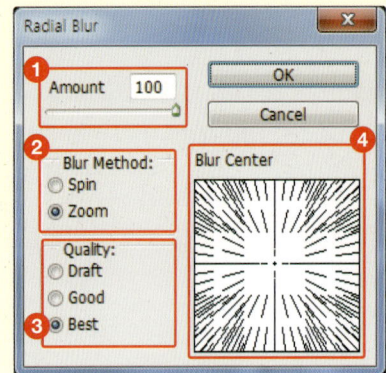

1. **Amount** : 블러의 수치를 설정합니다. 수치가 클수록 흐려지는 효과가 강해집니다.
2. **Blur Method** : 블러의 방식을 설정합니다.
   - Spin : 회전하는 효과를 적용합니다.
   - Zoom : 확대하는 효과를 적용합니다.
3. **Quality** : 블러의 질을 설정합니다.
   - Draft : 거친 느낌의 블러 효과를 적용합니다.
   - Good : Draft와 Best의 중간 느낌으로 블러 효과를 적용합니다.
   - Best : 부드러운 느낌의 블러 효과를 적용합니다.
4. **Blur Center** : 블러의 중심점을 설정합니다.

03 Layers 패널에서 레이어 마스크 추가 아이콘(▢)을 클릭하여 레이어 마스크를 추가합니다.

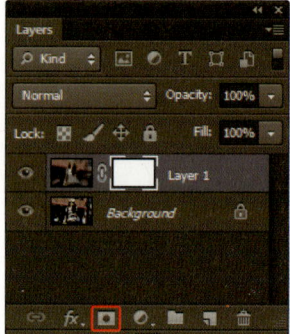

04 전경색을 **검은색(#000000)**, 배경색을 **흰색(#ffffff)**으로 설정하고 툴 바에서 브러시 툴(▨)을 선택합니다. 옵션 바에서 설정 아이콘(▾)을 클릭하고 **Soft Round**를 선택한 후 Size를 200, Opacity를 100, Flow를 100으로 설정합니다.

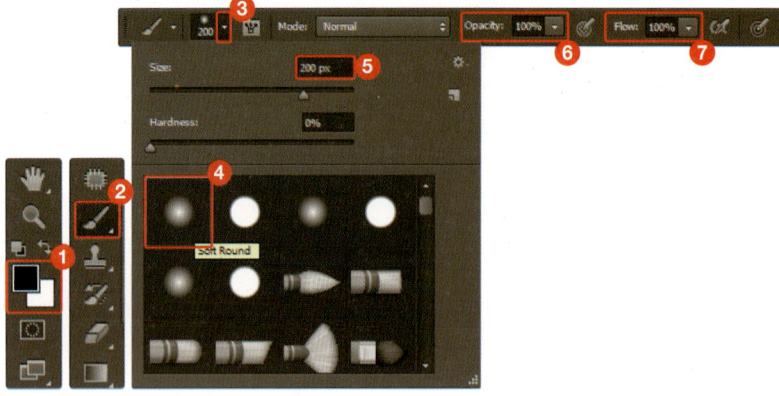

122 ─ Chapter 3 사진 보정

05 작업창의 인물 부분을 여러 차례 클릭하여 블러 효과가 적용되지 않은 Background의 인물이 잘 보이게 설정합니다.

06 Layers 패널에서 Layer 1 레이어의 Opacity를 **80**으로 설정합니다. 역동적인 이미지가 자연스럽게 연출되었습니다.

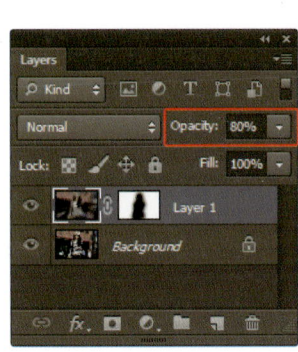 

일부 색상만 변경해
독특한 분위기 나타내기

Hue/Saturation

▶ HOW TO + 이미지는 많은 색상을 담고 있습니다. 원본 이미지는 그대로 보존하면서, 일부의 색상만을 선택하여 다른 색상으로 변경해 독특한 분위기를 연출해봅시다.

▶ FILE + 예제: data/050bluegreen.jpg 완성: end/050bluegreen.psd

01 Ctrl + O를 눌러 data/050bluegreen.jpg 파일을 불러옵니다. Layers 패널에서 이미지 보정 아이콘(⊘)을 클릭하고 [Hue/Saturation] 메뉴를 선택합니다.

02 Properties 패널에서 Preset을 **Custom**, 색상 구간 선택(👆)을 **Blues**로 선택하고 Hue를 **-180**으로 설정합니다. 사진의 파란색 부분만 색상이 초록색으로 변경되었습니다.

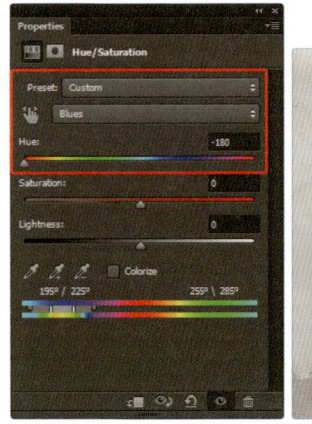

NOTE Properties 패널 살펴보기

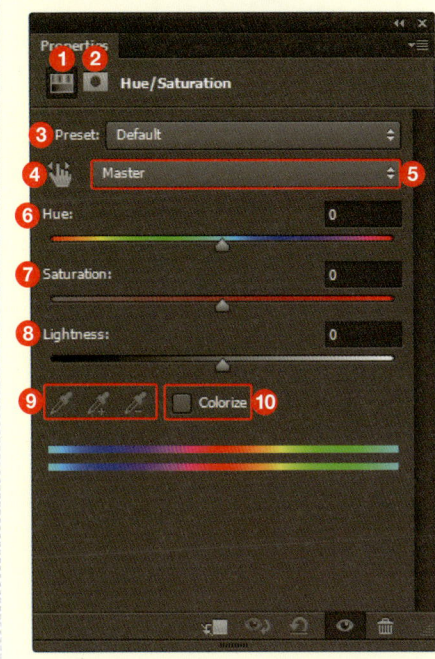

1. **Hue/Saturation** : 색상/채도 영역을 제어합니다.
2. **Masks** : 마스크 영역을 제어합니다.
3. **Preset** : 포토샵에 미리 설정되어 있는 값을 불러옵니다.
4. **색상 구간 선택 아이콘** : 이미지를 클릭하여 원하는 색상의 구간을 선택합니다.
5. **Master** : 특정 색상 구간을 선택하여 수정이 가능합니다.
6. **Hue** : 색상을 변경합니다.
7. **Saturation** : 색채도를 변경합니다.
8. **Lightness** : 명도를 변경합니다.
9. **스포이트** : 색상을 추출합니다.
10. **Colorize** : 다양한 색상을 하나의 색상으로 변경합니다.

역광으로 어두워진 사진 보정하기

Duplicate, Grayscale, Load Selection

▶ HOW TO + 빛을 등지고 촬영한 사진들은 역광으로 사물이 어둡게 나오는 경우가 많습니다. Load Selection 기능으로 사진 중에서 배경을 제외한 사물만을 분리하여 밝게 보정해보겠습니다.

▶ FILE + 예제 : data/051backlight.jpg 완성 : end/051backlight.psd

01 Ctrl+O를 눌러 data/051backlight.jpg 파일을 불러옵니다. [Image]-[Duplicate] 메뉴를 선택해 설정을 그대로 두고 〈OK〉를 클릭합니다.

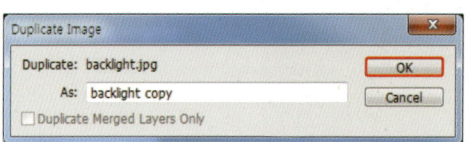

TIP . Duplicate Image 창에서 Duplicate는 복사할 파일을 보여주고, As는 복사될 파일의 이름을 설정합니다.

02 backlight 이미지가 한 장 더 복사되었습니다.

03 backlight copy 파일을 선택한 상태에서 [Image]-[Mode]-[Grayscale] 메뉴를 선택합니다. Message 창에서 〈Discard〉를 클릭합니다. backlight copy 파일의 이미지가 흑백으로 변경되었습니다.

04 [Image]-[Adjustments]-[Levels] 메뉴 또는 Ctrl+L을 선택합니다. Input Levels의 검은색 슬라이더(▲), 회색 슬라이더(▲), 흰색 슬라이더(△)를 드래그해서 수치를 조절한 후 〈OK〉를 클릭합니다. **(48/1.00/74)** backlight copy 이미지의 밝기가 변경되었습니다.

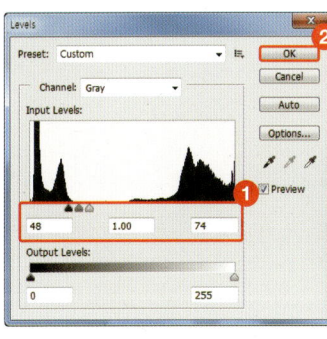

05 [Filter]-[Blur]-[Gaussian Blur] 메뉴를 선택합니다. Radius를 3으로 설정하고 〈OK〉를 클릭합니다. backlight copy 파일에 블러가 적용되어 이미지가 흐리게 연출되었습니다.

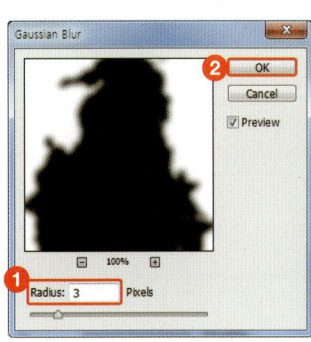

06 backlight.jpg 파일을 선택하고 [Select]-[Load Selection] 메뉴를 선택합니다. Load Selection 창에서 Source 에서 Documents를 **backlight copy**, Channel을 **Gray**로 설정하고 **Invert**에 체크합니다. Operation에서 **New Selection** 메뉴를 선택하고 〈OK〉를 눌러 적용합니다. backlight copy 파일의 Gray 채널 부분이 backlight.jpg 파일에 선택 영역으로 설정되었습니다.

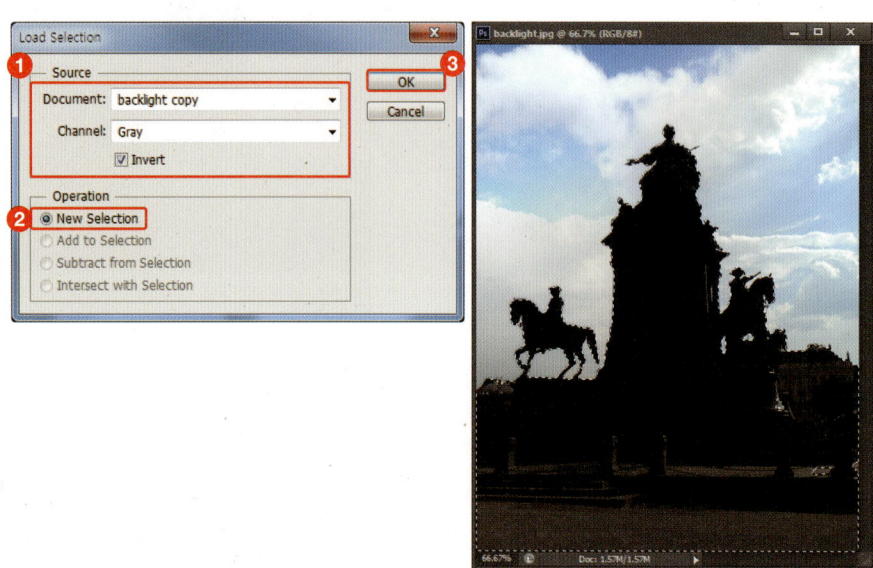

> **NOTE** Load Selection 창 살펴보기
>
>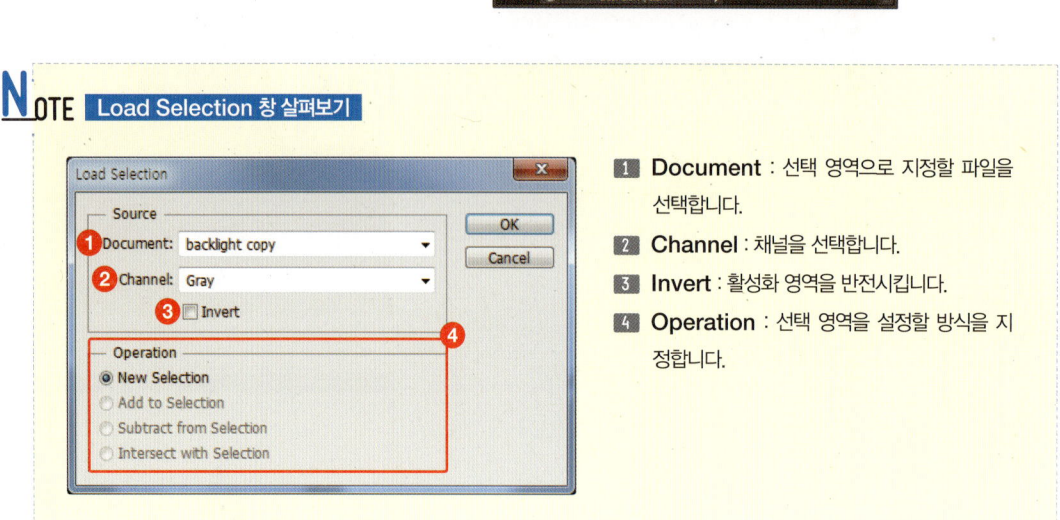
>
> 1 **Document** : 선택 영역으로 지정할 파일을 선택합니다.
> 2 **Channel** : 채널을 선택합니다.
> 3 **Invert** : 활성화 영역을 반전시킵니다.
> 4 **Operation** : 선택 영역을 설정할 방식을 지정합니다.

07 `Ctrl`+`J`를 눌러 이미지를 새로운 레이어에 복사합니다.

08 [Image]-[Adjustments]-[Levels] 메뉴 또는 `Ctrl`+`L`을 선택합니다. Levels 창에서 Input Levels의 검은색 슬라이더(■), 회색 슬라이더(■), 흰색 슬라이더(□)를 드래그해서 수치를 조절한 후 〈OK〉를 클릭합니다. **(5 / 1.68 / 213)** 역광 사진이 밝게 보정되었습니다.

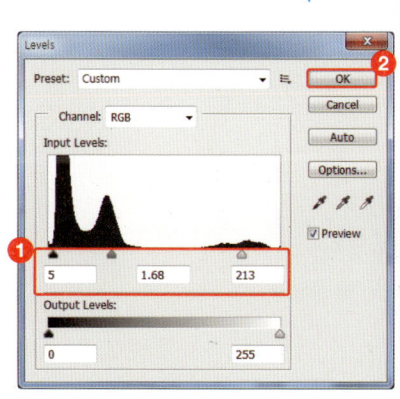

052 조명 효과로 빛을 자유롭게 다루기

Lighting Effects

▶ HOW TO + 조명 효과로 인물만 밝게 처리하여 강조해봅시다. Lighting Effects 기능을 이용하면 이미지를 보면서 직관적으로 빛의 강도나 사이즈 등을 드래그하여 편리하게 조명 효과를 연출할 수 있습니다.

▶ FILE + 예제 : data/052lens.jpg 완성 : end/052lens.jpg

01 Ctrl+O를 눌러 data/052lens.jpg 파일을 불러옵니다. [Filter]-[Render]-[Lighting Effects] 메뉴를 선택합니다.

NOTE   Lighting Effect 창 살펴보기

다양한 조명 효과를 추가할 수 있으며, 조절점으로 조명의 위치와 정도를 조절합니다.

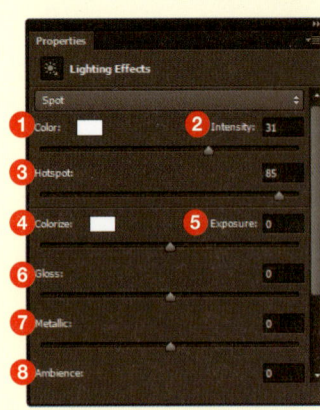

· **Properties 패널**

① **Color** : 조명의 색상을 설정합니다.
② **Intensity** : 조명 색상의 강도를 설정합니다.
③ **Hotspot** : 조명 내부 지점의 크기를 설정합니다.
④ **Colorize** : 다양한 색상을 하나의 색상으로 변경합니다.
⑤ **Exposure** : 밝기의 강도를 설정합니다.
⑥ **Gloss** : 빛 효과의 강도를 설정합니다.
⑦ **Metallic** : 광택의 강도를 설정합니다.
⑧ **Ambience** : 밝음과 어두움 정도를 설정합니다.

02 표시 영역의 Scale Width를 마우스로 클릭하고 위쪽으로 회전시켜 세로 영역의 길이를 늘려줍니다. 표시 영역 오른쪽의 Scale Length를 마우스로 클릭하고 오른쪽으로 드래그하여 가로 영역의 너비를 늘려줍니다.

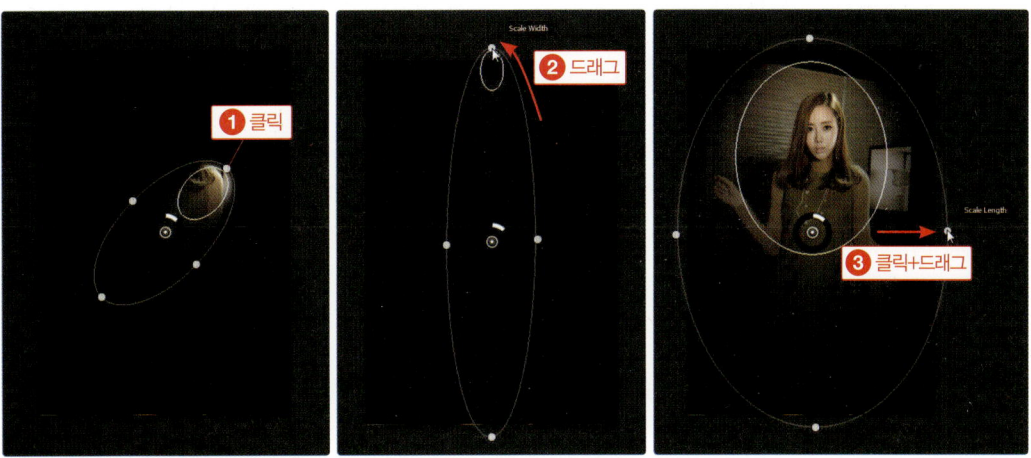

03 [Properties] 패널에서 Lighting Effects를 **Spot**으로 설정하고 Intensity를 31, Hotspot을 85, Exposure를 0, Gloss를 0, Metallic을 0, Ambience를 0으로 설정하고 상단 〈OK〉를 눌러 적용합니다. 인물 부분만 밝게 보정되었습니다.

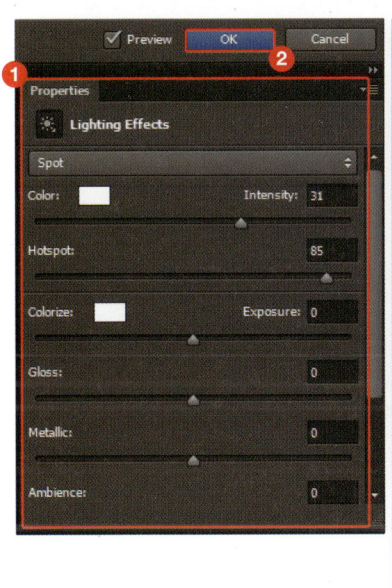

사진을 유화처럼 변형하기

Oil Paint

> **HOW TO +** 일반적인 이미지를 마치 유화로 그린 것처럼 변경해봅시다. Oil Paint 기능에서 붓의 크기와 스타일 등의 옵션을 변경하면 정성껏 그린 듯한 유화 느낌을 바로 연출할 수 있습니다.
>
> **FILE +** 예제 : data/053oil.jpg 완성 : end/053oil.psd

01 Ctrl+O를 눌러 data/053oil.jpg 파일을 불러온 뒤 [Filter]-[Oil Paint] 메뉴를 선택합니다.

02 Brush에서 Stylization을 **3.61**, Cleanliness를 **1.9**, Scale을 **0.55**, Bristle Detail을 **10**으로 설정합니다. Lighting에서 Angular Direction을 **300**, Shine을 **1.3**으로 설정한 후 〈OK〉를 클릭합니다.

03 유화로 그린 듯한 효과가 연출되었습니다.

NOTE Oil Paint 창 살펴보기

유화 느낌의 효과를 연출합니다.

❶ **Brush** : 브러시 옵션을 설정합니다.
 - Stylization : 브러시의 질감을 설정합니다.
 - Cleanliness : 브러시의 부드러운 정도를 표현합니다. 수치가 높을수록 부드러운 느낌이 연출됩니다.
 - Scale : 브러시의 크기를 설정합니다.
 - Bristle Detail : 브러시 상세한 질감을 설정합니다. 수치가 높을수록 뻣뻣한 느낌이 연출됩니다.

❷ **Lighting** : 밝기 옵션을 설정합니다.
 - Angular Direction : 빛의 방향을 설정합니다.
 - Shine : 밝기를 설정합니다.

액션으로 눈 내리는 사진 만들기

Blizzard

▶ HOW TO + 사진에 눈이 내리거나 비가 오는 효과를 입혀서 분위기를 변경할 수 있습니다. Actions에는 다양한 이미지 효과들이 미리 저장되어 있습니다. 선택하여 적용하면 빠르게 다양한 효과를 사용할 수 있습니다.

▶ FILE + 예제: data/054blizzard.jpg   완성: end/054blizzard.psd

01 [Ctrl]+[O]를 눌러 data/054blizzard.jpg 파일을 불러온 뒤 [Window]-[Actions] 메뉴 또는 [Alt]+[F9]를 누릅니다.

02 Actions 패널에서 확장 아이콘(▼≡)을 클릭하고 [Image Effects] 메뉴를 선택합니다.

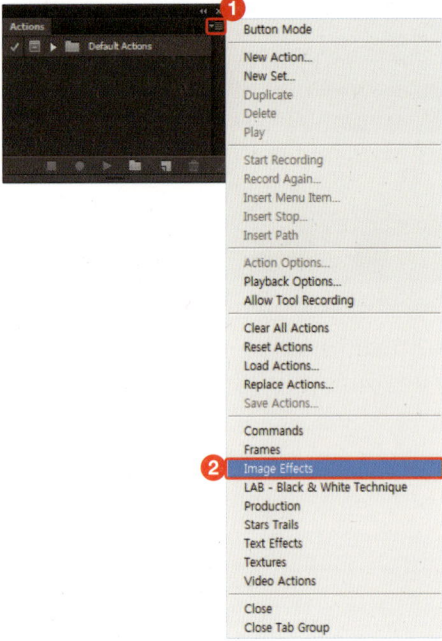

NOTE Actions 패널 살펴보기

동일한 작업을 여러 번 반복할 때 유용한 기능으로 작업한 내역을 저장한 뒤 불러내서 사용할 수 있으며 포토샵에 기본으로 내장되어 있는 액션들을 불러와 반복적인 작업을 할 수도 있습니다.

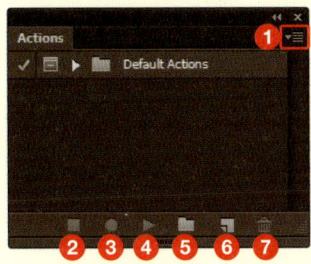

① 확장 아이콘 : 액션을 불러오거나 표시 방법을 설정할 수 있습니다.
② 정지 버튼 : 실행 중인 액션을 정지합니다.
③ 녹화 버튼 : 반복으로 수행할 작업을 녹화합니다.
④ 재생 버튼 : 선택한 액션을 실행합니다.
⑤ **Create new set** : 새로운 액션 그룹을 추가합니다.
⑥ **Create new action** : 액션을 새로 추가합니다.
⑦ **Delete** : 선택된 액션을 삭제합니다.

03 [Image Effect]-[Blizzard] 액션을 선택하고 재생 버튼(▶)을 클릭합니다.

04 Blizzard 액션이 적용되어 눈 내리는 효과가 연출되었습니다.

GALLERY 갤.러.리

Actions 패널에서 제공하는 효과 살펴보기

AGED PHOTO ACTIONS

BLIZZARD ACTIONS

LIGHT RAIN ACTIONS

LIZARD SKIN ACTIONS

NEON NIGHTS ACTIONS

OIL PASTEL ACTIONS

QUADRANT COLOR ACTIONS

SEPIA TONING(GRAYSCALE) ACTIONS

SEPIA TONING(LAYER) ACTIONS

SOFT EDGE GLOW ACTIONS

NEON EDGES ACTIONS

COLORFUL CENTER (COLOR) ACTIONS

HORIZONTAL COLOR FADE(COLOR) ACTIONS

VERTICAL COLOR FADE(COLOR) ACTIONS

GRADIENT MAPS ACTIONS

FLUORESCENT CHALK ACTIONS

PHOTO
SHOP
CS6

CHAPTER 04

사진 편집

ADOBE
PHOTOSHOP
CS6

촬영한 사진을 약간만 수정하여 좀더 완벽한 이미지로 만들고, 서로 다른 이미지를 합성하여 또 다른 이미지로 편집하는 방법에 대해서 알아보겠습니다. 간단한 드래그만으로 턱 선을 V라인으로, 허리를 개미허리로, 또 얼굴에 난 상처를 감쪽같이 지워서 보완합니다. 배경에서 사람의 머리카락까지 디테일하게 분리하여 다른 이미지와 합성하고, 두 개의 서로 다른 이미지의 경계를 드러나지 않게 하여 처음부터 하나의 이미지였던 것처럼 연출해 보겠습니다.

각도와 크기를 조절하고
부족한 배경 채우기

Crop, Content-Aware

▶ HOW TO + CS6에서 더욱 강력해진 Crop을 이용하면 작업창 전체가 회전되는 모습을 미리보기하면서 정확한 각도를 맞출 수 있습니다. Content-Aware는 주변의 이미지를 복사하여 부족한 배경을 자연스럽게 채워주는 기능으로 강력한 이미지 복원 기능 중의 하나입니다.

▶ FILE + 예제 : data/055resize.jpg 완성 : end/055resize.jpg

01 Ctrl+O를 눌러 data/055resize.jpg 파일을 불러온 뒤 자르기 툴(￥)을 선택합니다. 작업창이 편집 모드로 변경되었습니다.

02 작업창 상단 중앙을 오른쪽으로 회전시켜 사진의 기울어진 기둥 부분을 바로잡습니다.

03 오른쪽 상단의 조절점을 클릭하고 위쪽으로 드래그해서 영역을 확장한 후 Enter 를 눌러 반영합니다.

04 툴 바에서 빠른 선택 툴(　)을 선택합니다. 옵션 바에서 선택 영역 추가하기 아이콘(　)을 선택하고 브러시 설정 아이콘(　)을 클릭해서 Size를 50으로 설정합니다. 작업창에서 흰색 부분을 드래그해서 선택 영역으로 설정합니다.

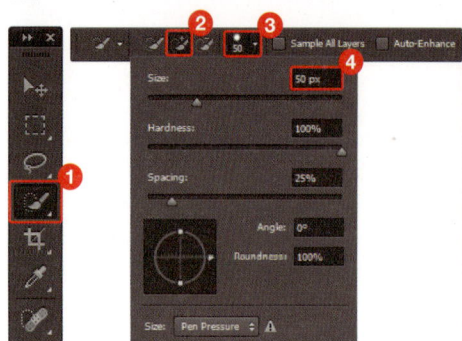 

> **NOTE 빠른 선택 툴 옵션 바 살펴보기**
>
>
>
> ① **New selection** : 활성화 영역을 선택합니다.
> ② **Add to Selection** : 활성화 영역을 추가합니다.
> ③ **Subtract from Selection** : 활성화 영역을 제외합니다.
> ④ **브러시 설정창** : 브러시의 크기나 강도 등 상세 옵션을 설정합니다.
> ⑤ **Sample All Layers** : 모든 레이어에 걸쳐 선택합니다.
> ⑥ **Auto-Enhance** : 활성화된 경계를 선명하고 자연스럽게 설정합니다.
> ⑦ **Refine Edge** : 활성화 영역의 가장자리 부분을 세부적으로 설정합니다.

05 [Select]-[Modify]-[Expand] 메뉴를 선택하고 Expand By를 **5**로 설정한 뒤 〈OK〉를 클릭합니다. 선택 영역이 확장되었습니다.

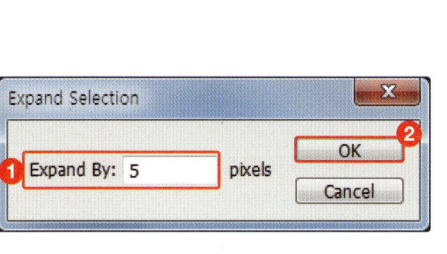

TIP. Expand By에 입력한 값만큼 선택 영역의 범위가 넓어집니다.

06 [Edit]-[Fill] 메뉴 또는 Shift+F5를 누릅니다. Contents에서 Use를 **Content-Aware**로 설정합니다. Blending에서 Mode를 **Normal**, Opacity를 **100**으로 설정하고 〈OK〉를 클릭합니다. 선택 영역이 주변의 배경으로 덮여 채워집니다.

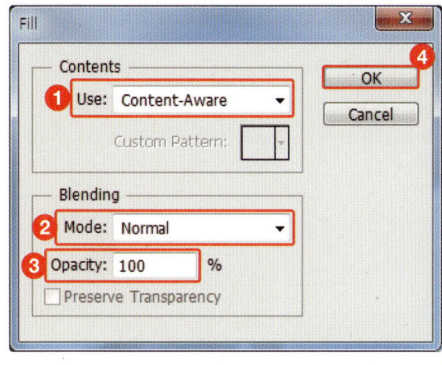

07 Ctrl+D를 눌러 선택 영역을 해제합니다. 빈 영역이 주변 하늘 이미지로 채워져 완성되었습니다.

수평을 맞추고 인물은 보호한 채 배경 확장하기

Ruler, Content-Aware Scale

▶ HOW TO + Ruler는 크기를 측정할 뿐 아니라 이미지를 수평하게 맞춰주기도 합니다. 사진의 크기를 확장하면 모든 부분이 늘어나 이미지가 깨지는 경우가 많습니다. Content-aware Scale을 이용하면 배경은 원하는 크기로 조절하고, 인물은 보호하여 보기 좋게 이미지를 확장/축소할 수 있습니다.

▶ FILE + 예제 : data/056man.jpg   완성 : end/056man.psd

수평선 맞추기

01 Ctrl + O를 눌러 data/056man.jpg 파일을 불러옵니다. 툴 바에서 눈금자 툴(▦)을 선택하고 작업창의 수평선을 따라 왼쪽에서 오른쪽으로 드래그합니다.

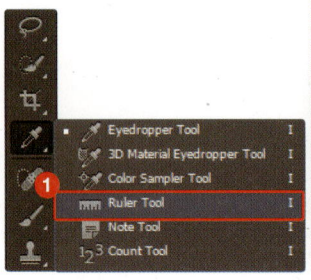

02 옵션 바에서 **Straighten Layer**를 클릭합니다. 드래그한 지점을 기준으로 수평선이 맞춰져 사진이 회전되었습니다.

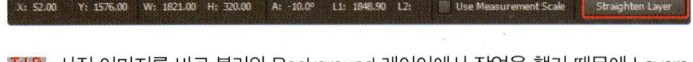

TIP. 사진 이미지를 바로 불러와 Background 레이어에서 작업을 했기 때문에 Layers 패널에서 Background 레이어가 Layer 0이라는 일반 레이어로 변경됩니다.

03 툴 바에서 자르기 툴(⬜)을 선택합니다. 작업창에서 사진의 경계면을 벗어나지 않을 정도로 드래그하여 잘라낼 부분을 선택 영역으로 설정합니다. Enter 를 눌러 선택 영역을 잘라냅니다.

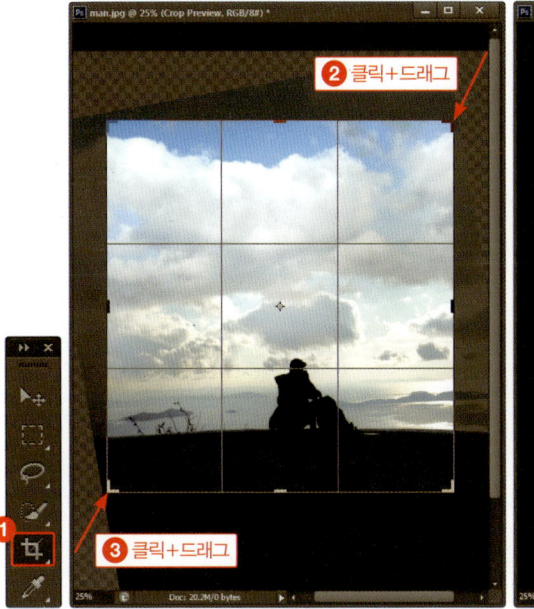

이미지 보호하기

01 툴 바에서 퀵 마스크 모드(⬜)를 클릭합니다. 브러시 툴(⬜)을 선택하고 옵션 바에서 설정 아이콘(⬜)을 클릭해 모양을 **Hard Round**, Size를 200으로 설정합니다.

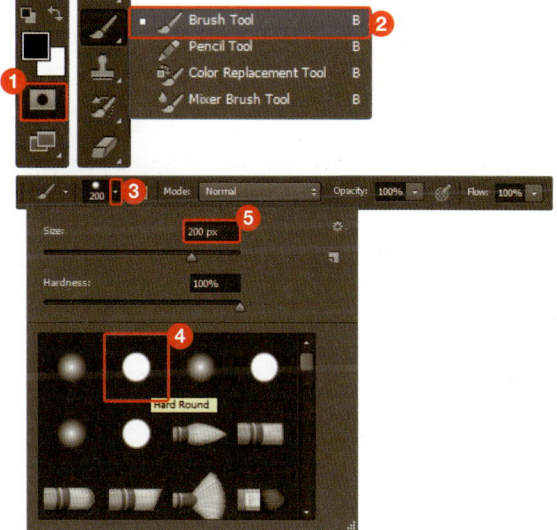

02 작업창에서 인물 위를 드래그하여 선택합니다. 툴 바에서 표준 모드(□)를 클릭합니다. 퀵 마스크 모드에서 선택한 영역을 제외한 부분이 선택 영역으로 설정되었습니다.

03 [Select]-[Inverse] 메뉴 또는 Shift + Ctrl + I 를 눌러 선택 영역을 반전시킵니다.

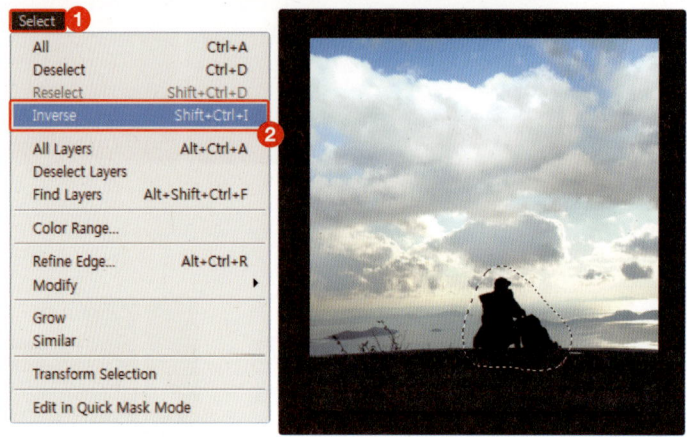

04 [Select]-[Save Selection] 메뉴를 선택합니다. Name을 **man**으로 설정하고 〈OK〉를 클릭하면 선택된 영역이 별도로 저장됩니다.

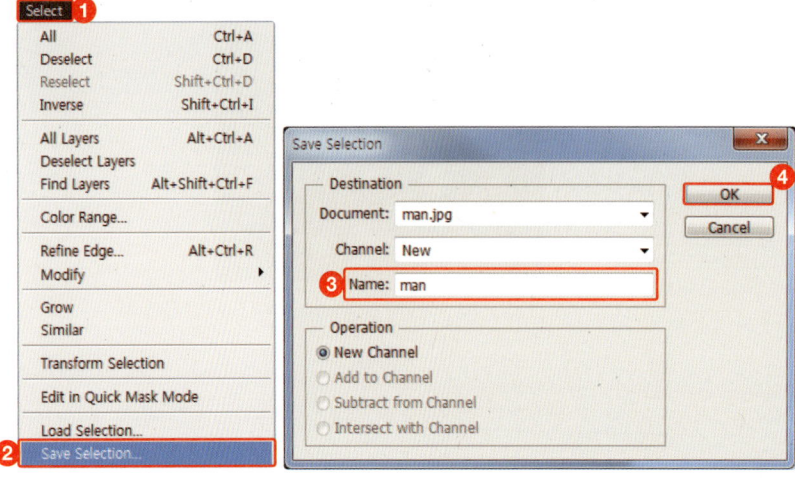

NOTE Save Selection 창 살펴보기

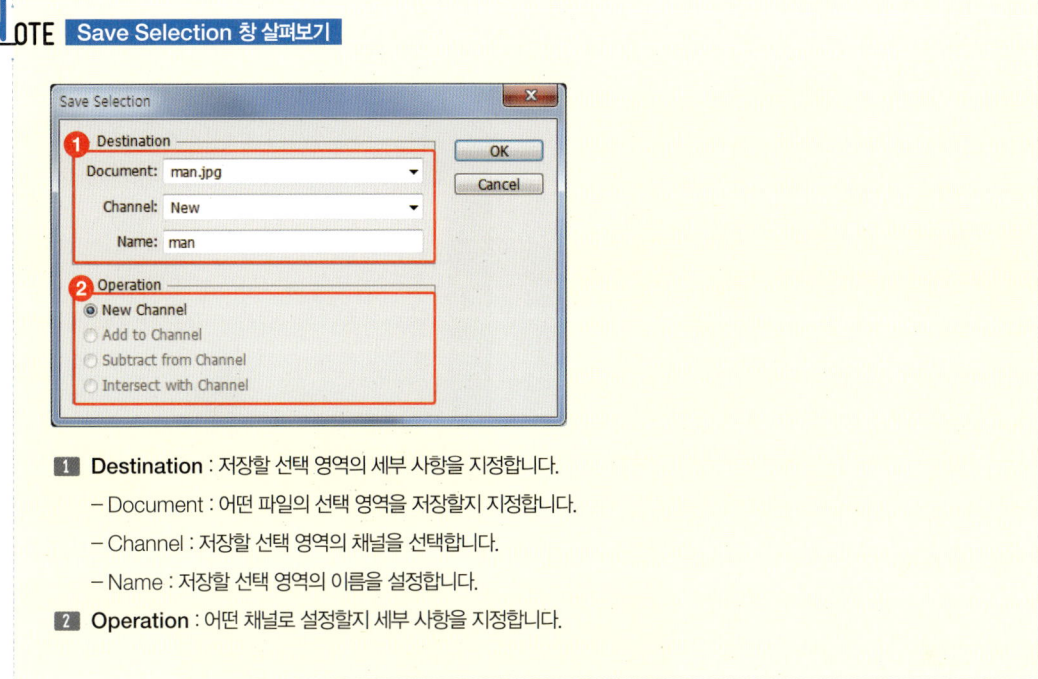

① **Destination** : 저장할 선택 영역의 세부 사항을 지정합니다.
- Document : 어떤 파일의 선택 영역을 저장할지 지정합니다.
- Channel : 저장할 선택 영역의 채널을 선택합니다.
- Name : 저장할 선택 영역의 이름을 설정합니다.

② **Operation** : 어떤 채널로 설정할지 세부 사항을 지정합니다.

배경 늘리기

01 [Image]-[Canvas Size] 메뉴 또는 Alt+Ctrl+C를 누른 뒤, Width를 **2500**으로 설정하고 〈OK〉를 클릭합니다. 중앙을 기준으로 작업창이 가로로 늘어납니다.

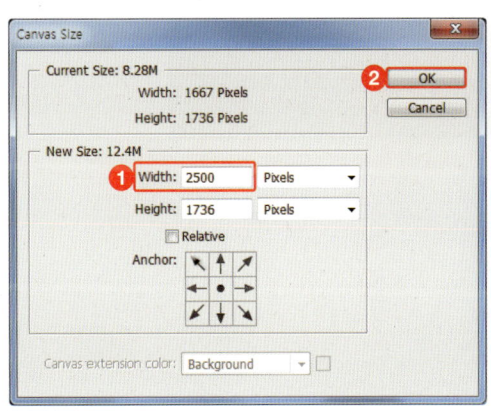 

02 [Edit]-[Contents-Aware Scale] 메뉴 또는 Alt+Shift+Ctrl+C를 누릅니다. Alt를 누르고 오른쪽 중앙의 조절점을 드래그해서 작업창의 가로 크기에 맞게 늘려줍니다. 배경이 늘어나면서 인물도 함께 늘어납니다.

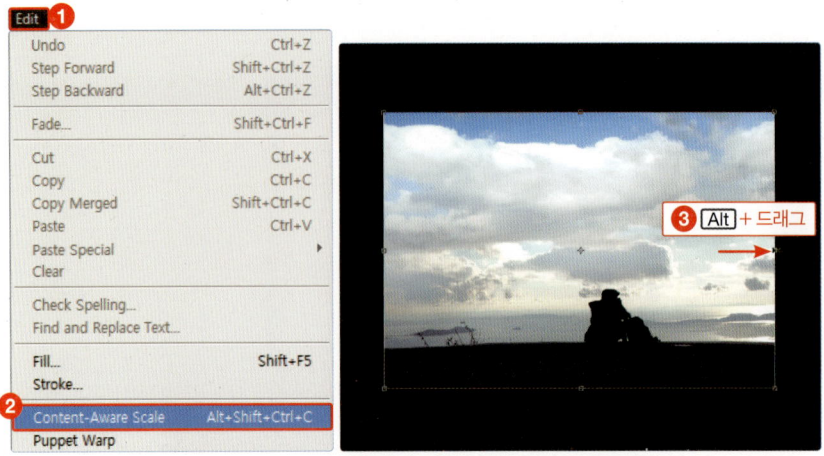

03 옵션 바에서 Protect를 **man**으로 설정합니다. 확장된 이미지에서 인물 영역만 늘어나기 전 상태로 복원되었는지 확인합니다.

TIP. Protect는 보호할 영역을 설정합니다.

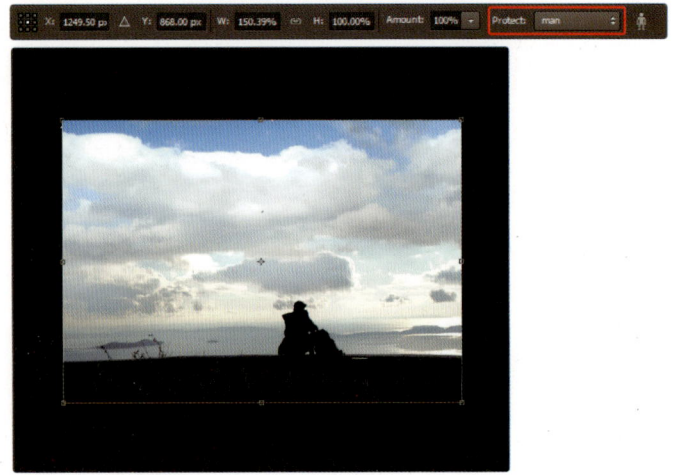

04 Enter를 눌러 적용합니다. 인물은 보호하면서 배경만 확장되어 이미지가 자연스럽게 편집되었습니다.

057 얼굴의 상처나 잡티 제거하기

패치 툴

▶ HOW TO + 얼굴에 있는 잡티나 상처 등을 깨끗한 피부로 만들 수 있습니다. 패치 툴의 경우 상처가 난 피부 영역을 선택하고, 깨끗한 피부 쪽으로 드래그하면 바로 복원됩니다. 복원될 때는 주변의 색상과 톤을 고려하여 자연스럽게 합성됩니다.

▶ FILE + 예제 : data/057patch.jpg 완성 : end/057patch.jpg

01 Ctrl+O를 눌러 data/057patch.jpg 파일을 불러옵니다. 돋보기 툴(🔍)을 선택하고 얼굴 부분을 클릭해서 이미지를 확대합니다.

02 툴 바에서 패치 툴(🩹)을 선택합니다.

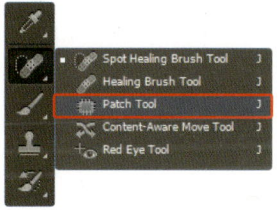

NOTE 패치 툴 옵션 바 살펴보기

1 New selection : 새로운 선택 영역을 만듭니다.
2 Add to selection : 선택 영역을 추가합니다.
3 Subtract from selection : 선택 영역을 제외합니다.
4 Intersect with selection : 기존 선택 영역과 새로 지정하는 선택 영역 중 교차된 지점만 선택 영역으로 남깁니다.

5 **Patch** : 패치 방식을 설정합니다.
6 **Source** : 제거할 이미지 영역을 선택한 후 복제할 이미지로 드래그합니다.
7 **Destination** : 복제할 이미지를 선택하고 제거할 이미지로 드래그합니다.
8 **Transparent** : 패치 영역의 이미지가 투명하게 합성됩니다.
9 **Use Pattern** : 선택 영역을 패턴으로 채웁니다.

03 작업창에서 상처가 난 부분을 드래그해서 선택합니다. 선택된 부분을 오른쪽의 깨끗한 피부 쪽으로 드래그합니다.

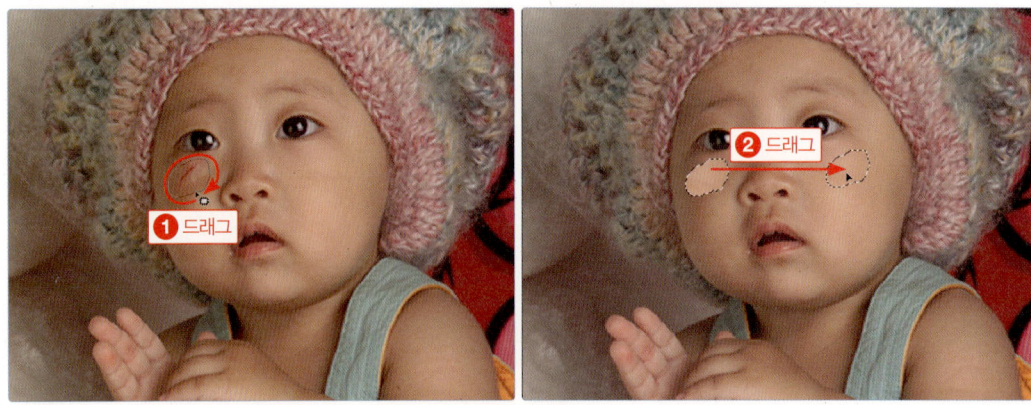

04 선택된 부분이 깨끗한 피부 쪽의 색상에 맞춰져 자연스럽게 복원되면 Ctrl+D를 눌러 선택 영역을 해제합니다. 얼굴의 상처 부분이 깨끗하게 보정되었습니다.

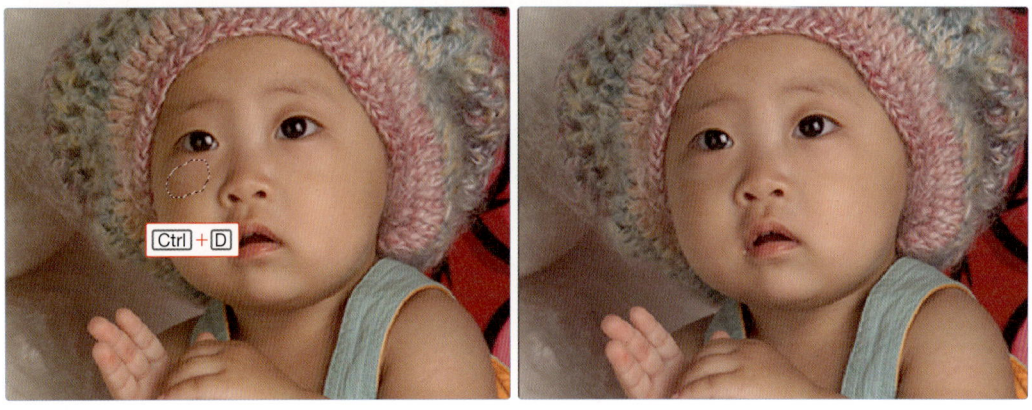

TIP . 패치 툴을 이용해서 복원을 할 때는 주변의 색상과 톤을 고려해야 자연스러운 합성이 가능합니다.

058 잘라낸 부분을 자연스럽게 채우기

스팟 힐링 브러시 툴, 내용 인식 이동 툴

▶ HOW TO + 스팟 힐링 브러시 툴은 드래그한 부분을 주변의 이미지로 채우면서 삭제하는 기능입니다. 내용 인식 이동 툴은 원래 이미지가 있던 부분을 주변 이미지로 복원하면서 이동하는 기능입니다.

▶ FILE + 예제 : data/058move.jpg

스팟 힐링 브러시 툴

01 Ctrl+O를 눌러 data/058move.jpg 파일을 불러온 뒤 스팟 힐링 브러시 툴(❷)을 선택합니다. 옵션 바에서 브러시 설정 아이콘(▼)을 클릭하고 Size를 **50**, Hardness를 **100**, Spacing을 **25**로 설정한 후 Type을 **Content-Aware**로 설정합니다.

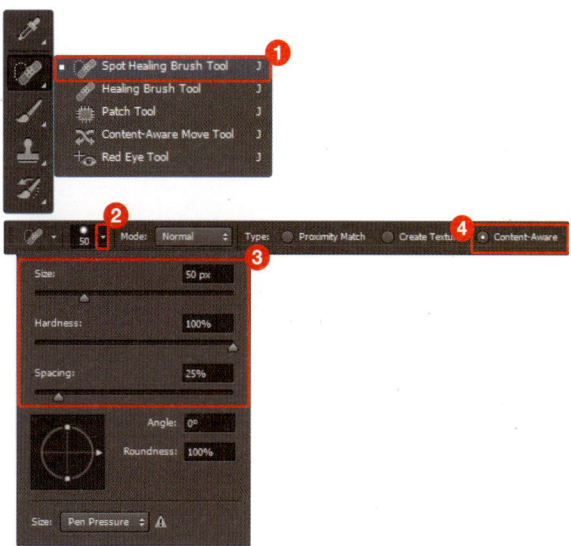

NOTE 스팟 힐링 브러시 툴 옵션 바 살펴보기

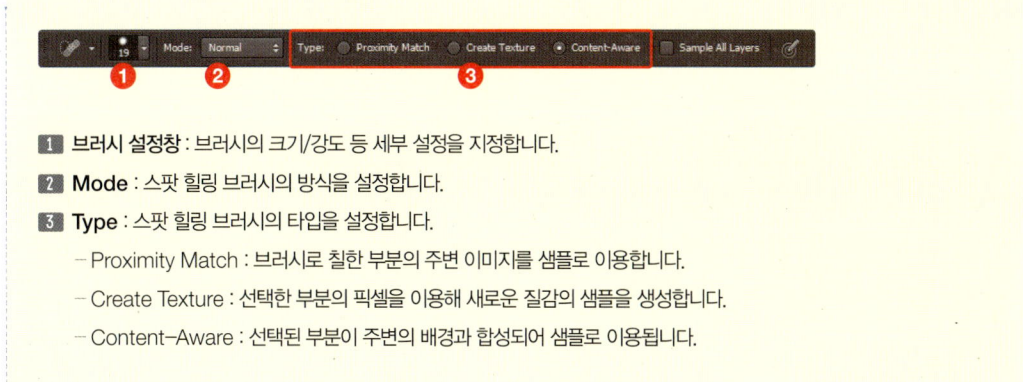

1. **브러시 설정창** : 브러시의 크기/강도 등 세부 설정을 지정합니다.
2. **Mode** : 스팟 힐링 브러시의 방식을 설정합니다.
3. **Type** : 스팟 힐링 브러시의 타입을 설정합니다.
   - Proximity Match : 브러시로 칠한 부분의 주변 이미지를 샘플로 이용합니다.
   - Create Texture : 선택한 부분의 픽셀을 이용해 새로운 질감의 샘플을 생성합니다.
   - Content-Aware : 선택된 부분이 주변의 배경과 합성되어 샘플로 이용됩니다.

02 작업창에서 케이크 위의 네 번째 크림 부분을 드래그해서 삭제합니다. 선택된 영역이 삭제될 때 주변의 색상으로 덮여 자연스러운 삭제가 가능합니다.

내용 인식 이동 툴

01 내용 인식 이동 툴(⌘)을 선택하고 옵션 바에서 New selection 아이콘(▣)를 클릭한 후 Mode를 **Move**, Adaptation을 **Medium**으로 설정합니다.

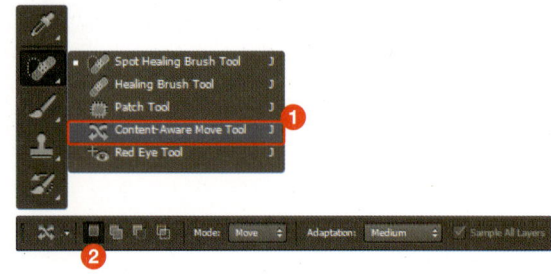

> **NOTE** 내용 인식 이동 툴 살펴보기
>
>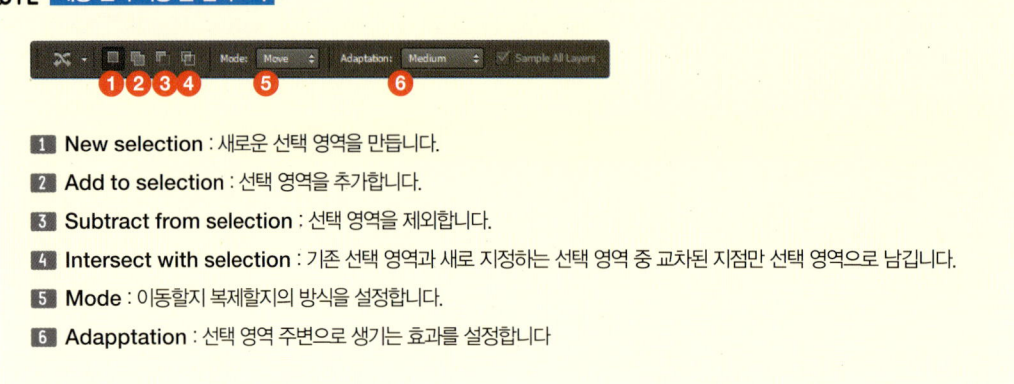
>
> ① **New selection** : 새로운 선택 영역을 만듭니다.
> ② **Add to selection** : 선택 영역을 추가합니다.
> ③ **Subtract from selection** : 선택 영역을 제외합니다.
> ④ **Intersect with selection** : 기존 선택 영역과 새로 지정하는 선택 영역 중 교차된 지점만 선택 영역으로 남깁니다.
> ⑤ **Mode** : 이동할지 복제할지의 방식을 설정합니다.
> ⑥ **Adapptation** : 선택 영역 주변으로 생기는 효과를 설정합니다.

02 케이크 위의 세 번째 크림을 드래그하여 선택합니다. 선택된 부분을 오른쪽으로 드래그해서 위치를 이동합니다. 원래 있던 크림 부분은 주변의 색상으로 덮여 자연스럽게 삭제됩니다.

03 Ctrl+D를 눌러 선택 영역을 해제합니다.

두 개의 사진을 경계 없이 합성하기

그레이디언트 툴, Layer Mask

▶ HOW TO + 두 개의 이미지를 경계 없이 자연스럽게 하나의 이미지로 만들어봅시다. 레이어에 마스크를 설정하여 검은색과 흰색의 그레이디언트로 처리하면 이미지가 부드럽게 지워지며 아래 이미지와 합성됩니다.

▶ FILE + 예제 : data/059blend1.jpg, 059blend2.jpg 완성 : end/059blend.psd

두 개의 이미지를 하나의 파일로 불러들이기

01 Ctrl+N을 눌러 Name을 **blend**, Width를 900, Height를 500, Resolution을 72, Background Contents를 **White**로 설정하고 〈OK〉를 클릭합니다.

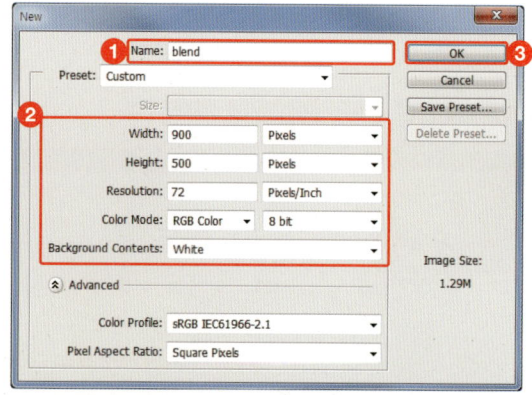

02 Ctrl+O를 눌러 Shift를 누른 채 data/059blend1.jpg, 059blend2.jpg 파일을 선택합니다. 이미지가 각각의 탭으로 나타납니다.

NOTE 두 개 이상의 파일이 탭 형식으로 열릴 때 파일을 분리된 창으로 불러오는 방법

1 [Edit]-[Preferences]-[Interface] 메뉴를 선택합니다.

2 Options에서 Open Documents as Tabs의 체크를 해제하면 분리된 창으로 이미지를 불러올 수 있습니다.

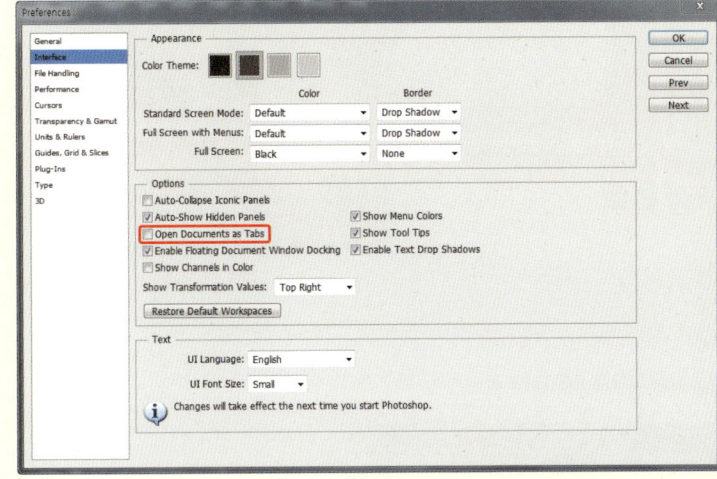

03 이동 툴( )을 선택하고 059blend1.jpg 이미지를 blend.psd 작업창으로 이동시켜 배치합니다. 같은 방법으로 059blend2.jpg 이미지를 blend.psd 작업창으로 이동시켜 배치합니다.

자연스럽게 합성하기

01 Layers 패널에서 Layer 2 레이어를 선택하고 레이어 마스크 추가 아이콘(▢)을 클릭합니다. 전경색을 **검은색 (#000000)**, 배경색을 **흰색(#ffffff)**으로 설정하고 그레이디언트 툴(▢)을 선택합니다. 옵션 바에서 그레이디언트 설정 아이콘 (▢)을 클릭해서 **Foreground to Background**를 클릭하고 선형 그레이디언트(▢)를 선택합니다.

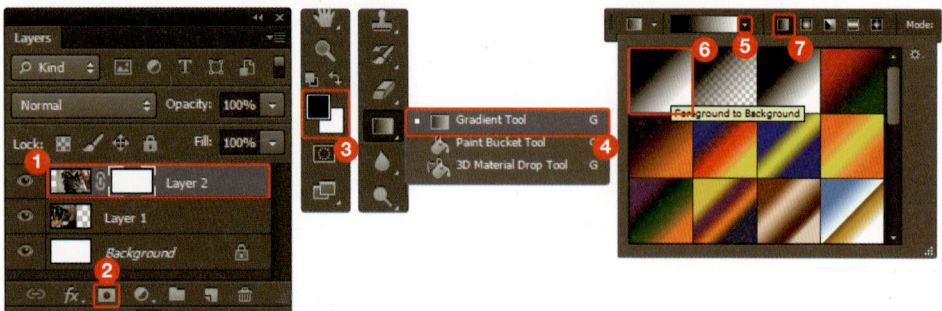

02 Shift 를 누르고 작업창의 중앙을 오른쪽으로 드래그합니다.

03 두 개의 이미지가 자연스럽게 합성되었습니다.

060 날씬하게 개미허리 만들기

Liquify

▶ HOW TO + Liquify 기능을 이용하면 간단한 드래그만으로 턱 선을 V라인으로, 허리를 개미허리로 만들 수 있습니다. 주변 이미지는 Freeze mask Tool로 보호하면서 원하는 곳만 정확하게 변형할 수 있습니다.

▶ FILE + 예제 : data/060liquify.jpg 완성 : end/060liquify.jpg

01 Ctrl+O를 눌러 data/060liquify.jpg 이미지를 불러온 뒤 [Filter]-[Liquify] 메뉴 또는 Shift+Ctrl+X를 누릅니다.

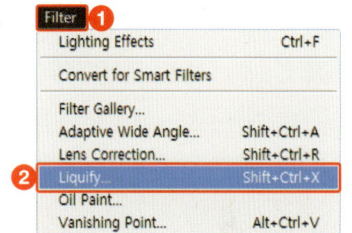

02 오른쪽 옵션 중 **Advanced Mode**에 체크하고 Tool Options에서 Brush Size를 **45**, Brush Density를 **50**, Brush Pressure를 **100**으로 설정합니다.

03 Freeze Mask Tool(　)을 선택하고 양쪽 팔 부분을 드래그해서 보호 영역을 지정합니다.

04 Forward Warp Tool(　)을 선택하고 왼쪽 허리 부분을 오른쪽으로 드래그합니다. 같은 방법으로 오른쪽 허리 부분도 왼쪽으로 드래그해서 가늘게 표현하고 〈OK〉를 눌러 적용합니다.

05 허리가 가늘게 표현되어 한층 더 슬림하게 연출되었습니다.

NOTE — Liquify 창 살펴보기

 1 Forward Warp Tool : 드래그한 방향으로 이미지가 자연스럽게 이동됩니다.
 2 Reconstruct Tool : 문지르는 부분이 편집 전의 이미지로 되돌아갑니다.
3 Twirl Clockwise Tool : 클릭하는 동안 이미지가 회오리처럼 회전되어 변형됩니다.
 4 Pucker Tool : 이미지가 오목한 형태로 축소됩니다.
 5 Bloat Tool : 이미지가 볼록한 형태로 팽창됩니다.
 6 Push Left Tool : 드래그하는 반대 방향으로 이미지가 자연스럽게 이동됩니다.
 7 Freeze Mask Tool : 변형을 원하지 않는 영역을 드래그해서 보호 영역으로 설정합니다.
 8 Thaw Mask Tool : Freeze Mask Tool로 적용했던 보호 영역을 지울 수 있습니다.
 9 Hand Tool : 이미지를 이동해서 볼 수 있습니다.
 10 Zoom Tool : 이미지를 확대합니다.

Advanced Mode(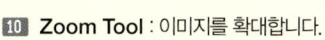) : Liquify의 고급 메뉴를 불러옵니다. 브러시나 마스크의 세부 옵션을 설정할 수 있습니다.

원본 이미지와의 비교

원본

완성이미지

머리카락처럼 미세한 부분 분리하기

Refine Edge

▶ HOW TO ✦ 머리카락이나 털을 배경에서 분리하여 다른 이미지와 함께 사용하는 것은 매우 자주 쓰는 합성 방법입니다. 하지만 미세한 털의 경우 배경과 분리하기가 어려워 채널을 많이 사용했는데 Refine Edge 기능을 활용하면 채널만큼이나 섬세한 분리 작업이 가능합니다.

▶ FILE ✦ 예제 : data/061hair.jpg

01 Ctrl+O를 눌러 data/061hair.jpg 파일을 불러온 뒤 빠른 선택 툴(   )을 선택합니다. 옵션 바에서 선택 영역 추가하기 아이콘(   )을 선택하고 브러시 설정 아이콘(   )을 클릭해서 Size를 30, Hardness를 100, Spacing을 25로 설정합니다.

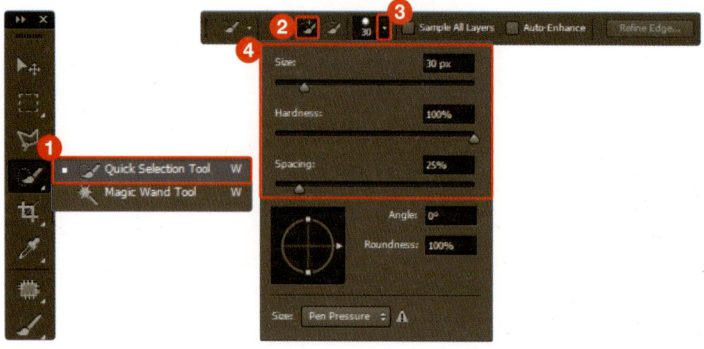

02 인물 부분을 드래그해서 선택 영역으로 설정하고 옵션 바에서 **Refine Edge**를 클릭합니다.

03 Refine Edge 창이 나타나며 작업창에서 선택 영역 이외의 부분이 흰색으로 변경되었습니다. Edge Detection에서 **Smart Radius**를 체크하고 Radius를 **40**으로 설정합니다. Adjust Edge에서 Smooth를 **10**으로 설정하고 〈OK〉를 눌러 적용합니다.

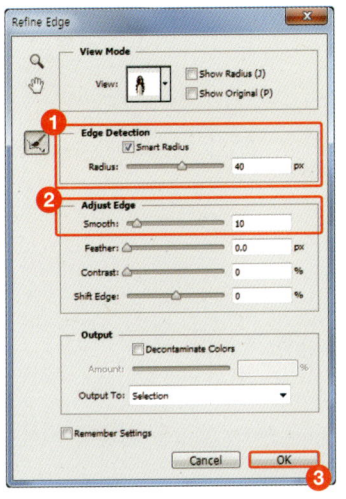

NOTE | Refine Edge 창 살펴보기

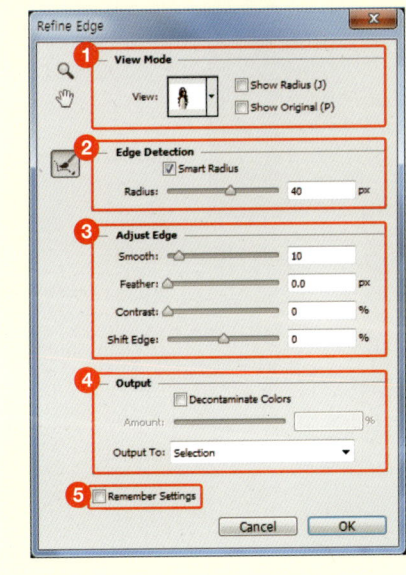

1 View Mode : 보기 모드를 설정합니다.
2 Edge Detection : 가장자리의 옵션을 설정합니다.
3 Adjust Edge : 가장자리의 세부 옵션을 설정합니다.
4 Output : 결과물의 세부 설정을 적용합니다.
5 Remember Settings : 설정한 부분을 저장합니다.

04 머리카락 부분이 좀더 세밀하게 선택 영역으로 설정됩니다.

05 [Layer]-[New]-[Layer Via Copy] 메뉴 또는 Ctrl+J를 누릅니다. 선택 영역이 새로운 레이어에 복사되었습니다. Layers 패널에서 Background 레이어를 선택합니다.

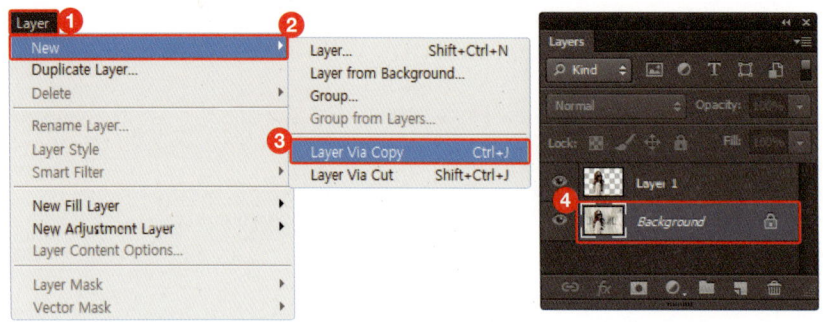

06 전경색을 하늘색(#a7e3f4)으로 설정하고 Alt+Delete를 눌러 작업창을 전경색으로 채웁니다. 모델의 머리카락 부분이 깔끔하게 분리되었습니다.

두 개의 사물에
각기 다른 원근감 연출하기

Free Transform, Gaussian Blur

▶ HOW TO + 동일한 거리에서 촬영한 두 개의 물체에 원근감을 설정해보겠습니다. 하나는 크고 선명하게 가까이 있는듯이 보이고, 나머지 하나는 작고 희미하게 멀리 보이도록 해봅시다.

▶ FILE + 예제 : data/062shoes.jpg 완성 : end/062shoes.jpg

01 Ctrl + O를 눌러 data/062shoes.jpg 파일을 불러옵니다. 사각 선택 툴(▭)을 선택하고 옵션 바에서 Feather를 0으로 설정합니다.

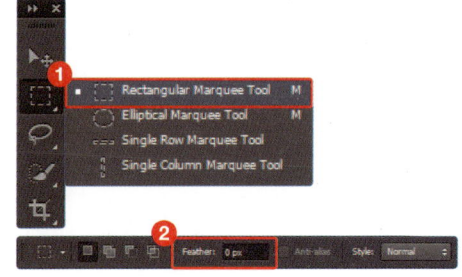

02 왼쪽 구두를 드래그해서 선택 영역으로 설정하고 [Edit]-[Free Transform] 메뉴 또는 Ctrl + T를 누릅니다.

03 왼쪽 하단 조절점을 오른쪽 상단으로 드래그해서 크기를 줄여 적절히 배치하고 Enter를 눌러 적용합니다.

04 원근감을 더하기 위해 왼쪽 구두에 흐림 효과를 적용해보겠습니다. [Filter]-[Blur]-[Gaussian Blur] 메뉴를 선택합니다. Radius를 **2**로 설정하고 〈OK〉를 눌러 적용합니다.

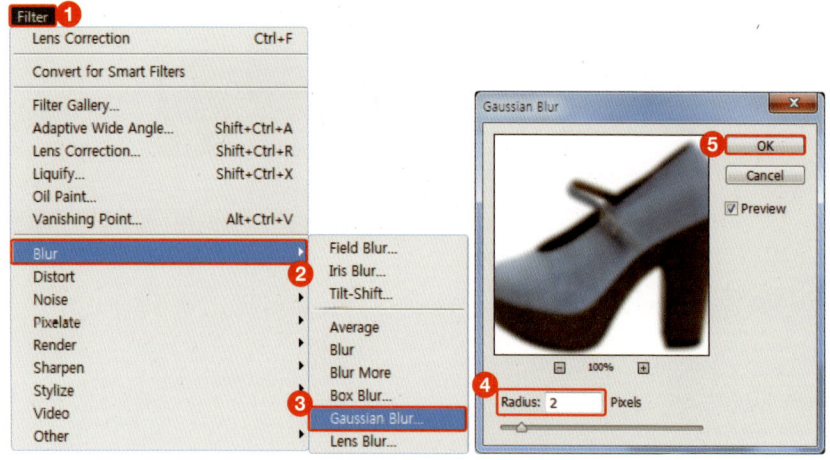

05 왼쪽 구두에 나타난 흐림 효과를 확인하고 Ctrl+D를 눌러 선택 영역을 해제합니다.

063 사진에 나만의 카피라이트 넣기
Define Brush Preset

▶ HOW TO + 사진 위에 일정한 디자인으로 텍스트를 기록하여 촬영한 사람의 이름이나 날짜 등을 표기해둘 수 있습니다. Define Brush Preset 기능은 일정한 디자인을 브러시로 등록하여 복사하듯 같은 모양을 찍어낼 때 많이 활용합니다.

▶ FILE + 예제 : data/063text.jpg, 063copyright.jpg 완성 : end/063copyright.jpg

01 Ctrl+O를 눌러 data/063text.jpg 파일을 불러옵니다.

02 [Edit]-[Define Brush Preset] 메뉴를 선택하고 〈OK〉를 눌러 텍스트 이미지를 브러시로 등록합니다.

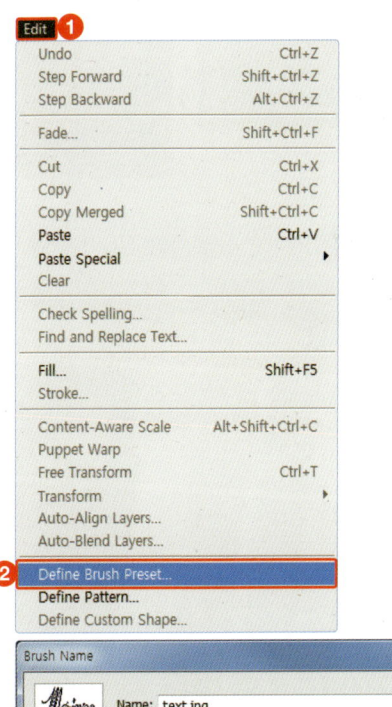

03 Ctrl+O를 눌러 data/063copyright. jpg 파일을 불러옵니다.

04 전경색을 **검정색**(#000000)으로 설정하고 툴 바에서 브러시 툴()을 선택합니다. 옵션 바에서 브러시 설정 아이콘()을 클릭하여 이전에 등록한 브러시를 찾아 선택하고 Size를 **288**로 설정합니다.

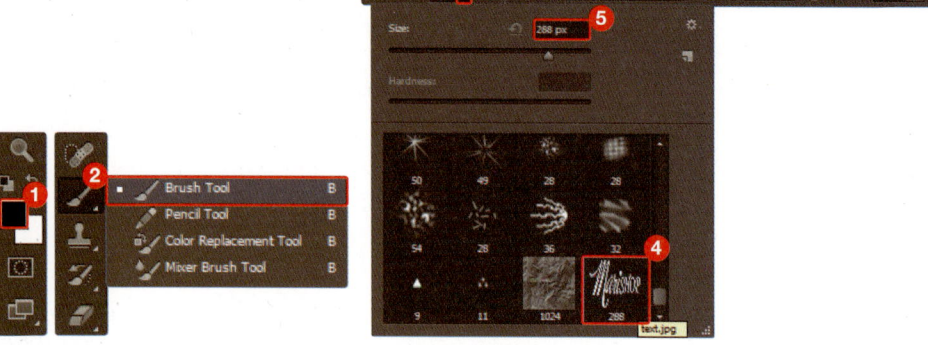

05 작업창 왼쪽 하단을 클릭하여 브러시를 찍습니다. 이미지에 카피라이트가 적용되었습니다.

PHOTO
SHOP
CS6

CHAPTER 05

테두리

ADOBE
PHOTOSHOP
CS6

사진에 정성이 가득한 테두리를 만들어 좀더 멋스럽게 편집해봅시다. 테두리는 다양한 방법으로 만들 수 있는데 간단하게는 실선 혹은 반투명한 선과 점선 등으로 표현합니다. 복잡해보이는 폴라로이드, 우표, 필름, 액자, 단풍 테두리, 망점 효과 등도 한두 가지의 기능으로 쉽게 만들 수 있습니다. 더 쉽게 사진을 꾸미고 돋보이게 하는 방법에 대해서 알아봅시다.

064 사각 반투명 테두리

Stroke

▸ HOW TO + Stroke에서 색상과 두께를 지정하여 사진 외부에 간단하게 테두리를 두를 수 있습니다. Stroke의 세부 옵션으로 Opacity를 조절하면 사진 위로 투명하게 비치는 반투명 테두리도 만들 수 있습니다.

▸ FILE + 예제 : data/064bear.jpg   완성 : end/064bear.jpg

01 Ctrl+O를 눌러 data/064bear.jpg 파일을 불러옵니다. Ctrl+A를 눌러 이미지 전체를 선택 영역으로 설정합니다.

02 [Edit]-[Stroke] 메뉴를 선택합니다. Stroke 창에서 Width를 **10**, Color를 **진보라색(#5c4351)**으로 설정하고 Location을 **Inside**로 설정합니다. Blending에서 Mode를 **Normal**, Opacity를 **50**으로 설정하고 〈OK〉를 눌러 적용합니다.

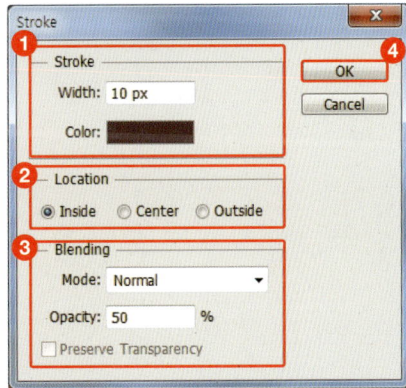

TIP . 선택 툴을 클릭해서 드래그하면 커서를 따라 가로 세로 크기를 보여주는 정보창이 나타납니다. 수치를 참고하면 편리하게 선택 영역을 지정할 수 있습니다.

03 Ctrl+D를 눌러 선택 영역을 해제합니다. 선택 영역 안쪽으로 테두리가 적용되었습니다.

NOTE Stroke 창 살펴보기

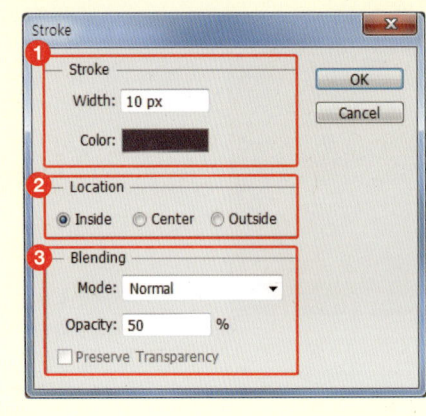

① **Stroke** : 테두리를 설정합니다.
 – Width : 크기를 설정합니다.
 – Color : 색상을 설정합니다.

② **Location** : 테두리의 적용 위치를 설정합니다.
 – Inside : 적용 위치를 선택 영역 안쪽으로 설정합니다.
 – Center : 적용 위치를 선택 영역 가운데로 설정합니다.
 – Outside : 적용 위치를 선택 영역 바깥쪽으로 설정합니다.

③ **Blending** : 테두리의 합성 방식을 설정합니다.
 – Mode : 합성 종류를 설정합니다.
 – Opacity : 불투명도를 설정합니다.

065 모서리가 둥근 테두리

Smooth, Stroke

▶ HOW TO + 사진 주변으로 둥근 테두리를 그려 이미지를 깔끔하고 부드럽게 처리합니다. 기본 사각 영역에 Smooth를 활용하면 직각의 모서리를 원하는 만큼 둥글게 만들 수 있습니다. 둥글게 변형한 선택 영역을 따라 Stroke로 선을 그려줍니다.

▶ FILE + 예제 : data/065roundframe.jpg 완성 : end/065roundframe.jpg

01 Ctrl+O를 눌러 data/065roundframe.jpg 파일을 불러온 뒤 툴 바에서 사각 선택 툴(▭)을 선택합니다.

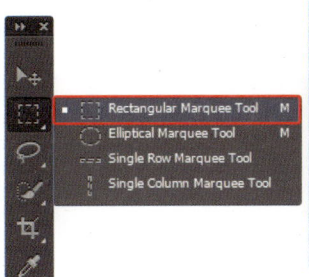

02 옵션 바에서 Feather를 0으로 설정한 뒤, 작업창에 가로 716, 세로 509의 크기로 선택 영역을 설정합니다.

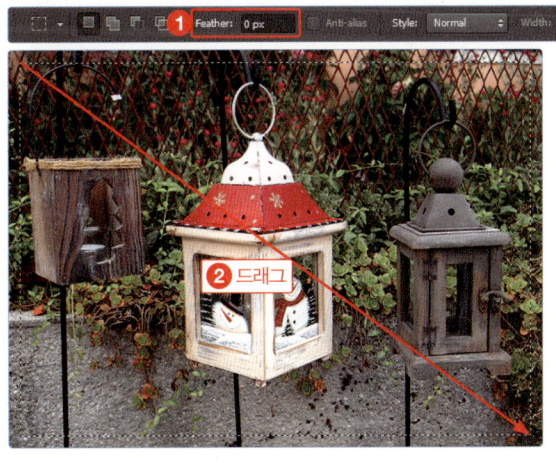

TIP. 선택 툴을 클릭해서 드래그하면 커서를 따라 가로 세로 크기를 보여주는 정보창이 나타납니다. 수치를 참고하면 편리하게 선택 영역을 지정할 수 있습니다.

03 [Select]-[Modify]-[Smooth] 메뉴를 선택합니다. Sample Radius를 **8**로 설정하고 〈OK〉를 클릭합니다. 선택 영역의 모서리가 둥글게 변경되었습니다.

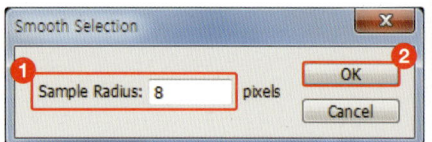

TIP. Sample Radius는 모서리의 부드러운 정도를 설정합니다. 수치가 클수록 테두리의 모서리가 둥글게 적용됩니다.

04 전경색을 **분홍색(#ff2d4f)**, 배경색을 **흰색(#ffffff)**으로 설정합니다. [Edit]-[Stroke] 메뉴를 선택하고 Stroke 창에서 Width를 **5**, Location을 **Inside**로 설정합니다. Blending에서 Mode를 **Normal**, Opacity를 **100**으로 설정하고 〈OK〉를 클릭합니다. 선택 영역 안쪽으로 테두리가 적용되었습니다.

TIP. Stroke 창에서 Color는 툴 바의 전경색으로 미리 적용되어 있으며 색상 부분을 클릭해서 원하는 색으로 변경할 수도 있습니다.

05 선택 영역 외부를 흰색으로 채워보겠습니다. [Select]-[Inverse] 메뉴 또는 Shift + Ctrl + I 를 누릅니다. 선택 영역이 반전되어 테두리 바깥이 선택 영역으로 설정되었습니다. Ctrl + Delete 를 눌러 배경색으로 선택 영역을 채웁니다.

06 Ctrl + D 를 눌러 선택 영역을 해제합니다. 이미지 외곽에 둥근 테두리가 적용되었습니다.

둥글둥글 웨이브 테두리

Frames

▶ HOW TO + 둥글둥글 웨이브 곡선으로 테두리를 꾸며보겠습니다. 직접 제작하려면 오랜 시간이 걸리지만 Frames를 활용하면 클릭 한 번으로 완성할 수 있습니다. Frames에는 다양한 모양의 테두리 디자인이 저장되어 있으므로 퀄리티 높은 디자인 작업을 빠르게 할 수 있습니다.

▶ FILE + 예제 : data/066sheep.jpg 완성 : end/066sheep.jpg

01 Ctrl + O를 눌러 data/066sheep.jpg 파일을 불러온 뒤 [Window]-[Actions] 메뉴 또는 Alt + F9를 누릅니다. Actions 패널에서 확장 아이콘(≡)을 클릭하고 [Frames] 메뉴를 선택합니다.

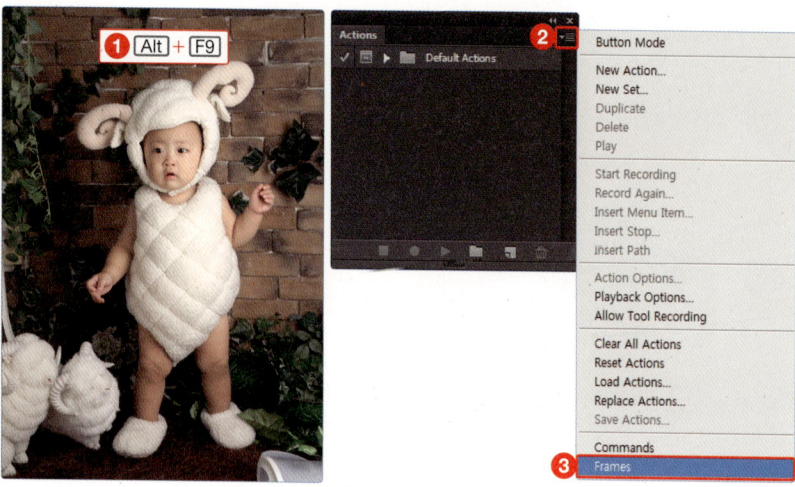

02 Actions 패널에서 [Frames]-[Waves Frame] 액션을 선택하고 재생(▶) 버튼을 클릭합니다. Waves Frame 액션이 적용되어 물결 모양의 테두리가 완성되었습니다.

GALLERY 갤.러.리

Frames 액션에서 제공하는 효과 살펴보기

SPATTER FRAME

STROKES FRAME

WAVES FRAME

RIPPLE FRAME

DROP SHADOW FRAME

PHOTO CORNERS FRAME

CUT OUT(SELECTION)

RECESSED FRAME(SELECTION)

VIGNETTE(SELECTION)

FRAME CHANNEL - 50 PIXEL

WOOD FRAME - 50 PIXEL

BRUSHED ALUMINUM FRAME

FORGROUND COLOR FRAME

WILD FRAME - 50 PIXEL

TIP. SELECTION은 선택 영역이 설정되어 있어야 실행되는 액션이며, -50 PIXEL은 액자를 삽입할 때 여유 공간을 50 픽셀 크기로 확보하여 그 부분을 선택 영역으로 자동 지정하는 액션입니다.

알록달록한 단풍잎 테두리

브러시 툴, Drop Shadow

▶ HOW TO + 알록달록하고 다양한 단풍잎으로 사진 테두리를 장식해봅시다. 단풍잎은 브러시에 들어 있으며 세부 옵션을 조절하여 생성되는 크기, 색상, 개수 등을 자세하게 설정할 수 있습니다.

▶ FILE + 예제: data/067flower.jpg 완성: end/067flower.jpg

01 Ctrl+O를 눌러 data/067flower.jpg 파일을 불러옵니다. Layers 패널에서 새 레이어 추가 아이콘( )을 클릭하고 레이어 이름을 **autumn1**로 수정합니다.

02 전경색을 **노란색(#ffea42)**, 배경색을 **주황색(#ff7800)**으로 설정하고 툴 바에서 브러시 툴( )을 선택합니다. 옵션 바에서 설정 아이콘( )을 클릭하고 **Scattered Maple Leaves**를 선택합니다. Size를 **74**, Opacify를 **100**, Flow를 **100**으로 설정합니다.

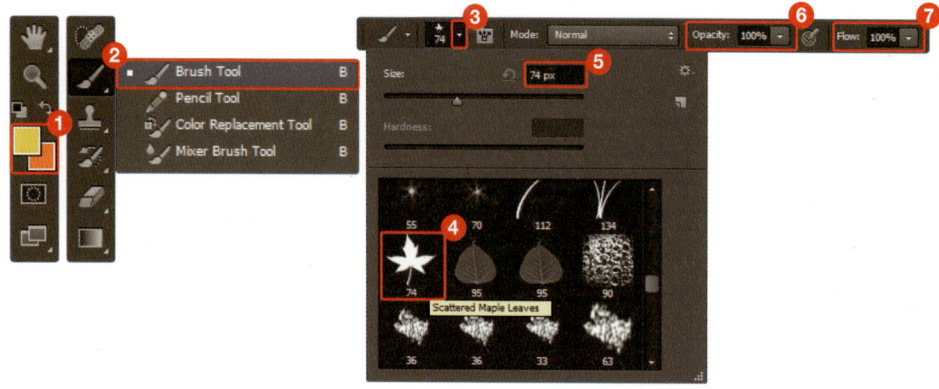

03 작업창에서 인물 주변을 드래그해서 단풍 브러시를 그립니다. 레이어 스타일 추가 아이콘(fx)을 클릭하고 [Drop Shadow] 메뉴를 선택합니다.

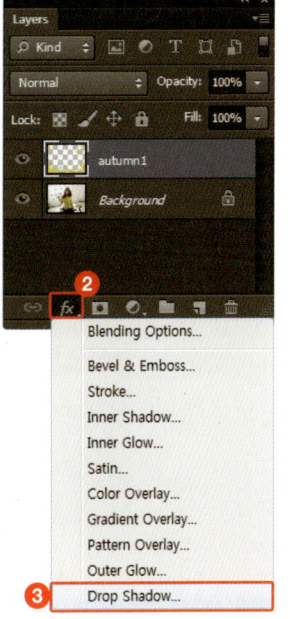

04 Structure에서 Blend Mode를 **Multiply**, Opacity를 **40**, Distance를 **5**, Size를 **5**로 설정한 후 〈OK〉를 클릭합니다. 브러시에 그림자 효과가 적용되어 입체적인 느낌이 연출되었습니다.

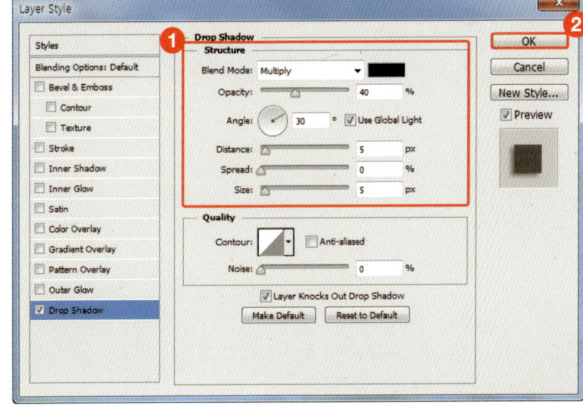

05 Layers 패널에서 새 레이어 추가 아이콘( )을 클릭하고 레이어 이름을 **autumn2**로 수정합니다. 작업창에서 인물 주변을 다시 한 번 드래그하여 브러시를 풍성하게 그립니다.

06 Layers 패널에서 Alt 를 누른 채 autumn1 레이어 오른쪽의 레이어 스타일 아이콘( )을 autumn2 레이어로 드래그해서 레이어 스타일을 복사합니다.

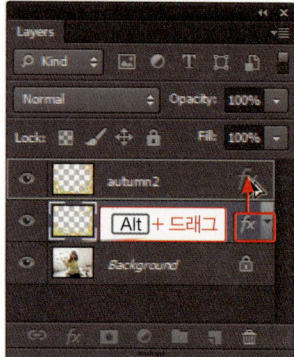

07 autumn2 레이어의 단풍 브러시에 그림자 효과가 동일하게 적용되어 풍성한 느낌이 연출되었습니다.

부드럽게 번지는 테두리
브러시 툴, Clipping Mask

▶ HOW TO + 물감이 번진 듯한 표현이나 캘리그라피로 멋스럽게 연출한 사진은 대부분 브러시로 작업합니다. CS6에는 다양한 브러시 디자인이 많이 추가되었습니다. Watercolor Heavy Pigment 브러시의 사이즈를 조절하여 표현할 영역의 테두리를 연출하고, 사진을 불러와 클리핑 마스크로 처리해봅시다.

▶ FILE + 예제 : data/068swan.jpg 완성 : end/068swan.psd

01 Ctrl+N을 눌러 Name을 **style**, Width를 **800**, Height를 **600**, Resolution을 **72**, Background Contents를 **White**로 설정하고 〈OK〉를 눌러 새로운 파일을 생성합니다.

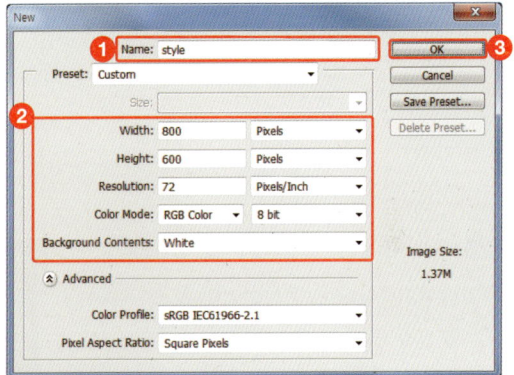

02 Layers 패널에서 새 레이어 추가 아이콘(　)을 클릭하고 레이어 이름을 **frame**으로 수정합니다. 전경색을 **검은색(#000000)**으로 설정합니다. 툴 바에서 사각 선택 툴(　)을 클릭하고 옵션 바에서 Feather를 **0**으로 설정합니다.

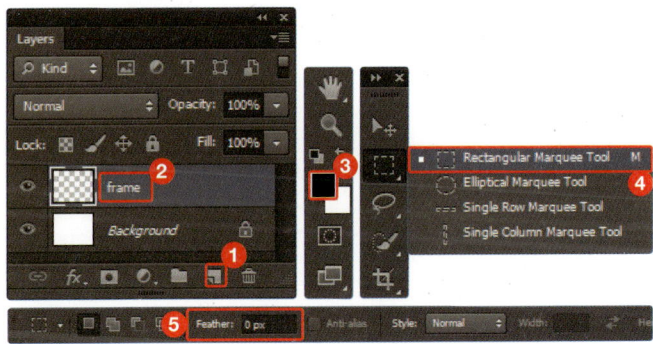

03 작업창에 가로 **600**, 세로 **400**의 크기로 선택 영역을 설정합니다. Alt+Delete를 눌러 선택 영역을 전경색으로 채우고 Ctrl+D를 눌러 선택 영역을 해제합니다.

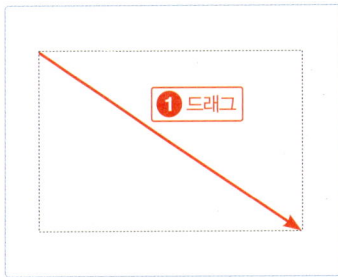

04 툴 바에서 브러시 툴( )을 선택합니다. 옵션 바에서 설정 아이콘( )과 확장 아이콘( )을 차례로 클릭하고 [Wet Media Brushes] 메뉴를 선택합니다.

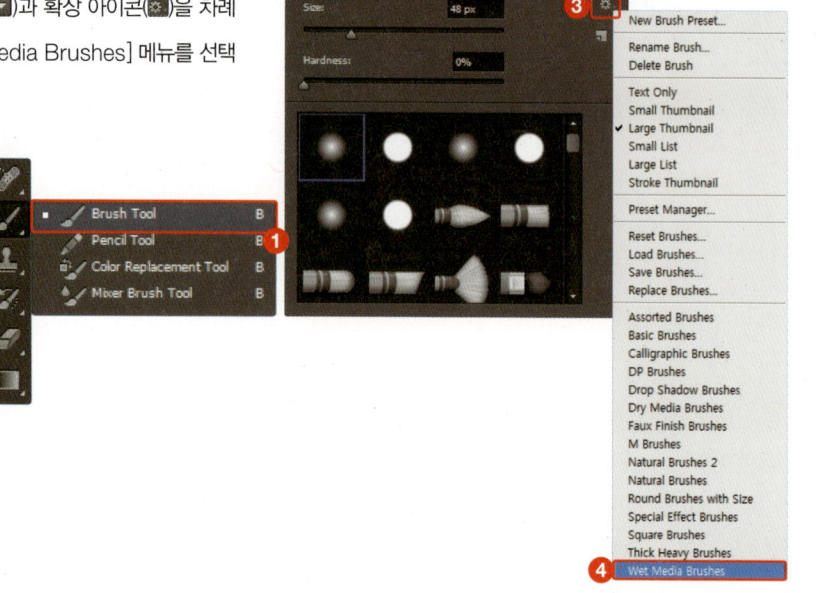

05 〈Append〉를 눌러 브러시를 추가합니다. **Watercolor Heavy Pigments**를 선택하고 Size를 **100**, Opacity를 **100**, Flow를 **100**으로 설정합니다.

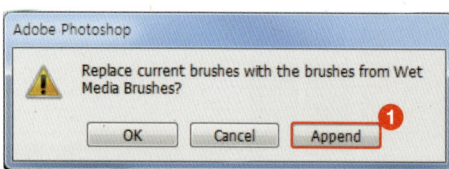
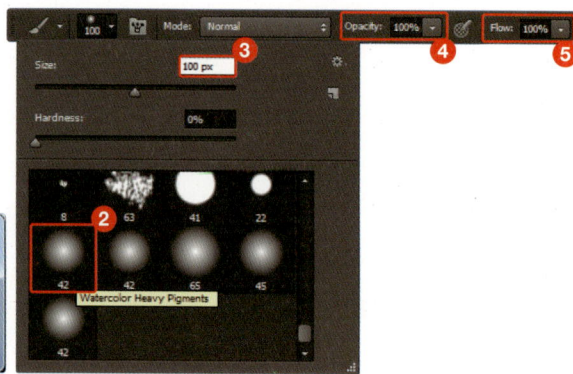

06 사각형 주변을 따라 여러 번 드래그해서 캘리그라피 느낌의 테두리를 적용합니다.

07 Ctrl+O를 눌러 data/068swan.jpg 파일을 불러옵니다. 툴 바에서 이동 툴( ) 메뉴를 선택하고 백조 이미지를 style.psd 창으로 드래그해서 불러옵니다.

08 Layers 패널에서 Layer 1 패널을 마우스 오른쪽 버튼으로 클릭하고 [Create Clipping Mask] 메뉴를 선택하거나 Ctrl+Alt+G를 누릅니다. 백조 이미지가 클리핑 마스크 처리되었습니다.

09 백조 이미지가 검은색 테두리 안에 클리핑 마스크 처리되어 캘리그라피 느낌의 이미지가 연출되었습니다.

이미지를 둘러싼 다양한 모양의 테두리

사용자 셰이프 툴

▶ HOW TO + 사각형이 아니더라도 원, 말풍선, 하트 등의 다양한 모양으로 사진을 꾸밀 수 있습니다. 이번에는 포토샵에서 기본으로 제공하는 아이콘 모양 안에 사진을 넣어 표현해보겠습니다. 사진이 들어가는 해당 아이콘을 그림자나 점선 등으로 디자인할 수도 있습니다.

▶ FILE + 예제: data/069tomato.jpg 완성: end/069tomato.jpg

01 Ctrl+N을 눌러 Name을 **dash**, Width를 **500**, Height를 **500**, Resolution을 **72**, Background Contents를 **White**로 설정하고 〈OK〉를 눌러 새로운 파일을 생성합니다.

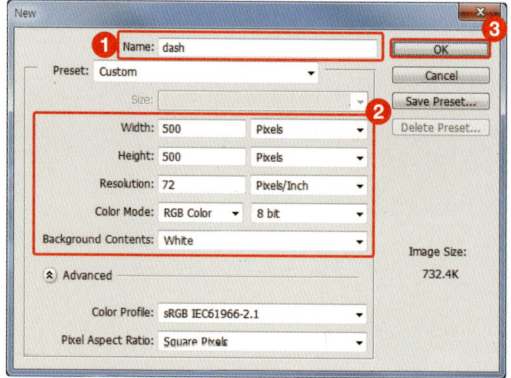

02 툴 바에서 사용자 셰이프 툴(■)을 선택합니다. 옵션 바에서 **Shape**를 선택하고 Fill을 **Solid Color**, Color를 **검은색(#000000)**으로 설정합니다. Stroke를 **Solid Color**, Color를 **노란색(#fff100)**, 선 굵기를 **1.7**로 설정합니다.

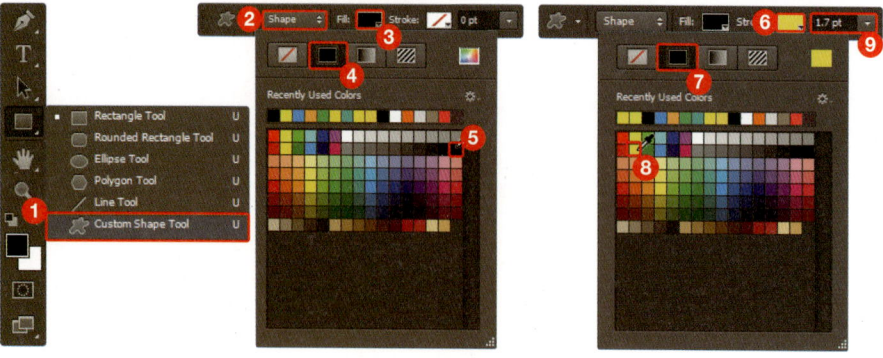

03 선 종류를 **점선**으로 설정하고 〈More Options〉를 클릭합니다. Dash를 **7**, Gap을 **2**로 설정하고 〈OK〉를 클릭합니다.

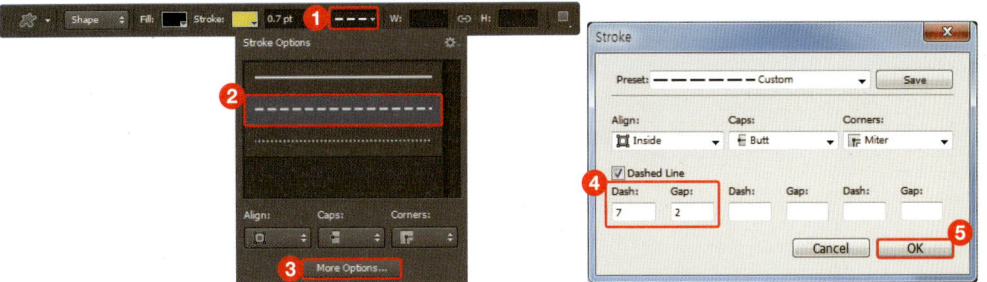

TIP. Stroke 창에서 Align은 선의 정렬 방식, Caps는 선의 모양, Corners는 모서리의 모양을 설정합니다. Dashed Line에 체크하면 선의 유형이 점선으로 변경되며, Dash는 두께, Gap은 점선 사이의 간격을 설정합니다.

04 셰이프 설정 아이콘(▼)과 확장 아이콘(✲)을 차례로 클릭하고 [All] 메뉴를 선택합니다. 〈OK〉를 눌러 내장된 모든 셰이프를 불러온 뒤 **Talk 1**을 선택합니다.

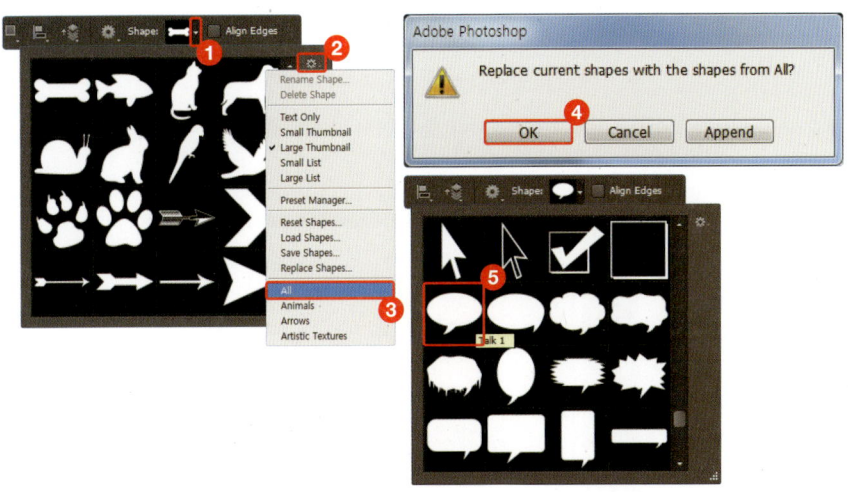

05 작업창에 가로 **406**, 세로 **402**의 크기로 말풍선 모양의 셰이프를 그립니다.

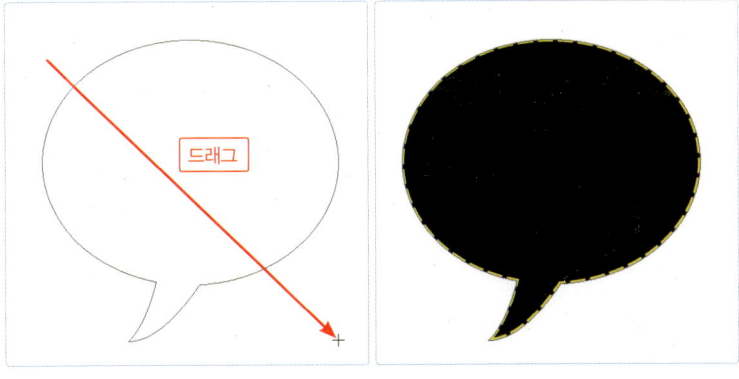

06 [Layer]-[Layer Style]-[Drop Shadow] 메뉴를 선택합니다. Structure에서 Blend Mode를 **Multiply**, Opacity를 **35**, Distance를 **2**, Size를 **2**로 설정한 후 〈OK〉를 클릭합니다. 말풍선에 그림자 효과가 적용되었습니다.

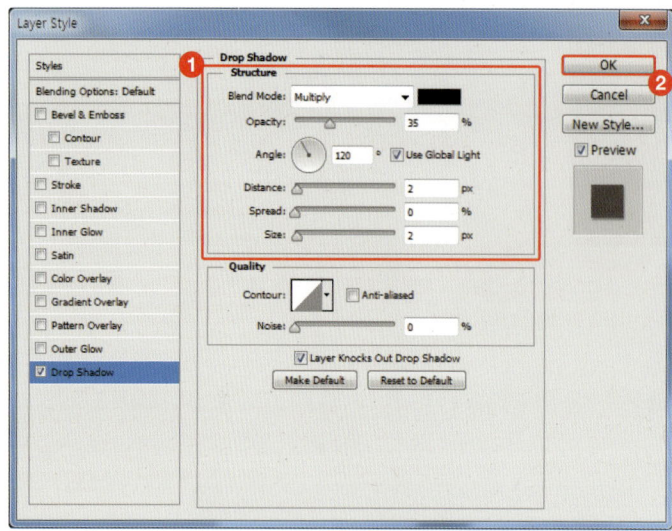

TIP . 스타일을 적용하려는 레이어의 오른쪽 빈 공간을 더블클릭해도 Layer Style 창이 나타납니다.

07 Ctrl + O를 눌러 data/069tomato.jpg 파일을 불러옵니다. 툴 바에서 이동 툴(　)을 선택하고 토마토 이미지를 dash.psd 파일로 드래그해서 이동시킵니다.

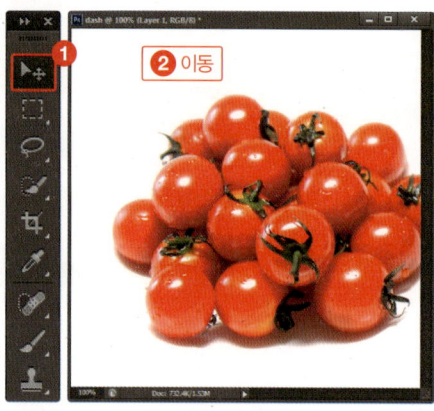

08 Layers 패널에서 Layer 1 레이어를 선택하고 Ctrl + Alt + G를 눌러 클리핑 마스크 처리합니다. 토마토 이미지가 클리핑 마스크 처리되어 말풍선 셰이프 안쪽으로 적용되었습니다.

070 접힌 모서리가 살짝 들뜬 사진 테두리
Rotate180°, Warp, Blur

▶ HOW TO + 사진의 한쪽 모서리는 접고, 반대편 모서리에 그림자를 추가하여 입체적으로 꾸며봅시다. 모서리가 접히는 효과는 다각형 올가미 툴로 영역을 만들고 180도 회전하여 완성합니다. 반대편에 그림자를 추가하면 바람에 날리는 듯 한쪽 모서리가 들뜬 효과를 만들 수 있습니다.

▶ FILE + 예제: data/070shadow.psd, 070praha.jpg 완성: end/070shadow.jpg

01 Ctrl+O를 눌러 data/070shadow.psd 파일을 불러옵니다.

사진 테두리 만들기

01 Layers 패널에서 새 레이어 추가 아이콘(■)을 클릭하고 레이어 이름을 **area**로 수정합니다. 전경색을 **회색(#e3e3e3)**으로 설정한 뒤, 툴 바에서 사각 선택 툴(■)을 클릭하고 옵션 바에서 Feather를 **0**으로 설정합니다.

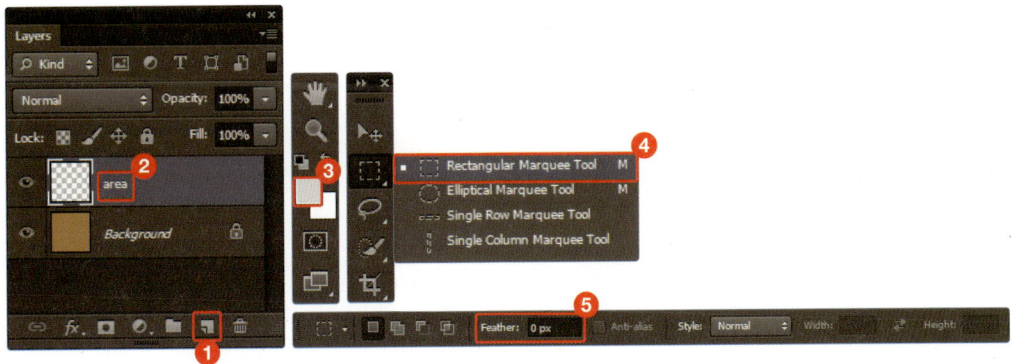

02 작업창 중앙에 가로 400, 세로 300의 크기로 선택 영역을 설정합니다. Alt+Delete를 눌러 전경색으로 채우고 Ctrl+D를 눌러 선택 영역을 해제합니다.

접힌 듯한 효과 내기

01 모서리가 접힌 듯한 효과를 내보겠습니다. 툴 바에서 다각형 올가미 툴( )을 선택하고 옵션 바에서 Feather를 0으로 설정합니다.

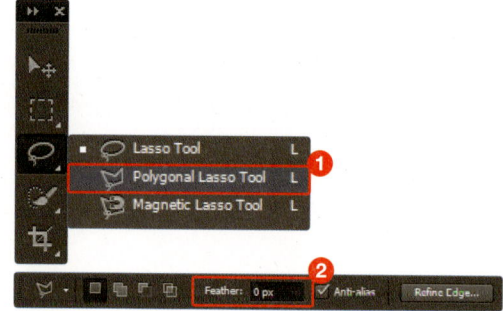

02 작업창에서 회색 사각형의 오른쪽 상단 모서리 부분을 삼각형 모양으로 각각 클릭합니다.

03 선택한 부분이 선택 영역으로 설정되었습니다. Ctrl + Shift + J 를 눌러 이미지를 새로운 레이어에 복사합니다.

TIP. Ctrl + Shift + J 는 선택한 부분을 잘라서 새로운 레이어로 만드는 단축키입니다.

04 Layers 패널에서 새로 생성된 Layer 1 레이어 이름을 더블클릭해서 이름을 deco로 수정합니다.

05 [Edit]-[Transform]-[Rotate 180°] 메뉴를 선택합니다. 선택된 레이어가 180도 회전되었습니다.

이미지 끼우기

01 Layers 패널에서 area 레이어를 선택합니다. Ctrl+O를 눌러 data/070praha.jpg 파일을 불러옵니다.

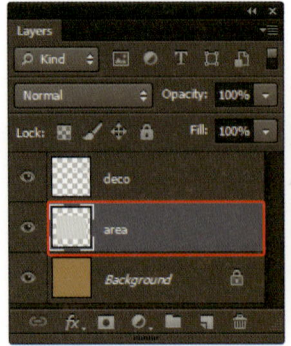

02 툴 바에서 이동 툴( )을 선택하고 이미지를 070shadow.psd 파일로 드래그해서 이동시킵니다. Ctrl+Alt+G를 눌러 프라하 이미지를 사진 테두리에 클리핑 마스크 처리합니다.

그림자 효과 내기

01 Layers 패널에서 area 레이어를 선택합니다. Alt를 누르고 레이어를 아래로 드래그해서 복사합니다.

02 복사된 area copy 레이어의 이름을 **shadow**로 변경합니다. 전경색을 **검은색 (#000000)**으로 설정하고 Alt + Shift + Delete 를 눌러 복사된 사각형 이미지의 색상을 검은색으로 변경합니다.

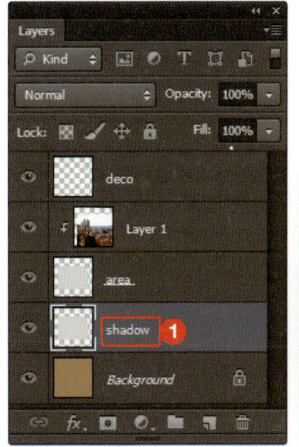

03 그림자를 좀더 효과적으로 표현해보겠습니다. [Edit]-[Transform]-[Warp] 메뉴를 선택합니다. 작업창에서 왼쪽 하단 조절점을 클릭하고 대각선 아래로 살짝 드래그해서 이미지를 변형한 후 Enter 를 눌러 적용합니다. 왼쪽 모서리 부분이 약간 돌출되었습니다.

04 그림자에 흐림 효과를 설정해보겠습니다. [Filter]-[Blur]-[Gaussian Blur] 메뉴를 선택합니다. Radius를 **3**으로 설정하고 〈OK〉를 눌러 적용합니다. 사진에 Gaussian Blur가 적용되어 그림자가 흐릿해졌습니다.

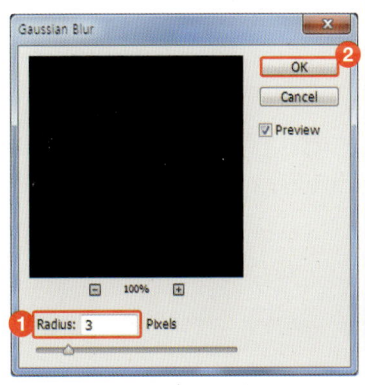

187

05 Layers 패널에서 shadow 레이어의 Opacity를 **60**으로 설정합니다. 그림자 효과가 자연스럽게 연출되었습니다.

06 오른쪽 상단 모서리에도 그림자 효과를 적용해보겠습니다. Layers 패널에서 deco 레이어를 선택합니다. Alt 를 누르고 레이어를 아래로 드래그해서 복사합니다. Alt + Shift + Delete 를 눌러 복사된 모서리의 색상을 검은색으로 변경합니다.

07 [Edit]-[Transform]-[Warp] 메뉴를 선택합니다. 작업창에서 왼쪽 하단 조절점을 클릭하고 대각선 아래로 살짝 드래그해서 이미지를 변형합니다.

08 Enter를 눌러 적용하고 Ctrl+F를 눌러 Gaussian Blur 효과를 다시 적용합니다.

TIP. Ctrl+F는 마지막에 적용한 Filter를 기억하여 같은 옵션으로 반복 적용하는 단축키입니다.

09 Layers 패널에서 deco copy 레이어의 Opacity를 60으로 설정합니다. Ctrl+Alt+G를 눌러 deco copy 레이어를 클리핑 마스크 처리합니다.

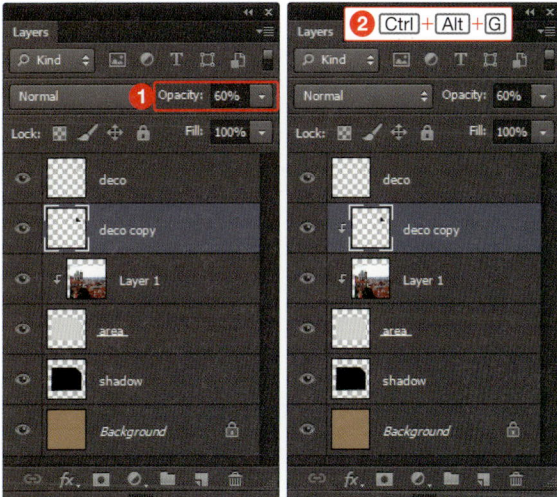

10 그림자 효과가 자연스럽게 연출되었습니다.

071 빈티지 느낌의 폴라로이드 테두리

Noise, Load Selection, Contract, Transform Selection

▶ HOW TO + 간단하게 표현할 수 있는 폴라로이드로 사진의 분위기를 업그레이드해봅시다. 두 개의 사각형을 겹쳐서 배치하고 아래쪽의 여백을 충분하게 만들어주는 게 폴라로이드 사진의 포인트입니다.

▶ FILE + 예제 : data/071pink.jpg 완성 : end/071polaroid.jpg

사진틀 외곽 만들기

01 Ctrl+N을 눌러 Name을 **polaroid**, Width를 **500**, Height를 **500**, Resolution을 **72**, Background Contents를 **White**로 설정하고 〈OK〉를 눌러 새로운 파일을 생성합니다. Layers 패널에서 새 레이어 추가 아이콘(	)을 클릭하고 레이어 이름을 **frame**으로 수정합니다.

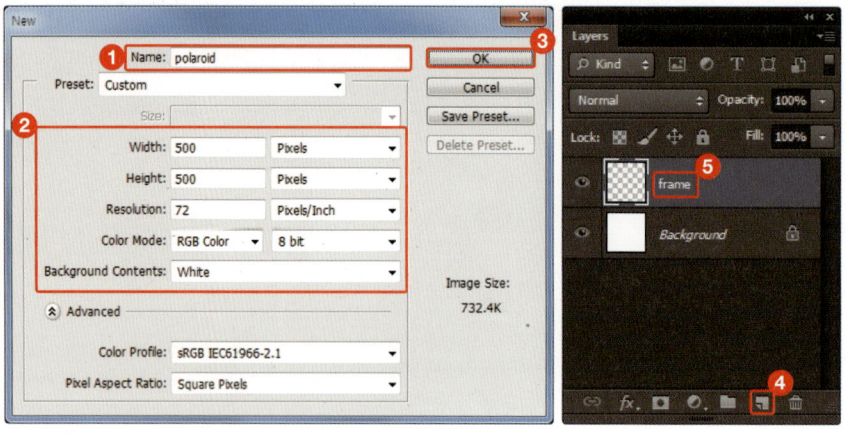

02 전경색을 **분홍색(#fcdfe9)**, 배경색을 **흰색(#ffffff)**으로 설정합니다. 툴 바에서 직사각형 툴(	)을 클릭하고 옵션 바에서 **Pixels**를 선택합니다. 작업창 중앙에 Shift 를 누르고 드래그하여 가로 **350**, 세로 **350**의 크기로 정사각형을 그립니다.

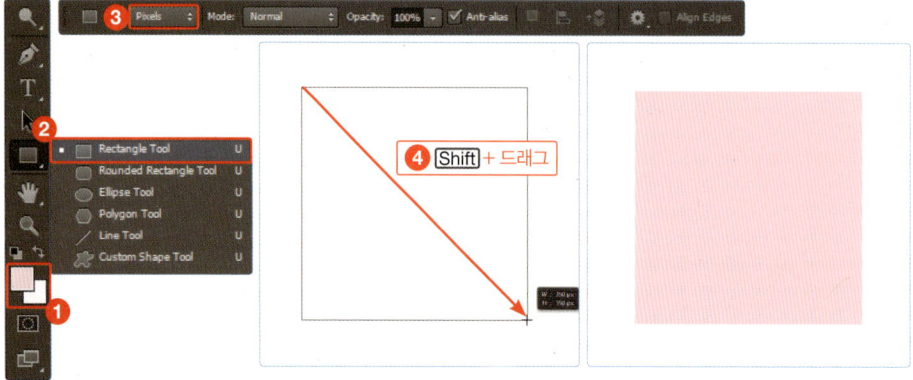

03 [Filter]-[Noise]-[Add Noise] 메뉴를 선택합니다. Amount를 **3**, Distribution을 **Uniform**으로 설정하고 **Monochromatic**에 체크한 후 〈OK〉를 눌러 적용합니다. 분홍색 정사각형에 노이즈 효과가 추가되어 빈티지한 느낌이 연출되었습니다.

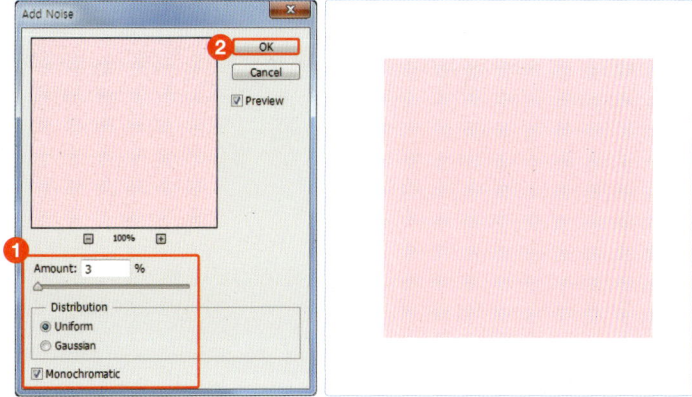

04 [Layer]-[Layer Style]-[Drop Shadow] 메뉴를 선택합니다. Structure에서 Blend Mode를 **Multiply**, Opacity를 **40**, Distance를 **2**, Size를 **5**로 설정한 후 〈OK〉를 클릭합니다. 정사각형에 그림자 효과가 적용되었습니다.

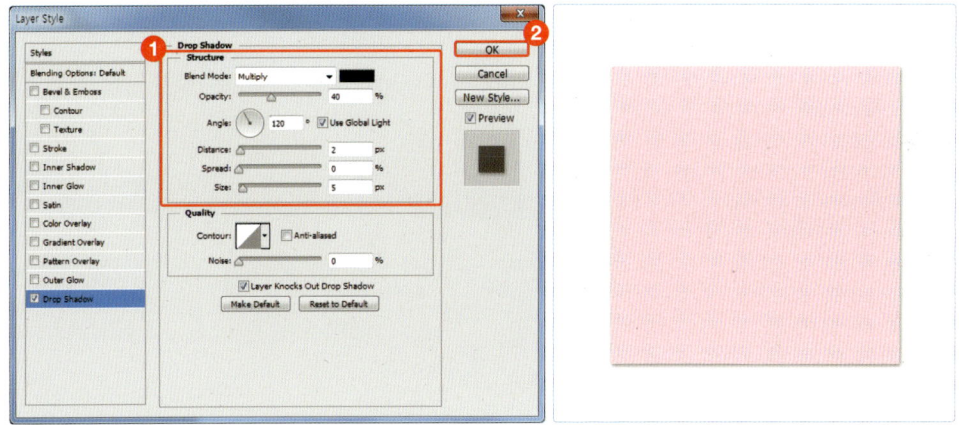

사진틀 내부 영역 만들기

01 [Select]-[Load Selection] 메뉴를 선택합니다. Load Selection 창에서 Source의 Document를 **polaroid**, Channel을 **frame Transparency**, Operation을 **New Selection**으로 설정하고 〈OK〉를 눌러 적용합니다. 분홍색 정사각형이 선택 영역으로 설정되었습니다.

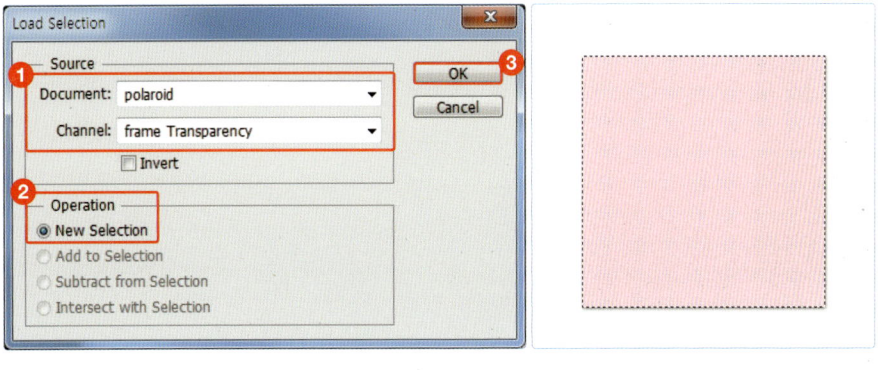

02 [Select]-[Modify]-[Contract] 메뉴를 선택합니다. Contract Selection 창에서 Contract By를 **12**로 설정하고 〈OK〉를 눌러 적용합니다. 선택 영역이 줄어들었음을 확인할 수 있습니다.

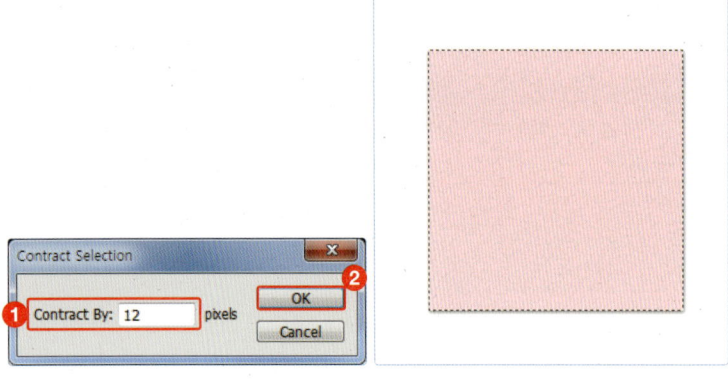

TIP. Contract By는 설정한 수치만큼 선택 영역을 축소합니다. 입력한 수치가 클수록 선택 영역이 많이 줄어듭니다.

03 [Select]-[Transform Selection] 메뉴를 선택합니다. 하단 중앙의 조절점을 위로 드래그해서 선택 영역의 높이를 줄이고 Enter를 눌러 적용합니다.

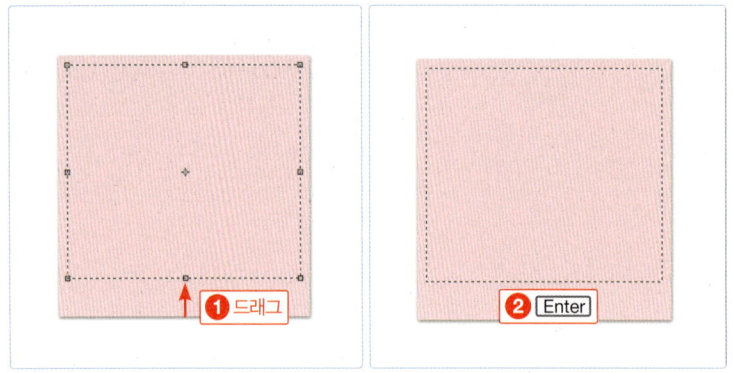

04 Layers 패널에서 새 레이어 추가 아이콘( )을 클릭하고 레이어 이름을 **area**로 수정합니다. Ctrl + Delete 를 눌러 선택 영역을 배경색으로 채우고 Ctrl + D 를 눌러 선택 영역을 해제합니다.

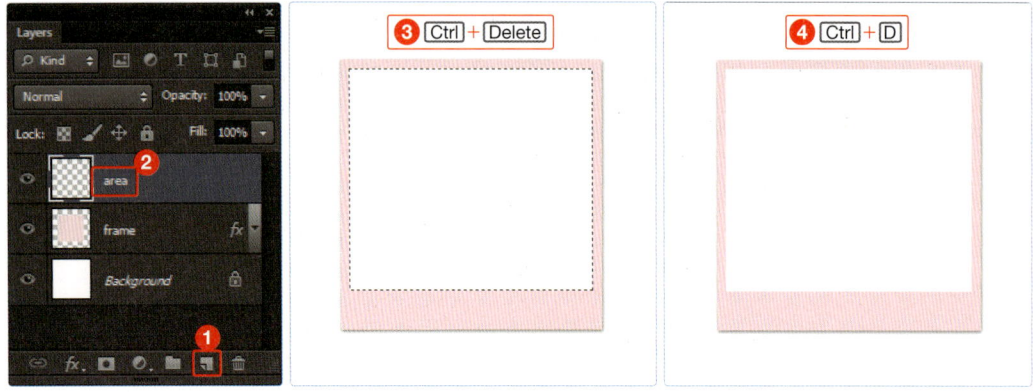

05 [Layer]-[Layer Style]-[Inner Shadow] 메뉴를 선택합니다. Structure에서 Blend Mode를 **Multiply**, Opacity를 **50**, Distance를 **1**, Size를 **3**으로 설정한 후 〈OK〉를 클릭합니다. 흰색 사각형에 내부 그림자 효과가 적용되어 입체적인 효과가 연출되었습니다.

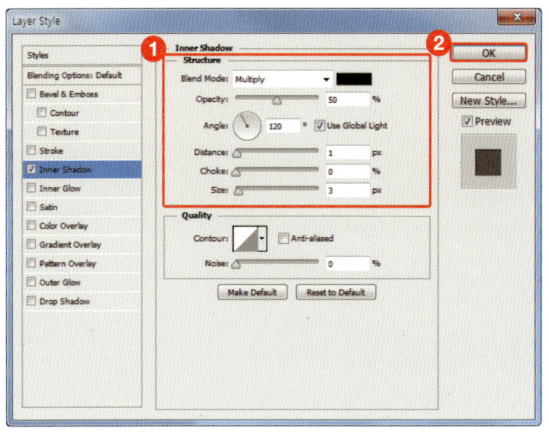

사진 넣기

01 Ctrl+O를 눌러 data/071pink.jpg 파일을 불러옵니다. 툴바에서 이동 툴(▶♦)을 선택한 후 인물 이미지를 polaroid.psd 파일로 드래그해서 이동시킵니다.

02 Ctrl+Alt+G를 눌러 인물 이미지를 클리핑 마스크 처리합니다. 폴라로이드 사진 느낌의 효과가 연출되었습니다.

우표 모양의 테두리

stamp 1, Clipping Mask

▶ HOW TO + 우표 안에 유명한 장소나 위인 대신에 나의 얼굴을 넣어봅시다. Shape에 있는 Stamp 1로 우표 모양의 테두리를 만들고, 클리핑 마스크로 간단하게 사진을 배치합니다.

▶ FILE + 예제 : data/072stamp.jpg 완성 : end/072stamp.jpg

전체적인 틀 만들기

01 [Ctrl]+[N]을 눌러 Name을 **stamp**, Width를 **600**, Height를 **600**, Resolution을 **72**, Background Contents를 **White**로 설정하고 〈OK〉를 눌러 새로운 파일을 생성합니다. 새 레이어 추가 아이콘(□)을 클릭하고 레이어 이름을 **frame**으로 수정합니다.

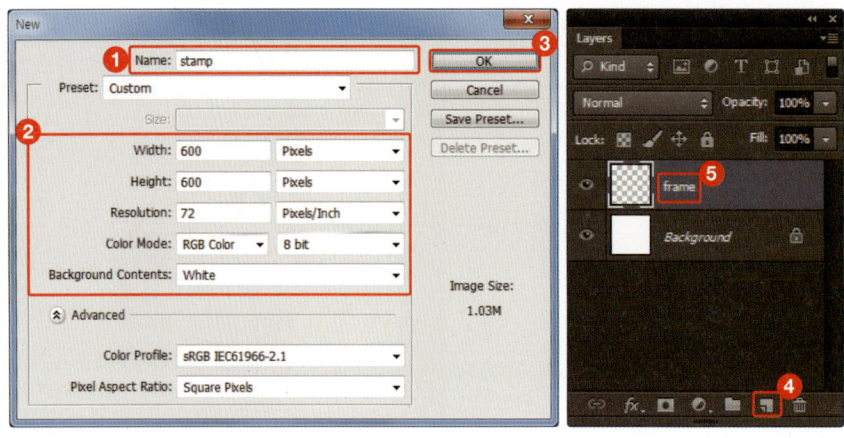

02 전경색을 **검은색(#000000)**으로 설정하고 툴 바에서 사용자 셰이프 툴(□)을 선택합니다. 옵션 바에서 **Pixels**로 설정하고 설정 아이콘(□)을 클릭해서 **Stamp 1** 셰이프를 선택합니다.

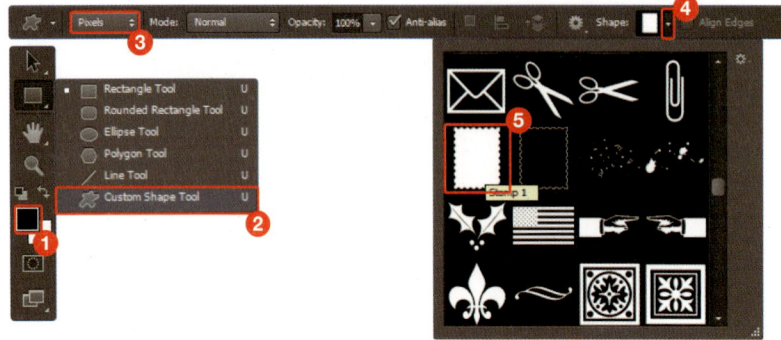

03 작업창 중앙에 가로 **400**, 세로 **510**의 크기로 우표 모양의 셰이프를 그립니다. Layers 패널에서 frame 레이어의 오른쪽 빈 공간을 더블클릭하여 [Layer Style]을 실행합니다.

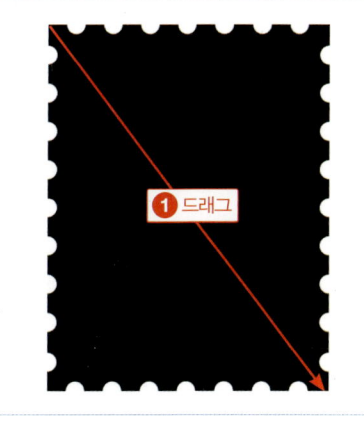 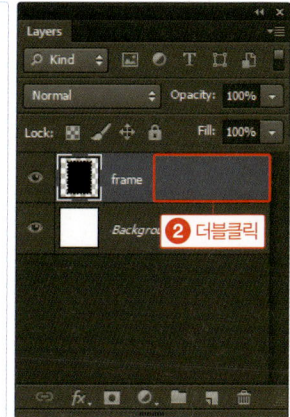

04 왼쪽 [Style] 항목 중 [Pattern Overlay]를 선택합니다. Pattern 오른쪽의 설정 아이콘(▼)을 클릭해 **Gray Granite** 패턴을 선택하고 Scale을 **50**으로 설정합니다. 우표 모양의 셰이프에 패턴이 적용되었습니다.

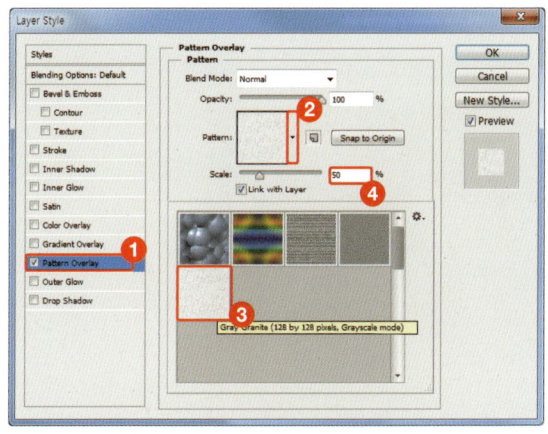 

05 왼쪽 [Style] 항목 중 [Drop Shadow]를 선택합니다. Structure에서 Blend Mode를 **Multiply**, Opacity를 **75**, Distance를 **2**, Size를 **3**으로 설정한 후 〈OK〉를 클릭합니다. 우표 모양의 셰이프에 그림자 효과가 적용되어 입체적인 효과가 연출되었습니다.

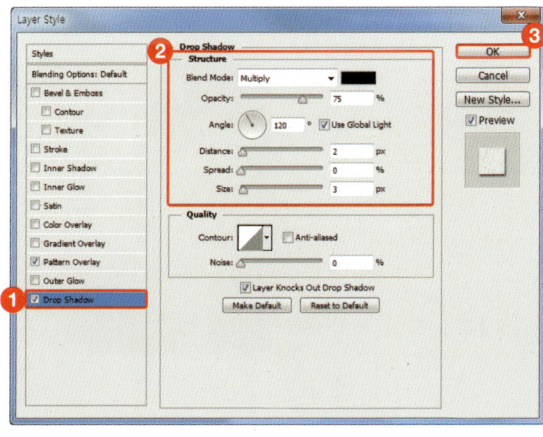 

195

사진 영역 만들기

01 Layers 패널에서 새 레이어 추가 아이콘(□)을 클릭하고 레이어 이름을 **area**로 수정합니다. 툴 바에서 직사각형 툴(□)을 선택하고 옵션 바에서 **Pixels**를 선택합니다.

02 우표 모양 셰이프 안쪽으로 가로 **325**, 세로 **440**의 크기로 사각형을 그립니다. Ctrl+O를 눌러 data/072stamp.jpg 파일을 불러옵니다. 툴 바에서 이동 툴(□)을 선택하고 인물 이미지를 stamp.psd 파일로 드래그해서 이동시킵니다.

03 Ctrl+Alt+G를 눌러 인물 이미지를 클리핑 마스크 처리하고 위치를 적절히 배치합니다. 우표 모양의 테두리가 자연스레 적용되었습니다.

필름 모양의 테두리

35mm Film 2, Vibrance, Clipping Mask

▶ HOW TO ＋ 필름으로 테두리를 만들면 추억에 잠긴 듯한 분위기를 표현하는 데 효과적입니다. CS6에는 4개의 필름이 붙어있는 35mm Film 2 모양이 내장되어 있습니다. 각 영역에 사진을 넣고 빛바랜 기억처럼 만들어봅시다.

▶ FILE ＋ 예제 : data/073film1.jpg, 073film2.jpg, 073film3.jpg, 073film4.jpg 완성 : end/073film.psd

01 [Ctrl]+[N]을 눌러 Name을 **film**, Width를 **800**, Height를 **500**, Resolution을 **72**, Background Contents를 **White**로 설정하고 〈OK〉를 눌러 새로운 파일을 생성합니다. 전경색을 **진갈색(#362e2b)**으로 설정하고 툴 바에서 사용자 셰이프 툴(🔲)을 선택합니다.

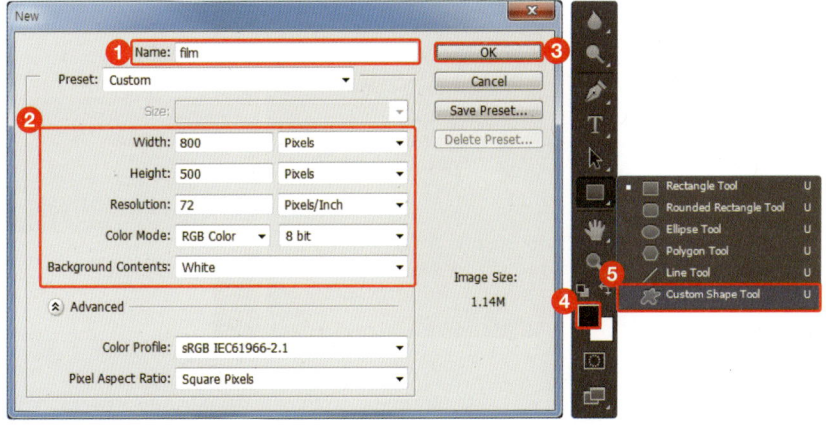

02 옵션 바에서 **Shape**를 선택하고 Fill을 **Solid Color**, Stroke를 **None**으로 설정합니다. 설정 아이콘(🔽)을 클릭하고 **35mm Film 2**를 선택합니다.

TIP . 35mm Film 2가 없을 경우, 확장 아이콘(🔽)을 클릭한 후 [All]을 선택하고 [Append]를 클릭해 불러옵니다.

03 작업창의 왼쪽 끝에서 Shift 를 누른 채 오른쪽으로 드래그해서 가로로 꽉 차게 필름 모양의 셰이프를 그립니다.

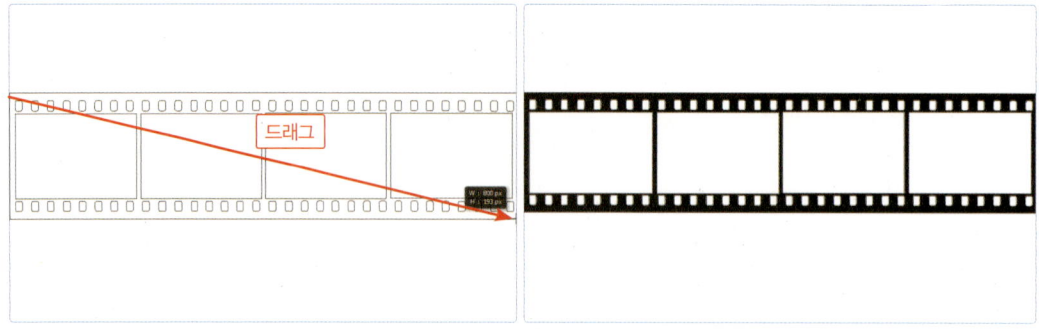

내부 영역 만들기

01 Layers 패널에서 Ctrl 을 누른 채 새 레이어 추가 아이콘(□)을 클릭해서 Shape 1 레이어 아래로 새로운 레이어를 추가하고 이름을 **area1**로 수정합니다. 전경색을 **빨간색(#ff0000)**으로 설정하고 툴 바에서 직사각형 툴(□)을 선택합니다.

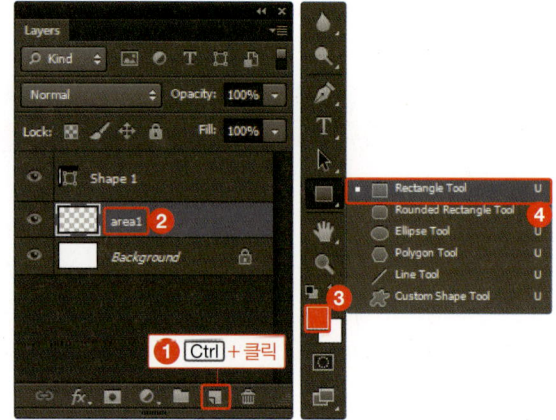

02 옵션 바에서 **Shape**를 선택하고 Fill을 **Solid Color**, Stroke를 **None**으로 설정합니다. 작업창에서 첫 번째 필름 영역에 꽉 찰 정도로 사각형을 그립니다.

03 툴 바에서 이동 툴을 선택하고 Alt+Shift를 누른 채 사각형을 오른쪽으로 드래그합니다. 복사한 이미지를 두 번째 필름 영역에 배치하고 레이어의 이름을 **area2**로 수정합니다.

04 같은 방법으로 사각형 이미지를 복사해서 알맞게 배치한 후 각각 이름을 **area3**, **area4**로 수정합니다.

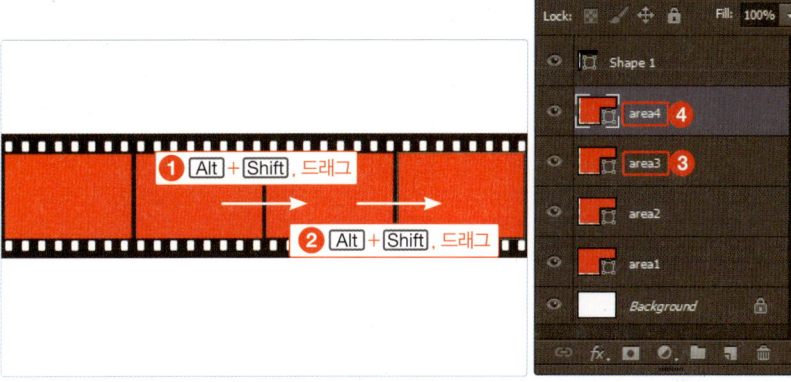

이미지 끼우기

01 각 필름 영역에 이미지를 끼워보겠습니다. Layers 패널에서 area1 레이어를 선택합니다. Ctrl+O를 눌러 data/073film 1.jpg 파일을 불러옵니다.

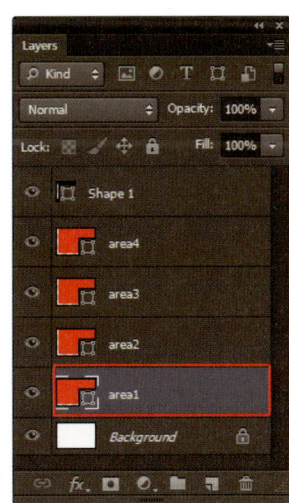

02 이동 툴(▶)을 선택한 상태에서 인물 이미지를 film.psd 파일로 드래그해서 첫 번째 사각형 영역 안으로 배치합니다. Ctrl+Alt+G를 눌러 인물 이미지를 필름 영역 안으로 클리핑 마스크 처리합니다.

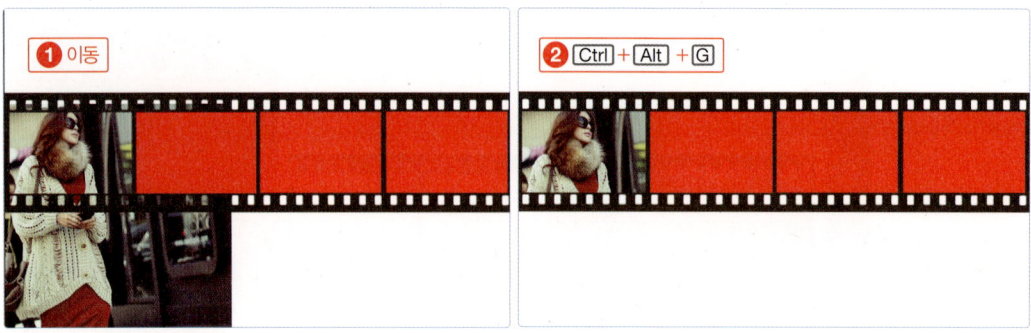

03 이미지에 빈티지 효과를 적용해보겠습니다. [Image]-[Adjustments]-[Vibrance] 메뉴를 선택합니다. Vibrance를 -100으로 설정하고 〈OK〉를 눌러 적용합니다. 인물 이미지의 톤이 다운되어 멋스러운 효과가 연출되었습니다.

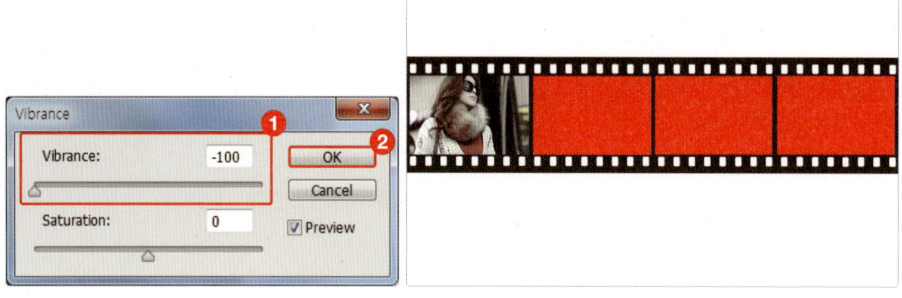

04 같은 방법으로 073film2.jpg, 073film3.jpg, 073film4.jpg 파일을 각각 불러와 area2, area3, area4 영역에 배치하고 클리핑 마스크 처리하여 필름 효과를 연출합니다.

074 구멍 뚫린 테두리

사각 선택 툴, Color HalfTone, Quick Mask Mode

▶ HOW TO + 망점 테두리는 크고 작은 원들을 모아 하나의 테두리로 꾸미는 방법입니다. Color HalfTone은 다양한 색상의 원들을 표현하는 기능이지만, Quick Mask Mode와 함께 사용하면 선택 영역에 적용할 수 있습니다. Color HalfTone으로 망을 만들고 그 안에 사진을 표현해봅시다.

▶ FILE + 예제 : data/074halftone.jpg 완성 : end/074halftone.jpg

01 Ctrl+O를 눌러 data/074halftone.jpg 파일을 불러옵니다. 전경색을 **검은색(#000000)**, 배경색을 **흰색(#ffffff)**으로 설정합니다. 툴 바에서 사각 선택 툴(■)을 선택하고 옵션 바에서 Feather를 **0**으로 설정합니다.

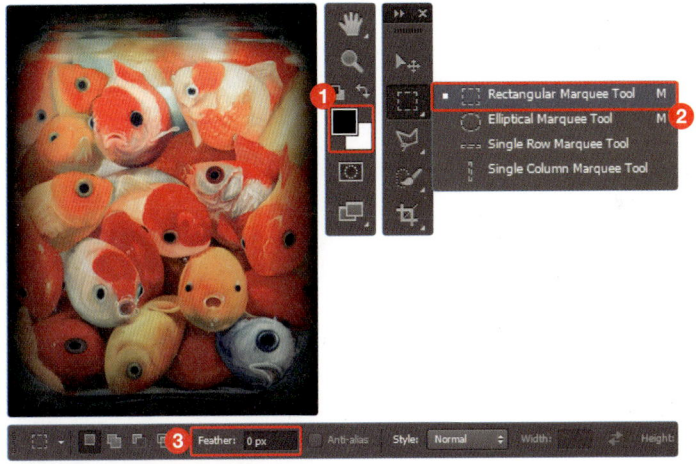

02 작업창 중앙에 가로 **350**, 세로 **450**의 크기로 선택 영역을 설정합니다. [Select]-[Inverse] 메뉴 또는 Shift+Ctrl+I를 눌러 선택 영역을 반전시킵니다.

201

03 퀵 마스크 모드(■)를 선택합니다. 선택 영역을 제외한 부분이 보호 영역으로 설정되었습니다. [Filter]-[Pixelate]-[Color Halftone] 메뉴를 선택합니다. Max. Radius를 **30**으로 설정하고 〈OK〉를 눌러 적용합니다.

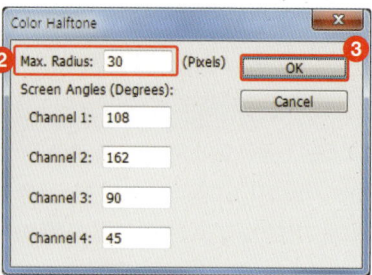

TIP. Color Halftone 창에서 Max. Radius는 망점의 크기를, Screen Angles (Degrees)는 각 채널의 망점 각도를 설정합니다.

04 작업창에서 보호 영역으로 설정된 부분이 망점 형태로 변경되었습니다. Ctrl+F를 눌러 같은 필터를 다시 한 번 적용합니다. 망점이 좀더 세밀하게 적용되었습니다.

05 표준 모드(■)를 선택합니다. 보호 영역 외곽으로 선택 영역이 설정되었습니다. Ctrl+Delete를 눌러 선택 영역을 배경색으로 채웁니다. Ctrl+D를 눌러 선택 영역을 해제합니다. 망점 테두리 효과가 적용되었습니다.

PHOTO
SHOP
CS6

CHAPTER 06

텍스트

| ADOBE
PHOTOSHOP
CS6 |

텍스트는 디자인 작업에서 사진만큼이나 많이 사용되며 어떻게 꾸미는가에 따라 디자인의 작품성이 달라집니다. 최근에는 디자인 효과를 많이 넣기보다는 심플하게 표현해 다른 디자인을 더욱 돋보이게 하는 방식을 선호합니다. 볼록한 입체 효과, 소복하게 눈이 쌓인 효과, 바느질한 듯한 점선 테두리, 투명한 텍스트, 땡땡이 패턴으로 귀엽게 연출하기, 칠판에 분필로 쓴 듯한 디자인을 연출해봅시다.

075 눈 쌓인 볼록한 입체 텍스트

Bevel & Emboss, Pattern Overlay, Load Patterns, Inner Glow

▶ HOW TO + 새하얀 눈이 쌓인 텍스트는 겨울에 빠뜨릴 수 없는 감초 같은 디자인 스타일입니다. 둥근 브러시로 눈의 실루엣을 표현하고, 소복한 느낌이 나도록 볼록 처리만 하면 간단하게 제작이 가능합니다.

▶ FILE + 소스 : Source/075hyPatterns.pat 완성 : end/075lovestory.psd

텍스트 입력하기

01 Ctrl+N을 눌러 Name을 **candy**, Width를 800, Height를 600으로 설정하고 〈OK〉를 눌러 새로운 파일을 생성합니다. 전경색을 **초록색(#007403)**으로 설정하고 Alt+Delete를 눌러 작업창을 전경색으로 채웁니다.

02 툴 바에서 문자 툴(T)을 선택하고 옵션 바에서 서체를 **고도 B**, Size를 90, anti-aliasing을 **Sharp**, Color를 **흰색(#ffffff)**으로 설정합니다. 작업창에 LOVE STORY를 입력하고 Ctrl+Enter를 눌러 적용합니다.

텍스트에 효과 주기

01 [Layer]-[Layer Style]-[Bevel & Emboss] 메뉴를 선택합니다. Structure에서 Style을 **Inner Bevel**, Technique를 **Smooth**, Depth를 **100**, Direction을 **Up**, Size를 **5**, Soften을 **0**으로 설정합니다. Shading에서 Shadow Mode의 Opacity를 **60**으로 설정합니다. 입력한 글씨에 볼록 효과가 적용되었습니다.

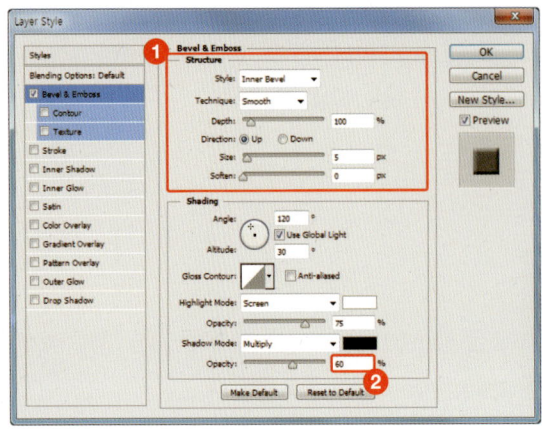

02 왼쪽 [Style] 항목 중 [Pattern Overlay]를 선택합니다. Pattern 오른쪽의 설정 아이콘(▼)과 확장 아이콘(✸)을 차례로 클릭한 [Load Patterns] 메뉴를 선택합니다. Source 폴더에서 **075hyPatterns.pat** 패턴을 선택하고 〈Load〉를 클릭하여 선택한 패턴을 불러옵니다.

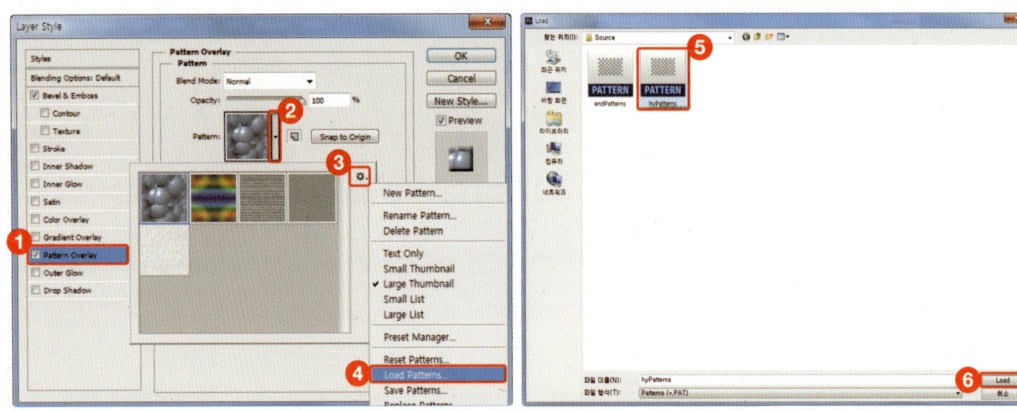

03 **Line Red** 패턴을 선택합니다. 입력한 글씨에 선택한 패턴이 적용되었습니다.

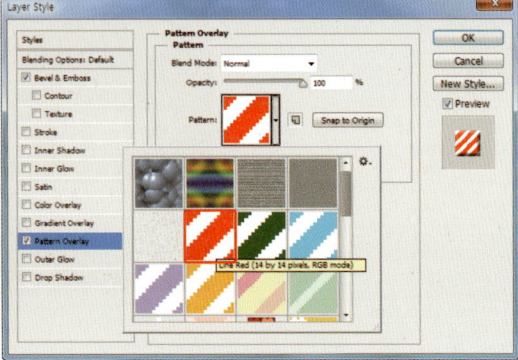

04 왼쪽 [Style] 항목 중 [Drop Shadow]를 선택합니다. Structure에서 Blend Mode를 **Multiply**, Opacity를 **50**, Distance를 **3**, Size를 **4**로 설정한 후 〈OK〉를 클릭합니다. 입력한 글씨에 그림자 효과가 적용되었습니다.

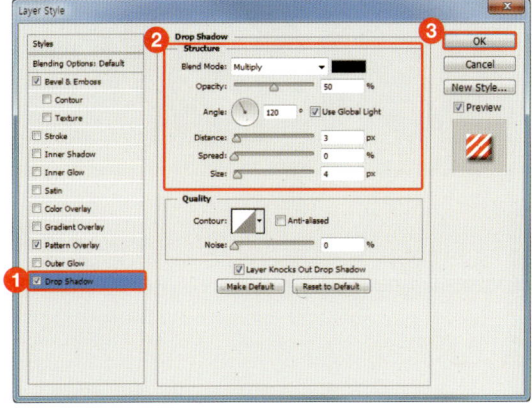

소복이 눈이 쌓인 효과 내기

01 Layers 패널에서 새 레이어 추가 아이콘( )을 클릭하고 레이어 이름을 **snow**로 수정합니다.

02 전경색을 **흰색(#ffffff)**으로 설정하고 툴 바에서 브러시 툴( )을 선택합니다. 옵션 바에서 설정 아이콘( )을 클릭한 후 **Hard Round**를 선택하고 Size를 **10**, Opacity를 **100**, Flow를 **100**으로 설정합니다.

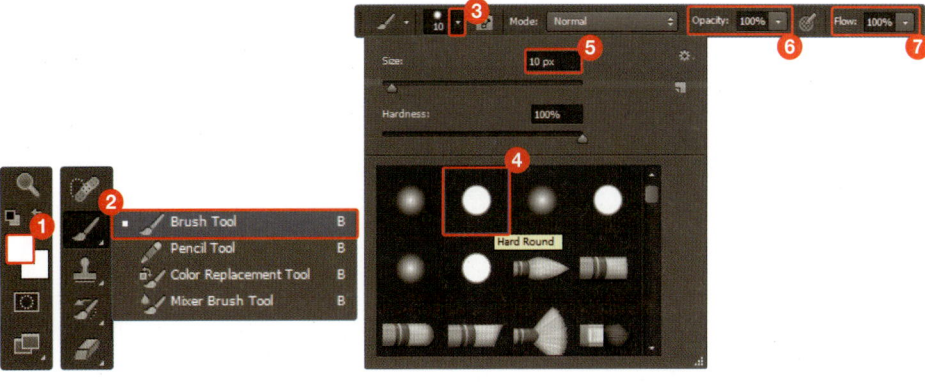

207

03 Ctrl + + 를 두 번 눌러 작업창을 확대한 후 글자에 눈이 쌓일 부분을 브러시로 드래그해서 칠해줍니다.

04 [Layer]-[Layer Style]-[Inner Glow] 메뉴를 선택합니다. Structure에서 Blend Mode를 **Multiply**, Opacity를 **50**, Color를 회색(#696363)으로 설정하고 〈OK〉를 클릭합니다. 텍스트 위로 마치 눈이 쌓인 듯한 효과가 연출되었습니다.

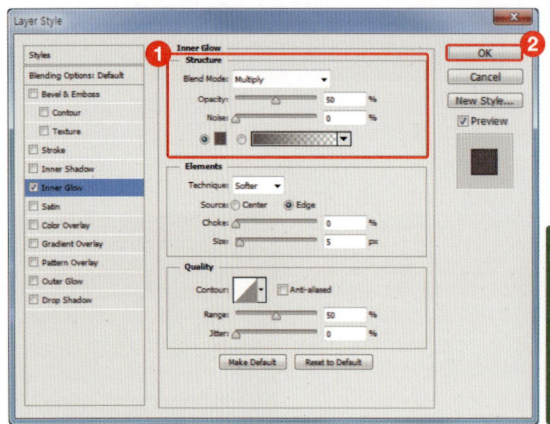

장식하기

01 Layers 패널에서 새 레이어 추가 아이콘(🗐)을 클릭하고 레이어 이름을 **leaf**로 수정합니다. 전경색을 빨간색(#ff2525)으로 설정하고 툴 바에서 사용자 셰이프 툴(🔷)을 선택합니다.

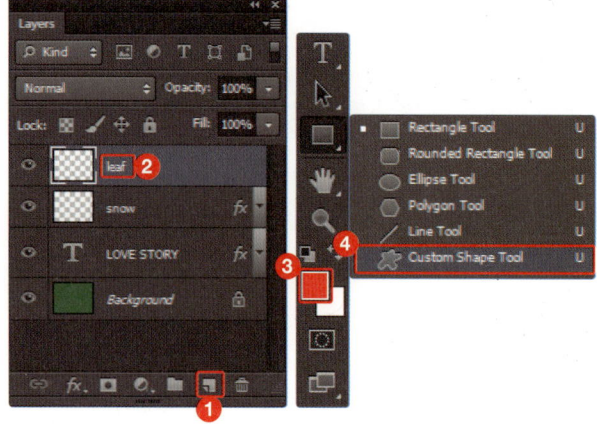

02 옵션 바에서 **Pixels**를 선택하고 설정 아이콘(⚙)을 클릭하여 Shape를 **Holly**로 선택합니다. 작업창 오른쪽에 가로 93, 세로 74의 크기로 셰이프를 그립니다.

TIP. Holly가 없을 경우, 확장 아이콘(⚙)을 클릭한 후 [All]을 선택하고 [Append]를 클릭해 불러옵니다.

03 Layers 패널에서 LOVE STORY 레이어 오른쪽의 레이어 스타일 아이콘(fx)을 클릭합니다. LOVE STORY 레이어에 적용된 레이어 스타일 중 Drop Shadow 항목을 [Alt]를 누르고 드래그해서 leaf 레이어로 복사합니다.

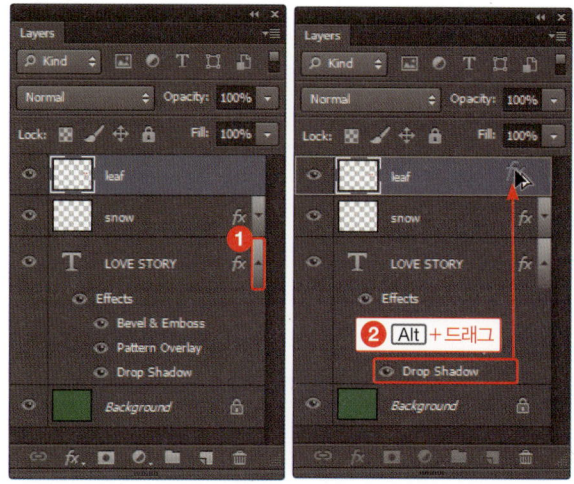

04 LOVE STORY 레이어에 적용되었던 Drop Shadow 레이어 스타일이 leaf 레이어에 동일하게 적용되었습니다.

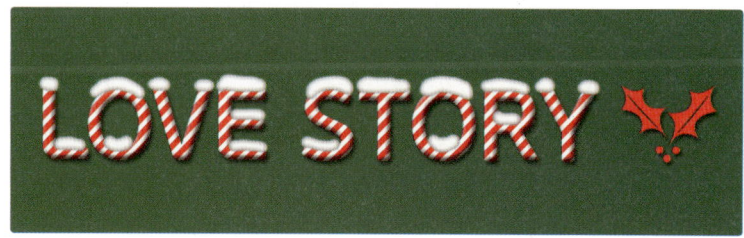

076 점선 테두리로 둘러싸인 텍스트

브러시 툴, Paths

▶ HOW TO + 텍스트 주변으로 점선을 그려 마치 바느질한 듯한 느낌으로 연출해봅시다. 텍스트 모양을 따라 외곽으로 패스를 만들고, 점선 브러시를 일정한 크기와 모양으로 설정하여 패스를 따라 그려줍니다.

▶ FILE + 예제 : data/076flower.png 완성 : end/076collage.psd

텍스트 입력하기

01 Ctrl+N을 눌러 Name을 **collage**, Width를 **700**, Height를 **600**로 설정하고 〈OK〉를 눌러 새로운 파일을 생성합니다.

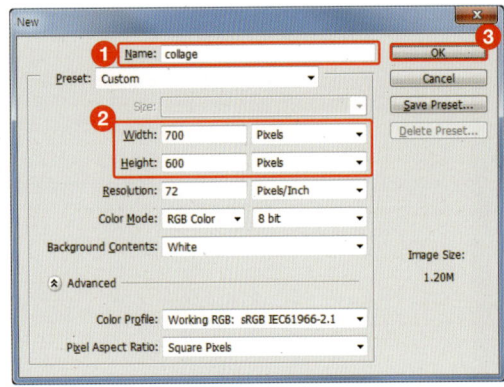

02 툴 바에서 문자 툴(T)을 선택하고 옵션 바에서 서체를 **나눔손글씨 붓**, Size를 **88**, anti-aliasing을 **Sharp**, Color를 검은색(#000000)으로 설정합니다. 작업창 중앙에 **그리움을 찾아 떠나다**를 입력하고 Ctrl+Enter를 눌러 적용합니다.

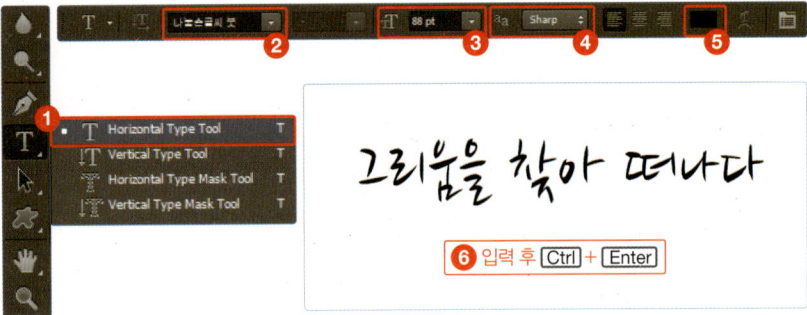

글자 주변으로 점선 테두리 두르기

01 [Select]-[Load Selection] 메뉴를 선택합니다. Document를 **collage**, Channel을 **그리움을 찾아 떠나다 Transparency**, Operation을 **New Selection**으로 설정하고 〈OK〉를 누릅니다. 글자가 선택 영역으로 설정되었습니다.

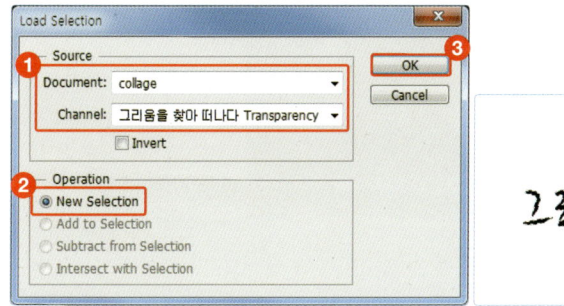

02 [Select]-[Modify]-[Expand] 메뉴를 선택합니다. Expand By를 **10**으로 설정하고 〈OK〉를 눌러 적용합니다. 선택 영역이 확장되었습니다.

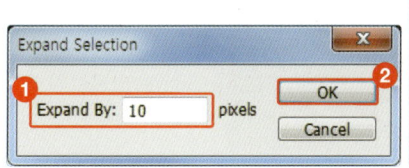 

03 Layers 패널에서 새 레이어 추가 아이콘(□)을 클릭하고 레이어 이름을 **dash**로 수정합니다.

04 [Window]-[Paths] 메뉴를 선택합니다. Paths 패널에서 선택 영역 패스로 만들기 아이콘(○)을 클릭합니다. 선택 영역이 패스로 변경되고 Paths 패널에는 Work Path가 생성되었습니다.

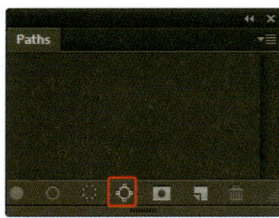  

05 툴 바에서 브러시 툴(🖌)을 선택합니다. 옵션 바에서 설정 아이콘(▼)과 확장 아이콘(⚙)을 차례로 클릭하고 [Square Brushes] 메뉴를 선택합니다.

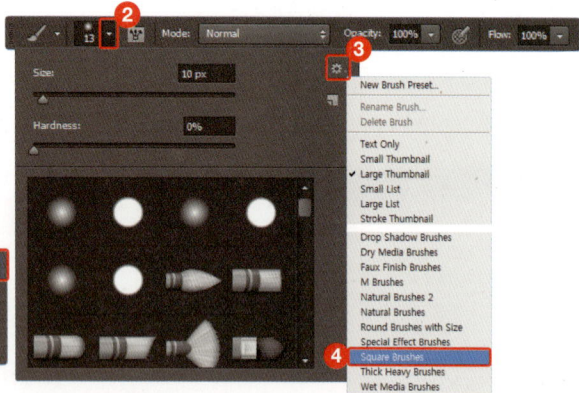

06 〈Append〉를 눌러 선택한 브러시를 추가합니다. **Hard Squere 6 pixels**를 선택하고 Size를 6, Opacity를 100, Flow를 100으로 설정한 후 브러시 패널 열기 아이콘(📋)을 선택합니다.

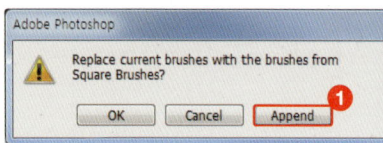
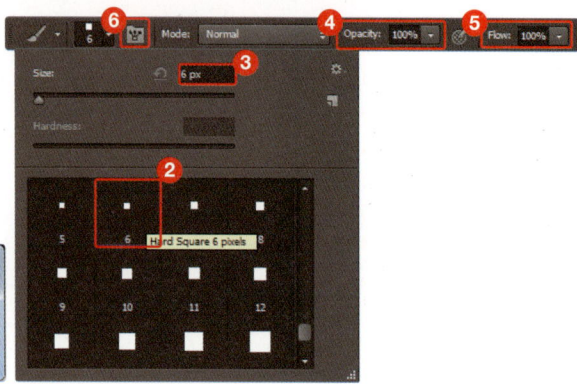

07 Brush 패널에서 왼쪽 [Brush Tip Shape] 메뉴를 선택하고 Roundness를 30, Spacing을 150으로 설정합니다. 왼쪽 [Shape Dynamics] 메뉴를 선택하고 Size Jitter를 0, Size Jitter의 Control을 **Off**, Angle Jitter를 0, Angle Jitter의 Control을 **Direction**, Roundness Jitter를 0, Round Jitter의 Control을 **Off**로 설정합니다.

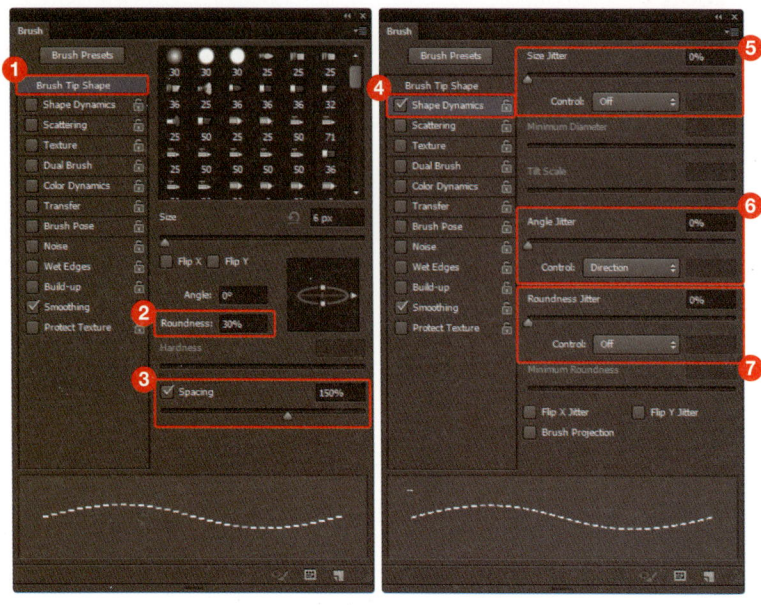

08 Paths 패널에서 브러시로 패스 테두리 그리기 아이콘(○)을 선택해서 브러시로 패스 영역을 그립니다.

09 Paths 패널에서 Work Path 아래 빈 공간을 클릭하여 패스를 감춥니다.

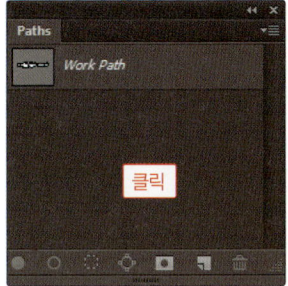

10 Layers 패널에서 dash 레이어의 Opacity를 **60**으로 설정하여 색상을 연하게 표현합니다.

꽃 이미지로 글자 꾸미기

01 Ctrl+O를 눌러 data/076flower.png 파일을 불러옵니다. 툴 바에서 이동 툴(⊕)을 선택하고 작업하던 collage.psd 파일로 꽃 이미지를 드래그해서 이동한 후 글자 위에 배치하여 마무리합니다.

077 사이버틱한 네온사인 느낌의 텍스트

Outer Glow, Clipping Mask

▶ HOW TO + 어두운 배경에 빛나는 텍스트를 입력해 주목성을 높여봅시다. 빛나는 텍스트는 Outer Glow의 설정에 따라 외각으로 빛이 비치도록 하거나 광선 같은 테두리 등으로 다양하게 연출할 수 있습니다.

▶ FILE + 완성 : end/077half.psd

텍스트 입력하기

01 Ctrl+N을 눌러 Name을 **half**, Width를 **700**, Height를 **500**으로 설정하고 〈OK〉를 눌러 새로운 파일을 생성합니다. 전경색을 **검은색(#000000)**으로 설정하고 Alt+Delete를 눌러 작업창을 전경색으로 채웁니다.

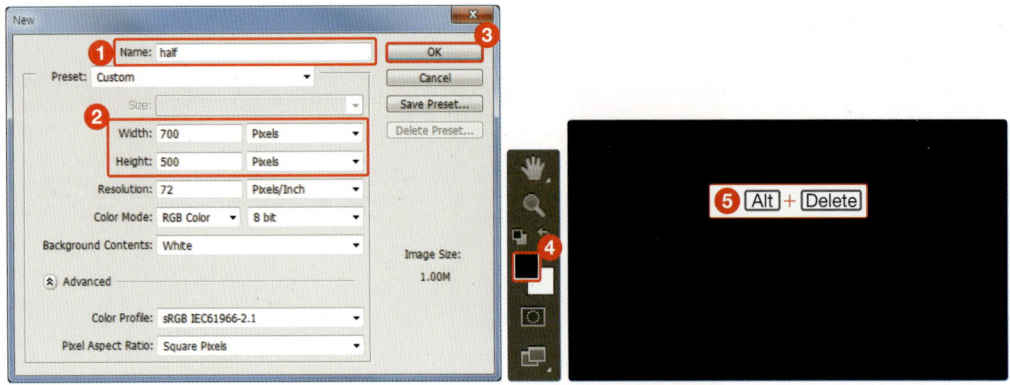

02 툴 바에서 문자 툴(T)을 선택하고 옵션 바에서 서체를 **Gota Light**, Size를 **80**, anti-aliasing을 **Sharp**, Color를 **흰색(#ffffff)**으로 설정합니다. 작업창 중앙에 **DESIGNART**를 입력하고 Ctrl+Enter를 눌러 적용합니다.

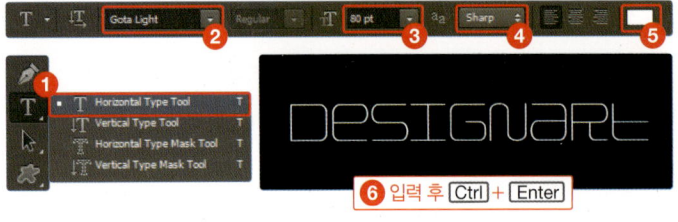

텍스트에 효과 주기

01 [Layer]-[Layer Style]-[Outer Glow] 메뉴를 선택합니다. Structure에서 Blend Mode를 **Screen**, Opacity를 **75**, Noise를 **0**, Color를 **연노랑(#ffffbe)**으로 설정합니다. Elements에서 Technique를 **Softer**, Spread를 **43**, Size를 **5**를 입력합니다. Quality에서 Contour의 설정 아이콘(▼)을 선택하고 Contour를 **Cone**, Range를 **50**, Jitter를 **0**으로 설정한 후 〈OK〉를 눌러 적용합니다.

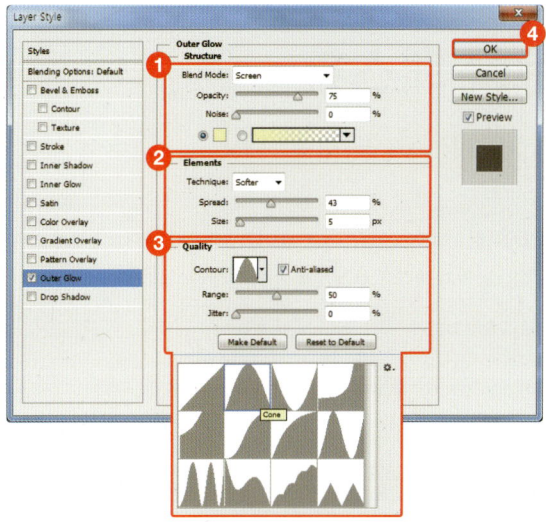

02 입력한 글씨에 외부 빛 효과가 적용되었습니다. Layers 패널에서 새 레이어 추가 아이콘( )을 클릭하고 레이어 이름을 **deco**로 수정합니다.

03 전경색을 **보라색(#8668eb)**으로 설정합니다. 툴 바에서 사각 선택 툴( )을 선택하고 옵션 바에서 Feather를 **0**으로 설정합니다.

04 작업창에서 글자의 절반 정도가 선택되도록 드래그해서 선택 영역으로 설정합니다. Alt+Delete를 눌러 선택 영역을 전경색으로 채우고 Ctrl+D를 눌러 선택 영역을 해제합니다.

 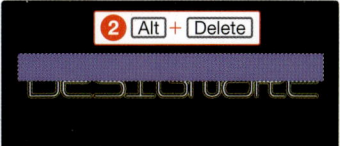 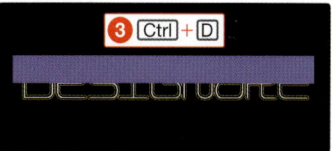

05 Ctrl+Alt+G를 눌러 클리핑 마스크 처리합니다. 글자의 절반이 보라색으로 채워져 네온사인 효과가 나타났습니다.

조각칼로 새긴 듯한 텍스트

Bevel & Emboss, 레이어 패널의 Fill 옵션

▶ HOW TO + 텍스트를 입력하고 Bevel & Emboss로 입체적인 효과를 설정합니다. 레이어 패널에서 Fill을 0으로 조절하면 텍스트의 색상은 사라지고 레이어 스타일만 남아서 배경에 새겨진 듯한 효과가 완성됩니다.

▶ FILE + 예제 : data/078emboss.jpg 완성 : end/078emboss.psd

01 Ctrl+O를 눌러 data/078em-boss.jpg 파일을 불러옵니다. 툴 바에서 문자 툴(T)을 선택하고 옵션 바에서 서체를 **Bickham Script Pro**, Size를 **160**, anti-aliasing을 **Sharp**, Color를 검은색(**#000000**)으로 설정합니다. 작업창에 **thanks to you...**를 입력하고 Ctrl+Enter를 눌러 적용합니다.

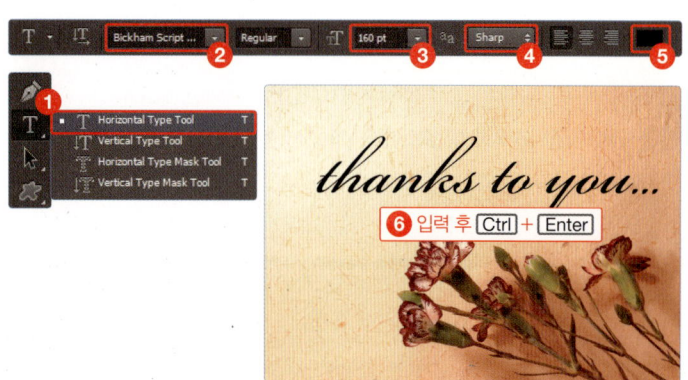

02 [Layer]-[Layer Style]-[Bevel & Emboss] 메뉴를 선택합니다. Structure에서 Style을 **Pillow Emboss**, Technique를 **Smooth**, Depth를 **100**, Direction을 **Up**, Size를 **3**, Shading에서 Angle을 **30**으로 설정한 후 〈OK〉를 클릭합니다. 입력한 글씨에 입체적인 효과가 적용되었습니다. Layers 패널에서 thanks to you... 레이어의 Fill을 **0**으로 설정합니다.

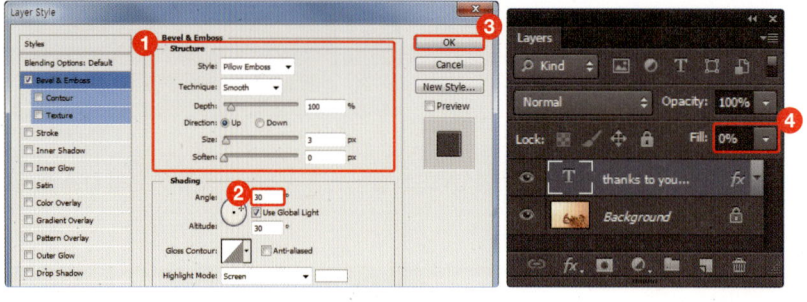

03 배경에 글씨가 새겨진 듯한 효과가 연출되었습니다.

유리 바닥에 투명하게 비치는 텍스트

그레이디언트 툴, Flip Vertical, Add Layer Mask

▶ HOW TO + 텍스트의 모습이 유리 바닥에 투명하게 비치는 효과를 만들어봅시다. 포토샵을 활용하면 사진보다 더욱 실감나게 표현할 수 있습니다. 텍스트뿐만 아니라 인물이나 배경에도 적용할 수 있습니다.

▶ FILE + 완성 : end/079reflect.psd

01 [Ctrl]+[N]을 눌러 Name을 **reflect**, Width를 **600**, Height를 **400**으로 설정하고 〈OK〉를 눌러 새로운 파일을 생성합니다.

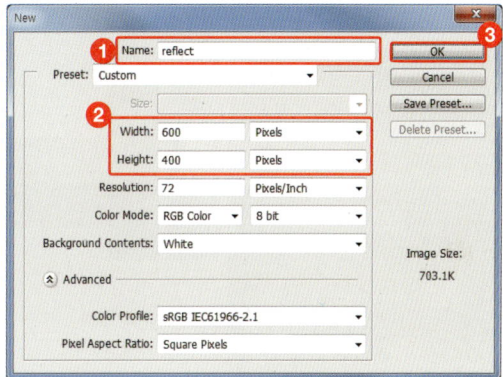

02 툴 바에서 문자 툴(T)을 선택하고 옵션 바에서 서체를 **나눔명조**, Size를 **90**, anti-aliasing을 **Sharp**, Color를 **검은색(#000000)**으로 설정합니다. 작업창에 **OPENCAST**를 입력하고 [Ctrl]+[Enter]를 눌러 적용합니다.

03 O를 드래그해서 선택합니다. 옵션 바에서 Size를 **120**, Color를 **하늘색(#38c9cc)**으로 변경합니다. 선택한 글씨의 크기와 색상이 변경되면 [Ctrl]+[Enter]를 눌러 적용합니다.

217

유리 바닥에 비친 듯한 효과 내기

`01` 툴 바에서 이동 툴(　)을 선택하고 Alt + Shift 를 누른 채 아래로 드래그해서 글씨를 복사합니다. [Edit]-[Transform]-[Flip Vertical] 메뉴를 선택하면 복사한 글씨가 상하로 반전됩니다.

`02` Layers 패널에서 레이어 마스크 추가 아이콘(　)을 눌러 OPENCAST copy 레이어에 레이어 마스크를 추가합니다. 툴 바에서 전경색을 **흰색(#ffffff)**, 배경색을 **검은색(#000000)**으로 설정하고 그레이디언트 툴(　)을 선택합니다.

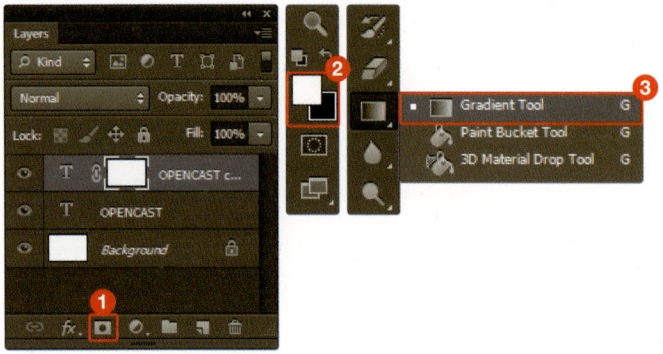

`03` 옵션 바에서 설정 아이콘(　)을 클릭해서 **Foreground to Background**를 설정하고 선형 그레이디언트(　)를 선택합니다. 작업창에서 Shift 를 누른 채 위에서 아래로 드래그해서 유리에 비친 듯한 효과를 적용합니다.

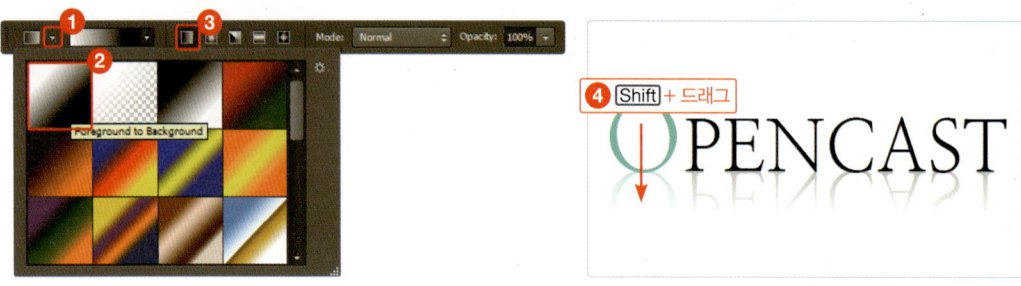

080 둥근 선을 따라 흐르는 텍스트

Path

▶ HOW TO + 하트나 말풍선처럼 다양한 모양의 외각을 따라서 텍스트를 배치할 수 있습니다. 이번 예제에서는 펜 툴로 자유롭게 패스를 그린 후에 패스를 따라 텍스트를 입력해봅시다.

▶ FILE + 예제 : data/080path.jpg   완성 : end/080path.psd

01 Ctrl + O를 눌러 data/080path.jpg 파일을 불러옵니다. 툴 바에서 펜 툴( )을 선택하고 옵션 바에서 **path**를 설정합니다.

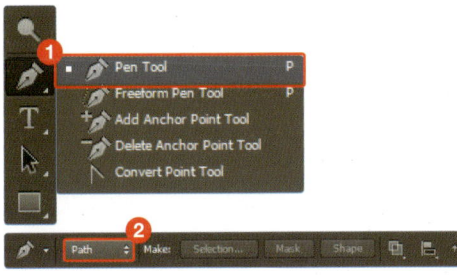

02 작업창에서 컵의 왼쪽 상단을 클릭하고 다시 오른쪽 상단을 클릭해 드래그해서 곡선 패스를 그립니다. 툴 바에서 펜 툴( )을 선택해서 패스를 완성합니다.

03 툴 바에서 문자 툴(T)을 선택하고 옵션 바에서 서체를 **헤움몽실162**, Size를 45, anti-aliasing을 **Strong**, Color를 **흰색(#ffffff)**으로 설정합니다.

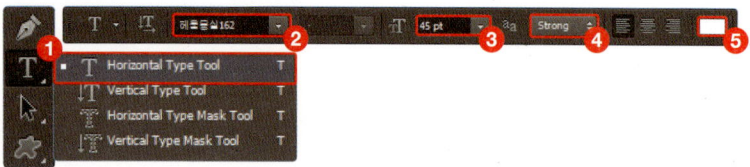

04 작업창에서 패스에 마우스를 가져가면 커서가 모양으로 바뀝니다.

05 패스를 클릭한 후 **기억하니? 우리 함께 했던 그 달콤한 맛!!**을 입력하고 Ctrl + Enter 를 눌러 적용합니다. 패스의 모양을 따라 글씨가 입력되었습니다.

다양한 색상과 패턴을 입힌 텍스트
Pattern Overlay, Stroke

▶ HOW TO + 텍스트를 그레이디언트나 패턴 등으로 다양하게 꾸밀 수 있습니다. Stroke로 테두리를 두르고 Pattern Overlay로 땡땡이 패턴을 입혀서 통통 튀는 귀여운 스타일을 완성해봅시다.

▶ FILE + 완성 : end/081pattern.psd

01 [Ctrl]+[N]을 눌러 Name을 **pattern**, Width를 **700**, Height를 **500**으로 설정하고 〈OK〉를 눌러 새로운 파일을 생성합니다.

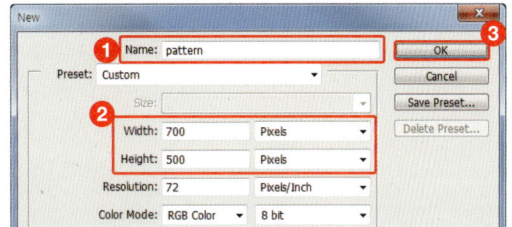

02 툴 바에서 문자 툴(T)을 선택하고 옵션 바에서 서체를 **헤움몽실 182**, Size를 **130**, anti-aliasing을 **Strong**, Color를 **검은색(#000000)**으로 설정합니다. 작업창 중앙에 **알콩&달콩**을 입력하고 [Ctrl]+[Enter]를 눌러 적용합니다.

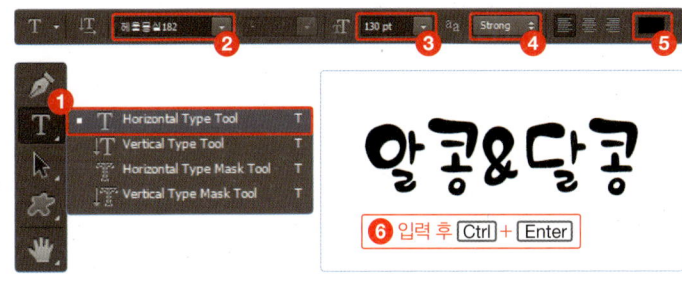

텍스트에 효과 적용하기

01 [Layer]-[Layer Style]-[Stroke] 메뉴를 선택합니다. Structure에서 Size를 **5**, Position을 **Outside**, Blend Mode를 **Normal**, Opacity를 **100**, Fill Type을 **Color**, Color를 **초록색(#51b786)**으로 설정합니다. 글씨 외곽에 테두리가 적용되었습니다.

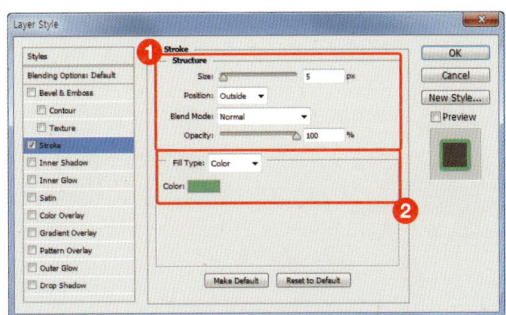

02 왼쪽 [Style] 항목 중 [Pattern Overlay]를 선택합니다. Structure에서 Blend Mode를 **Normal**, Opacity를 **100**으로 설정합니다. Pattern의 설정 아이콘(▼)을 클릭해서 **Circle Big Green**을 선택한 후 Scale을 **50**으로 설정합니다. 입력한 글씨에 땡땡이 패턴이 적용되었습니다.

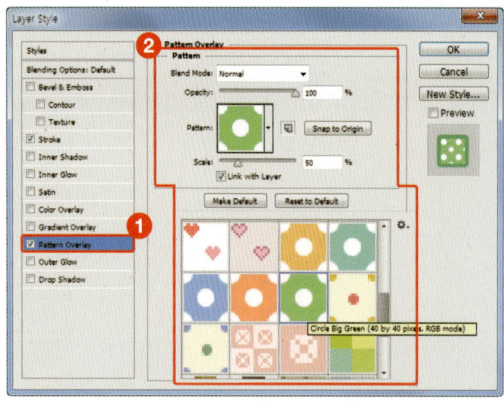

TIP . Circle Big Green 패턴은 hyPattern 패턴 메뉴에 포함되어 있습니다.(외부 패턴 불러오기는 206쪽 참고)

03 왼쪽 [Style] 항목 중 [Drop Shadow]를 선택합니다. Structure에서 Blend Mode를 **Multiply**, Color를 **하늘색(#abf6e7)**, Opacity를 **75**, Distance를 **17**, Size를 **0**으로 설정하고 〈OK〉를 눌러 적용합니다. 입력한 글씨에 다양한 효과가 적용되어 통통 튀는 스타일의 디자인이 연출되었습니다.

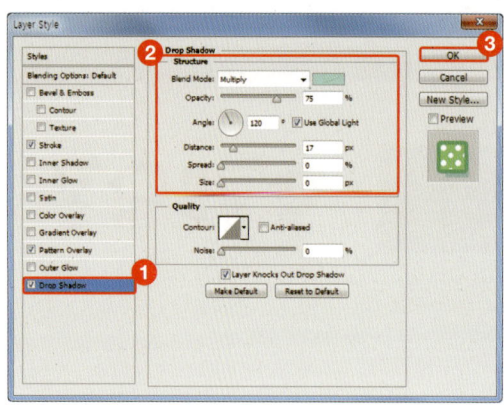

082 칠판에 분필로 쓴 듯한 텍스트

펜 툴, 브러시 툴, Paths

▶ HOW TO + 손 글씨 느낌으로 텍스트를 표현하는 방법은 친근감 있는 디자인 연출에 효과적입니다. 손 글씨 느낌과 비슷한 폰트를 선택해서 입력하고, 그 위에 브러시를 설정하여 따라 써주면 자연스러운 텍스트를 완성할 수 있습니다.

▶ FILE + 완성 : end/082chalk.psd

01 Ctrl+N을 눌러 Name을 **chalk**, Width를 **700**, Height를 **500**으로 설정하고 〈OK〉를 눌러 새로운 파일을 생성합니다. 전경색을 **진녹색(#15261e)**으로 설정하고 Alt+Delete를 눌러 작업창을 전경색으로 채웁니다.

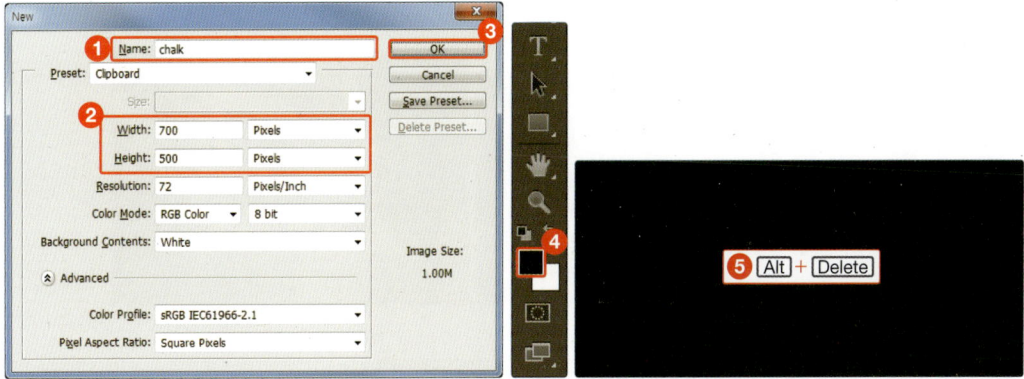

02 툴 바에서 문자 툴(T)을 선택하고 옵션 바에서 서체를 **나눔손글씨 붓**, Size를 **131**, anti-aliasing을 **Strong**, Color를 **노란색(#fdec78)**으로 설정합니다. 작업창 중앙에 **보고싶다 친구야**를 입력하고 Ctrl+Enter를 눌러 적용합니다.

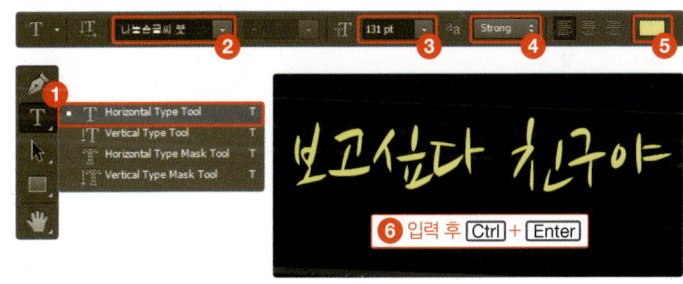

글자 따라 패스 그리기

01 손 글씨 느낌을 내기 위해 글씨 부분을 패스로 만들어보겠습니다. 툴 바에서 펜 툴( )을 선택하고 옵션 바에서 **path**를 설정합니다.

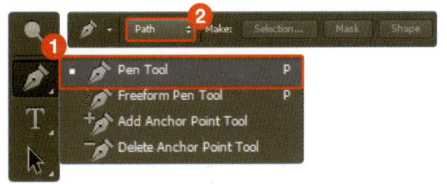

223

02 `Ctrl`+`+`를 눌러 작업창을 확대하고 **보**의 **ㅂ**을 클릭해서 드래그하며 패스를 그립니다. 툴 바에서 펜 툴(✐)을 클릭해서 패스를 완성합니다.

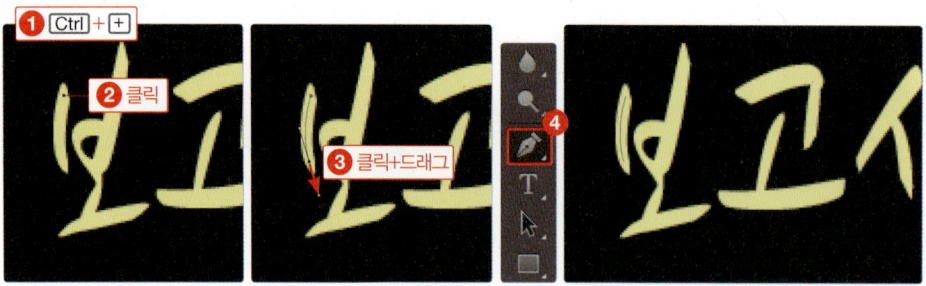

TIP. 펜 툴(✐)을 이용해 하나의 패스를 완성했다면 `Ctrl`을 누른 채 화면 빈 곳을 클릭하여 패스를 적용해야 합니다. 그런 다음 다시 패스를 그립니다. 그렇지 않으면 패스가 이어져 나타납니다.

03 ㅂ을 다시 클릭하고 드래그해서 입력한 텍스트를 따라 나머지 획을 패스로 그립니다. 툴 바에서 펜 툴(✐)을 다시 한 번 클릭해서 ㅂ의 패스를 완성합니다.

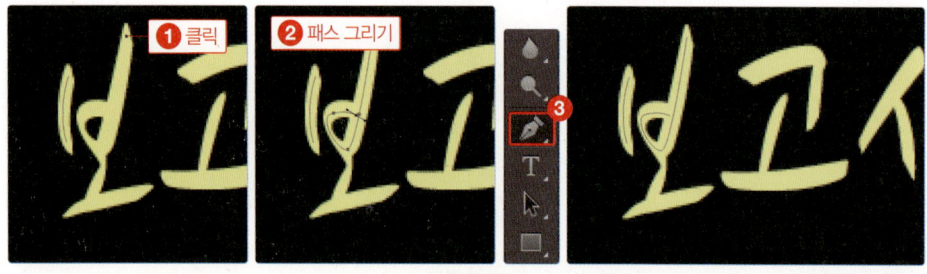

04 같은 방법으로 텍스트를 모두 패스로 그려 완성합니다.

패스를 따라서 브러시 그리기

01 Layers 패널에서 새 레이어 추가 아이콘(▢)을 클릭하고 레이어 이름을 **line**으로 수정합니다.

02 툴 바에서 브러시 툴(　)을 선택하고 옵션 바에서 설정 아이콘(　)을 클릭합니다. **Large Graphite with Heavy Flow**를 선택한 후 Size를 **10**, Opacity를 **100**, Flow를 **100**으로 설정합니다.

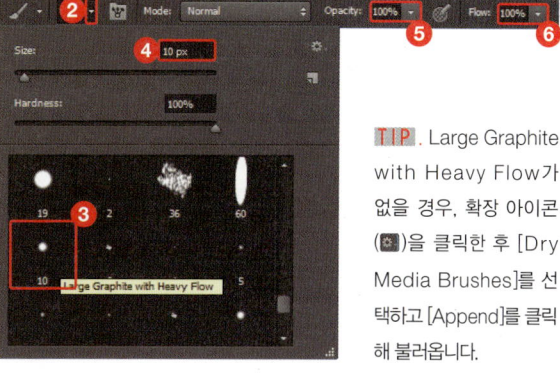

TIP . Large Graphite with Heavy Flow가 없을 경우, 확장 아이콘(　)을 클릭한 후 [Dry Media Brushes]를 선택하고 [Append]를 클릭해 불러옵니다.

03 [Window]-[Paths] 메뉴를 선택합니다. Paths 패널에서 브러시로 패스 테두리 그리기 아이콘(　)을 클릭합니다. 패스를 따라 브러시가 칠해졌습니다.

04 Paths 패널에서 Work Path 아래 빈 공간을 클릭해서 패스를 감춥니다. 칠판에 분필로 쓴 듯한 효과가 연출되었습니다.

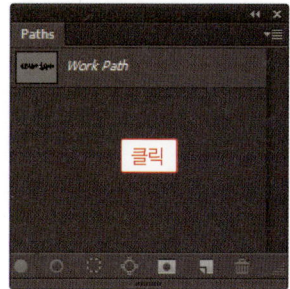 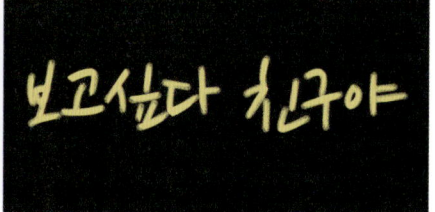

05 Layers 패널에서 보고싶다 친구야 레이어의 눈 아이콘(　)을 클릭해서 보이지 않게 처리합니다. 입력한 글씨가 한층 더 자연스러워졌습니다.

 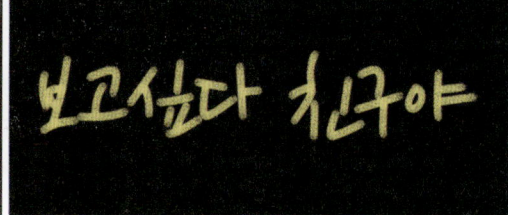

225

083 물방울 모양 안에 들어간 특수문자 텍스트

특수문자 입력, 사용자 셰이프 툴, Gradient Overlay

▶ HOW TO + 물방울 모양 안에 무지갯빛 하트가 가득한 이미지를 만들어봅시다. 포토샵에 내장된 Rain drop으로 물방울 모양의 패스를 만든 후에 하트 모양의 특수문자를 입력합니다. Gradient Overlay로 파스텔 톤의 무지개 색상을 입혀서 완성합니다.

▶ FILE + 예제: data/083heart.jpg 완성: end/083heart.psd

물방울 패스 그리기

01 Ctrl+O를 눌러 data/083heart.jpg 파일을 불러옵니다. 전경색을 검은색(#000000)으로 설정하고 툴 바에서 사용자 셰이프 툴(■)을 선택합니다.

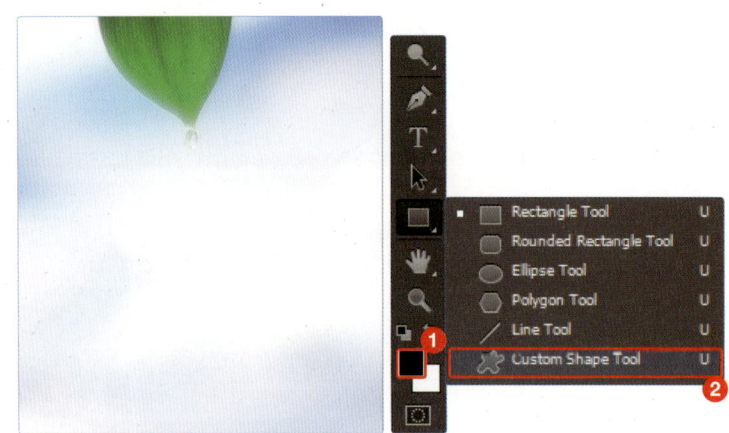

02 옵션 바에서 **path**를 선택하고 설정 아이콘(■)을 클릭해서 Raindrop 셰이프를 선택합니다. 작업창 중앙 하단에 가로 316, 세로 508의 크기로 셰이프를 그립니다.

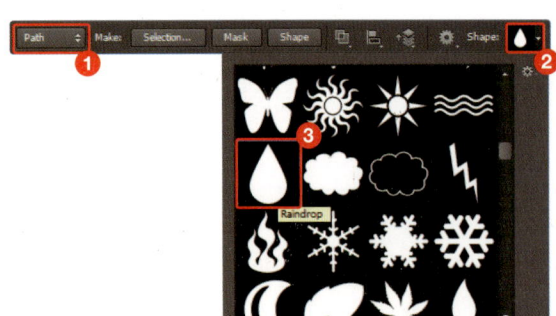

TIP. Raindrop이 없을 경우, 확장 아이콘(■)을 클릭한 후 [All]을 선택하고 [Append]를 클릭해 불러옵니다.

하트 입력하기

01 윈도우에서 [시작]-[모든프로그램]-[보조프로그램]-[메모장]을 선택합니다. 메모장에 ㅁ을 입력하고 키보드의 [한자]를 눌러 '♥' 모양을 선택해 Ctrl + C로 복사해놓습니다.

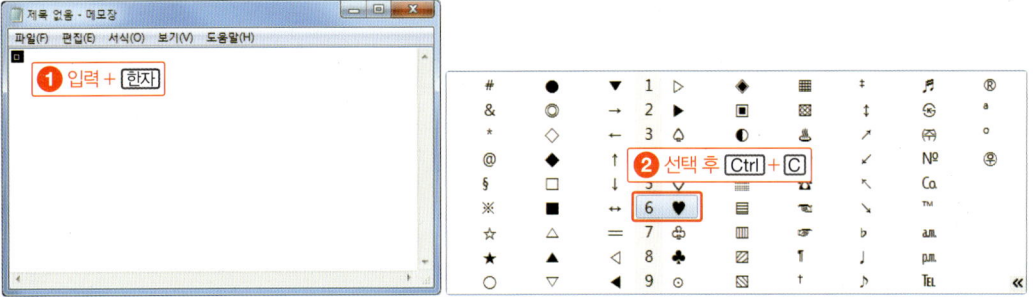

02 툴 바에서 문자 툴(T)을 선택하고 옵션 바에서 서체를 **굴림**, Size를 **14**, anti-aliasing을 **Strong**, Color를 **검은색 (#000000)**으로 설정합니다.

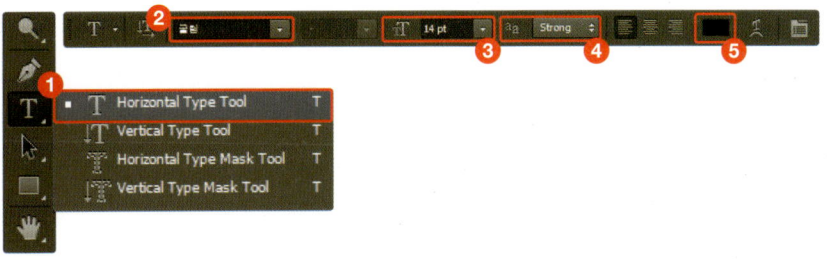

03 작업창에서 물방울 모양의 패스 내부에 마우스를 가져가면 커서가 모양으로 바뀝니다. 그 상태로 패스 내부를 클릭한 후 Ctrl + V를 반복하여 셰이프 안을 ♥로 모두 채우고 Ctrl + Enter를 눌러 적용합니다.

그레이디언트 효과 주기

01 [Layer]-[Layer Style]-[Gradient Overlay] 메뉴를 선택하고 Gradient에서 Blend Mode를 **Normal**, Opacity를 100으로 설정합니다. Gradient의 설정 아이콘(▼)과 확장 아이콘(✦)을 차례로 클릭하고 [Color Harmonies 1] 메뉴를 선택합니다. 〈Append〉를 눌러 그레이디언트 모양을 추가합니다.

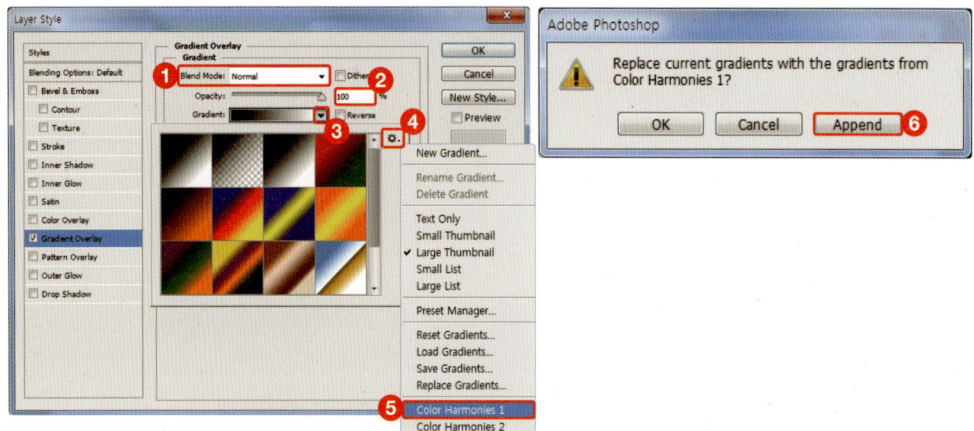

02 Medium Spectrum 그레이디언트를 선택하고 Angle을 90, Scale을 100으로 설정한 후 〈OK〉를 눌러 적용합니다.

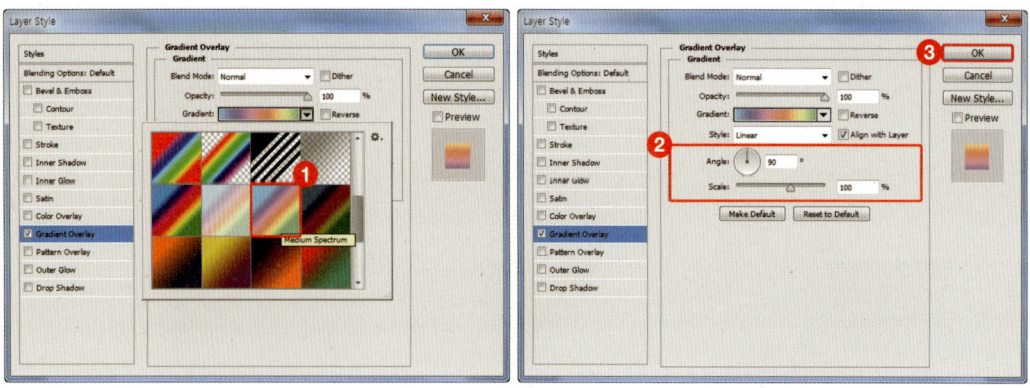

03 물방울 모양에 무지개 형태의 그레이디언트가 적용되었습니다.

084 물결을 따라 출렁이는 텍스트

Warped Text

▶ HOW TO + 마치 바람에 날리듯, 아치형으로 구부러지듯, 물결에 흐르듯이 텍스트를 표현하여 배경에 어울리도록 꾸며봅시다. Warped Text 옵션으로 텍스트의 속성을 그대로 유지하면서 다양한 스타일을 연출할 수 있습니다.

▶ FILE + 예제 : data/084style.jpg 완성 : end/084style.psd

01 [Ctrl]+[O]를 눌러 data/084style.jpg 파일을 불러옵니다. 툴 바에서 문자 툴(T)을 선택하고 옵션 바에서 서체를 **휴먼둥근헤드라인**, Size를 58, anti-aliasing을 **Strong**, Color를 흰색(#ffffff)으로 설정합니다. 작업창에 **Summer Vacation.**을 입력하고 [Ctrl]+[Enter]를 눌러 적용합니다.

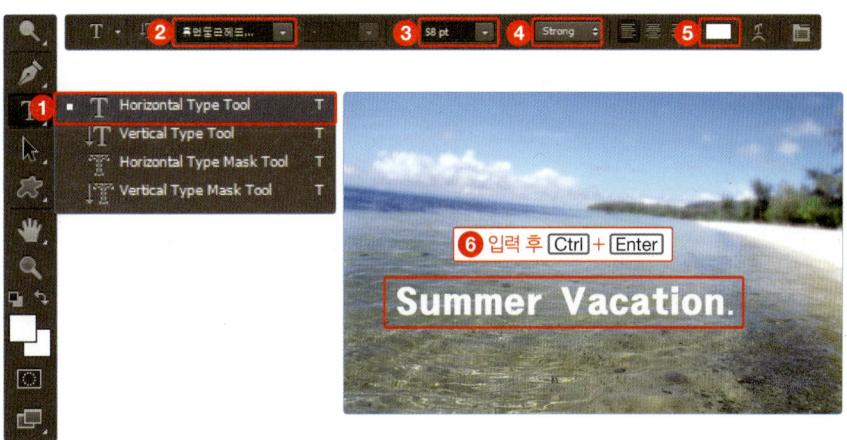

02 옵션 바에서 Create Warped text 아이콘(工)을 클릭합니다. Style을 **Twist**, Bend를 **+11**, Horizontal Distortion을 **-75**, Vertical Distortion을 **0**으로 설정하고 〈OK〉를 클릭합니다. 입력한 글씨의 모양이 변형되었습니다.

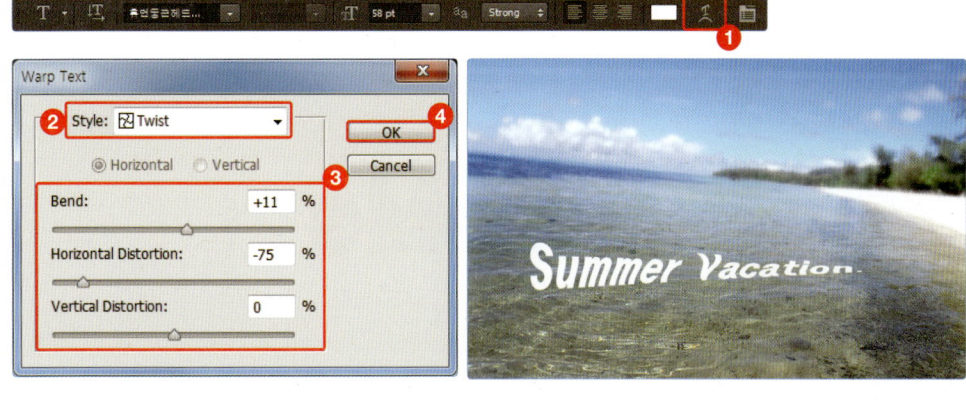

NOTE | Warp Text 창 살펴보기

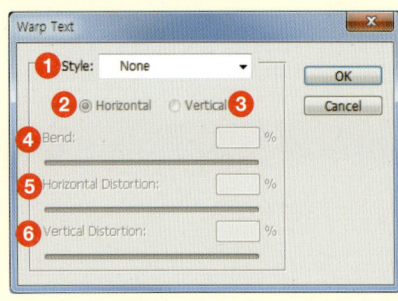

1 Style : 문자의 변형이나 왜곡 등의 효과를 설정합니다.
2 Horizontal : 적용 방향을 좌우로 설정합니다.
3 Vertical : 적용 방향을 상하로 설정합니다.
4 Bend : 휘어지는 강도를 설정합니다.
5 Horizontal Distortion : 좌우로 굴절되는 강도를 조절합니다.
6 Vertical Distortion : 상하로 굴절되는 강도를 조절합니다.

03 Layers 패널에서 Summer Vacation 레이어의 Opacity를 **50**으로 설정합니다. 텍스트가 물결에 함께 흐르는 듯한 효과가 연출되었습니다.

NOTE | Style을 활용한 빠른 텍스트 효과 주기

포토샵에 내장되어 있는 텍스트 디자인 스타일을 적용해 간단하게 효과를 설정해봅시다.

1 Ctrl + O 를 눌러 textstyle.psd 파일을 불러온 뒤 [Window]-[Styles] 메뉴를 선택합니다. Styles 패널에서 Color Target(Button) 스타일을 선택하면 텍스트에 효과가 나타납니다.

2 스타일 항목을 추가해보겠습니다. Styles 패널에서 확장 아이콘(■)을 클릭하고 [Text Effects 2] 메뉴를 선택합니다. 〈Append〉를 눌러 스타일을 추가합니다. Styles 패널에 항목이 추가되었습니다.

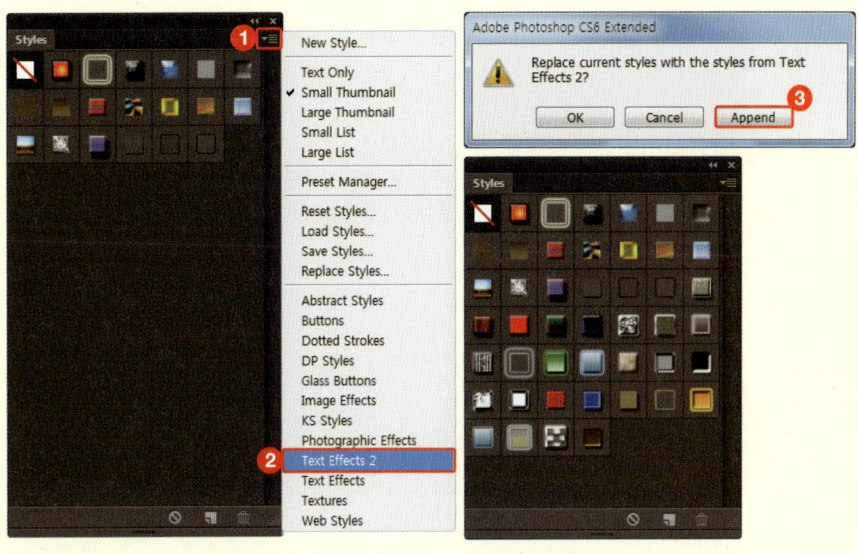

3 같은 방법으로 Styles 패널에서 다시 확장 아이콘(■)을 클릭하고 [Text Effects] 메뉴를 선택합니다. 〈Append〉를 눌러 스타일을 추가합니다. Styles 패널에 항목이 추가되었습니다.

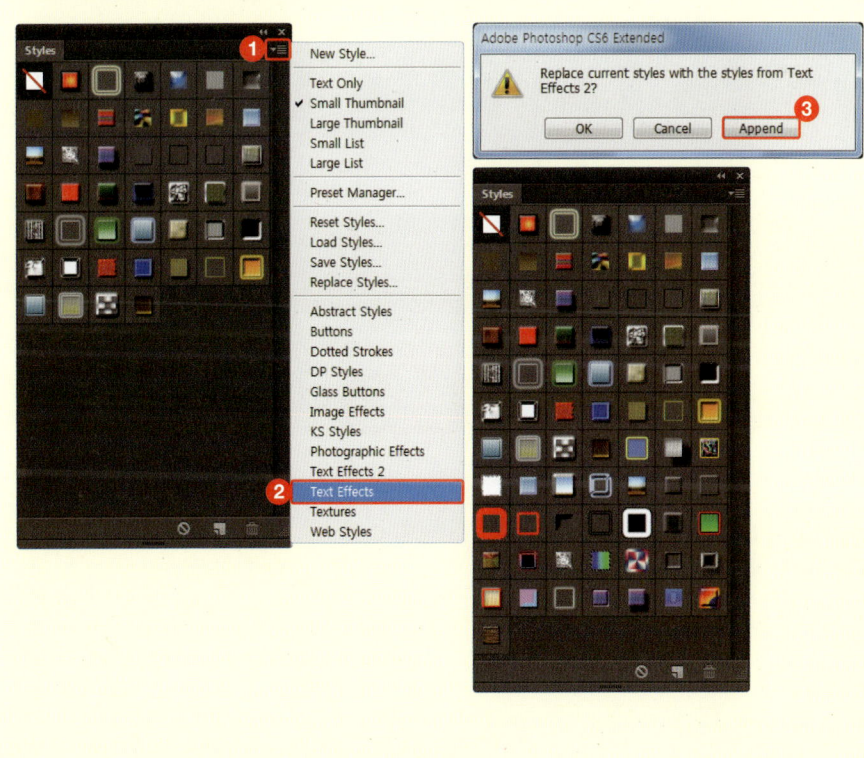

GALLERY  갤.러.리

Styles 패널에서 제공하는 효과 살펴보기

INVERSE BEVEL WITH SHADOW	 BURLAP WITH SHADOW	 RED, WHITE, BLUE CONTRAST
 YELLOW GOLD BEVEL INDENT	 GRADIENT BLUE PILLOW EMBOSS	 RAINBOW
 PILLOW EMBOSS GREY,BLACK,BLUE	 BLUE GRADIENT WITH STROKE	 FLAT BLOCK AND WHITE
 BRUSHED METAL	 CLEAR WITH HEAVY STROKE	 CLEAR DOUBLE BLACK STROKE

PHOTO SHOP CS6

CHAPTER 07

아이콘

ADOBE
PHOTOSHOP
CS6

디자인 작업 시에 활용도가 높은 아이콘 소스를 제작해보겠습니다. 아이콘은 비교적 간단하게 제작하여 여러 디자인에서 활용할 수 있어 속도와 퀄리티에 많은 도움이 됩니다. 아이콘 소스는 포토샵에 내장된 요소로 제작하거나 주변에서 흔히 볼 수 있는 요소를 이용하여 제작할 수 있습니다. 주변 요소를 바로 아이콘으로 변경하여 제작하기도 합니다.

085

볼록하고 반짝이는 버튼

둥근 사각형 툴, Bevel & Emboss

▶ HOW TO + 웹페이지에서 가장 흔한 스타일 중의 하나로 버튼과 메뉴 바 등에 자주 사용되는 볼록한 입체 효과의 아이콘을 제작해봅시다. 둥근 사각형 툴을 활용해 모서리가 둥근 사각형을 그린 후, Layer Style의 Bevel & Emboss로 볼록한 효과를 설정합니다.

▶ FILE + 완성 : end/085emboss.psd

01 Ctrl+N을 눌러 Name을 **emboss**, Width를 **300**, Height를 **300**으로 설정하고 〈OK〉를 눌러 새로운 파일을 생성합니다. 전경색을 **하늘색(#60efff)**으로 설정하고 둥근 사각형 툴(■)을 선택합니다.

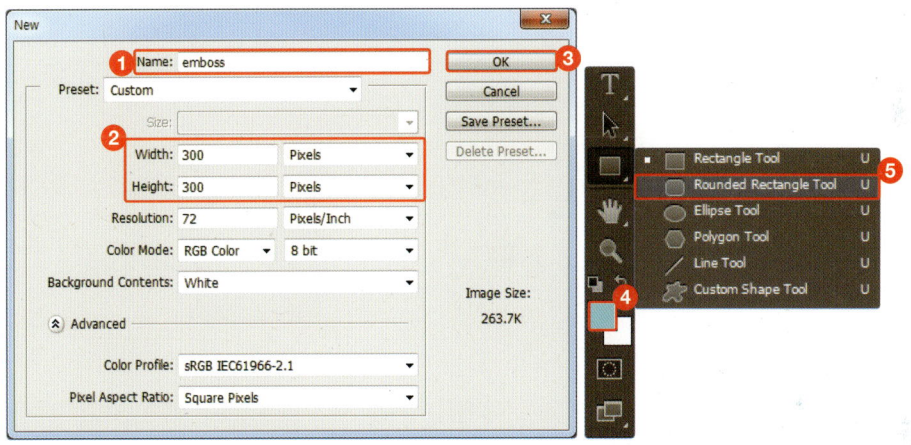

02 옵션 바에서 **Shape**를 선택하고, Fill을 **Solid Color**로 설정합니다. Stroke를 **None**, Radius를 **15**로 설정합니다.

03 Shift를 누른 채 작업창 중앙에 가로 100, 세로 100 크기로 둥근 사각형을 그립니다. Layers 패널에서 Rounded Rectangle 1 레이어 오른쪽 빈 공간을 더블클릭해서 Layer Style을 실행합니다.

볼록한 효과 적용하기

01 왼쪽 [Style] 항목 중 [Bevel & Emboss]를 선택합니다. Structure에서 Style을 **Inner Bevel**, Technique를 **Smooth**, Depth를 500, Size를 5, Soften을 16으로 설정합니다. Shading에서 **Use Global Light**의 체크를 해제하고 Angle을 120, Altitude를 30, Highlight Mode의 Opacity를 50으로 설정합니다.

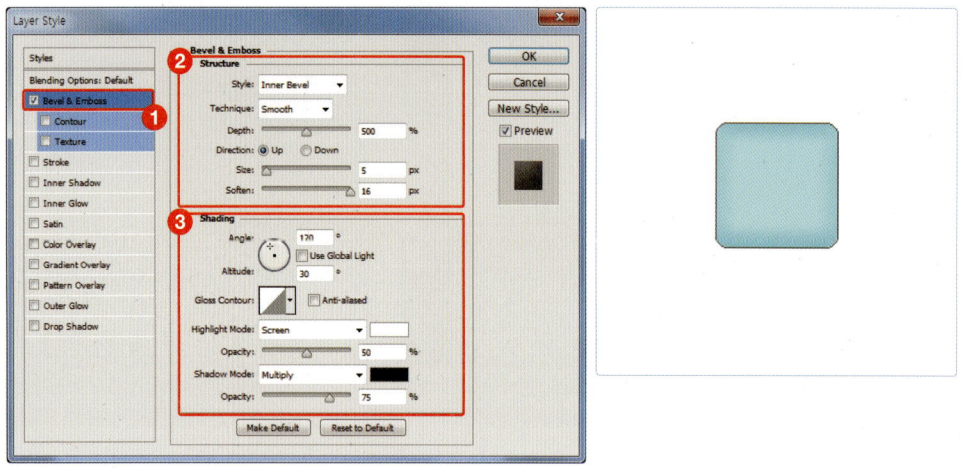

02 왼쪽 [Style] 항목 중 [Gradient Overlay]를 선택합니다. Gradient에서 Opacity를 **20**으로 설정합니다.

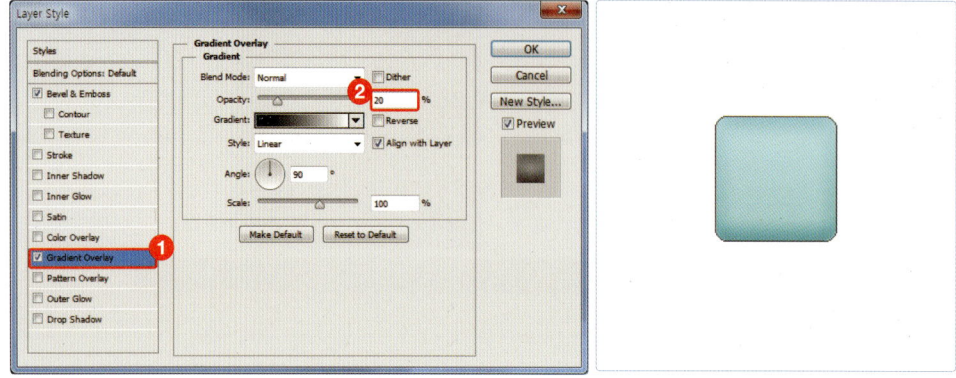

03 왼쪽 [Style] 항목 중 [Drop Shadow]를 선택합니다. Structure에서 Opacity를 30, Distance를 10, Size를 10으로 설정하고 〈OK〉를 눌러 적용합니다. 둥근 사각형이 볼록해졌습니다.

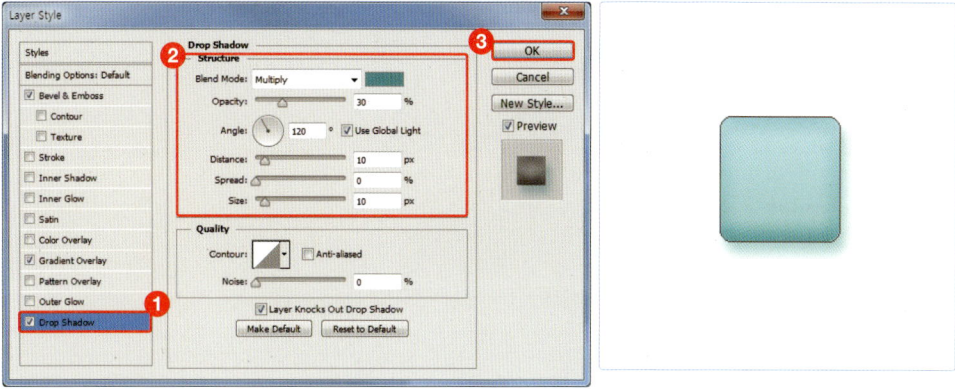

빛나는 효과 적용하기

01 Layers 패널에서 새 레이어 추가 아이콘(　)을 클릭하고 레이어 이름을 **light**로 수정합니다. 툴 바에서 전경색을 **흰색(#ffffff)**으로 설정하고 둥근 사각형 툴(　)을 선택합니다. 옵션 바에서 **Pixels** 선택한 후 Radius를 10으로 설정합니다.

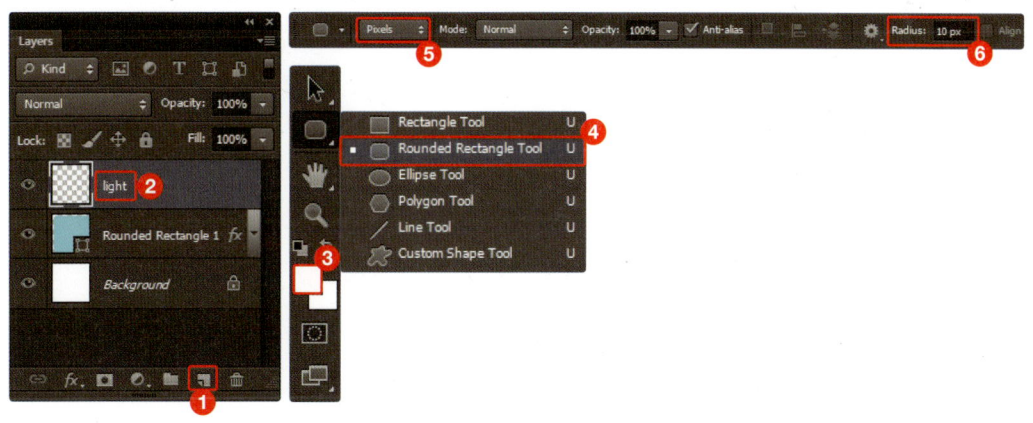

02 작업창에 가로 **72**, 세로 **12** 크기로 둥근 사각형을 그립니다.

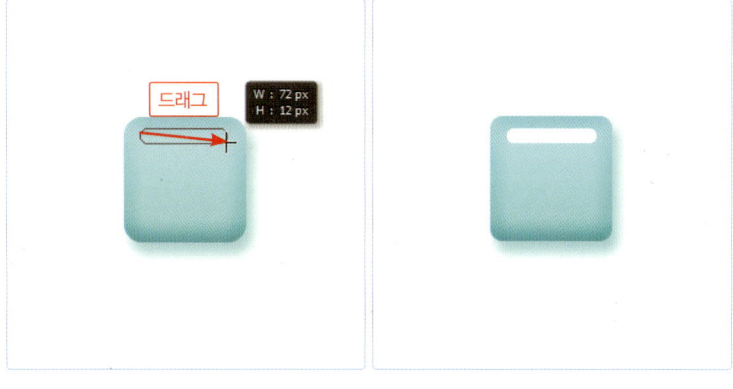

03 [Filter]-[Blur]-[Gaussian Blur] 메뉴를 선택합니다. Radius를 5로 설정하고 〈OK〉를 눌러 적용합니다. 볼록 버튼 상단에 빛나는 효과가 추가되었습니다.

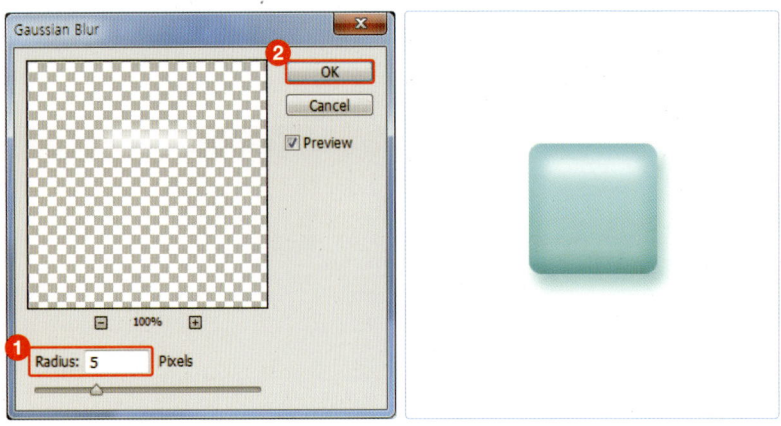

MINI GALLERY 미.니.갤.러.리

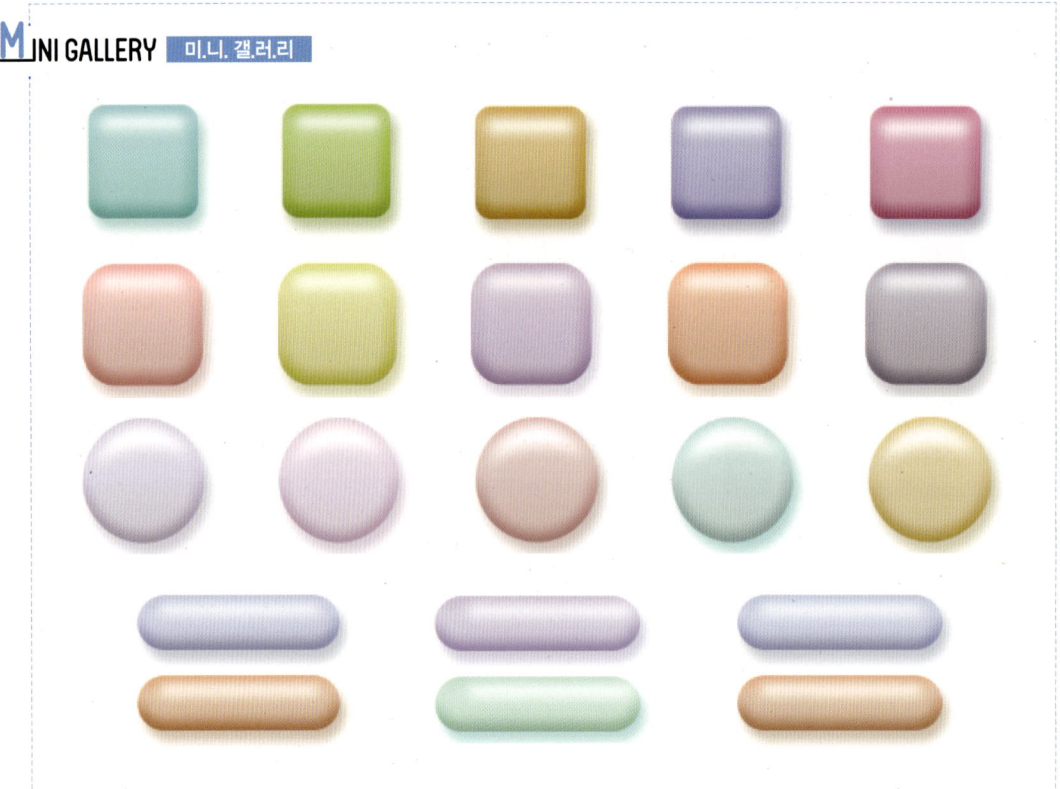

086 깔끔하고 심플한 아이콘

둥근 사각형 툴, 사용자 셰이프 툴, Inner Shadow

▶ HOW TO + 사용자 셰이프 툴에는 다양한 모양의 심플한 아이콘(말풍선, 하트, 화살표 등)이 내장되어 있습니다. 깨끗하고 심플한 느낌의 웹페이지뿐 아니라 모바일 페이지에서도 이를 활용한 아이콘이 자주 사용됩니다. 모서리가 둥근 사각형 위에 심플한 왕관 아이콘을 그려보겠습니다.

▶ FILE + 완성 : end/086customshape.psd

텍스트 입력하기

01 Ctrl+N을 눌러 Name을 **customshape**, Width를 **300**, Height를 **300**으로 설정하고 〈OK〉를 눌러 새로운 파일을 생성합니다. 전경색을 **진녹색(#01940b)**, 배경색을 **녹색(#0fc327)**으로 설정하고 툴 바에서 둥근 사각형 툴(■)을 선택합니다.

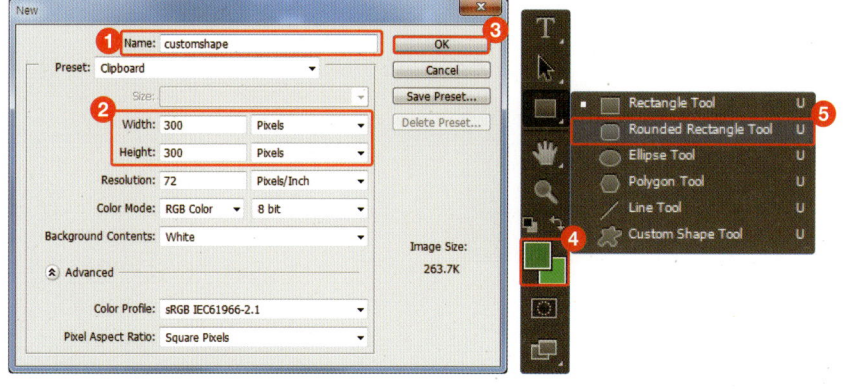

02 옵션 바에서 **Shape**를 선택하고 Fill을 **Gradient**로 설정합니다. Stroke를 **Solid Color**로 선택하고 굵기를 **1**, **실선**으로 설정합니다. Radius를 **5**로 설정합니다.

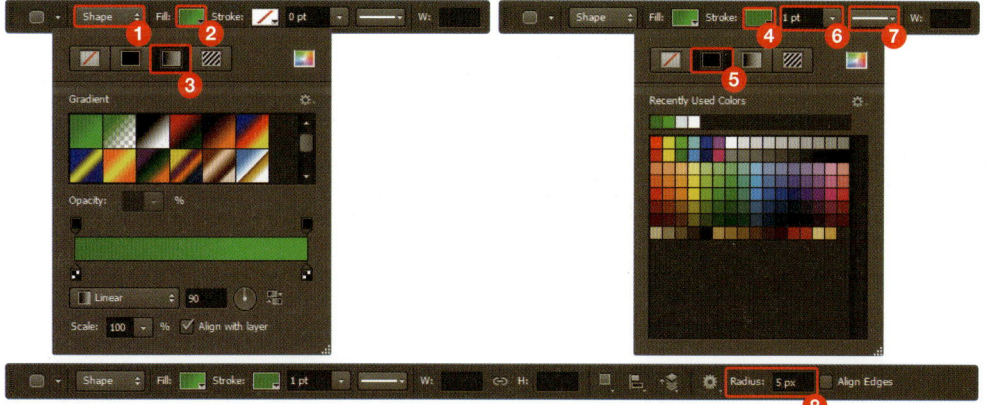

03 작업창에 가로 **50**, 세로 **50** 크기로 둥근 사각형을 그립니다.

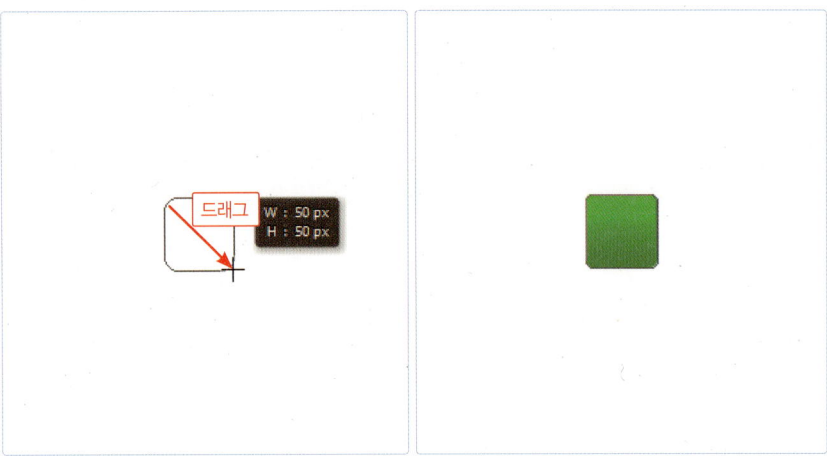

04 Layers 패널에서 새 레이어 추가 아이콘(　)을 클릭하고 레이어 이름을 **icon**으로 수정합니다. 툴 바에서 사용자 셰이프 툴(　)을 선택합니다.

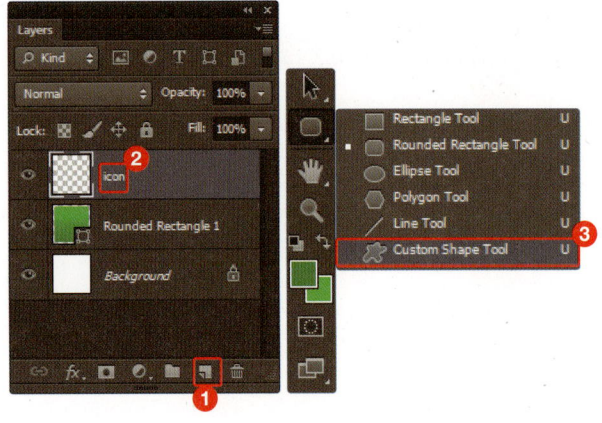

05 옵션 바에서 **Shape**를 선택하고, Fill을 **Solid Color**, 색상을 **흰색(#ffffff)**으로 설정합니다. Stroke를 **None**으로 설정합니다.

06 옵션 바에서 설정 아이콘(▼)과 확장 아이콘(✱)을 차례로 클릭하고 [All] 메뉴를 선택합니다. 〈OK〉를 눌러 내장된 모든 사용자 셰이프를 불러온 뒤 **Crown 5**를 선택합니다.

07 작업창에 [Shift]를 누른 채 가로 **25**, 세로 **29** 크기로 셰이프를 그립니다. Layers 패널에서 icon 레이어의 오른쪽 빈 공간을 더블클릭하여 [Layer Style]을 실행합니다.

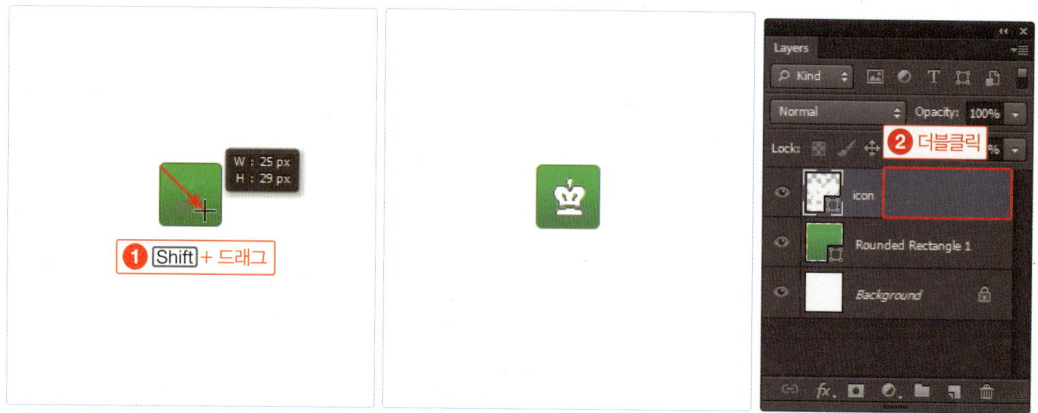

08 왼쪽 [Style] 항목 중 [Inner Shadow]를 선택합니다. Structure에서 Opacity를 **50**, Distance를 **1**, Size를 **1**로 설정한 후 〈OK〉를 클릭합니다. 셰이프에 내부 그림자 효과가 적용되었습니다.

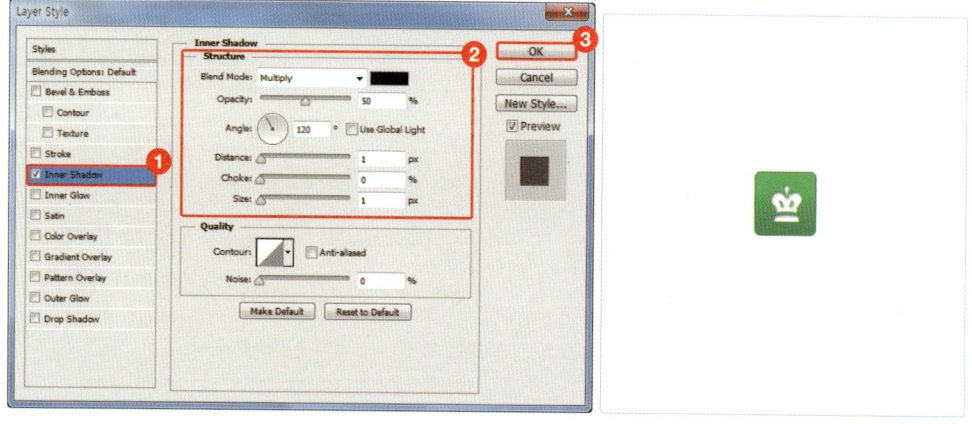

241

| 활 |
| 용 |
| 예 |
| 제 |

셰이프로 만든 심플한 아이콘은 최근 모바일 환경이 커지면서 더욱 두드러지게 나타납니다. 모바일 화면의 터치감을 고려해 손가락 사이즈만큼의 크기로 제작되므로 심플함이 더욱 강조되는 디자인입니다. 비교적 간단하게 제작할 수 있으면서 깔끔하고 세련되게 활용할 수 있습니다.

N OTE 딩벳 폰트로 아이콘 제작하기

사용자 셰이프에 원하는 모양이 없다면 무료 딩벳 폰트를 활용해 다양한 아이콘을 제작할 수 있습니다.

1 http://www.fontsquirrel.com에 접속합니다. 오른쪽 STYLE 메뉴에서 Dingbat을 클릭합니다.

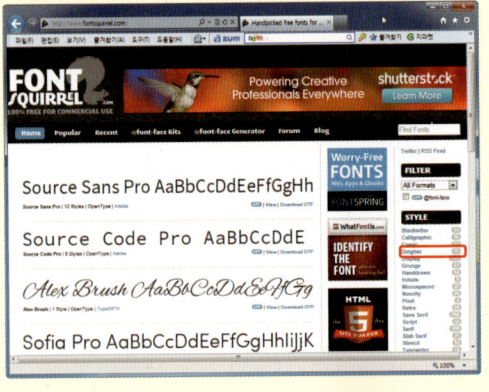

2 Dingbat Fonts 목록에서 **Entypo** 체를 다운로드합니다.

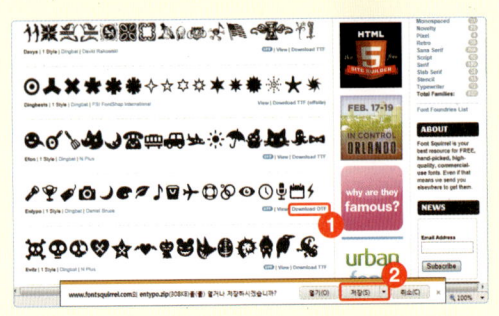

3 다운받은 파일의 압축을 풀고 Ctrl+C를 눌러 Entypo 폰트를 복사합니다. C:\Windows\Fonts 폴더에서 Ctrl+V를 눌러 붙여넣기를 합니다.

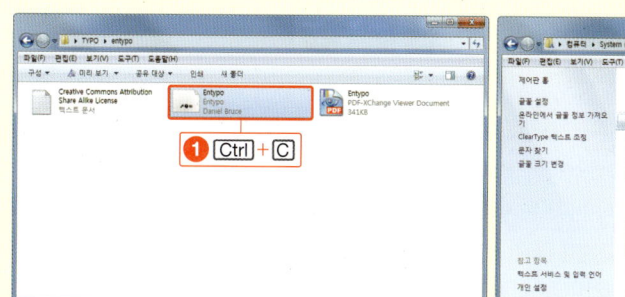

4 포토샵을 실행한 후 Ctrl+N을 눌러 Width를 400, Height를 300으로 설정하고 〈OK〉를 눌러 새로운 파일을 생성합니다. 툴 바에서 문자 툴(T)을 선택하고 옵션 바에서 서체를 **Entypo**, Size를 72, anti-aliasing을 **Strong**, 색상을 **검은색(#000000)**으로 설정합니다.

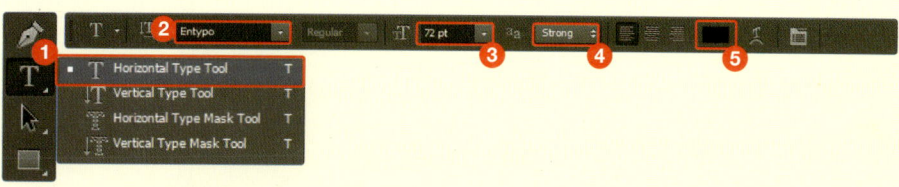

5 작업창을 클릭하여 텍스트를 입력합니다. 알파벳 대신에 딩벳 폰트로 입력됩니다.

대문자 입력   소문자 입력

TIP. 폰트 파일의 확장자는 ttf 또는 otf입니다.

ttf(트루타입 폰트)는 Mac OS 9(클래식) 전용 서체로 벡터 폰트처럼 크기를 자유롭게 변경할 수 있습니다. 직선 데이터와 곡선 데이터로 폰트 정보를 저장하여 사용하고 구현하는 속도가 빠릅니다.

otf(오픈타입 폰트)는 다양한 플랫폼에서 통용될 수 있게 서체의 표준 형식을 만들려는 목적으로 제작되었습니다. 다양한 언어를 표기하고 폰트 데이터를 보호하는 등의 특징이 있습니다.

작고 선명한 도트 아이콘

연필 툴, 돋보기 툴

▶ HOW TO + 작고 선명한 아이콘은 웹페이지의 디자인을 더욱 깨끗하고 심플하게 보여줍니다. 1픽셀의 실선이나 작은 화살표 등을 페이지 곳곳에 사용하는데 대부분 연필 툴을 이용해 하나씩 점을 찍어서 표현합니다. 1픽셀의 연필 툴을 활용하여 작고 선명한 하트 아이콘을 제작해봅시다.

▶ FILE + 완성 : end/087dot.psd

01 Ctrl+N을 눌러 Name을 **dot**, Width를 **100**, Height를 **100**으로 설정하고 〈OK〉를 눌러 새로운 파일을 생성합니다. Layers 패널에서 새 레이어 추가 아이콘( )을 클릭하고 레이어 이름을 **heart**로 수정합니다.

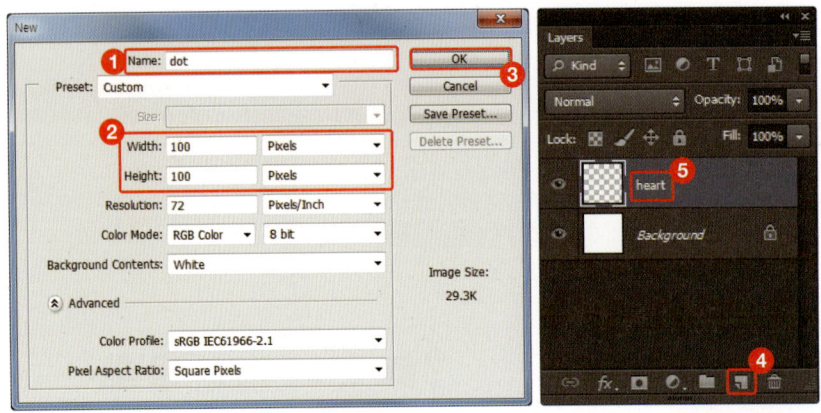

02 전경색을 **검은색(#000000)**으로 설정하고 툴 바에서 연필 툴( )을 선택합니다.

03 Ctrl+﹢를 네 번 눌러, 작업창을 500% 정도 확대합니다. 작업창 중앙을 클릭하여 1픽셀의 점 하나를 찍습니다. 같은 방법으로 점을 찍어 하트의 테두리를 표현합니다.

04 전경색을 순서대로 **분홍색(#ff9898)**, **빨강색(#ff3434)**, **진빨강(#ae0000)**으로 설정하면서 예제와 같이 하트를 표현합니다.

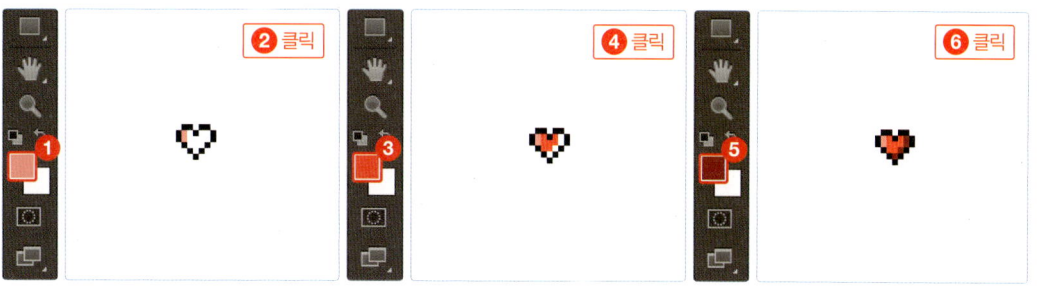

 연필 툴을 활용하여 작은 리본, 사탕, 깜찍한 구두, 얼굴 표정 등 작고 선명한 아이콘을 제작해봅시다. 이렇게 제작한 아이콘을 상품의 제목과 함께 노출하면 훨씬 효과적으로 고객의 시선을 끌 수 있습니다.

비주 bl (TO12102608) 보카시언발 t (TO12102606) 단가라ly t (TO12102603) 엣지 t (TO12102602)
38,500 36,700 24,500 21,700

트임 knit (TO12101016) 리본단가라 t (TO12101011) 포인트단추 t (TO12101012) 스틴 knit (TO12101015)
29,700 33,200 28,000 31,500

088 무지개 띄우기

그레이디언트 툴, Polar Coordinates

▶ HOW TO + 비온 후 하늘에 펼쳐진 무지개를 직접 촬영하기는 어려운 일입니다. 그레이디언트 툴에 있는 무지갯빛의 색상을 선택하여 가로형의 무지개를 그리고, Polar Coordinates로 둥근 무지개로 변환합니다. Screen으로 배경과 자연스럽게 합성하면 무지개가 드리운 풍경을 바로 연출할 수 있습니다.

▶ FILE + 완성 : end/088rainbow.psd

01 [Ctrl]+[O]을 눌러 Name을 **rainbow**, Width를 **700**, Height를 **700**으로 설정하고 〈OK〉를 눌러 새로운 파일을 생성합니다. 전경색을 **파란색(#00b4ff)**, 배경색을 **흰색(#ffffff)**으로 설정하고 툴 바에서 그레이디언트 툴(■)을 선택합니다.

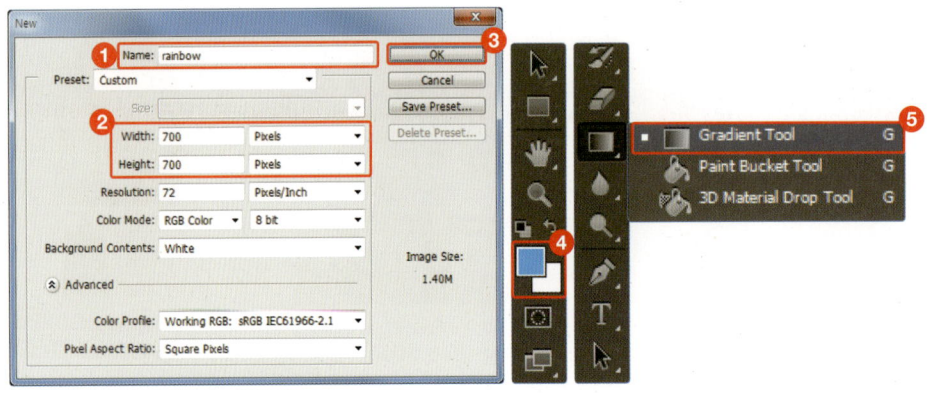

02 옵션 바에서 설정 아이콘(■)을 선택해서 **Foreground to Background** 그레이디언트로 설정하고 선형 그레이디언트 아이콘(■)을 선택합니다. [Shift]를 누른 채 작업창의 위에서 아래로 드래그하여 작업창에 색을 채웁니다.

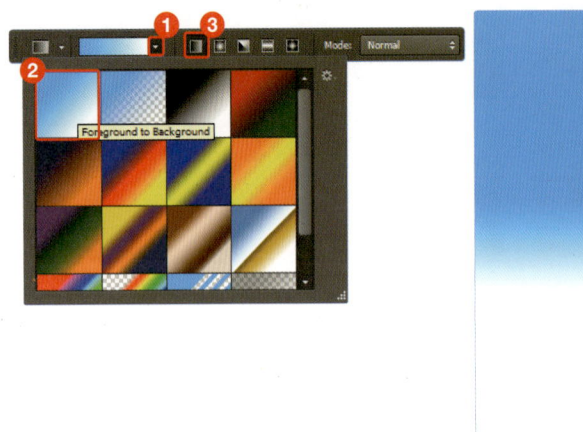

03 Layers 패널에서 새 레이어 추가 아이콘(🗐)을 클릭하고 레이어 이름을 **rainbow**로 수정합니다.

04 옵션 바에서 설정 아이콘(▼)을 선택해서 **Transparent Rainbow** 그레이디언트로 설정합니다. Shift 를 누른 채 작업창의 중앙을 위에서 아래로 드래그하여 색을 채웁니다.

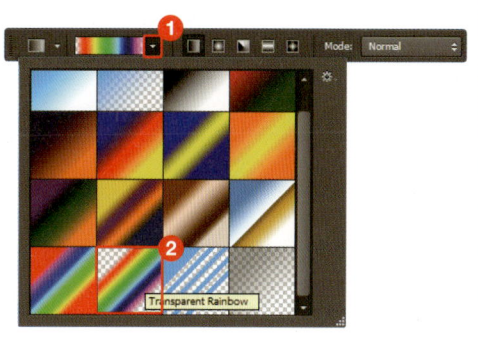

05 [Filter]-[Distort]-[Polar Coordinates] 메뉴를 선택합니다. 크기를 **100**으로 설정하고 **Rectangular to Polar**를 선택한 후 〈OK〉를 클릭합니다. 작업창에 원형의 무지개가 생성되었습니다.

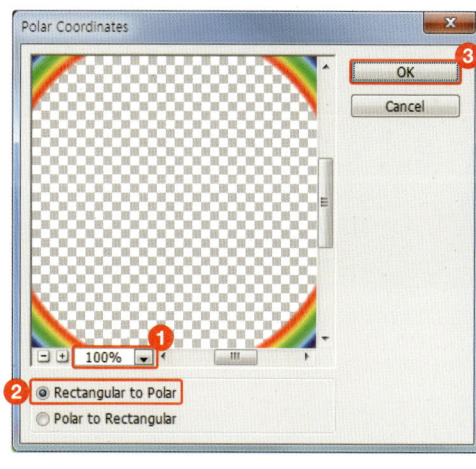

06 Layers 패널에서 블렌딩 모드를 **Screen**으로 선택하고 Opacity를 **80**으로 설정합니다. 무지개 효과가 완성되었습니다.

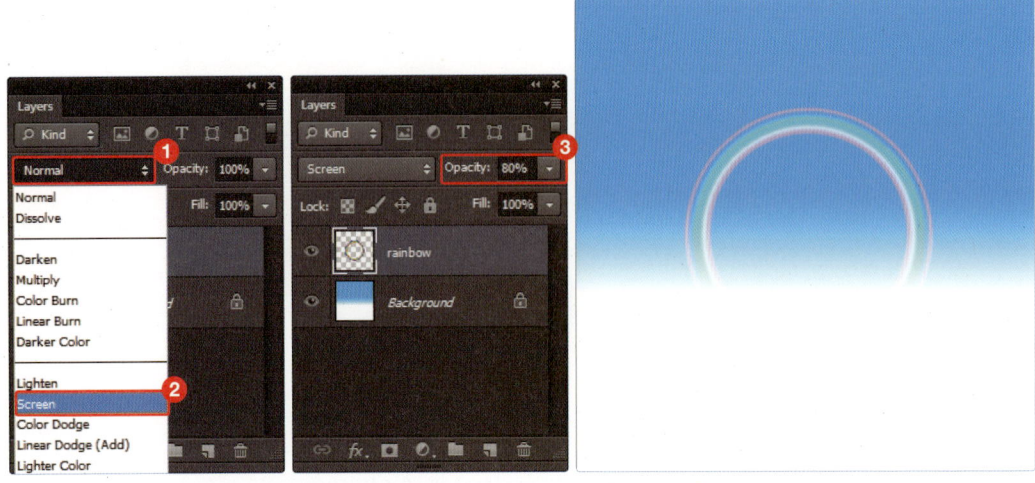

 흐린 날 촬영한 사진의 하늘에 무지개를 넣어봅시다. 비가 내린 후 맑게 갠 산뜻한 분위기로 전환되어 원본에서 맛볼 수 없는 색다른 느낌이 연출됩니다.

089 테이크아웃 컵을 라인으로 그리기

펜 툴, 브러시 툴, Paths 패널

▶ HOW TO + 하루에도 몇 번씩 접하는 테이크아웃 컵을 디자인 소스로 만들어봅시다. 펜 툴을 활용하여 컵의 외각에 패스를 그린 후에 브러시로 실선을 그려줍니다. 안쪽의 원 부분에는 색상을 채워 테이크아웃 컵을 일러스트 스타일로 완성합니다.

▶ FILE + 예제 : data/089TakeOut.jpg 완성 : end/089TakeOut.psd

패스 그리기

01 Ctrl+O를 눌러 data/089TakeOut.jpg 파일을 불러옵니다. 전경색을 **검은색(#000000)**, 배경색을 **흰색(#ffffff)**으로 설정합니다. Layers 패널에서 새 레이어 추가 아이콘(🔲)을 클릭하고 레이어 이름을 line으로 수정합니다.

02 툴 바에서 펜 툴(✎)을 클릭하고 옵션 바에서 **Paths**를 선택합니다.

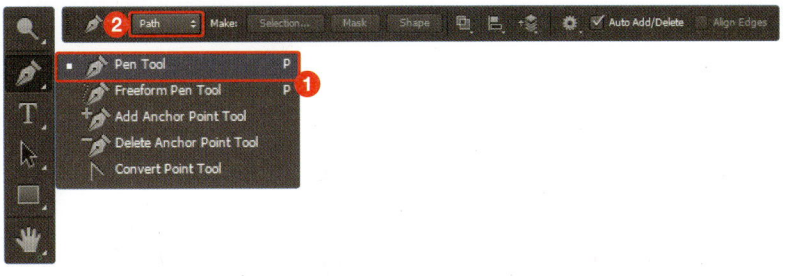

249

03 Ctrl + + 를 두 번 눌러, 작업창을 300% 정도 확대하고 뚜껑의 외곽 모서리를 클릭하여 패스를 그립니다. 뚜껑의 외곽을 따라 패스를 그리고 시작점을 클릭하여 뚜껑의 패스를 완성합니다.

TIP. 패스 알고 가기 (패스 그리기는 69쪽, SECTION 028 참고)
곡선 그리기 : 패스를 클릭한 후 드래그합니다.
선 만들기 : 패스를 그리고 툴 바의 펜 툴을 클릭하면 다음 패스로 연결되지 않습니다.
면 만들기 : 시작점을 다시 클릭하면 면으로 종료됩니다.

04 앞에서 작업한 외부 테두리와는 별개로 뚜껑 내부의 선을 만들어봅시다. 시작점을 클릭한 후 중간 지점을 클릭하면서 드래그하여 자연스러운 곡선으로 연결하고 끝 부분을 클릭합니다. 툴 바에서 펜 툴(✎)을 클릭하여 패스를 종료합니다.

05 같은 방법으로 뚜껑 중간 아랫부분의 선을 따라 패스를 그립니다. 툴 바에서 펜 툴( )을 클릭하여 패스를 완성합니다.

06 컵 외곽 지점을 클릭하여 패스를 모두 그립니다.

07 컵 중앙의 원 외곽을 클릭하고 다음 지점을 클릭한 채 드래그하여 곡선 패스를 그립니다. 같은 방법으로 내부 커피 잔 모양도 패스로 모두 그립니다.

브러시로 실선 그리기

01 전경색을 **검은색(#000000)**으로 설정하고, 툴 바에서 브러시 툴(	)을 선택합니다. 옵션 바에서 설정 아이콘(	)을 클릭하고 **Hard Round**를 선택한 후 사이즈를 3으로 설정합니다.

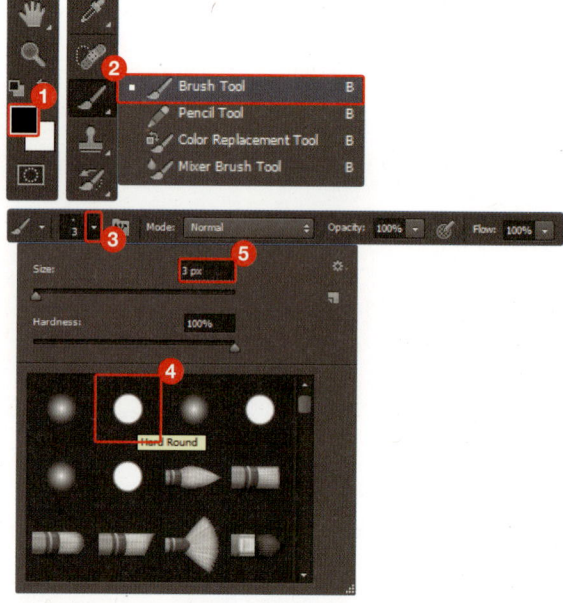

02 [Window]-[Paths] 메뉴를 선택합니다. Paths 패널에서 브러시로 패스 테두리 그리기 아이콘(	)을 클릭하여 패스를 따라 브러시를 그립니다.

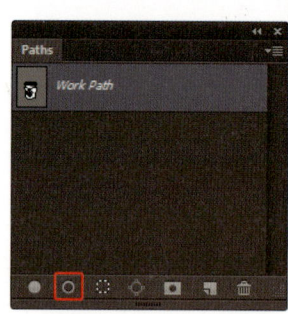

TIP . 패스 전체에 선 그리기

지금까지 작업한 패스 전체에 선이 그려지지 않고 일부만 그려지는 때가 있습니다. 이럴 경우는 패스 전체가 선택되지 않아서 그렇습니다. Paths 패널에서 Work Path의 아래쪽 여백을 한번 클릭한 후 다시 Work Path를 선택하면 패스 전체를 선택할 수 있고, 이때 브러시로 패스 테두리 그리기 아이콘(	)을 클릭하면 전체 패스를 따라 브러시를 그릴 수 있습니다.

03 Paths 패널의 빈 공간을 클릭하여 패스를 감춥니다.

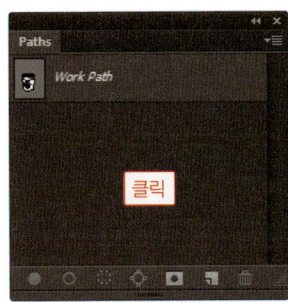

04 빨대와 컵 안쪽의 원을 색상으로 채워보겠습니다. Paths 패널에서 새 패스 추가 아이콘(□)을 클릭하고 툴 바에서 펜 툴(✎)을 선택합니다.

05 빨대의 외곽을 따라 패스를 그립니다.

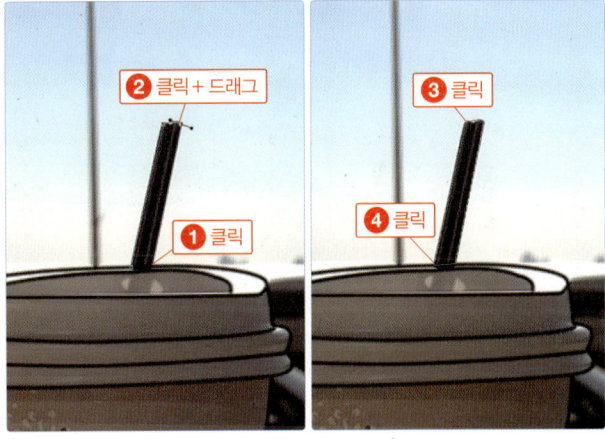

06 옵션 바에서 Exclude Overlapping Shapes 아이콘(□)을 클릭합니다.

TIP . Exclude Overlapping Shapes 옵션

두 개의 패스 영역이 겹치는 경우, 밖의 영역에서 내부의 영역을 제외하는 옵션입니다.

07 컵 중앙의 원을 따라 패스를 그리고 내부의 원도 마찬가지로 처리합니다.

08 Paths 패널에서 전경색으로 패스 채우기 아이콘(●)을 클릭하여 빨대와 원 사이를 검은색으로 채웁니다.

09 Paths 패널의 빈 공간을 클릭하여 패스를 감춥니다.

10 Layers 패널에서 Background 레이어를 선택하고 Ctrl+Delete를 눌러 작업창에 배경을 흰색으로 채웁니다.

브러시와 패스만으로 간단하게 디자인 소스를 생성하여 바로 활용한 예제입니다. 주변에 있는 많은 아이템들을 이처럼 간단하게 자신만의 소스로 만들어봅시다. 유료 소스를 구매해서 하는 디자인보다 더욱 만족감이 큰 디자인 작업을 할 수 있습니다.

반투명 테이프 만들기
사각 선택 툴, Fill, Drop shadow

▶ HOW TO + 반투명 테이프는 사진이나 종이를 붙여놓은 효과를 연출할 때 많이 사용합니다. 사각형을 그리고 Opacity를 조절하는 등의 간단한 기능으로 좋은 효과를 낼 수 있는 디자인입니다. 색상별로 만들어 두고 필요에 따라서 가져다 사용합니다.

▶ FILE + 예제 : data/090TapeTrans.psd 완성 : end/090tapetrans.psd

01 Ctrl+O를 눌러 data/090Tape Trans.psd 파일을 불러옵니다. Layers 패널에서 새 레이어 추가 아이콘(□)을 클릭하고 레이어 이름을 **tape**로 수정합니다.

02 전경색을 **흰색(#ffffff)**, 배경색을 **빨간색(#ff3333)**으로 설정합니다. 툴 바에서 사각형 선택 툴(□)을 클릭하고 옵션 바에서 Feather를 0으로 설정합니다.

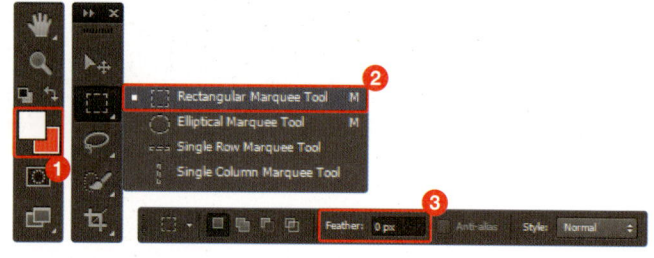

03 작업창에 가로 200, 세로 40의 크기로 선택 영역을 설정하고 Alt+Delete를 눌러 전경색으로 채웁니다.

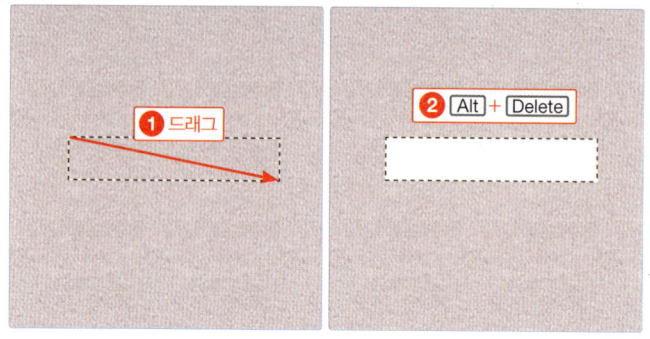

04 사각형의 오른쪽 부분 1/3을 선택 영역으로 설정한 후 [Ctrl]+[Shift]+[Delete]를 눌러 배경색으로 채웁니다. [Ctrl]+[D]를 눌러 선택 영역을 해제합니다.

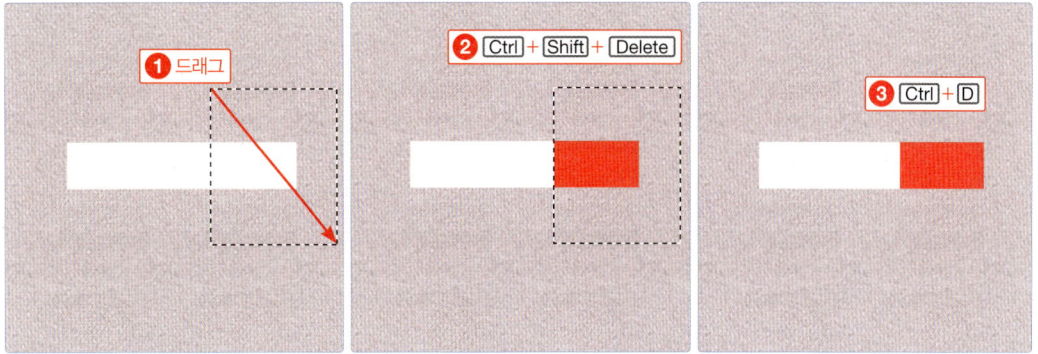

TIP. [Ctrl]+[Shift]+[Delete]는 선택한 레이어의 투명 영역은 그대로 둔 채 나머지 색상을 배경색으로 채우는 단축키입니다.

05 Layers 패널에서 Opacity를 **80**으로 설정하고 tape 레이어의 오른쪽 빈 공간을 더블클릭하여 [Layer Style]을 실행합니다.

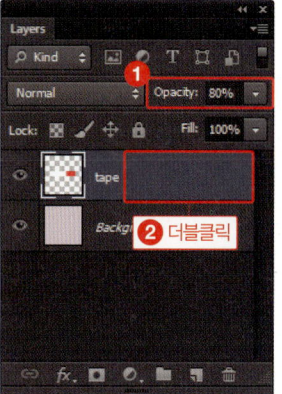

06 왼쪽 [Style] 항목 중 [Drop Shadow]를 선택합니다. Structure에서 Opacity를 **40**, Distance를 **2**, Size를 **3**으로 설정한 후 〈OK〉를 클릭합니다. 반투명 테이프에 그림자 효과가 설정되었습니다.

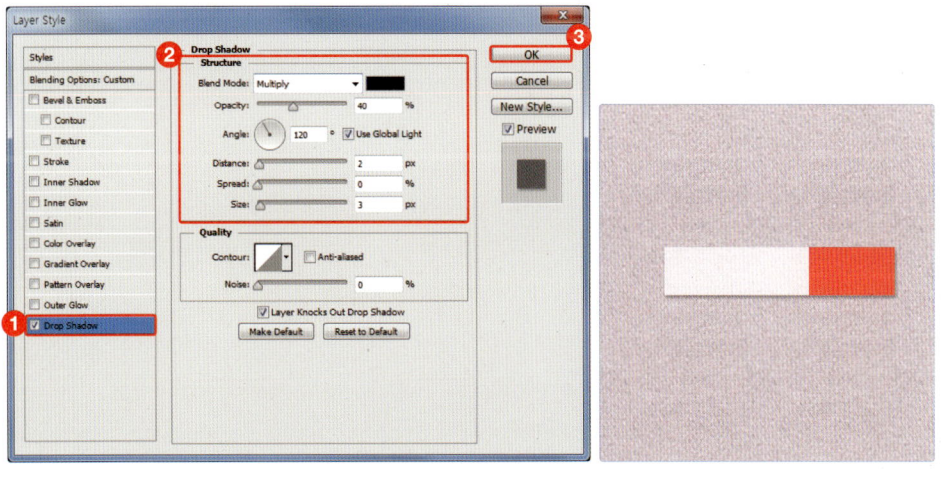

257

MINI GALLERY 미.니. 갤.러.리

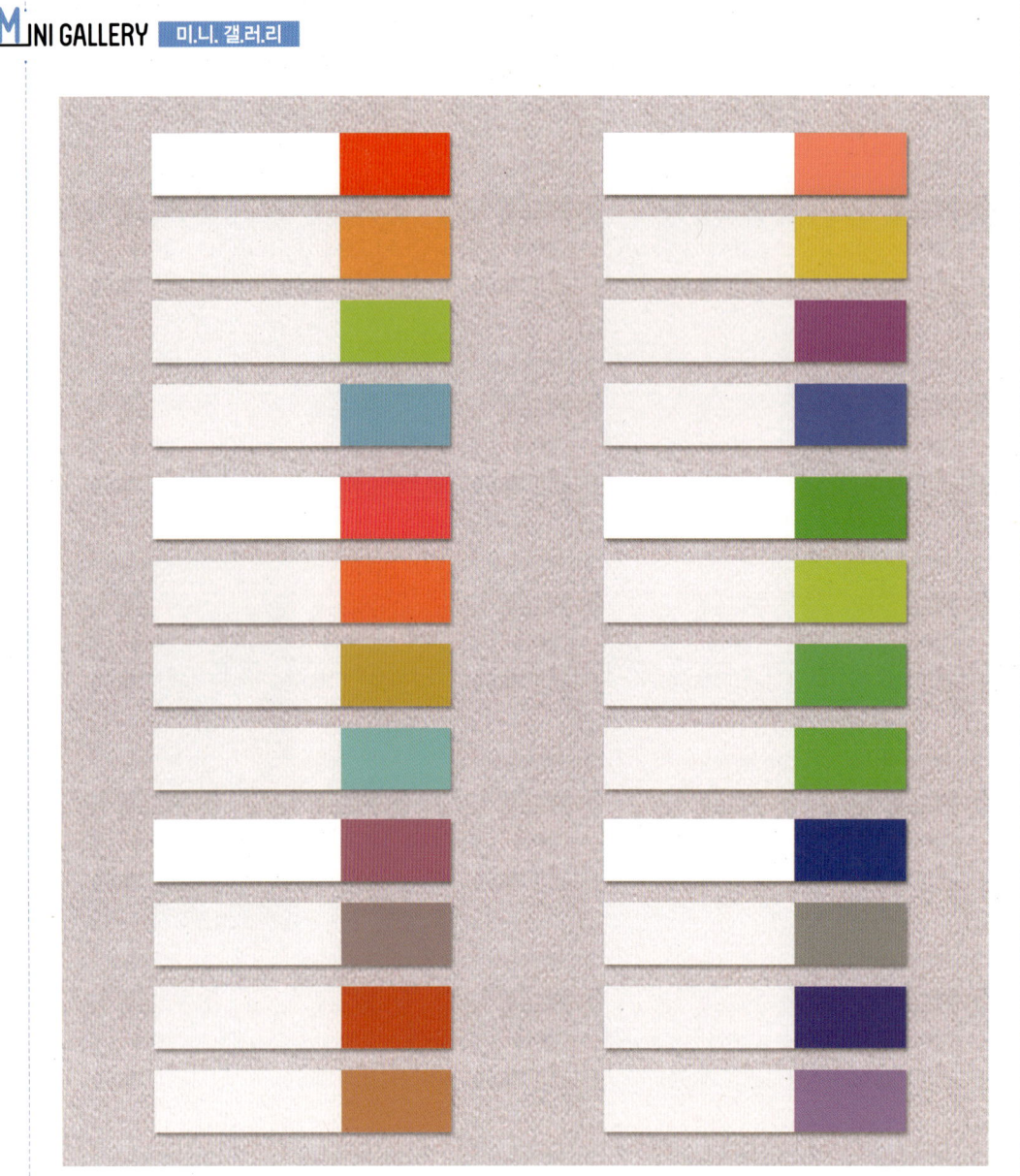

091 텍스트가 있는 박스 테이프 만들기

사각 선택 툴, 문자 툴, Clipping Mask

▶ HOW TO + 박스 테이프에서 흔히 볼 수 있는 형태입니다. 사각형을 그리고 그 위에 작은 텍스트를 입력합니다. 텍스트를 사각형 안에서만 보이도록 클리핑 마스크 처리한 후, Opacity를 조절하여 반투명하게 나타냅니다.

▶ FILE + 완성 : end/091tapetext.psd

01 Ctrl+N을 눌러 Name을 **tapetext**, Width를 500, Height를 200으로 설정하고 〈OK〉를 눌러 새로운 파일을 생성합니다. Layers 패널에서 새 레이어 추가 아이콘(□)을 클릭하고 레이어 이름을 **tapetext**로 수정합니다.

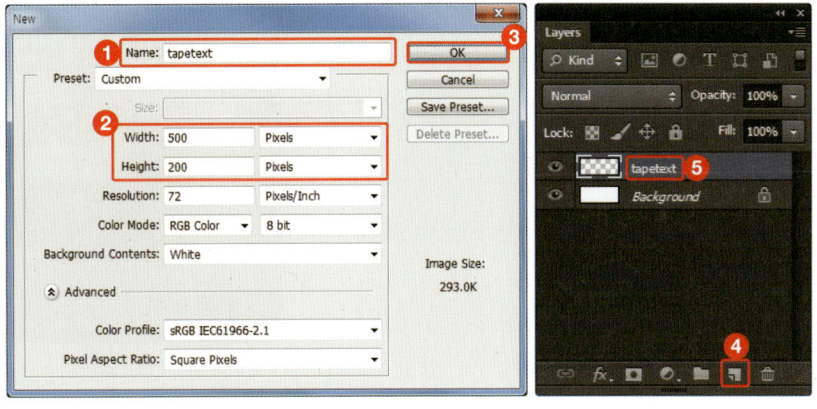

02 전경색을 **하늘색(#5ddcd8)**으로 설정합니다. 툴 바에서 사각 선택 툴(□)을 선택하고 옵션 바에서 Feather를 0으로 설정합니다.

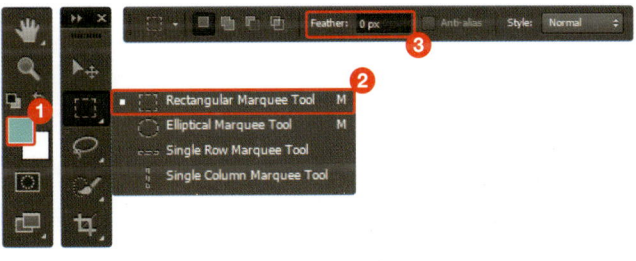

03 작업창 중앙에 가로 430, 세로 50의 크기로 선택 영역을 설정합니다. Alt + Delete 를 눌러 선택 영역을 전경색으로 채우고 Ctrl + D 를 눌러 선택 영역을 해제합니다.

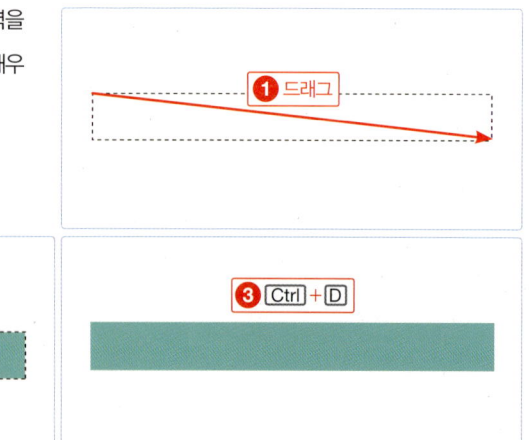

04 Layers 패널에서 Opacity를 70으로 설정하고 tape 레이어의 오른쪽 빈 공간을 더블클릭하여 [Layer Style]을 실행합니다.

05 왼쪽 [Style] 항목 중 [Drop Shadow]를 선택합니다. Structure에서 Opacity를 50, Distance를 0, Size를 3으로 설정한 후 〈OK〉를 클릭합니다. 반투명한 테이프에 그림자 효과가 적용되었습니다.

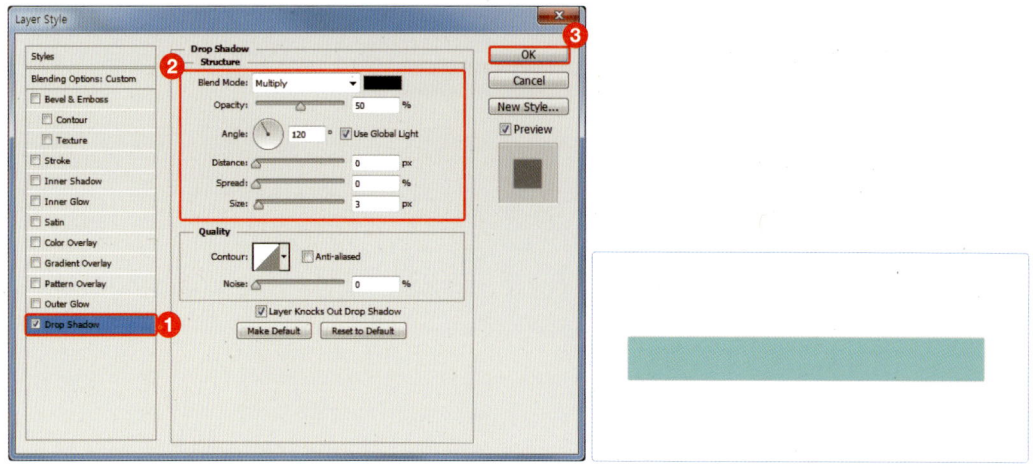

테이프에 장식용 문구 삽입하기

디자인을 하다 보면 장식으로 사용할 영문 텍스트가 자주 필요합니다. 영영사전을 활용해서 복사해 사용하면 좋습니다.

01 네이트 영영사전(http://eedic.nate.com/)에 접속하고 fashion을 검색하여 결과 일부를 드래그해서 Ctrl+C로 복사합니다.

02 툴 바에서 문자 툴(T)을 선택하고 옵션 바에서 서체를 **Times New Roman**, Size를 12, anti-aliasing을 **Strong**, Color를 **연두색(#ddff9a)**으로 설정합니다.

03 테이프 위를 클릭하고 Ctrl+V를 눌러 복사한 내용을 붙여넣은 후 Ctrl+Enter로 적용합니다.

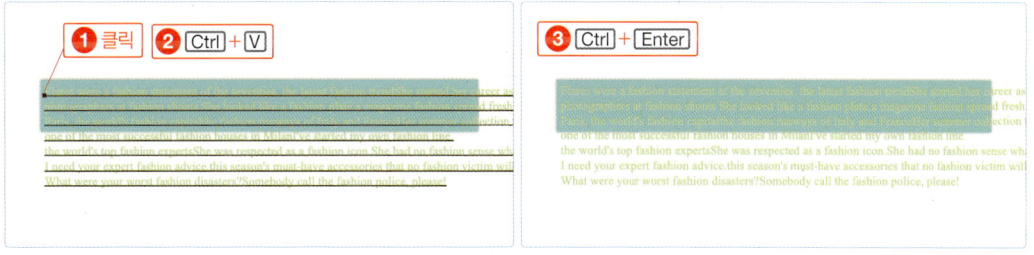

TIP . Ctrl+Enter를 누르면 텍스트 입력을 종료할 수 있습니다.

04 Ctrl+Alt+G를 눌러 글씨를 클리핑 마스크 처리합니다.

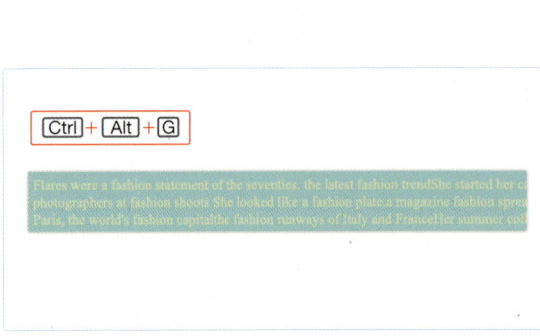
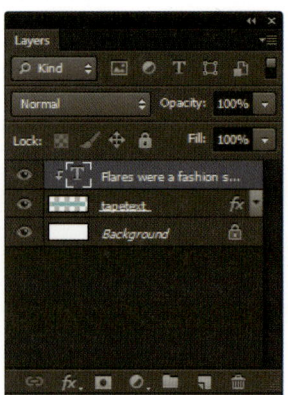

일상생활의 주변에서 흔히 볼 수 있는 택배 박스에 텍스트가 있는 반투명 테이프를 붙여 디자인한 모습입니다. 반투명 처리된 테이프 아래로 박스의 모서리 등이 잘 표현되어 더욱 사실감 있는 디자인이 가능합니다.

092 포스트잇 제작하기

직사각형 툴, 번 툴, 다각형 올가미 툴

▶ HOW TO + 작은 메모를 남기거나 책갈피 용도로도 사용되는 포스트잇은 간단하게 제작할 수 있는 디자인 요소입니다. 사진 옆에 붙여 제목을 함께 표현하거나 종이 사이에 끼워서 풍성한 디자인을 연출합니다. 사각형을 그리고 한 쪽이 살짝 들뜬 듯한 그림자를 표현해봅시다.

▶ FILE + 완성 : end/092tapepaper.psd

01 Ctrl+N을 눌러 Name을 **tapepaper**, Width를 300, Height를 300으로 설정하고 〈OK〉를 눌러 새로운 파일을 생성합니다. Layers 패널에서 새 레이어 추가 아이콘(⬜)을 클릭하고 레이어 이름을 **paper**로 수정합니다.

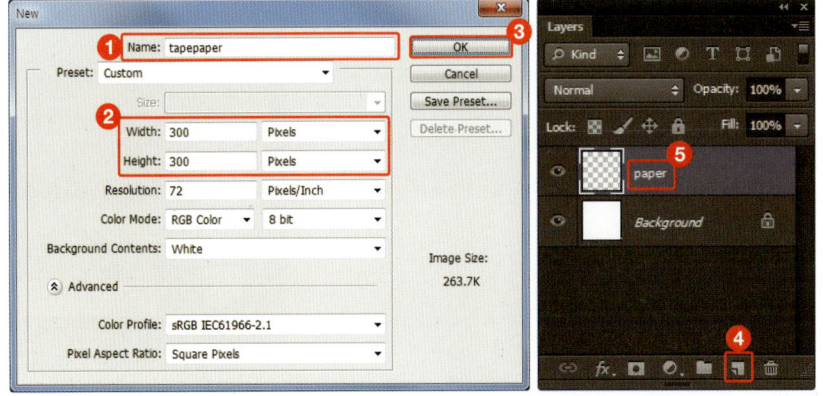

02 전경색을 **연두색(#b9dc2d)**으로 설정합니다. 툴 바에서 직사각형 툴(⬜)을 선택하고 옵션 바에서 Pixels를 선택합니다.

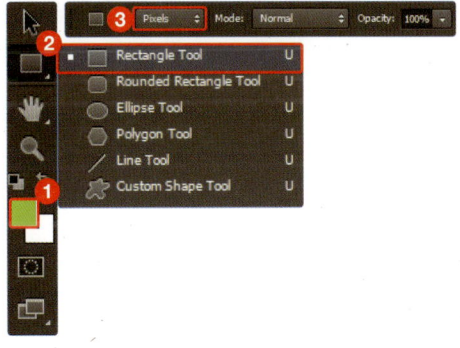

03 작업창 중앙에 가로 200, 세로 40의 크기로 사각형을 그립니다.

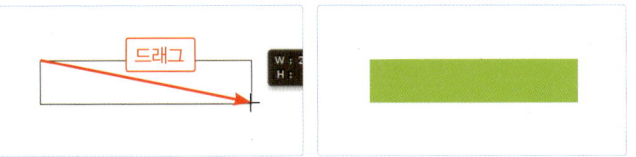

04 툴 바에서 번 툴(◉)을 선택하고 옵션 바에서 설정 아이콘(▼)을 클릭합니다. **Soft Round** 브러시를 선택하고 Size를 **65**, Exposure를 **50**으로 설정합니다. 사각형의 오른쪽 모서리를 사선 방향으로 여러 번 드래그하여 어둡게 명암을 줍니다.

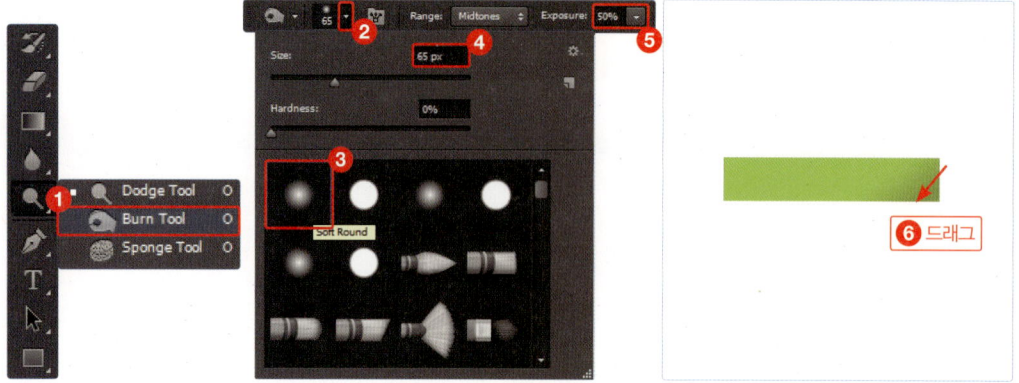

그림자 만들기

01 Layers 패널에서 Ctrl 을 누른 채 새 레이어 추가 아이콘(🗐)을 클릭하고 레이어 이름을 **shadow**로 수정합니다.

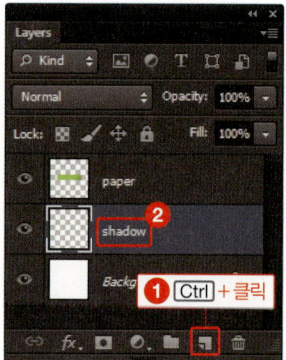

02 전경색을 **검은색(#000000)**으로 설정합니다. 툴 바에서 다각형 올가미 툴(⊿)을 선택하고 옵션 바에서 Feather를 **2**로 설정합니다.

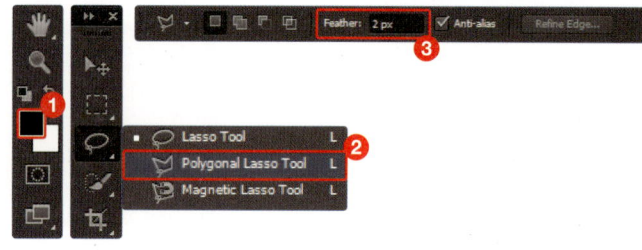

03 작업창에서 오른쪽 모서리를 클릭하고 왼쪽 모서리 옆을 클릭합니다. 오른쪽 모서리 아래를 클릭하고 시작점을 클릭합니다. 삼각형 모양으로 선택 영역이 설정되었습니다.

04 Alt+Delete를 눌러 선택 영역을 전경색으로 채우고 Ctrl+D를 눌러 선택 영역을 해제합니다.

05 Layers 패널에서 shadow 레이어의 Opacity를 50으로 설정합니다. 종이 재질의 포스트잇이 완성되었습니다.

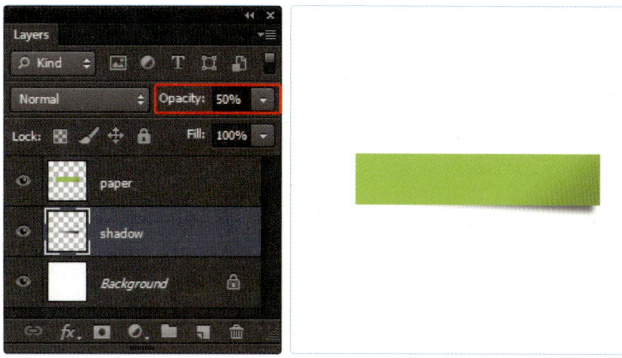

MINI GALLERY 미.니.갤.러.리

색상과 패턴으로 리본 연출하기

Hue/Saturation, Pattern Overlay

▶ HOW TO + 리본을 묶어 촬영한 후 여러 가지 색상과 패턴을 입혀 다양한 모습으로 변경해봅시다. Hue/Saturation으로 디자인 모양을 그대로 유지하면서 다른 색상으로 변경합니다. PatternOverlay로 패턴을 입혀서 다른 모양의 리본으로 변경합니다.

▶ FILE + 예제 : data/093Ribbon.psd 완성 : end/093Ribbon.psd

01 [Ctrl]+[O]를 눌러 data/093Ribbon.psd 파일을 불러옵니다. [Image]–[Adjustments]–[Hue/Saturation] 메뉴를 선택합니다. Hue를 **70**으로 설정하고 〈OK〉를 눌러 적용합니다. 리본의 색상이 보라색으로 변경되었습니다.

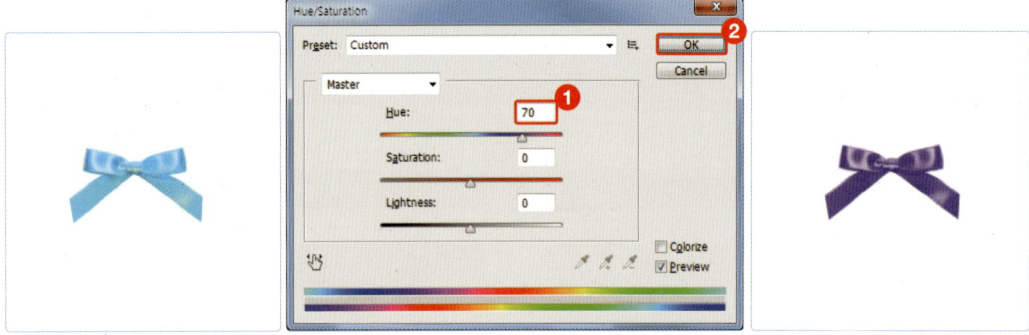

02 Layers 패널에서 blue 레이어의 오른쪽 빈 공간을 더블클릭하여 [Layer Style]을 실행합니다. 왼쪽 [Style] 항목 중 [Pattern Overlay]를 선택합니다. Pattern 오른쪽의 설정 아이콘(▼)과 확장 아이콘(⚙)을 차례로 클릭하고 [Patterns] 메뉴를 선택합니다.

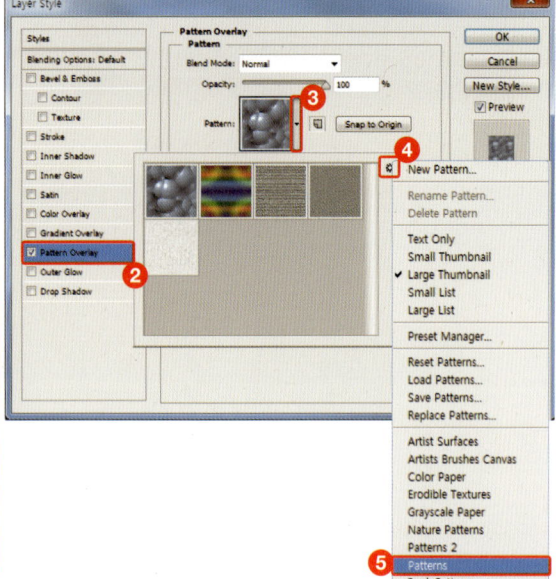

03 〈Append〉를 눌러 패턴을 추가하고 **Herringbone 2** 패턴을 선택합니다.

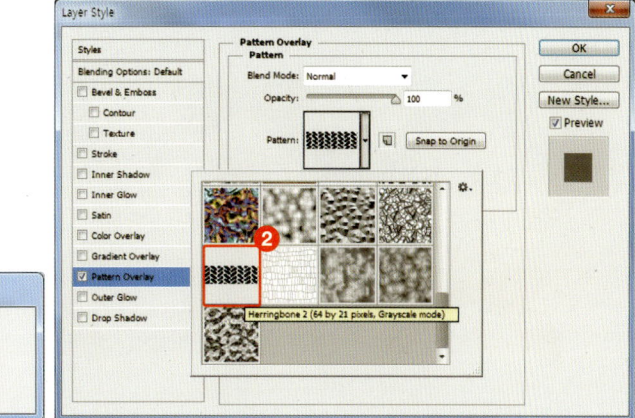
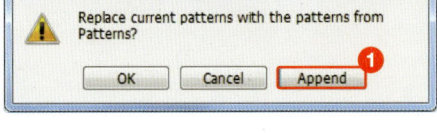

04 Blend Mode를 **Color Burn**, Opacity를 **20**, Scale을 **100**으로 설정합니다. 리본에 패턴이 적용되었습니다.

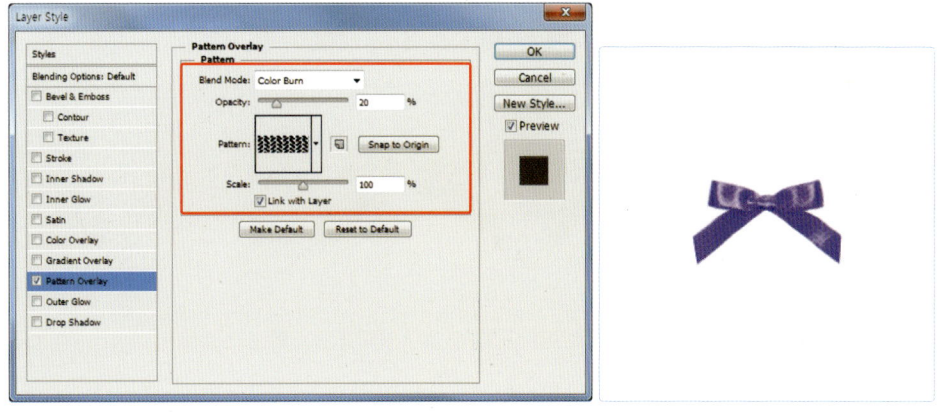

05 왼쪽 [Style] 항목 중 [Drop Shadow]를 선택합니다. Structure에서 Opacity를 **30**, Distance를 **2**, Size를 **3**으로 설정한 후 〈OK〉를 클릭합니다. 리본에 그림자 효과가 설정되었습니다.

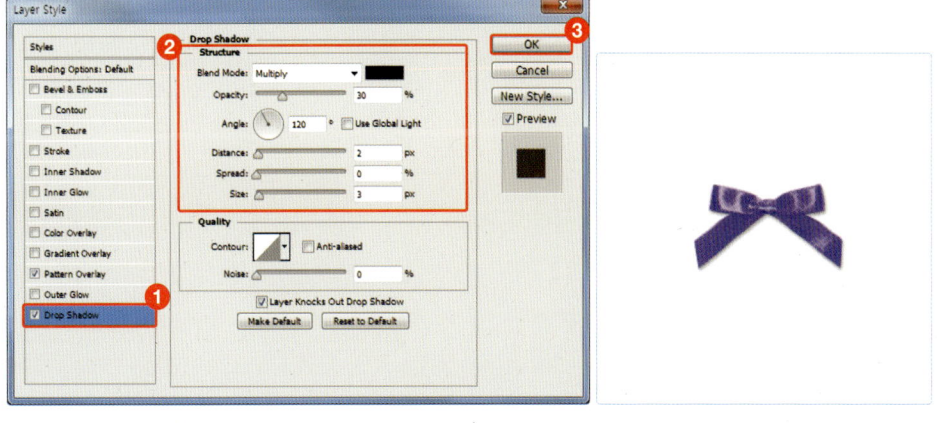

MINI GALLERY 미.니. 갤.러.리

편지 봉투 만들기

둥근 사각형 툴, Inner Glow, Pattern Overlay, Transform Path

▶ HOW TO + 모서리가 둥근 사각형을 변형하여 편지 봉투를 디자인해봅시다. 사각형을 삼각형으로 변경하여 편지 봉투 앞의 3면을 만듭니다. 각 면의 자연스러운 표현을 위해 Inner Glow로 어두운 빛 효과를 설정한 후 종이 패턴을 입혀서 편지 봉투를 완성합니다.

▶ FILE + 완성 : end/094envelope.psd

01 Ctrl+N을 눌러 Name을 **envelope**, Width를 **600**, Height를 **600**으로 설정하고 〈OK〉를 눌러 새로운 파일을 생성합니다. 전경색을 **하늘색(#e7f0f4)**으로 설정하고 툴 바에서 둥근 사각형 툴(▭)을 선택합니다.

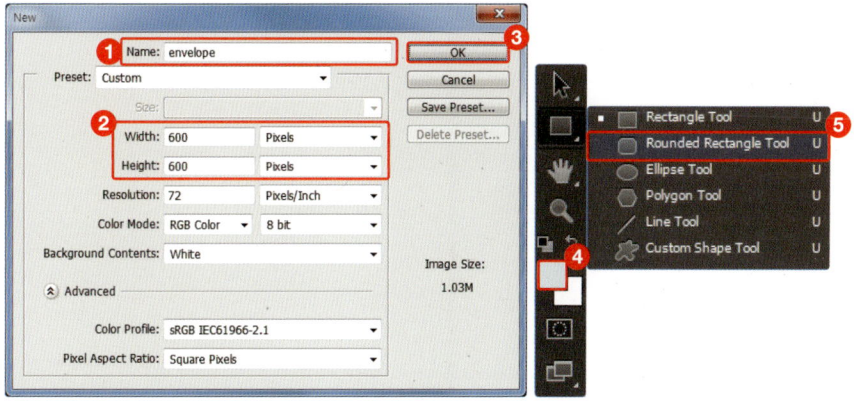

02 옵션 바에서 **Shape**를 선택하고 Fill을 **Solid Color**로 설정합니다. Stroke를 **None**으로 선택하고 Radius를 **5**로 설정합니다.

03 Shift를 누르고 작업창에 가로 300, 세로 300의 크기로 둥근 사각형을 그립니다. Layers 패널에서 생성된 레이어 이름을 **back**으로 수정하고 back 레이어 오른쪽 빈 공간을 더블클릭하여 [Layer Style]을 실행합니다.

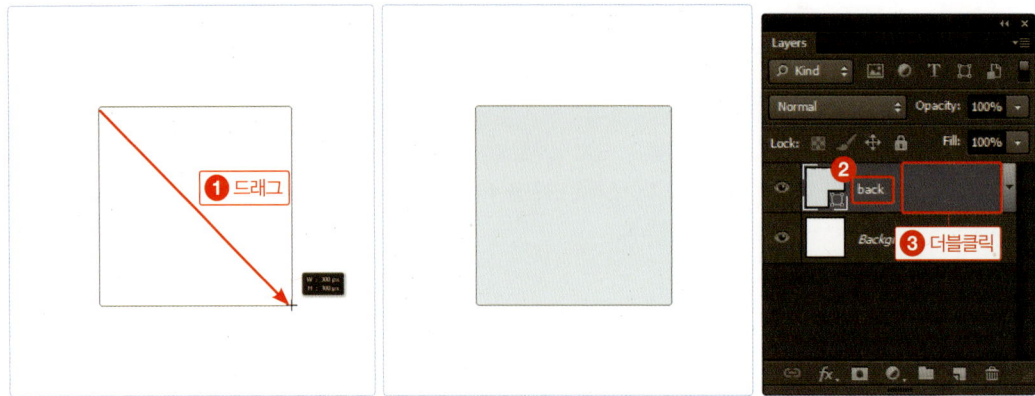

04 왼쪽 [Style] 항목 중 [Inner Shadow]를 선택합니다. Structure에서 Opacity를 **30**, Distance를 **0**, Size를 **7**로 설정한 후 〈OK〉를 클릭합니다. 내부 그림자 효과가 적용되었습니다.

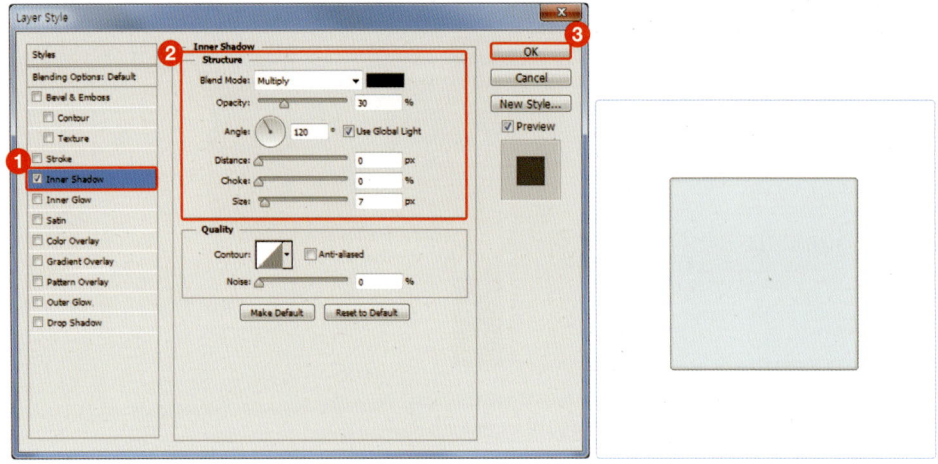

05 Ctrl+T를 누른 채 다시 Shift를 누르고 오른쪽으로 드래그해서 45도 정도 회전시킨 후 Enter를 눌러 적용합니다. 툴 바에서 이동 툴(🔀)을 선택합니다. Alt+Shift를 누르고 작업창 아래로 드래그하여 사각형을 복사합니다.

06 Layers 패널에서 복사된 레이어의 이름을 **front**로 수정합니다. 툴 바에서 앵커 포인트 삭제 툴(✍)을 선택하고, 작업창에서 테두리를 클릭합니다. 사각형을 이루고 있는 점들이 보입니다.

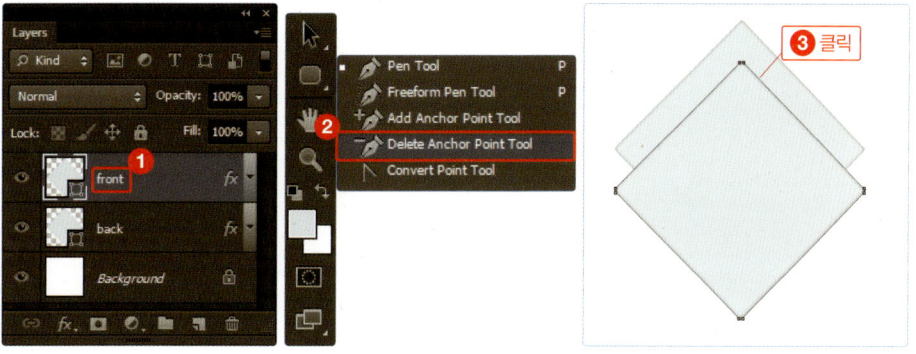

07 하단 왼쪽 점과 오른쪽 점을 차례로 클릭해서 선택한 점을 삭제합니다.

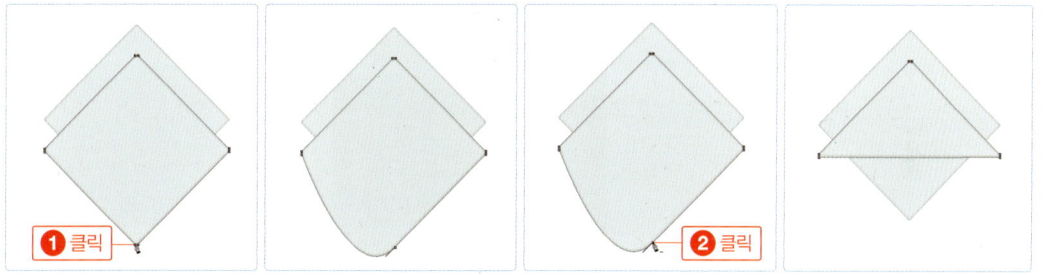

08 툴 바에서 이동 툴(⊕)을 선택하고 [Shift]를 누른 채 아래로 드래그하여 삼각형 이미지를 아래 중앙에 배치합니다. [Alt]를 누르고 왼쪽으로 드래그해서 삼각형을 복사합니다.

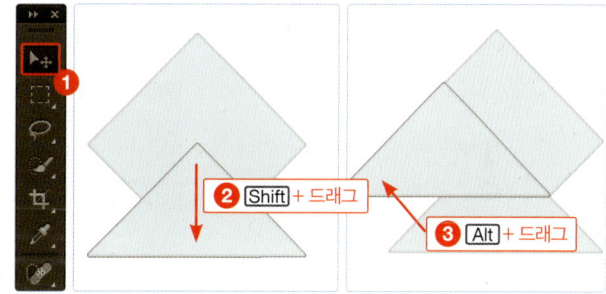

09 [Ctrl]+[T]를 누른 채 다시 [Shift]를 누르고 오른쪽으로 드래그해서 45도 회전시킨 후 상단 가운데 조절점을 아래로 드래그해서 크기를 줄입니다. [Enter]를 눌러 적용합니다.

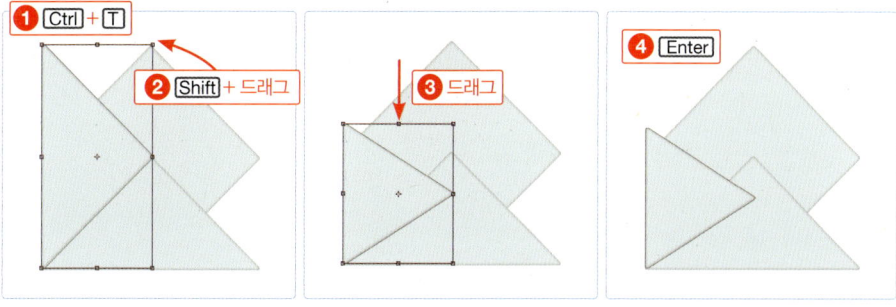

10 Layers 패널에서 복사된 레이어의 이름을 **left**로 수정합니다. Alt+Shift를 누르고 오른쪽으로 드래그해서 삼각형을 복사합니다.

 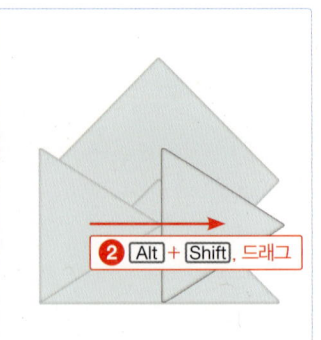

11 복사된 레이어의 이름을 **right**로 수정합니다. [Edit]-[Transform Path]-[Flip Horizontal] 메뉴를 선택해 삼각형을 좌우로 반전시킵니다.

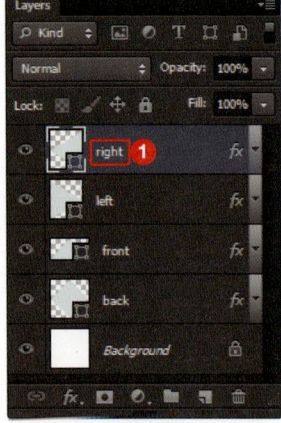 

12 Layers 패널에서 back 레이어를 선택하고 작업창에서 Shift를 누른 채 위로 드래그해서 편지 봉투 뒷부분의 위치를 재배치합니다.

13 Layers 패널에서 front 레이어를 선택하고 Ctrl+Shift+]를 눌러 선택한 레이어의 위치를 맨 위로 이동합니다. 편지 봉투가 완성되었습니다.

편지 봉투에 효과 적용하기

01 Layers 패널에서 front 레이어의 오른쪽 빈 공간을 더블클릭하여 [Layer Style]을 실행합니다. 왼쪽 [Style] 항목 중 [Pattern Ovelay]를 선택합니다. Pattern 오른쪽의 설정 아이콘(▼)과 확장 아이콘(✿)을 차례로 클릭하고 [Color Paper] 메뉴를 선택합니다. 〈Append〉를 눌러 패턴을 추가합니다.

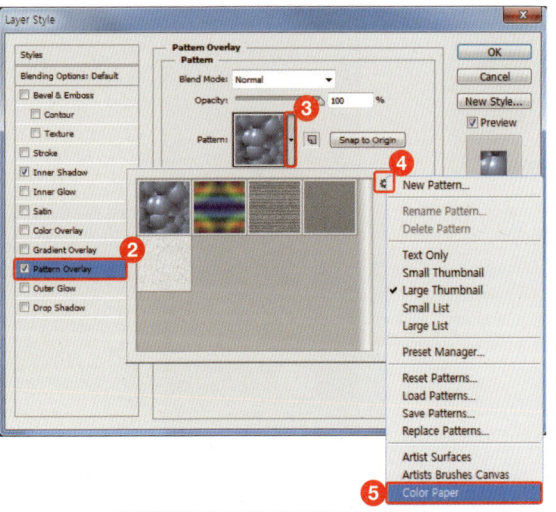
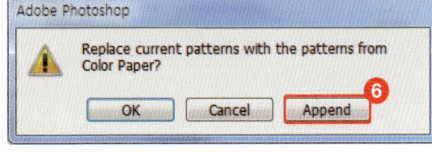

02 Aqua 패턴을 선택하고 〈OK〉를 눌러 적용합니다. front 레이어에 패턴이 적용되었습니다.

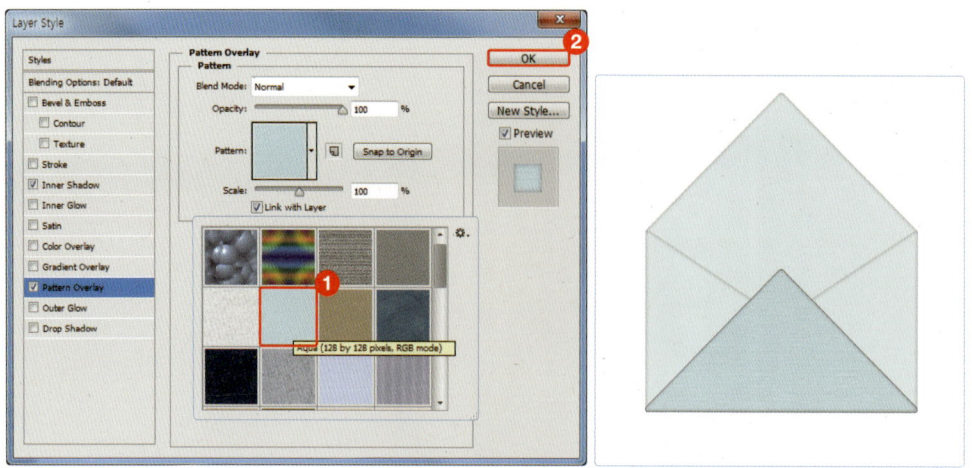

03 Layers 패널에서 front 레이어의 스타일 아이콘(fx)을 클릭합니다. Pattern Overlay를 마우스 오른쪽으로 클릭하여 [Copy Layer Style]을 선택합니다. right 레이어를 선택하고 Ctrl을 누른 채 left 레이어를 선택한 후 마우스 오른쪽 버튼을 클릭하여 [Paste Layer Style]을 선택합니다. right, left 레이어에 Pattern Overlay 레이어 스타일이 복사되었습니다.

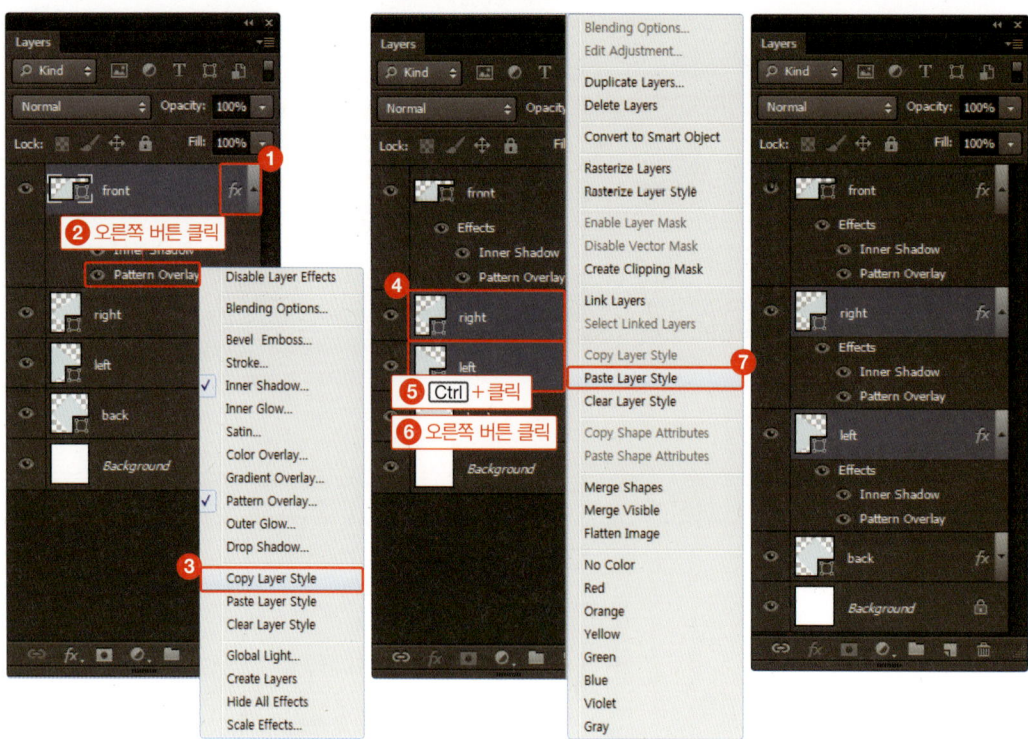

04 back 레이어를 제외한 모든 레이어에 동일한 패턴이 적용되었습니다.

MINI GALLERY 미.니.갤.러.리

해외 편지 봉투 만들기
직사각형 툴, Noise, Contract, Skew, Clipping Mask

▶ HOW TO + 빈티지 스타일의 디자인에서 빠지지 않는 요소가 해외 편지 봉투 디자인입니다. 사각형을 그리고 Noise를 추가하여 낡은 듯한 배경을 연출하고 빨간색과 파란색 사선으로 테두리에 배치하여 완성합니다.

▶ FILE + 완성 : end/095oldletter.psd

01 Ctrl+N을 눌러 Name을 **oldletter**, Width를 **700**, Height를 **600**으로 설정하고 〈OK〉를 눌러 새로운 파일을 생성합니다. Layers 패널에서 새 레이어 추가 아이콘(🔳)을 클릭하고 레이어 이름을 **frame1**로 수정합니다.

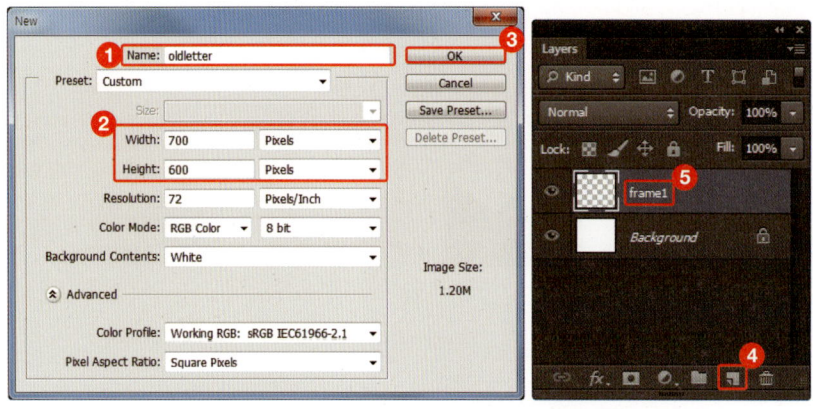

02 전경색을 **진회색(#d9d6ce)**, 배경색을 **아이보리색(#f1eee5)**으로 설정합니다. 툴 바에서 직사각형 툴(■)을 클릭하고 옵션 바에서 **Pixels**를 선택합니다.

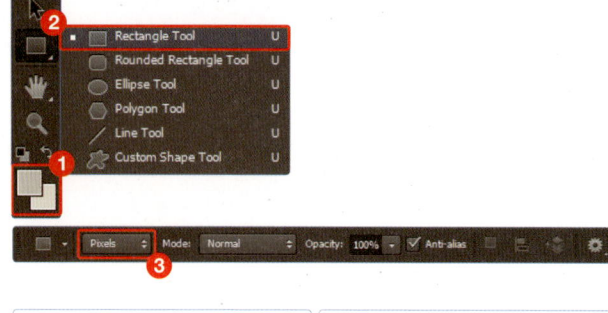

03 작업창 중앙에 가로 **550**, 세로 **300**의 크기로 직사각형을 그립니다.

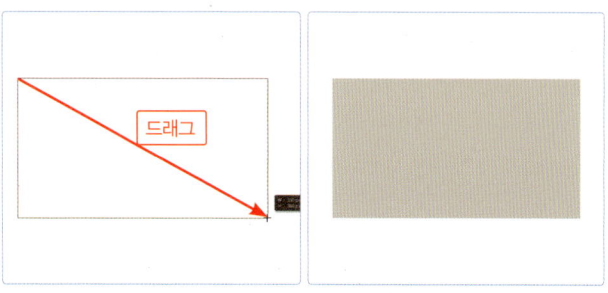

04 [Filter]-[Noise]-[Add Noise] 메뉴를 선택합니다. Amount를 2, Distribution을 Uniform으로 설정하고 Monochromatic에 체크한 후 〈OK〉를 눌러 적용합니다. 직사각형에 노이즈 효과가 나타났습니다.

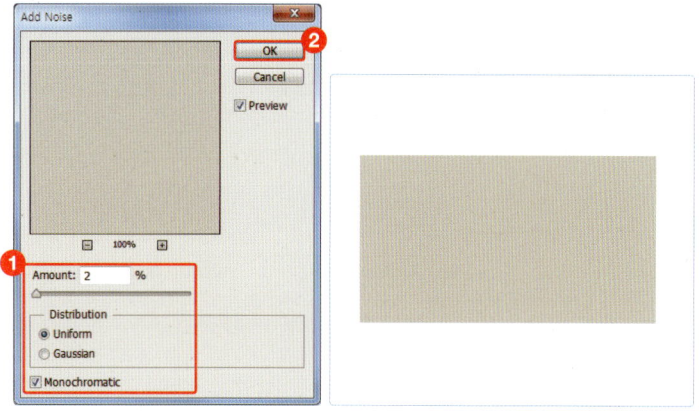

05 Layers 패널에서 frame1 레이어의 오른쪽 빈 공간을 더블클릭하여 [Layer Style]을 실행합니다. 왼쪽 [Style] 항목 중 [Drop Shadow]를 선택합니다. Structure에서 Blend Mode를 **Multiply**, Opacity를 **75**, Distance를 **0**, Size를 **5**로 설정한 후 〈OK〉를 클릭합니다. 직사각형에 그림자 효과가 설정되었습니다.

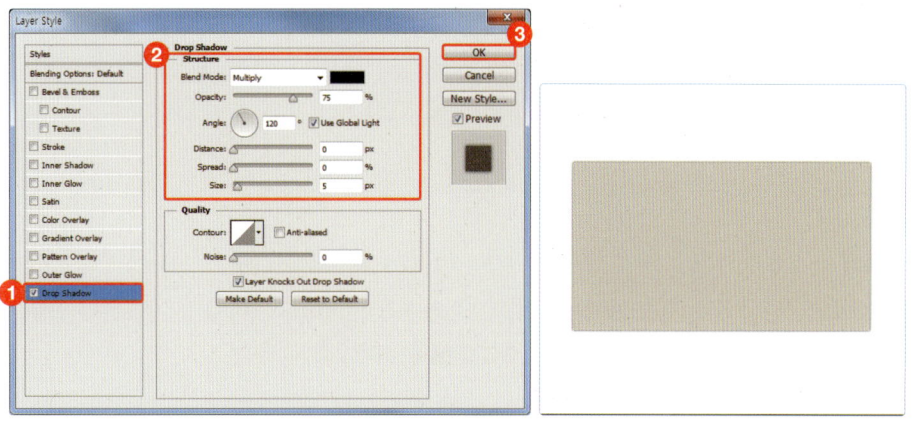

06 Layers 패널에서 새 레이어 추가 아이콘( )을 클릭하고 레이어 이름을 **frame2**로 수정합니다. frame1 레이어의 썸네일 부분을 Ctrl 을 누른 채 클릭하여 직사각형을 선택 영역으로 설정합니다.

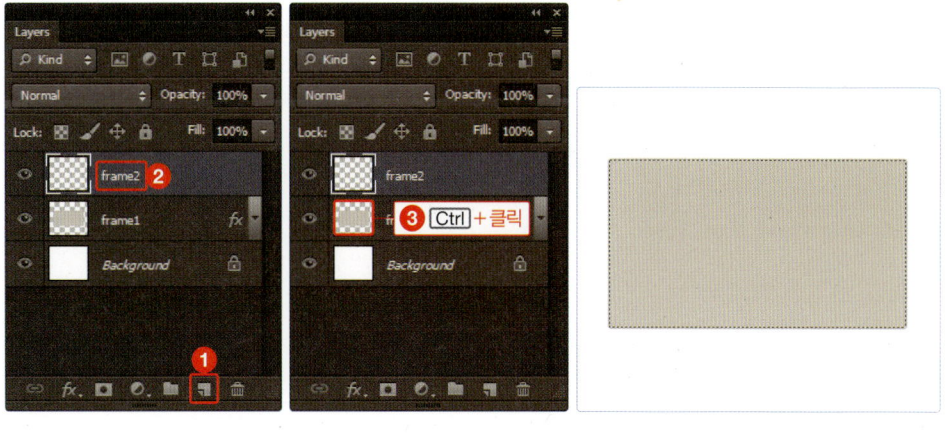

07 [Select]-[Modify]-[Contract] 메뉴를 선택합니다. Contract By 를 **10**으로 설정하고 〈OK〉를 눌러 적용합니다. 선택 영역이 줄어들었습니다.

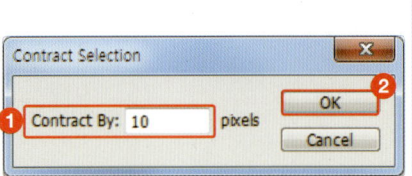

08 Ctrl+Delete를 눌러 선택 영역을 배경색으로 채우고 Ctrl+F를 눌러 마지막으로 적용했던 노이즈 필터를 다시 적용합니다. Ctrl+D를 눌러 선택 영역을 해제합니다.

사선 테두리 만들기

01 Layers 패널에서 새 레이어 추가 아이콘(🔲)을 클릭하고 레이어 이름을 **line**으로 수정합니다. 전경색을 **진빨강(#aa483f)**, 배경색을 **남색(#494d68)**으로 설정하고 툴 바에서 연필 툴(✏️)을 선택합니다.

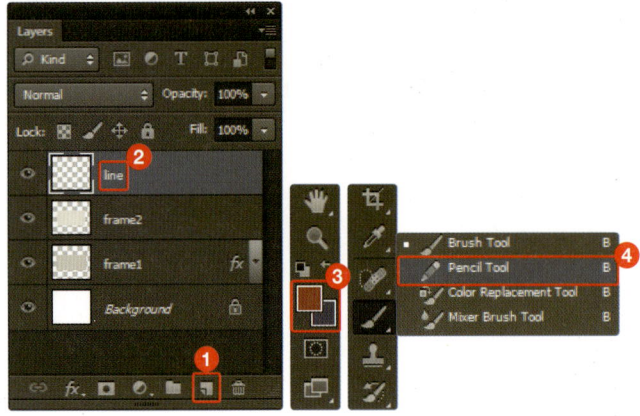

02 옵션 바에서 설정 아이콘(▼)과 확장 아이콘(❋)을 차례로 클릭합니다. [Square Brushes] 메뉴를 선택한 뒤 〈Append〉를 클릭해서 브러시를 추가합니다.

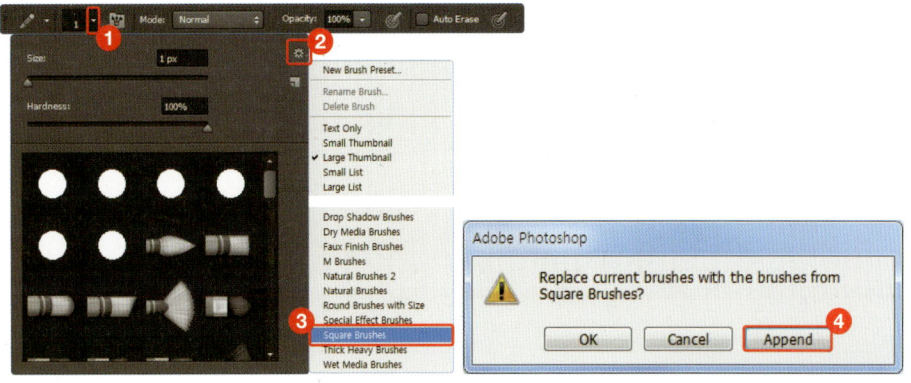

03 **Hard Square 10pixels** 브러시를 선택한 후 브러시 패널 열기 아이콘(📁)을 클릭합니다. [Brush] 패널에서 왼쪽 [Brush Tip Shape] 메뉴를 선택하고 Spacing을 400으로 설정합니다.

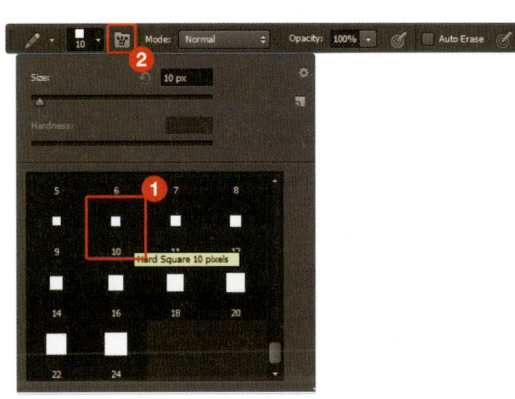
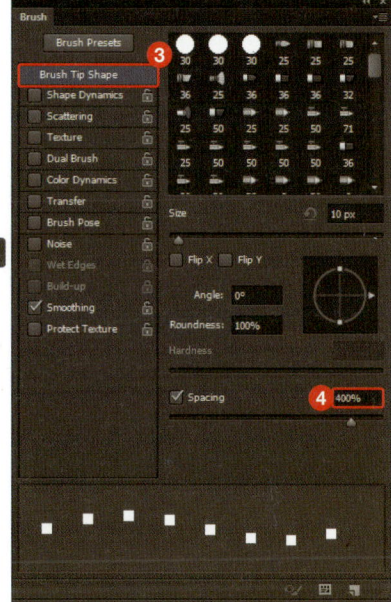

04 작업창에 Shift 를 누르고 가로로 드래그하여 브러시를 그립니다. Ctrl + T 를 누르고 가운데 하단 조절점을 아래로 드래그하여 확장한 후 Enter 를 눌러 적용합니다.

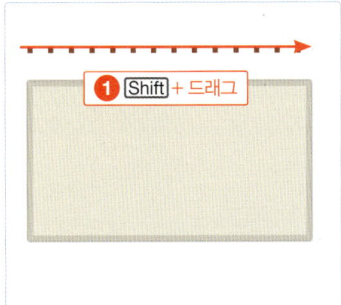
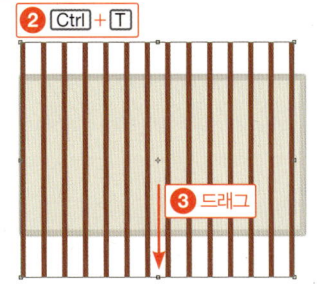
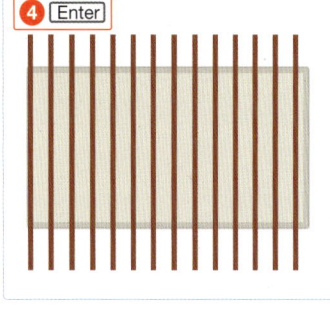

05 툴 바에서 이동 툴(🔸)을 선택합니다. Alt+Shift를 누르고 오른쪽으로 드래그해서 빨간 세로선의 사이에 배치하고 간격을 맞춥니다. Ctrl+Shift+Delete를 눌러 복사한 브러시의 색상을 파란색으로 변경합니다.

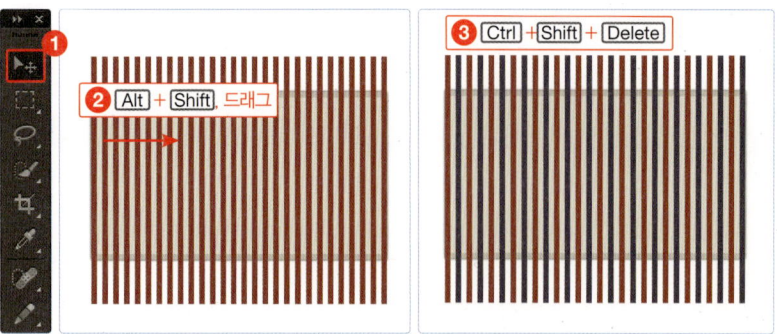

06 Layers 패널에서 Ctrl+E를 눌러 line 레이어를 기준으로 레이어를 병합합니다.

07 [Edit]-[Transform]-[Skew] 메뉴를 선택합니다. 가운데 상단 조절점을 클릭해 오른쪽으로 드래그하여 브러시를 비스듬하게 기울인 후 Enter를 눌러 적용합니다. Alt+Shift를 누르고 작업창 왼쪽으로 드래그하여 브러시를 복사한 후 간격을 맞춥니다.

08 Layers 패널에서 Ctrl+E를 눌러 line 레이어를 기준으로 레이어를 병합합니다.

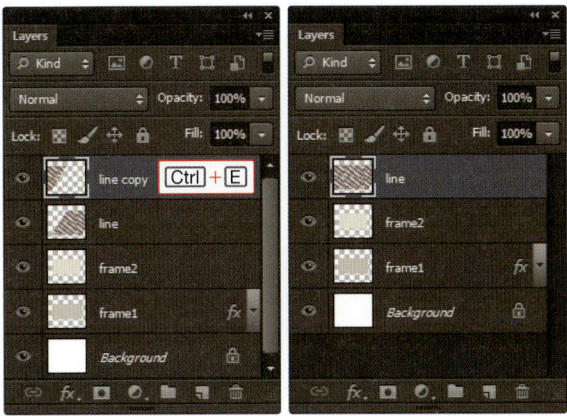

09 Layers 패널에서 line 레이어의 위치를 frame2 레이어 아래로 변경합니다.

10 Layers 패널에서 Ctrl+Alt+G를 눌러 line 레이어를 frame1 레이어와 클리핑 마스크 처리합니다. 편지 봉투가 완성되었습니다.

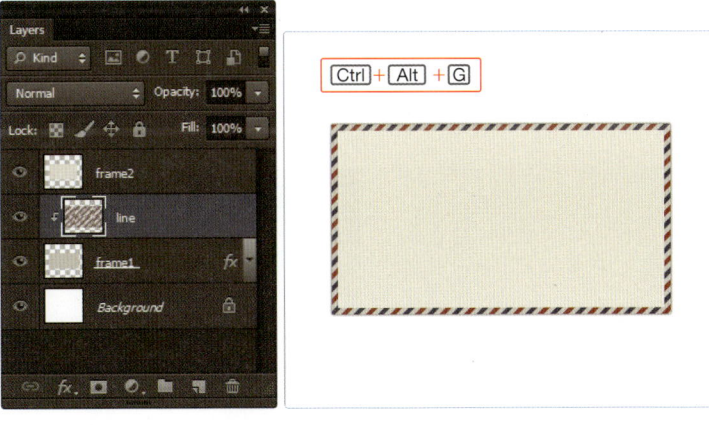

은은한 진주 만들기

Ellipse, Bevel & Emboss, Inner Shadow, Drop Shadow

▶ HOW TO + 원과 레이어 스타일의 몇 가지 옵션으로 진주 모양의 아이콘을 손쉽게 제작할 수 있습니다. Ellipse로 일반 원을 그리고, Bevel & Emboss로 설정하여 아이콘 소스를 제작해봅시다. 특히 Bevel & Emboss에서 세 부 옵션으로 제공되는 Contour 기능으로 자연스러운 곡선을 연출할 수 있습니다.

▶ FILE + 완성 : end/096pearls.psd

01 Ctrl+O를 눌러 pearls.psd 파일을 불러온 뒤 전경색을 **흰색(#ffffff)** 으로 설정합니다. Layers 패널에서 새 레이어 추가 아이콘(□)을 클릭하고 레 이어 이름을 **pearls**로 수정합니다.

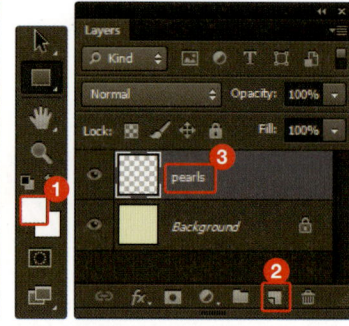

02 툴 바에서 원형 툴(○)을 클릭하 고 옵션 바에서 **Pixels**를 선택합니다.

03 작업창 중앙에 가로 100, 세로 100의 크기로 원을 그립니다. Layers 패널에서 pearls 레이어의 오른쪽 빈 공간을 더블 클릭하여 [Layer Style]을 실행합니다.

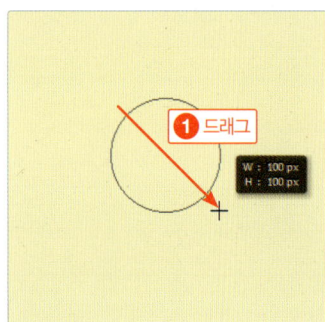

04 왼쪽 [Style] 항목 중 [Bevel & Emboss]를 선택합니다. Structure에서 Style을 **Inner Bevel**, Technique를 **Smooth**, Depth를 **140**, Direction을 **Up**, Size를 **130**, Soften을 **0**으로 설정합니다.

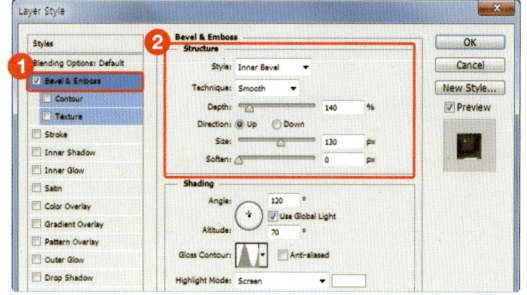

05 Shading에서 Altitude를 **70**으로 설정하고 Gloss Contour의 설정 아이콘(▼)을 클릭하여 **Ring**을 선택한 후 Highlight Mode의 Opacity를 **100**, Shadow Mode의 Opacity를 **35**로 설정합니다. 원에 입체감이 표현되었습니다.

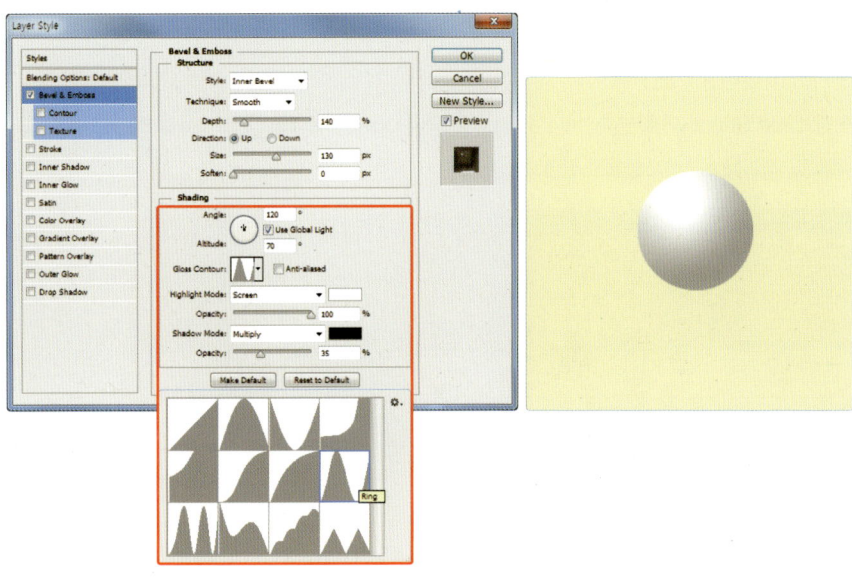

06 왼쪽 [Style] 항목 중 [Bevel & Emboss]의 [Contour]를 선택합니다. Contour의 설정 아이콘(▼)을 클릭하여 **Half Round**를 선택하고 Range를 **100**으로 설정합니다. 좀더 자연스러운 입체감이 표현되었습니다.

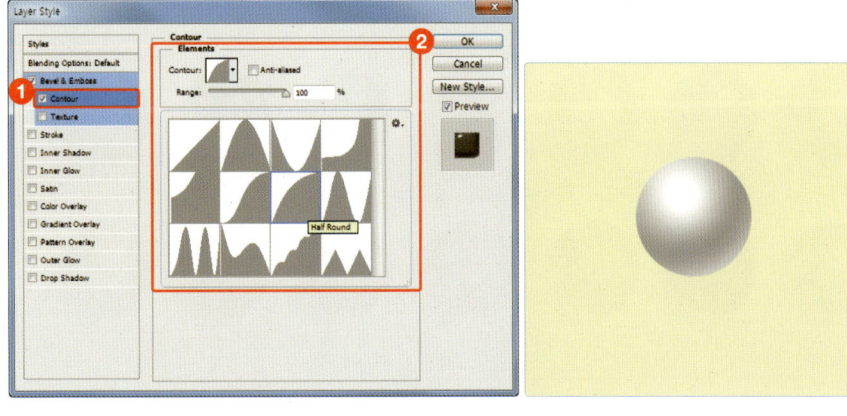

07 왼쪽 [Style] 항목 중 [Inner Shadow]를 선택합니다. Structure에서 Opacity를 20, Distance를 10, Size를 30으로 설정합니다. 작업창에 내부 그림자 효과가 설정되었습니다.

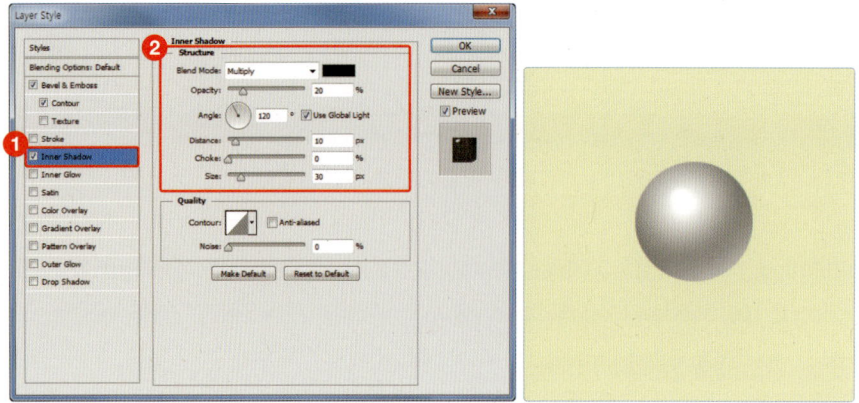

08 왼쪽 [Style] 항목 중 [Drop Shadow]를 선택합니다. Structure에서 Opacity를 35, Distance를 20, Size를 10으로 설정하고 〈OK〉를 누릅니다. 작업창에 그림자 효과가 설정되었습니다.

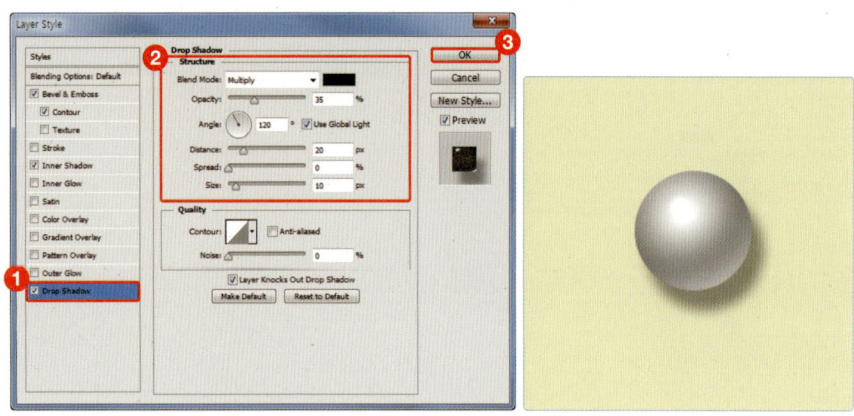

MINI GALLERY 미.니. 갤.러.리

097 반짝이는 보석 만들기

사용자 셰이프 툴, Bevel & Emboss

▶ HOW TO+ 다양한 보석이 있지만 여기서는 루비를 만들어보겠습니다. 루비는 기본으로 제공되는 셰이프를 원하는 모양으로 변경한 후 Bevel & Emboss로 각진 볼록 스타일을 연출하고 보석 질감의 패턴을 자연스럽게 합성해서 만듭니다. 패턴의 종류와 농도에 따라서 다양한 모양의 보석을 연출할 수 있습니다.

▶ FILE+ 완성 : end/097ruby.psd

01 Ctrl+N을 눌러 Name을 **ruby**, Width를 **300**, Height를 **300**으로 설정하고 〈OK〉를 눌러 새로운 파일을 생성합니다. 전경색을 **빨간색(#ff0000)**으로 설정하고 툴 바에서 사용자 셰이프 툴(■)을 선택합니다.

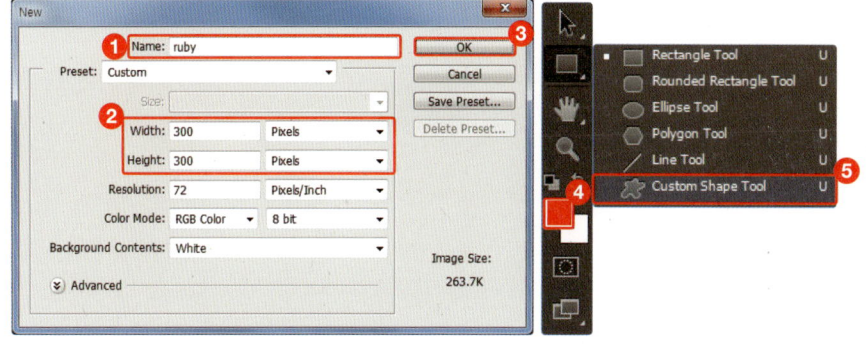

02 옵션 바에서 **Shape**를 선택하고 Fill을 **Solid Color**로 설정합니다. Stroke를 **None**으로 설정합니다.

285

03 Shape의 설정 아이콘(▼)과 확장 아이콘(⚙)을 차례로 클릭합니다. [All] 메뉴를 선택한 후 〈OK〉를 눌러 내장된 모든 셰이프를 불러옵니다.

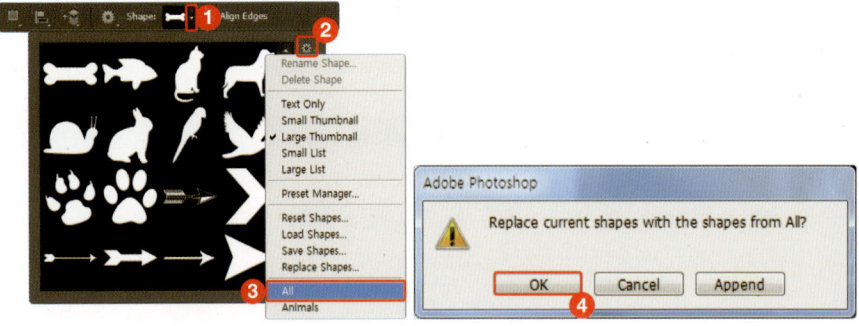

04 Shape를 **Sing 1**로 설정하고 가로 **120**, 세로 **120**의 크기로 셰이프를 그립니다.

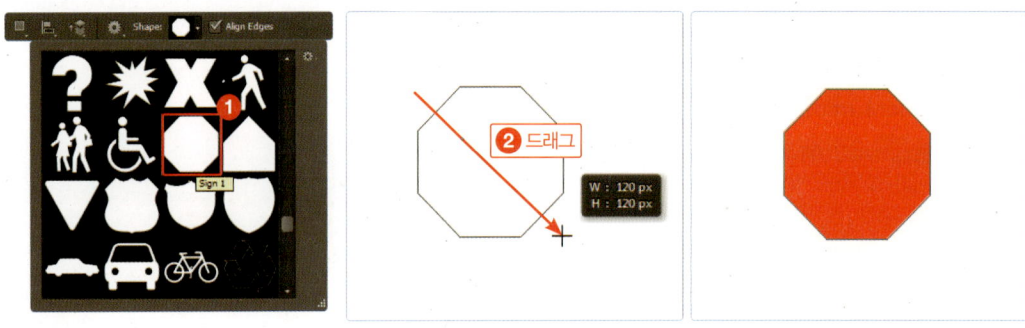

05 툴 바에서 패스 직접 선택 툴(▶)을 선택합니다. 도형의 중간 지점을 드래그하여 아래 4개의 꼭짓점을 선택합니다.

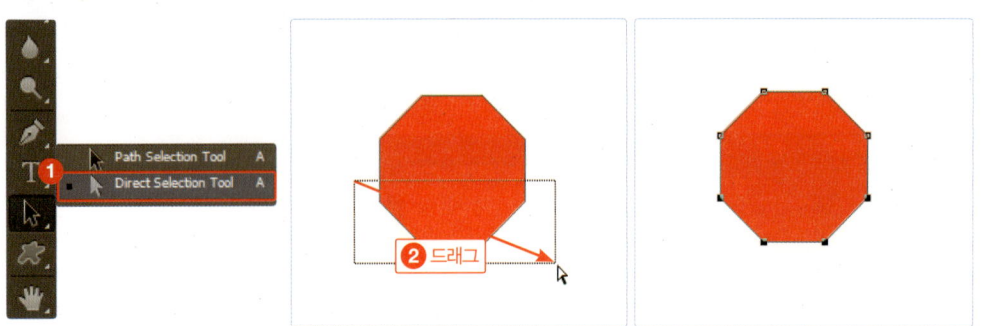

06 [Shift]를 누른 채 ↓를 4번 눌러 영역을 아래로 **40**픽셀 확장합니다. Layers 패널에서 생성된 레이어의 이름을 **ruby**로 변경하고 ruby 레이어의 오른쪽 빈 공간을 더블클릭하여 [Layer Style]을 실행합니다.

TIP . [Shift]를 누른 채 키보드의 방향키 ↑ ↓ ← →를 누르면 10픽셀씩 이동합니다.

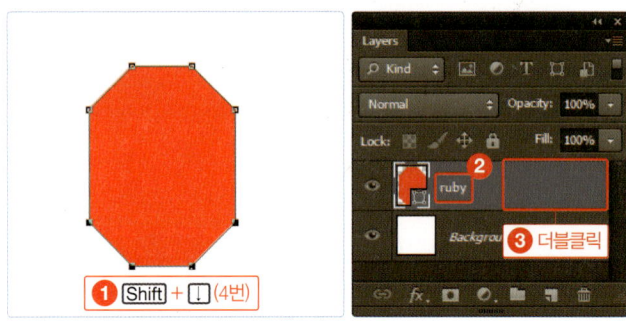

07 왼쪽 [Style] 항목 중 [Bevel & Emboss]를 선택합니다. Structure에서 Style을 **Inner Bevel**, Technique를 **Chisel Hard**, Depth를 **800**, Direction을 **Up**, Size를 **20**, Soften을 **0**으로 설정합니다. Shading에서 **Use Global Light**의 체크 옵션을 해제하고 Angle을 **135**로 설정합니다. Gloss Contour의 설정 아이콘(▼)을 클릭하여 **Cone**을 선택합니다.

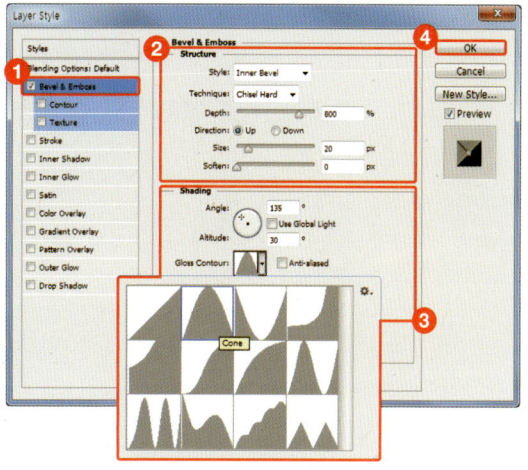

08 Highlight Mode의 Opacity를 **60**, Shadow Mode의 Opacity를 **60**으로 설정합니다. 루비에 입체감이 표현되었습니다.

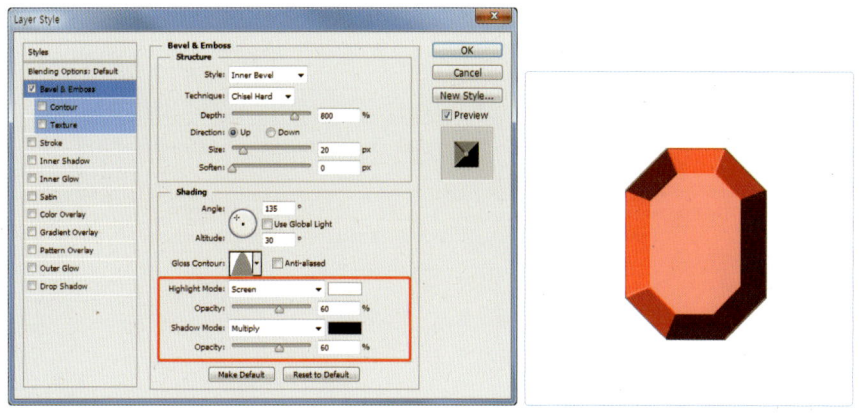

09 왼쪽 [Style] 항목 중 [Inner Shadow]를 선택합니다. Structure에서 Opacity를 **50**, Distance를 **25**, Size를 **40**으로 설정합니다. 작업창에 내부 그림자 효과가 설정되었습니다.

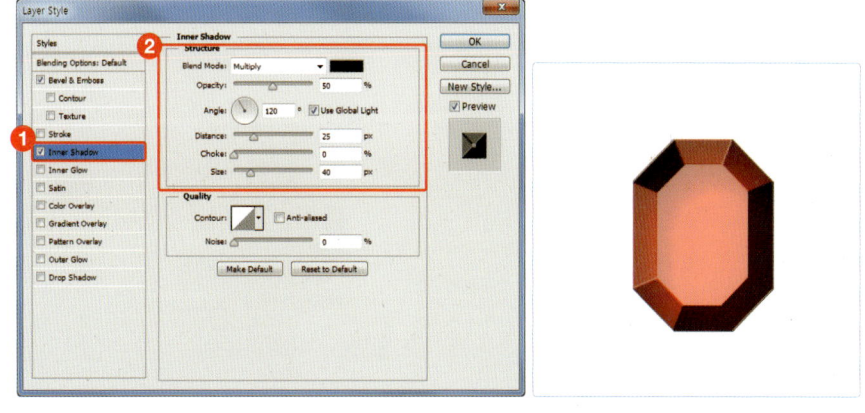

287

10 왼쪽 [Style] 항목 중 [Inner Glow]를 선택합니다. Structure에서 Opacity를 45, Color를 **흰색(#ffffff)**으로 설정하고 Elements에서 Size를 30으로 설정합니다. 작업창에 내부 빛 효과가 설정되었습니다.

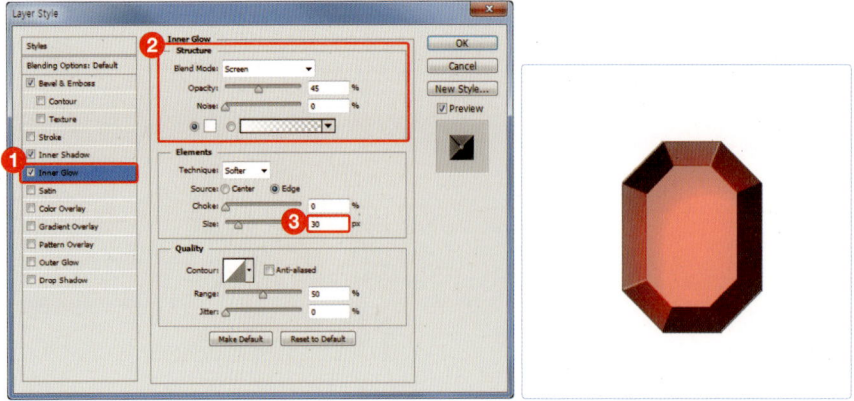

11 왼쪽 [Style] 항목 중 [Pattern Overlay]를 선택합니다. Blend Mode를 **Linear Burn**, Opacity를 40으로 설정합니다. Pattern의 설정 아이콘(▼)과 확장 아이콘(⚙)을 차례로 클릭하고 [Texture Fill 2] 메뉴를 선택합니다. 〈Append〉를 눌러 선택한 패턴을 추가합니다.

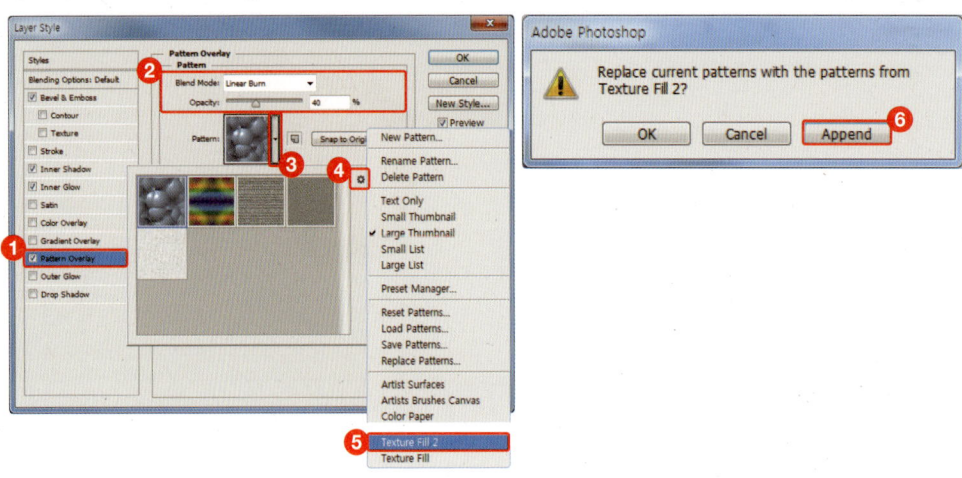

12 패턴을 Stucco 1로 설정합니다.

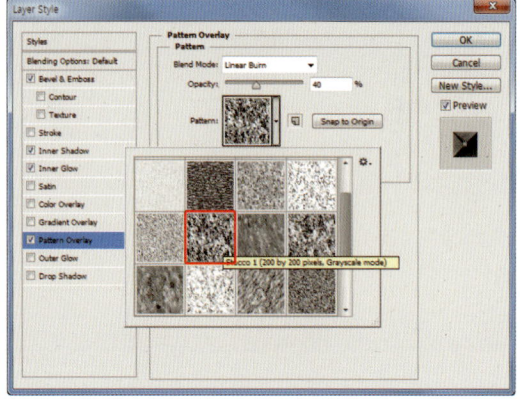

13 Scale을 **200**으로 설정합니다. 루비에 패턴이 입혀졌습니다.

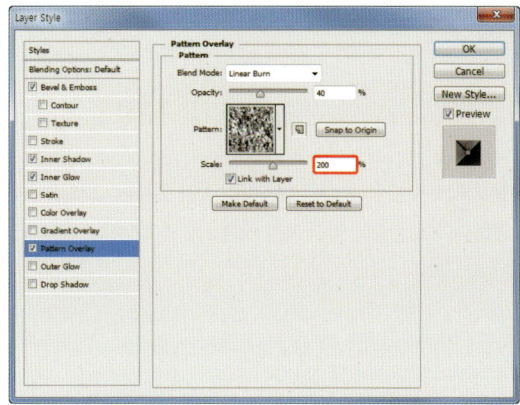 

14 왼쪽 [Style] 항목 중 [Drop Shadow]를 선택합니다. Structure에서 Opacity를 **30**, Distance를 **8**, Size를 **8**로 설정하고 〈OK〉를 눌러 효과를 적용합니다.

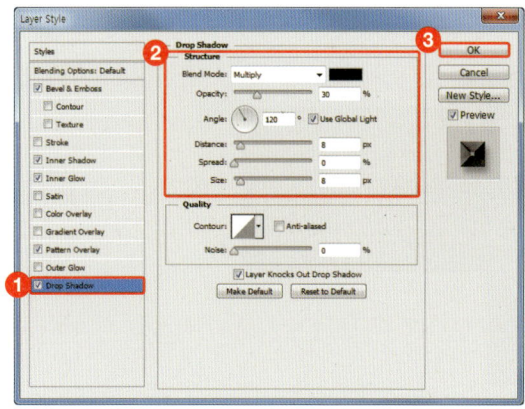 

MINI GALLERY 미.니.갤.러.리

바삭한 비스킷 만들기

사용자 셰이프 툴, Pattern Overlay, Bevel & Emboss

▶ HOW TO + 과자 중에 비스킷은 원과 사각형 등 다양한 모양을 가지고 있습니다. 사각 비스킷과 가장 유사한 모양의 셰이프를 선택하여, 약간의 편집으로 비스킷 모양을 만듭니다. 노란색에 약간 거친 듯한 느낌의 패턴을 입히고 내부에 움푹 들어간 원 모양을 추가하여 비스킷을 완성합니다.

▶ FILE + 완성 : end/098biscuit.psd

01 Ctrl+N을 눌러 Name을 **biscuit**, Width를 **300**, Height를 **300**으로 설정하고 〈OK〉를 눌러 새로운 파일을 생성합니다. 전경색을 **겨자색(#f5b95a)**으로 설정하고 툴 바에서 사용자 셰이프 툴(■)을 선택합니다.

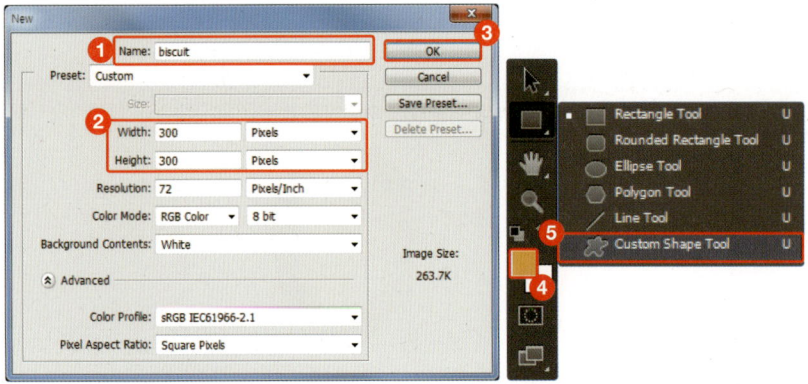

02 옵션 바에서 **Shape**를 선택하고 Fill을 **Solid Color**로 설정합니다. Stroke는 **None**으로 설정합니다.

03 Shape의 설정 아이콘(▼)과 확장 아이콘(✱)을 차례로 클릭합니다. [All] 메뉴를 선택하고 〈OK〉를 눌러 내장된 모든 셰이프를 불러옵니다.

04 Shape를 **Frame 6**으로 설정하고 작업창에 가로 **200**, 세로 **200**의 크기로 셰이프를 그립니다. 생성된 레이어의 이름을 **biscuit**으로 수정합니다.

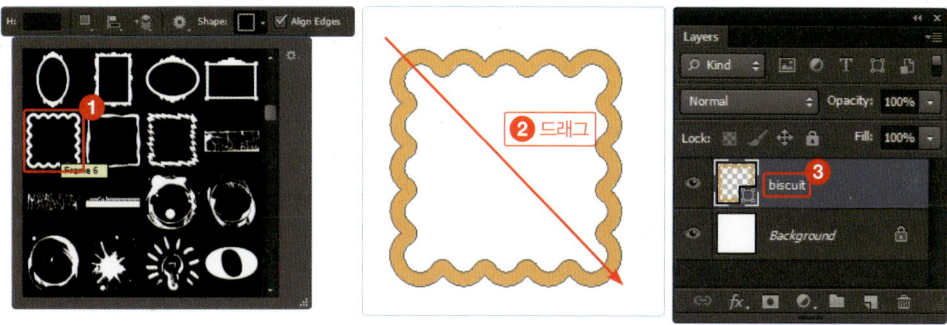

05 툴 바에서 직접 선택 툴(▶)을 선택합니다. 작업창에서 프레임 내부 영역을 클릭하여 내부 조절점을 선택하고 Delete를 눌러 선택된 점을 하나씩 삭제합니다.

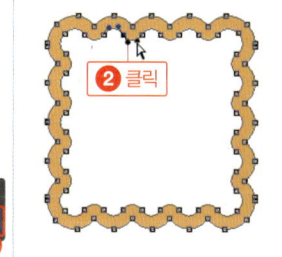 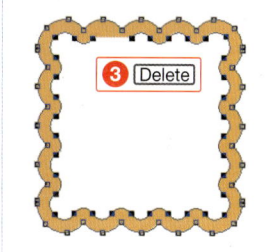

06 한 번 더 Delete를 눌러 내부 영역을 삭제합니다. 작업 영역 밖을 클릭하여 조절점을 보이지 않게 합니다. Layers 패널에서 biscuit 레이어의 오른쪽 빈 공간을 더블클릭하여 [Layer Style]을 실행합니다.

07 왼쪽 [Style] 항목 중 [Bevel & Emboss]를 선택합니다. Structure에서 Style을 **Inner Bevel**, Technique를 **Smooth**, Depth를 **150**, Size를 **5**로 설정합니다. Shading에서 Shadow Mode의 Color를 **갈색(#744700)**, Shadow Mode의 Opacity를 **40**으로 설정합니다. 비스킷에 입체 효과가 적용되었습니다.

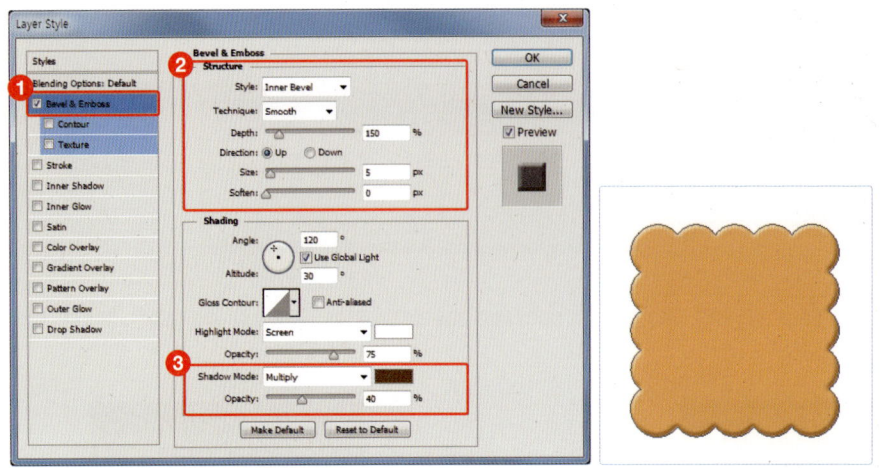

08 왼쪽 [Style] 항목 중 [Pattern Overlay]를 선택합니다. Pattern의 설정 아이콘(▼)과 확장 아이콘(⚙)을 차례로 클릭합니다. [Color Paper] 메뉴를 선택하고 〈Append〉를 눌러 패턴을 추가합니다.

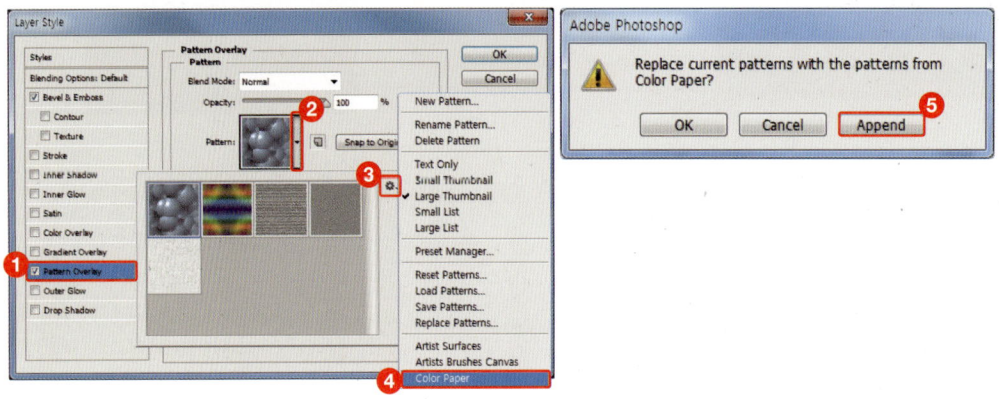

09 패턴을 **Gold Parchment**로 선택하고 Blend Mode를 **Multiply**로 설정하여 비스킷에 패턴을 입힙니다.

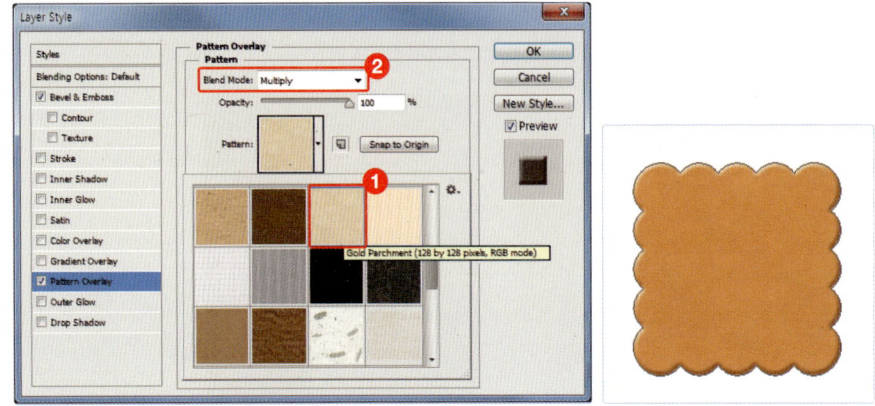

10 왼쪽 [Style] 항목 중 [Drop Shadow]를 선택합니다. Structure에서 Distance를 3, Size를 3으로 설정한 후 〈OK〉를 클릭합니다. 비스킷에 그림자 효과가 적용되었습니다.

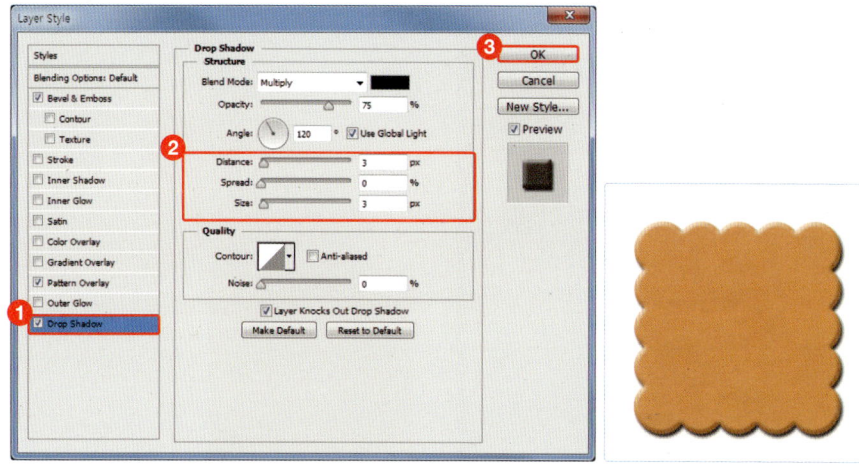

비스킷에 구멍 효과 내기

01 Layers 패널에서 새 레이어 추가 아이콘(■)을 클릭하고 레이어 이름을 **circle**로 수정합니다. 전경색을 **갈색(#b57128)**으로 설정합니다. 툴 바에서 원형 툴(●)을 선택하고 옵션 바에서 **Pixels**를 선택합니다.

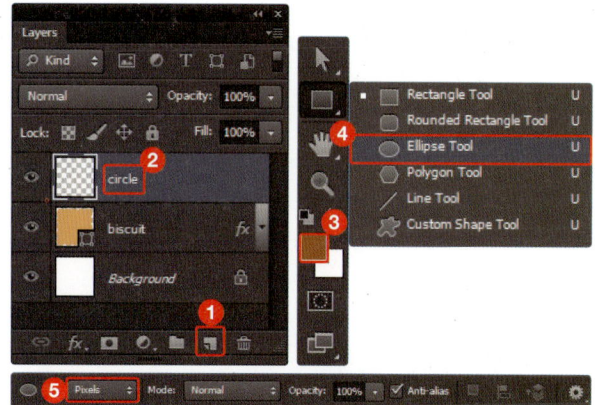

02 작업창을 400% 정도 확대한 후 가로 **4**, 세로 **4**의 크기로 원을 그립니다. Layers 패널에서 circle 레이어의 오른쪽 빈 공간을 더블클릭하여 [Layer Style]을 실행합니다.

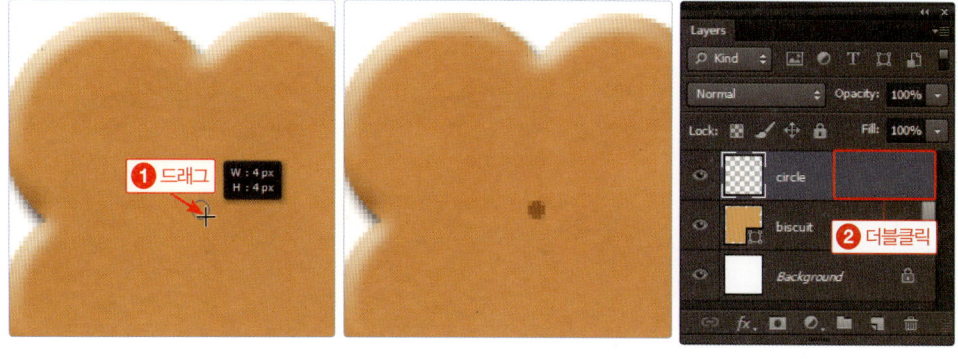

03 왼쪽 [Style] 항목 중 [Bevel & Emboss]를 선택합니다. Structure에서 Style을 **Outer Bevel**, Technique를 **Smooth**, Depth를 **460**, Direction을 Down, Size를 **7**, Soften을 **5**로 설정합니다. Shading에서 Highlight Mode의 Opacity를 **40**, Shadow Mode의 Opacity를 **20**으로 설정한 후 〈OK〉를 클릭합니다. 비스킷에 입체감이 표현되었습니다.

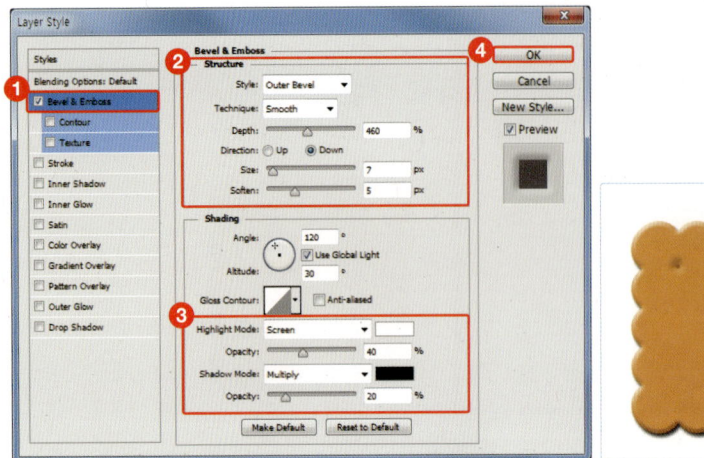

04 툴 바에서 이동 툴( )을 선택합니다. 작업창에서 Alt + Shift 를 누르고 오른쪽으로 드래그하여 작은 원 이미지를 적절히 배치합니다. 같은 방법으로 작은 원 이미지를 복사하여 비스킷 모양에 맞게 배치합니다.

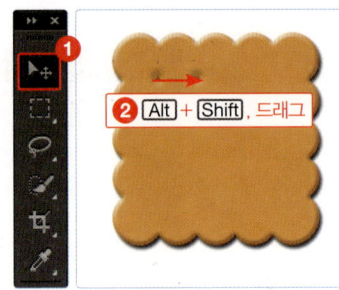 

MINI GALLERY 미.니.갤.러.리

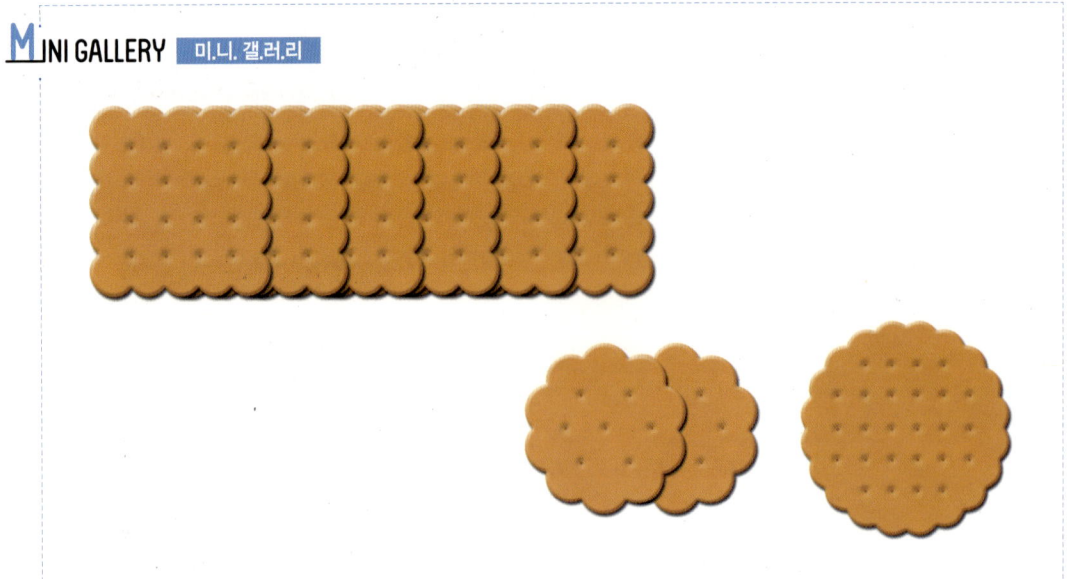

099 신선한 물방울 만들기

원형 툴, Inner Shadow, 레이어 패널의 Fill 옵션

▶ HOW TO + 나뭇잎이나 상품 사진 위에 방울방울 맺힌 물방울을 표현하면 한층 더 신선한 느낌을 표현할 수 있습니다. 기본 원 모양이나 펜 툴을 이용하여 자연스러운 모양을 연출하고 Inner Shadow와 Fill 옵션을 활용하여 투명하게 맺혀 있는 물방울을 만들어봅시다.

▶ FILE + 예제 : data/099Waterdrop.psd 완성 : end/099waterdrop.psd

01 Ctrl+O를 눌러 data/099Waterdrop.psd 파일을 불러옵니다. 전경색을 **흰색(#ffffff)**으로 설정하고 툴 바에서 원형 툴(◯)을 선택합니다.

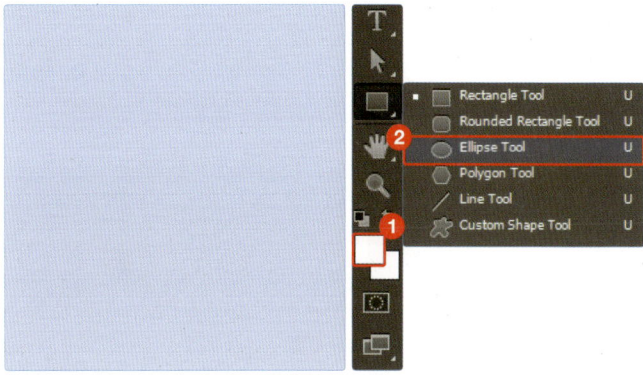

02 옵션 바에서 **Shape**를 선택하고 Fill을 **Solid Color**, Stroke를 **None**으로 설정합니다. 작업창 중앙에 가로 **100**, 세로 **100**의 크기로 흰색 원을 그립니다. Layers 패널에서 생성된 레이어의 이름을 **waterdrop**으로 수정하고 오른쪽 빈 공간을 더블클릭하여 [Layer Style]을 실행합니다.

 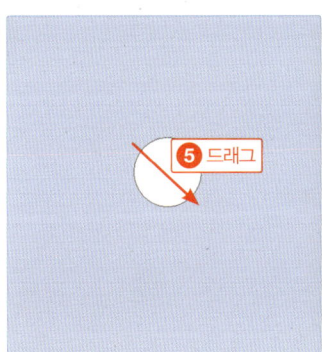 

03 왼쪽 [Style] 항목 중 [Inner Shadow]를 선택합니다. Structure에서 Opacity를 **55**, Distance를 **40**, Size를 **30**으로 설정합니다. 작업창에 내부 그림자 효과가 적용되었습니다.

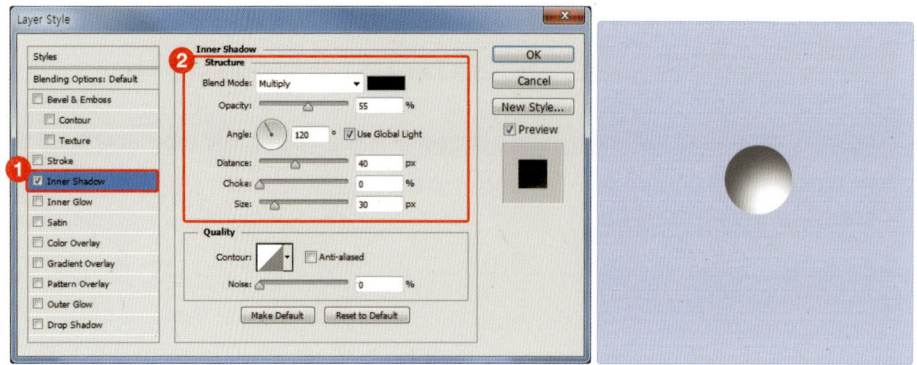

04 왼쪽 [Style] 항목 중 [Inner Glow]를 선택합니다. Structure에서 Opacity를 **30**, Color를 **검은색(#000000)**으로 설정하고 Elements에서 Size를 **10**으로 설정합니다. 작업창에 내부 빛 효과가 적용되었습니다.

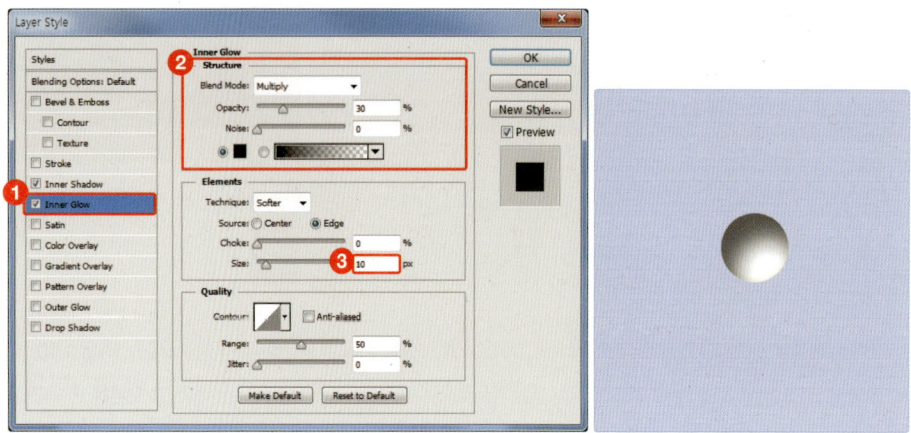

05 왼쪽 [Style] 항목 중 [Drop Shadow]를 선택합니다. Structure에서 Opacity를 **50**, Distance를 **7**, Size를 **4**로 설정하고 〈OK〉를 눌러 반영합니다. 작업창에 그림자 효과가 적용되었습니다.

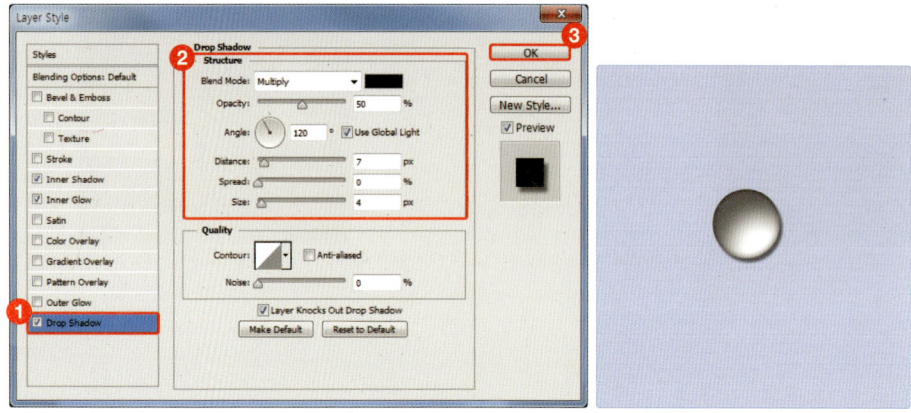

06 Layers 패널에서 Fill을 **10**으로 설정합니다.

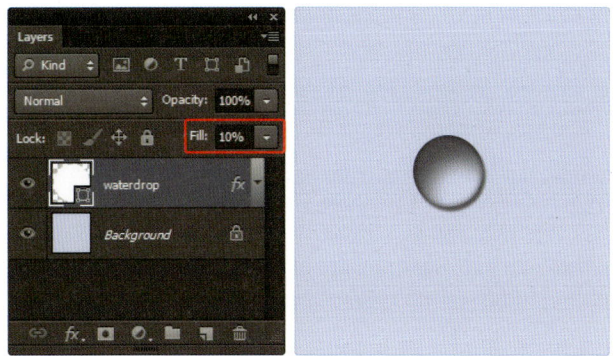

TIP. 레이어 패널에서 Opacity와 Fill의 차이

Fill은 레이어 스타일에는 영향을 주지 않고 레이어에 채워져 있는 색상의 투명도만 조절합니다.

❶ Opacity를 10%로 조절했을 때 : 색상과 레이어 스타일을 모두 반투명하게 만듭니다.

❷ Fill을 10%로 조절했을 때 : 레이어 스타일을 그대로 두고 색상만 반투명하게 처리합니다.

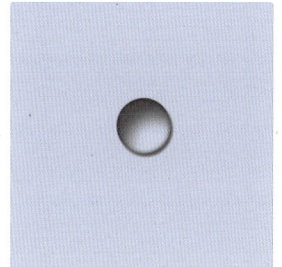

반짝이는 효과 내기

01 Layers 패널에서 새 레이어 추가 아이콘(■)을 클릭하고 레이어 이름을 **gloss**로 수정합니다. 툴 바에서 원형 툴(●)을 선택하고 옵션 바에서 **Pixels**를 선택합니다.

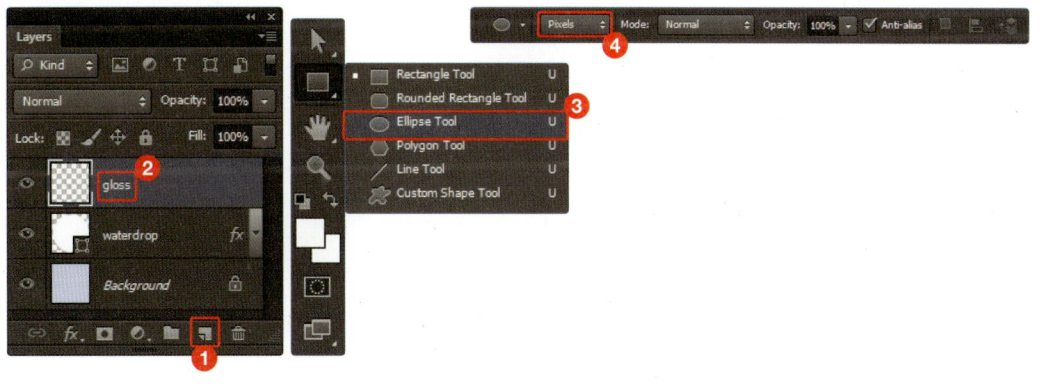

02 물방울 위에 가로 **40**, 세로 **40**의 크기로 원을 그립니다.

03 [Filter]-[Blur]-[Gaussian Blur] 메뉴를 선택합니다. Radius를 **8**로 설정하고 〈OK〉를 눌러 적용합니다. 물방울 효과가 완성되었습니다.

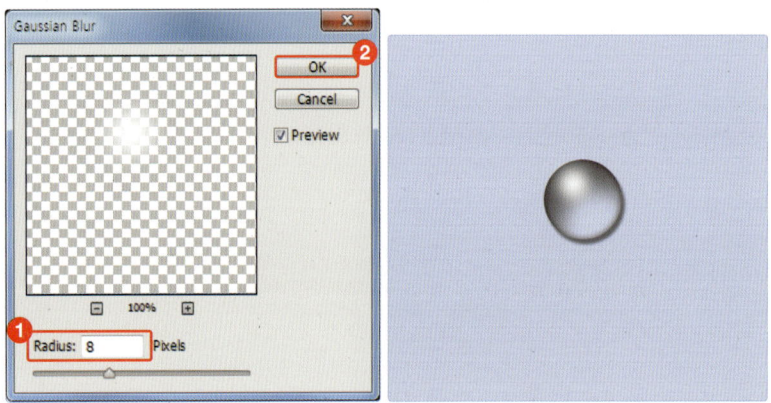

활용예제 방울방울 물방울을 배경 위에 다양한 크기로 배치합니다. 단순한 연녹색 배경일 때보다 더 싱그럽고 자연 친화적인 느낌이 들도록 펜션 사이트를 연출할 수 있습니다.

투명한 비눗방울 만들기

그레이디언트 툴, 원형 툴, Pinch, 원형 선택 툴

▶ HOW TO + 사진 위로 비눗방울이 떠다니는 모습은 사랑스러운 이미지를 연출하는 데 많이 사용되는 방법입니다. 패턴과 Filter의 Pinch 기능으로 무지갯빛이 가득한 원을 만들고, 배경과 합성해 투명한 비눗방울을 만들어보겠습니다.

▶ FILE + 완성 : end/100bubble.psd

01 [Ctrl]+[N]을 눌러 Name을 **bubble**, Width를 **500**, Height를 **500**으로 설정하고 〈OK〉를 눌러 새로운 파일을 생성합니다. 전경색을 **하늘색(#1ed6fa)**, 배경색을 **파란색(#0680fd)**으로 설정하고 툴 바에서 그레이디언트 툴(■)을 선택합니다.

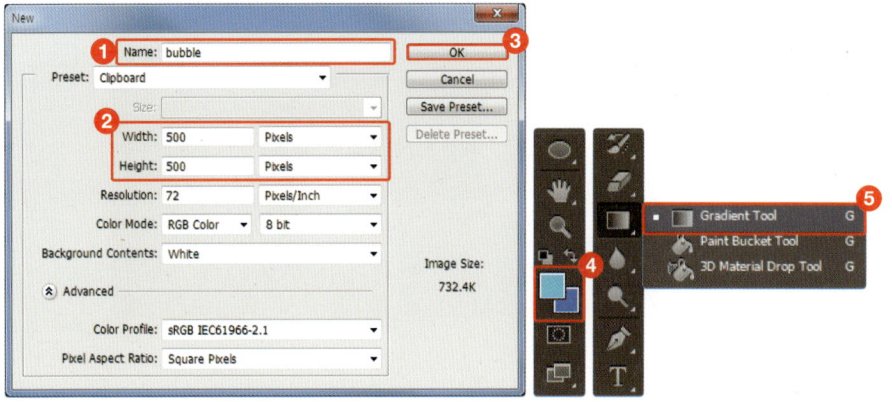

02 옵션 바에서 설정 아이콘(▼)을 클릭하여 **Foreground to Background** 그레이디언트를 선택하고 선형 그레이디언트(■)를 클릭합니다. [Shift]를 누르고 작업창 위에서 아래로 드래그합니다.

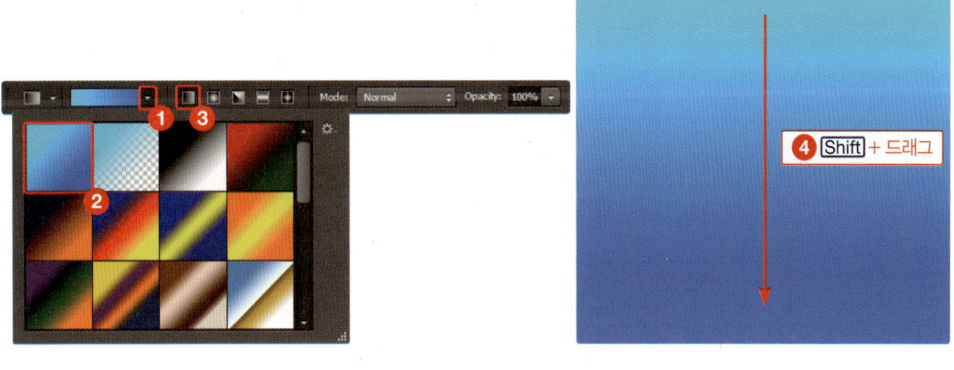

299

03 Layers 패널에서 새 레이어 추가 아이콘(⬜)을 클릭하고 레이어 이름을 **circle**로 수정합니다. 전경색을 **흰색(#ffffff)**으로 설정합니다. 툴 바에서 원형 툴(⬤)을 선택하고 옵션 바에서 **Pixels**를 선택합니다.

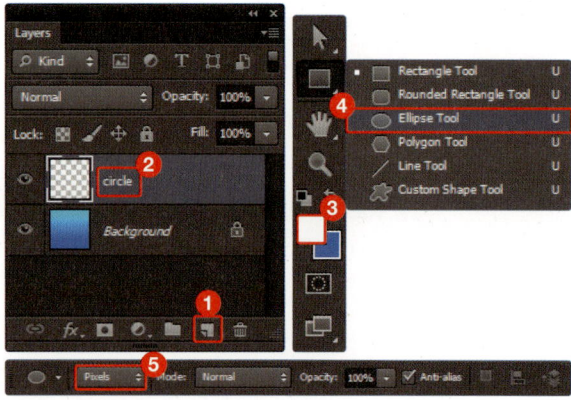

04 작업창에서 Shift 를 누른 채 가로 **260**, 세로 **260**의 크기로 원을 그립니다. Layers 패널에서 새 레이어 추가 아이콘(⬜)을 클릭하고 레이어 이름을 **pattern**으로 수정합니다.

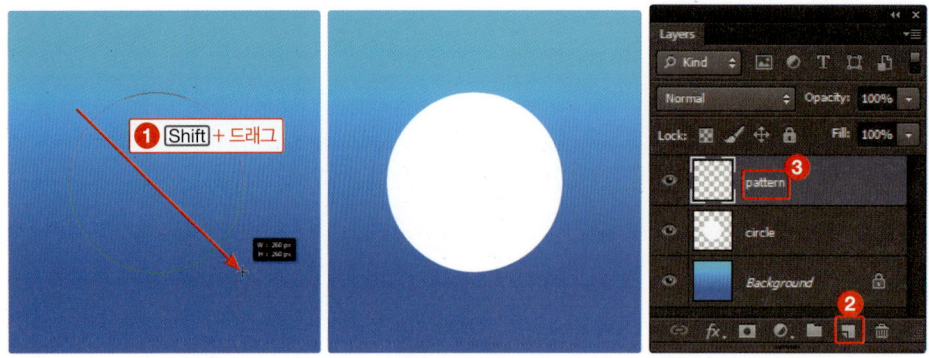

05 [Edit]-[Fill] 메뉴 또는 Shift + F5 를 누릅니다. Contents에서 Use를 **Pattern**으로 설정합니다. Custom Pattern 오른쪽의 설정 아이콘(▼)과 확장 아이콘(⚙)을 차례로 클릭하고 [Patterns] 메뉴를 선택합니다. 〈Append〉를 눌러 패턴을 추가하고 **Nebula** 패턴을 선택합니다.

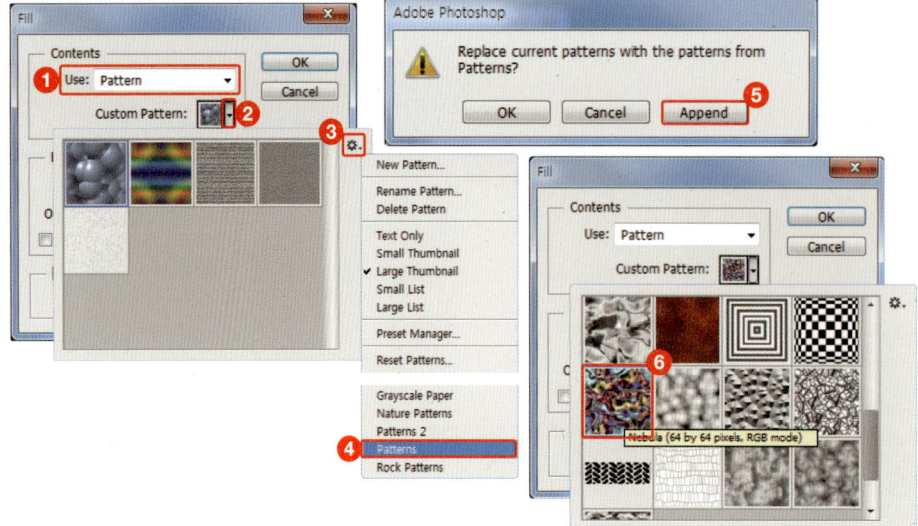

06 Blending에서 Mode를 **Normal**, Opacity를 **100**으로 설정하고 **Preserve Transparency**에 체크 해제한 후 〈OK〉를 눌러 패턴을 적용합니다. 작업창 전체에 선택한 패턴이 나타납니다.

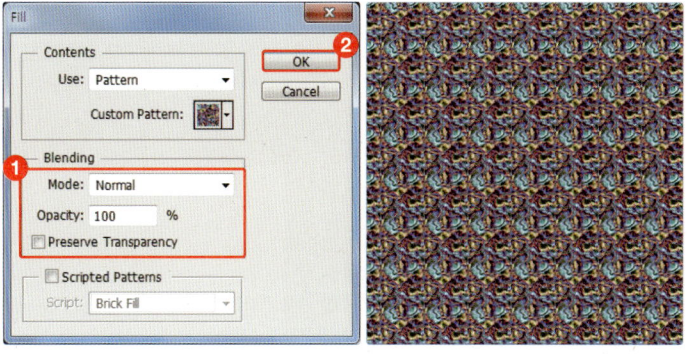

07 [Filter]-[Distort]-[Pinch] 메뉴를 선택합니다. Amount를 **-100**으로 설정하고 〈OK〉를 눌러 적용합니다. 선택한 필터가 적용되어 중앙이 볼록해진 효과가 적용되었습니다. Ctrl+F를 두 번 눌러 동일한 필터를 적용합니다.

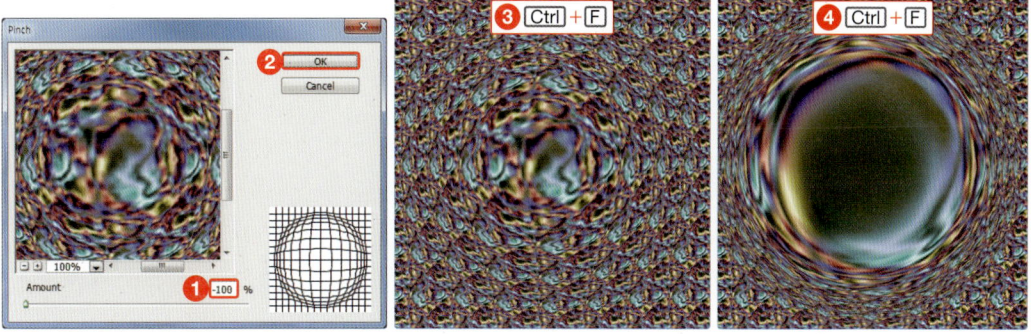

08 Layers 패널에서 Ctrl+Alt+G를 눌러 pattern 레이어를 클리핑 마스크 처리합니다.

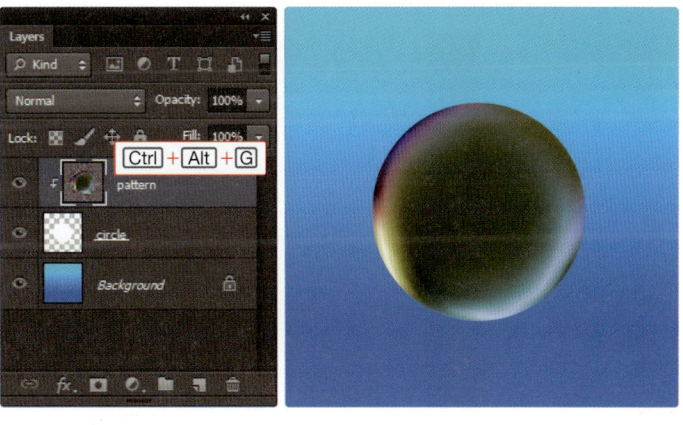

반짝이는 효과 내기

01 Layers 패널에서 새 레이어 추가 아이콘(□)을 클릭하고 레이어 이름을 **whiteeffect**로 수정합니다. 툴 바에서 원형 선택 툴(○)을 선택하고 옵션 바에서 Feather를 15로 설정합니다.

02 작업창에서 물방울의 왼쪽 상단에 가로 50, 세로 50의 크기로 선택 영역을 설정합니다. [Alt]+[Delete]를 눌러 선택 영역을 전경색으로 채우고 [Ctrl]+[D]를 눌러 선택 영역을 해제합니다.

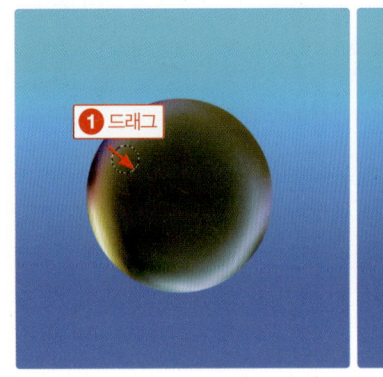 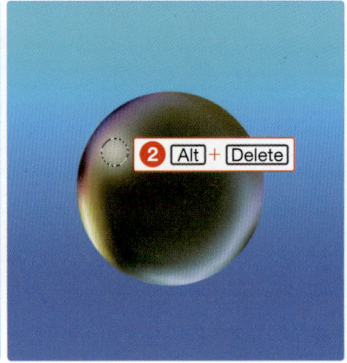 

03 툴 바에서 이동 툴(▸)을 선택하고 작업창에서 [Alt]를 누른 채 오른쪽 하단으로 드래그하여 레이어를 복사합니다.

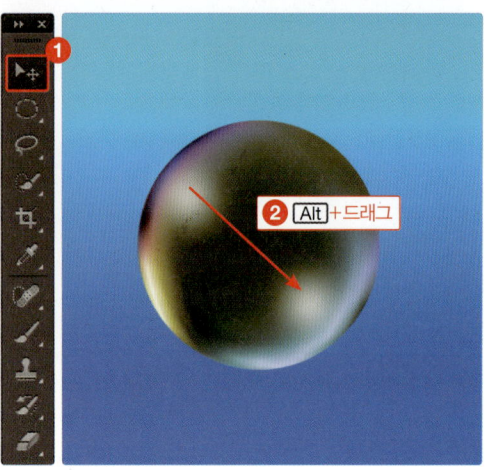

04 Layers 패널에서 Shift를 누른 채 circle 레이어를 선택하여 4개의 레이어를 선택한 후 Ctrl +E를 눌러 선택한 레이어를 모두 병합합니다.

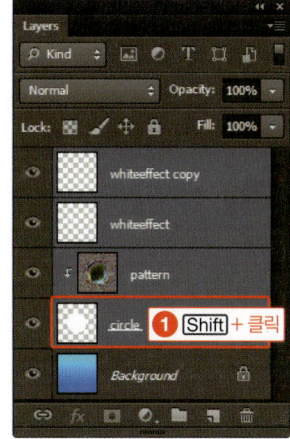

05 Layers 패널에서 whiteeffect copy 레이어의 블렌딩 모드를 **Screen**으로 변경합니다. 비눗방울 효과가 적용되었습니다.

활용예제

인물 이미지 위에 비눗방울을 추가하였습니다. 실내에서 촬영한 이미지였지만 비눗방울을 추가하여 좀 더 사랑스럽고 생동감 있는 분위기로 연출합니다.

맑은 유리 같은 별 만들기

다각형 툴, Bevel & Emboss

▶ HOW TO + 투명하게 비치는 맑고 투명한 유리 재질을 디자인하여 별 아이콘을 만들어봅시다. CS6에서 업그레이드된 다각형 툴을 이용하면 원하는 꼭짓점의 개수를 지정하여 다양한 별 모양을 그릴 수 있습니다. 모서리가 5개인 둥근 별을 그린 후 Bevel & Emboss로 투명한 볼록 효과를 설정하여 유리 재질을 완성합니다.

▶ FILE + 완성 : end/101glass.psd

01 Ctrl+N을 눌러 Name을 **glass**, Width를 **300**, Height를 **300**으로 설정하고 〈OK〉를 눌러 새로운 파일을 생성합니다. 전경색을 **분홍색(#fcb5f6)**으로 설정하고 툴 바에서 다각형 툴(■)을 선택합니다.

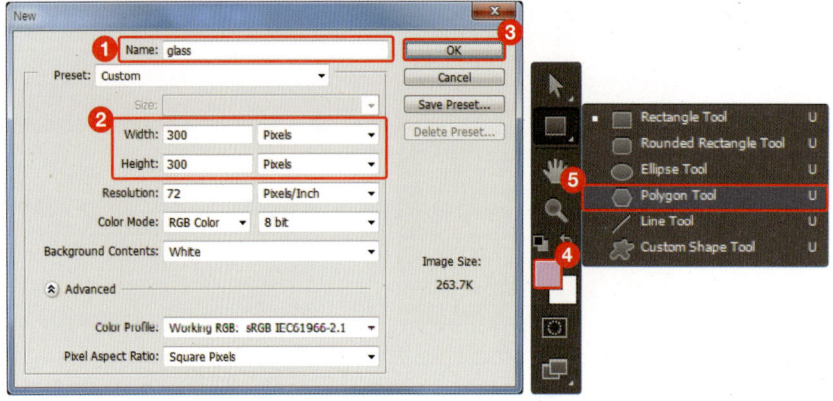

02 옵션 바에서 **Shape**를 선택하고 Fill을 **Solid Color**, Stroke를 **None**, Sides를 **5**로 설정합니다. 확장 아이콘(■)을 클릭하고 **Smooth Corners**와 **Star**, **Smooth Indents**에 체크하고 Indent Sides By를 **50**으로 설정합니다.

03 작업창에 Shift를 누른 채 드래그하여 가로 160, 세로 160의 크기로 별 모양을 그립니다.

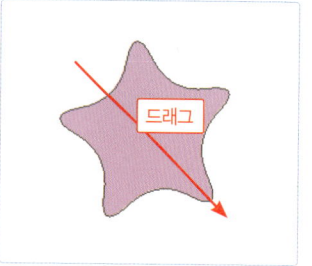

04 Layers 패널에서 생성된 레이어의 이름을 star로 수정하고 오른쪽 빈 공간을 더블클릭하여 [Layer Style]을 실행합니다. 왼쪽 [Style] 항목 중 [Bevel & Emboss]를 선택합니다. Structure에서 Style을 **Inner Bevel**, Technique를 **Smooth**, Depth를 250, Size를 15, Soften을 1로 설정합니다.

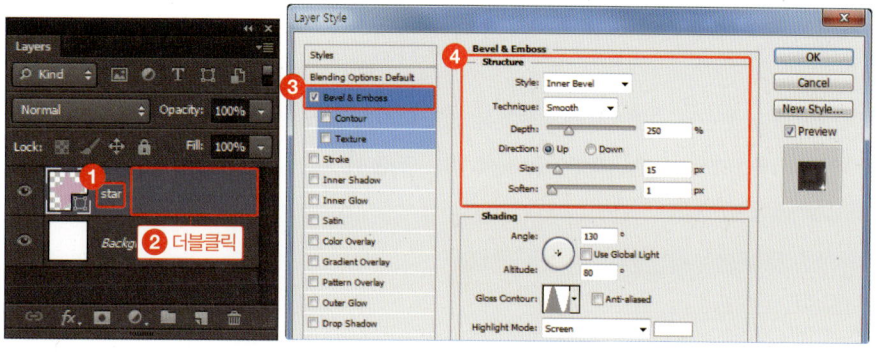

05 Shading에서 **Use Global Light**에 체크 해제하고 Angle을 130, Altitude를 80으로 설정한 후 Gloss Contour의 설정 아이콘(▼)을 클릭하여 **Ring**을 선택합니다. Hightlight Mode의 Opacity를 100, Shadow Mode의 Opacity를 20으로 설정합니다. 별 모양에 입체적인 효과가 적용되었습니다.

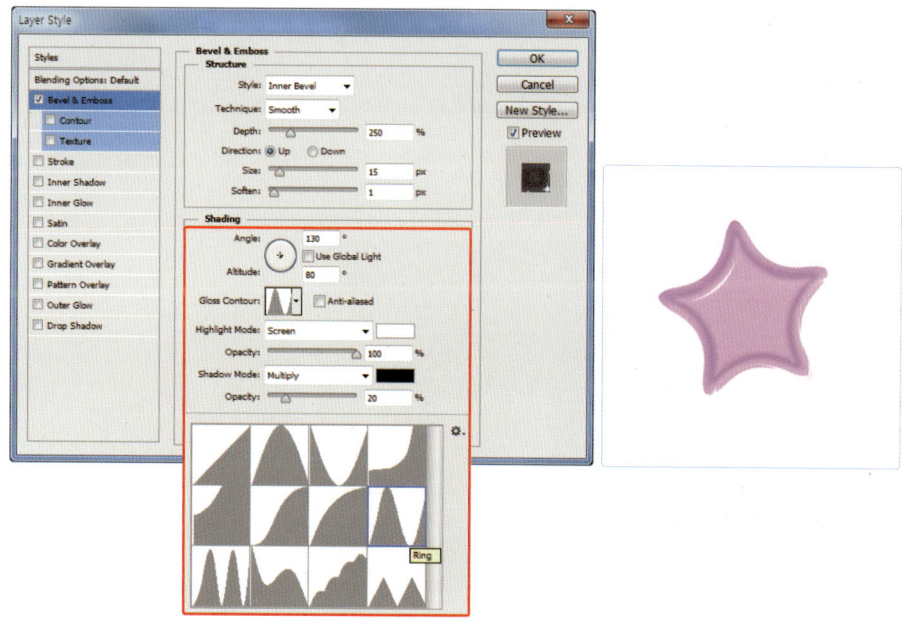

06 왼쪽 [Style] 항목 중 [Bevel & Emboss]의 [Contour]를 선택합니다. Elements에서 Contour의 설정 아이콘(▼)을 클릭하여 **Half Round**를 선택하고 Range를 **50**으로 설정합니다. 별 모양에 볼록 효과가 적용되었습니다.

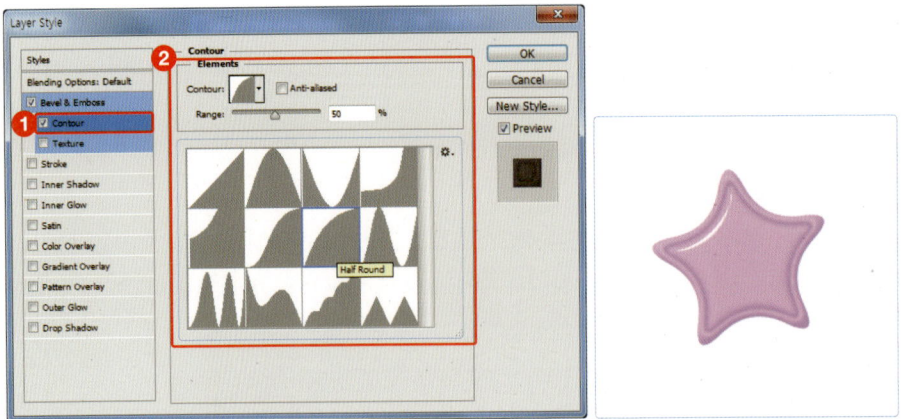

07 왼쪽 [Style] 항목 중 [Inner Shadow]를 선택합니다. Structure에서 Opacity를 **70**으로 설정하고 **Use Global Light**에 체크 해제한 후 Angle을 **135**로 설정합니다. Distance를 **10**, Size를 **10**으로 설정하고 〈OK〉를 눌러 적용합니다. 별 모양에 내부 그림자 효과가 적용되었습니다.

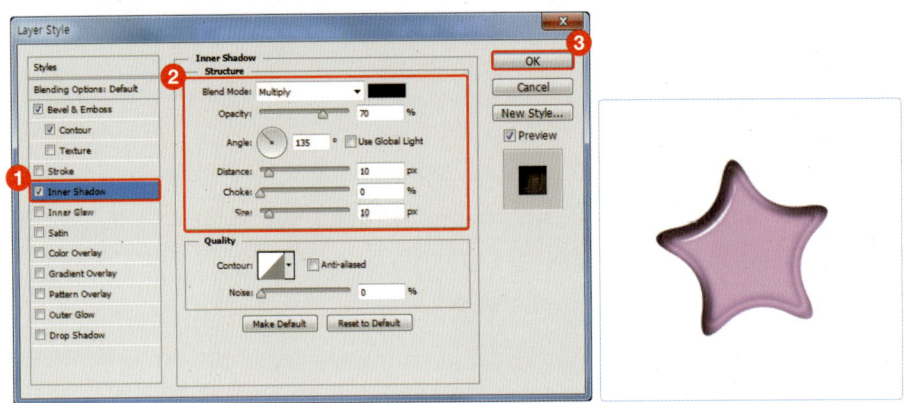

테두리 만들기

01 Layers 패널에서 Ctrl 을 누른 채 새 레이어 추가 아이콘(🗐)을 클릭하고 레이어 이름을 **frame**으로 수정합니다. 다시 Ctrl 을 누르고 star 레이어의 썸네일을 클릭해서 별 모양을 선택 영역으로 설정합니다.

02 [Select]-[Modify]-[Expand] 메뉴를 선택합니다. Expand By를 **6**으로 설정하고 〈OK〉를 눌러 적용합니다. 다시 [Select]-[Modify]-[Smooth] 메뉴를 선택합니다. Sample Radius를 **5**로 설정하고 〈OK〉를 눌러 적용합니다. 선택 영역이 확장되면서 부드러워졌습니다.

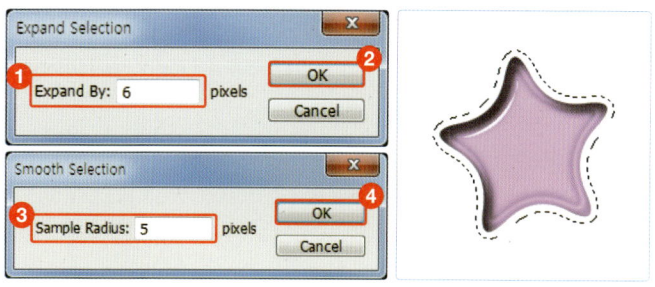

03 [Edit]-[Stroke] 메뉴를 선택합니다. Stroke에서 Width를 **7**, Color를 **분홍색(#fcb5f6)**으로 설정하고 Location을 **Inside**로 설정한 후 〈OK〉를 눌러 적용합니다. 선택 영역 안쪽으로 테두리가 적용되었습니다. Ctrl+D를 눌러 선택 영역을 해제합니다.

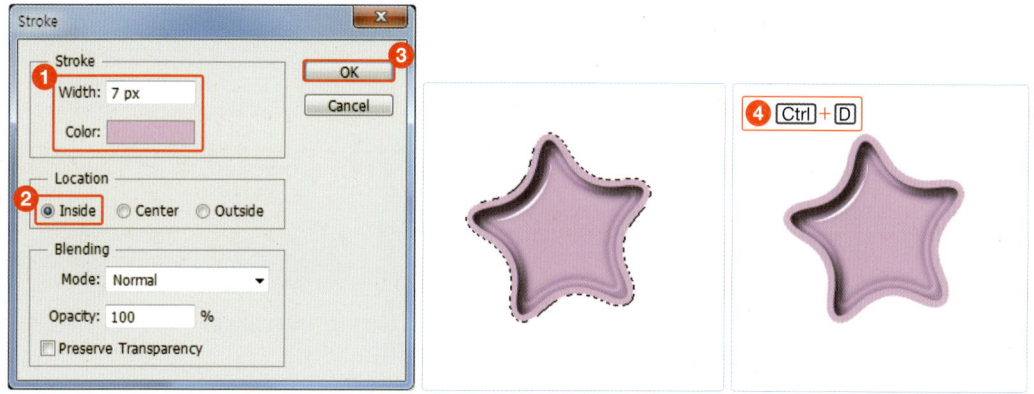

04 Layers 패널에서 frame 레이어의 오른쪽 빈 공간을 더블클릭하여 [Layer Style]을 실행합니다. 왼쪽 [Style] 항목 중 [Bevel & Emboss]를 선택합니다. Structure에서 Style을 **Inner Bevel**, Technique를 **Smooth**, Depth를 **500**, Size를 **6**, Soften을 **1**로 설정합니다.

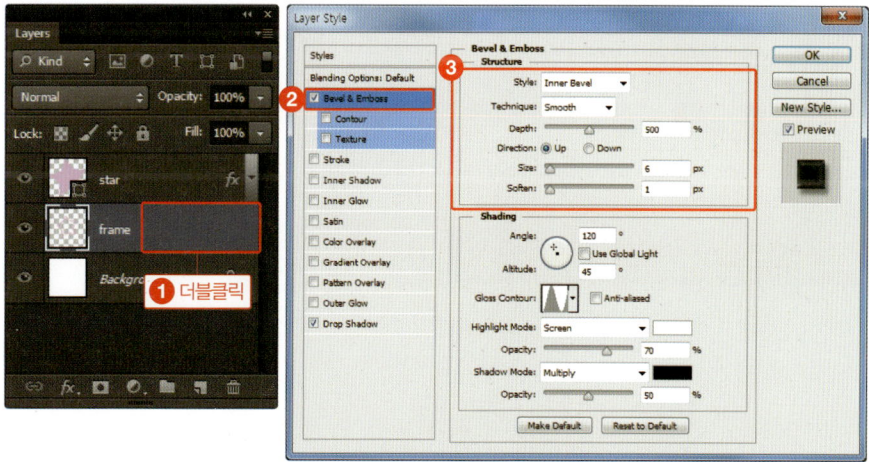

05 Shading에서 **Use Global Light**에 체크 해제하고 Altitude를 **45**로 설정한 후 Gloss Contour의 설정 아이콘(▼)을 클릭하여 **Ring**을 선택합니다. Highlight Mode의 Opacity를 **70**, Shadow Mode의 Opacity를 **50**으로 설정합니다. 테두리에 입체적인 효과가 적용되었습니다.

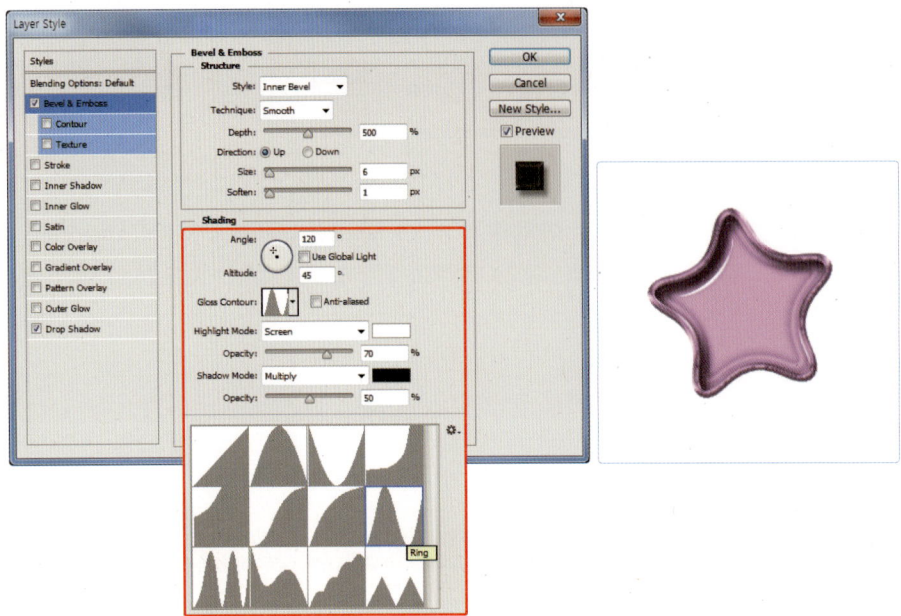

06 왼쪽 [Style] 항목 중 [Bevel & Emboss]의 [Contour]를 선택합니다. Elements에서 Contour의 설정 아이콘(▼)을 클릭하여 **Half Round**를 선택하고 Range를 **100**으로 설정합니다.

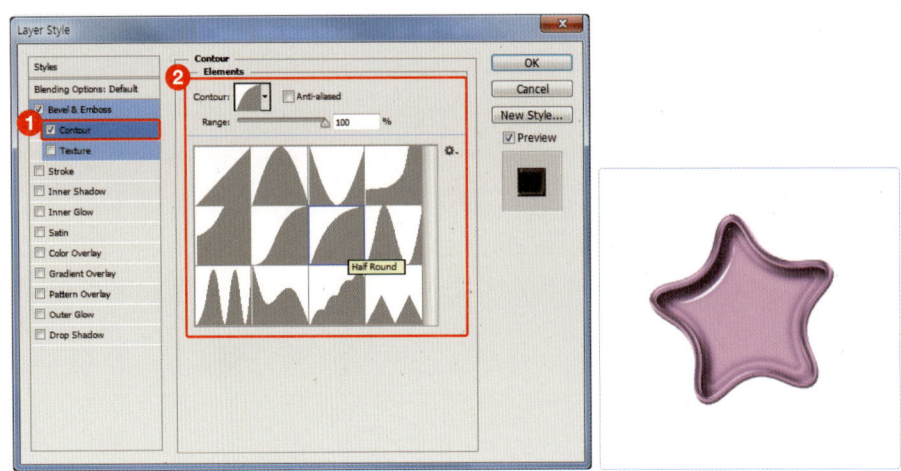

07 왼쪽 [Style] 항목 중 [Drop Shadow]를 선택합니다. Structure에서 Opacity를 **40**으로 설정하고 Distance를 **7**, Size를 **5**로 설정하고 〈OK〉를 눌러 적용합니다. 별 모양에 그림자 효과가 적용되었습니다.

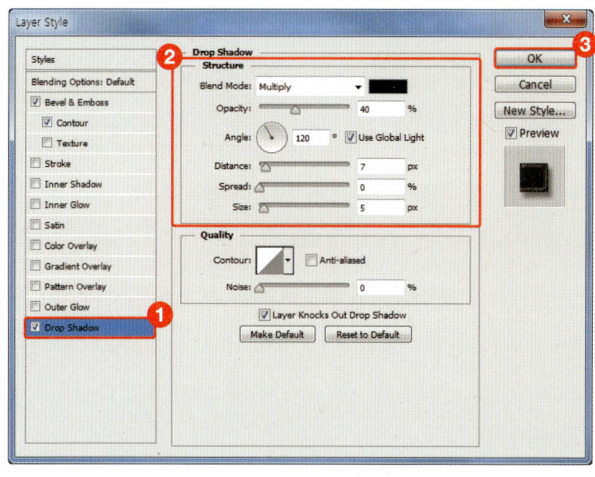

활용예제 반투명하게 비치는 유리 재질의 별 3개를 배치하여 펜던트를 만들었습니다. 목걸이 끈을 만들어 그 위에 배치하면 펜던트 아래로 끈이 비치면서, 마치 매달려 있는 것처럼 연출됩니다.

레이스로 브러시 만들기

Channels, Define Brush Preset

▶ HOW TO + 레이스는 생활 속에서 가장 흔하게 접하는 디자인 소스입니다. 사진을 찍은 후에 Channels로 레이스만 분리하고 브러시로 등록합니다. 브러시의 색상과 크기를 자유롭게 조절하여 디자인에 활용합니다.

▶ FILE + 예제 : data/102lace.jpg, 102lace-apply.psd 완성 : end/102lace-apply.psd

01 Ctrl+O를 눌러 data/102lace.jpg 파일을 불러옵니다. [Window]-[Channels] 메뉴를 선택합니다. Channel 패널에서 Red 채널을 새 채널 추가 아이콘( )으로 드래그해서 복사합니다.

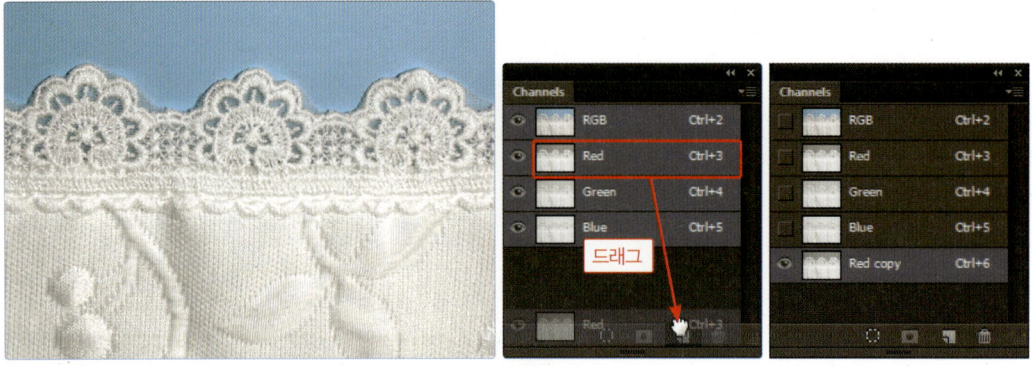

TIP . Channels에서 복사하는 채널은 대비가 가장 큰 색상 채널로 하는 것이 좋습니다.

02 Red copy 채널이 선택되면서 이미지가 흑백으로 변경됩니다. [Image]-[Adjustments]-[Levels] 메뉴 또는 Ctrl+L을 누릅니다. Input Levels를 **164**, **1.00**, **188**로 설정하고 〈OK〉를 눌러 적용합니다.

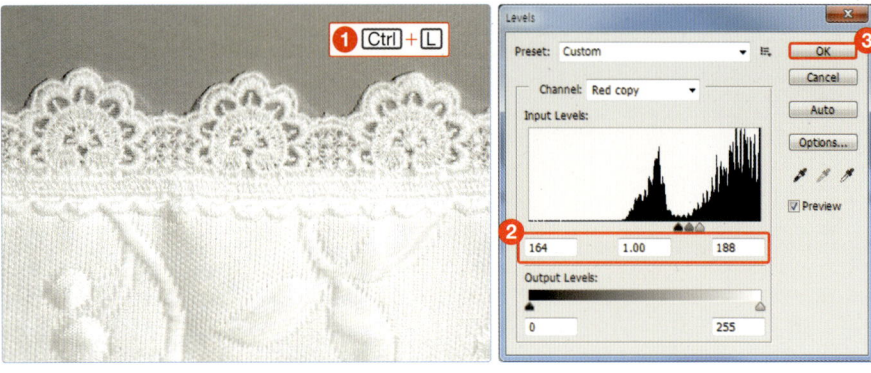

03 레이스는 흰색으로, 배경은 검은색으로 표현되면 Channels 패널에서 선택 영역 만들기 아이콘( )을 클릭해서 레이스를 선택 영역으로 설정합니다.

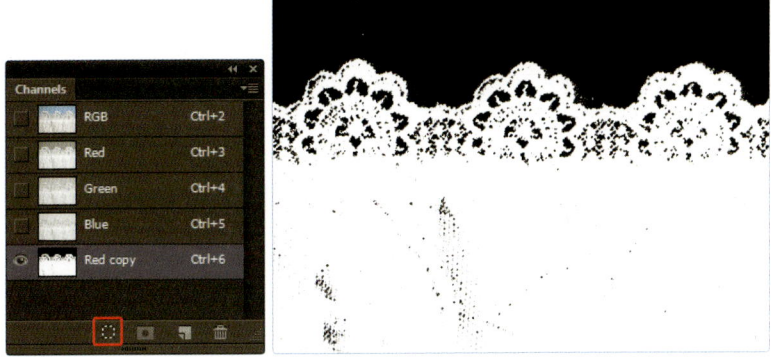

04 Channels 패널에서 RGB 채널을 클릭하여 레이스 색상을 원래대로 표현합니다.

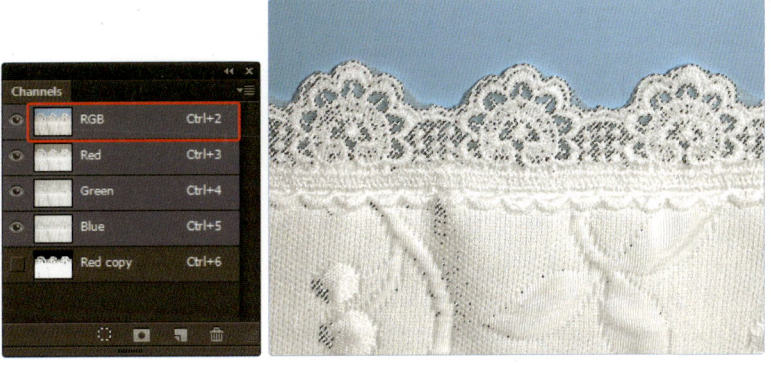

05 Layers 패널에서 Ctrl+J를 눌러 선택 영역을 새로운 레이어에 복사하고 Background 레이어의 눈 아이콘( )을 클릭합니다. 작업창에 레이스만 나타나면 전경색을 **검은색(#000000)**으로 설정하고 Alt+Shift+Delete를 눌러 레이스를 검은색으로 변경합니다.

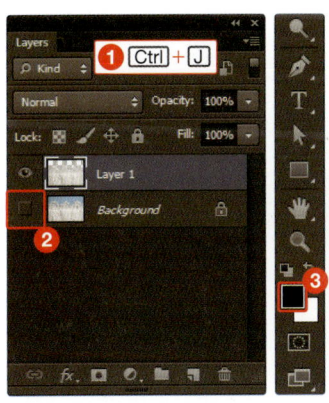 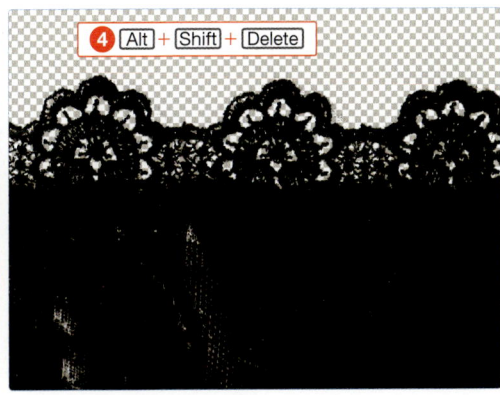

브러시로 등록하기

01 툴 바에서 사각 선택 툴(▭)을 클릭하고 옵션 바에서 Feather를 0으로 설정합니다.

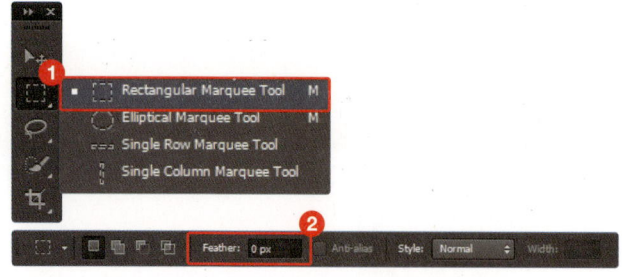

02 작업창에서 브러시로 쓸 부분만 드래그하여 선택 영역으로 만듭니다. [Edit]-[Define Brush Preset] 메뉴를 선택하고 〈OK〉를 눌러 브러시를 등록합니다.

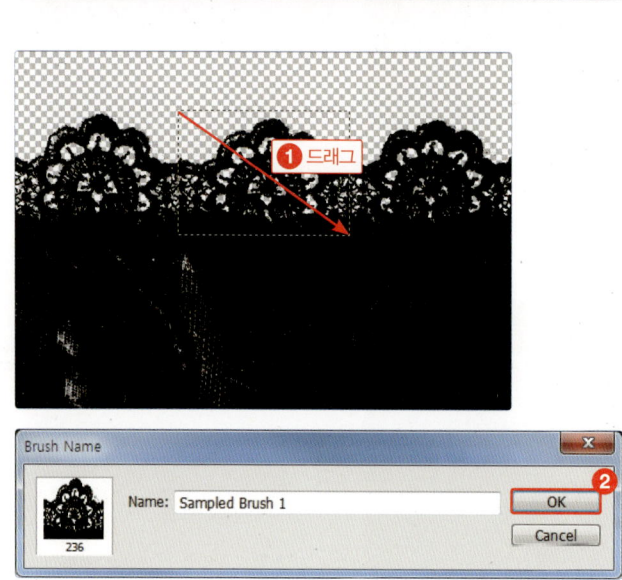

브러시 적용하기

01 Ctrl+O를 눌러 data/102lace-apply.psd 파일을 불러옵니다. Layers 패널에서 Background 레이어를 선택하고 새 레이어 추가 아이콘(🗐)을 클릭한 뒤 레이어 이름을 lace로 수정합니다.

02 전경색을 **흰색(#ffffff)**으로 설정하고 툴 바에서 브러시 툴 (　)을 선택합니다. 옵션 바에서 설정 아이콘(　)을 클릭하고 조금 전에 추가한 레이스 브러시를 선택합니다. Size를 25로 설정하고 브러시 패널 열기 아이콘(　)을 클릭합니다.

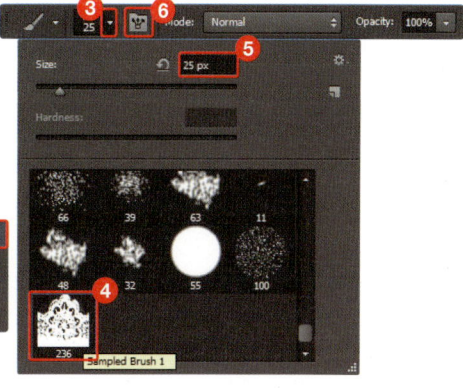

03 Brush 패널에서 왼쪽 [Brush Tip Shape]를 선택하고 Spacing을 100으로 설정합니다. 작업창에서 Shift를 누르고 오른쪽으로 드래그하여 브러시를 그립니다.

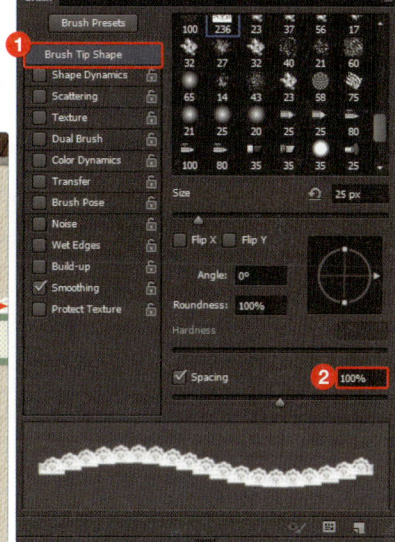

04 Layers 패널에서 lace 레이어의 오른쪽 빈 공간을 더블클릭하여 [Layer Style]을 실행합니다. 왼쪽 [Style] 항목 중 [Drop Shadow]를 선택합니다. Structure에서 Opacity를 75, Distance를 0, Size를 2로 설정한 후 〈OK〉를 클릭합니다. 레이스 브러시에 그림자 효과가 설정되었습니다.

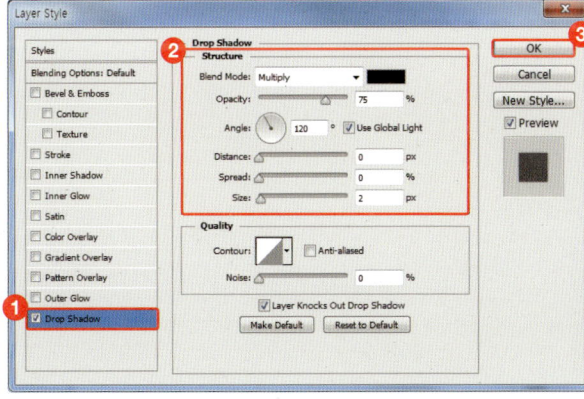

313

05 툴 바에서 이동 툴(▶+)을 선택합니다. 작업창에서 Alt+Shift를 누른 채 아래로 드래그하여 레이스 브러시를 복사합니다. [Edit]-[Transform]-[Flip Vertical] 메뉴를 선택합니다. 복사된 레이스 브러시가 상하로 반전되었습니다.

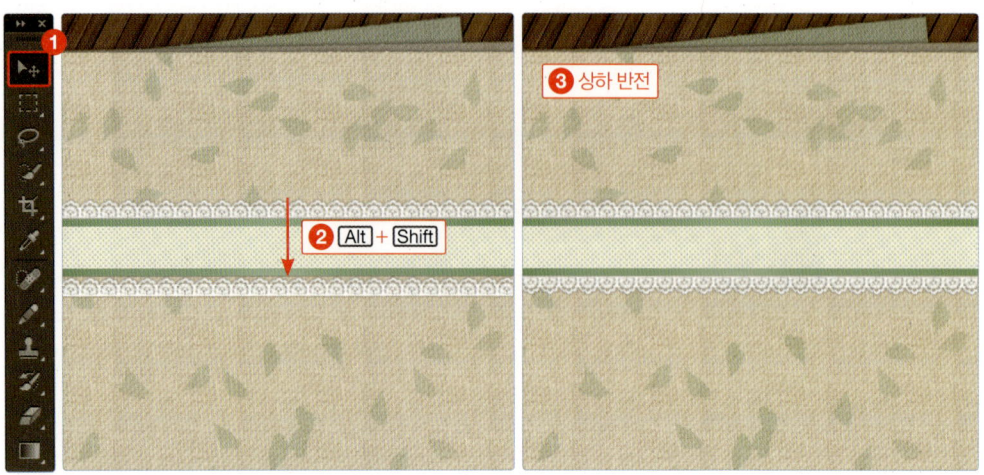

활용예제

일상생활에서 흔히 접할 수 있는 커튼이나 식탁보 등에 있는 레이스로 디자인 소스를 제작하였습니다. 팝업이나 이벤트 페이지 등의 작은 요소로 활용하여 여성스러운 디자인으로 연출합니다.

103 보송보송한 털방울 만들기

원형 툴, Stroke path with Brush, Noise, Motion Blur

▶ HOW TO + 겨울 아이템으로 많이 사용되는 털방울을 제작해봅시다. 털방울에서는 털이 보송보송한 모습을 연출하는 것이 핵심입니다. 원을 그리고 원 주변을 따라 브러시로 털을 연출합니다. Noise와 Motion Blur를 활용해 거친 듯한 털방울의 재질감을 표현하여 완성합니다.

▶ FILE + 완성 : end/103pompom.psd

01 Ctrl+N을 눌러 Name을 **pompom**, Width를 500, Height를 500으로 설정하고 〈OK〉를 눌러 새로운 파일을 생성합니다. Layers 패널에서 새 레이어 추가 아이콘(■)을 클릭하고 레이어 이름을 **pompom**으로 수정합니다.

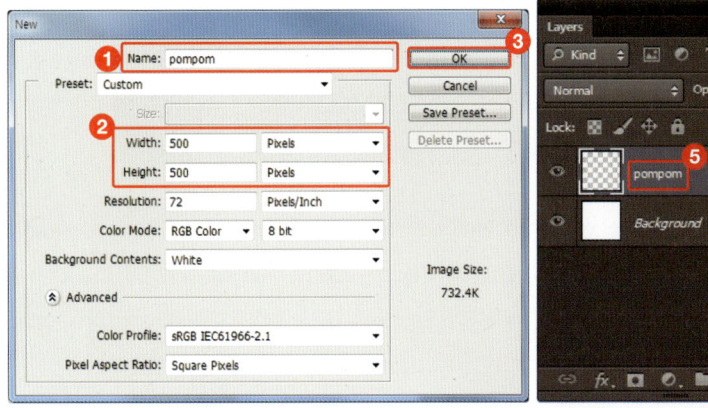

02 전경색을 **빨간색(#ff0000)**으로 설정합니다. 툴 바에서 원형 툴(●)을 클릭하고 옵션 바에서 **Path**를 선택합니다. 작업창에 가로 150, 세로 150의 크기로 원 모양의 패스를 그립니다.

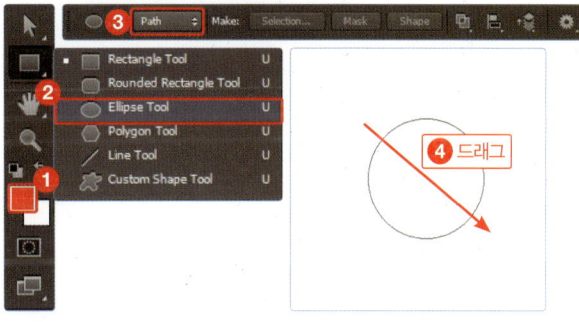

03 [Window]-[Paths] 메뉴를 선택합니다. Paths 패널에서 전경색으로 패스 채우기 아이콘(●)을 클릭해 패스 내부를 빨간색으로 채웁니다.

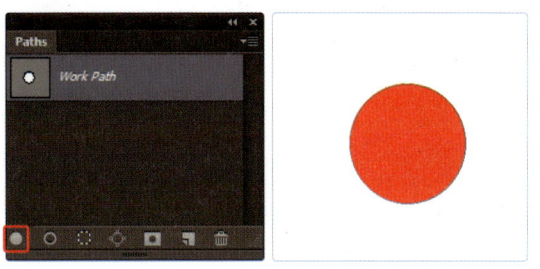

04 툴 바에서 브러시 툴(🖌)을 선택합니다. 옵션 바에서 설정 아이콘(▼)과 확장 아이콘(⚙)을 차례로 클릭하여 [Assorted Brushes] 메뉴를 선택합니다.

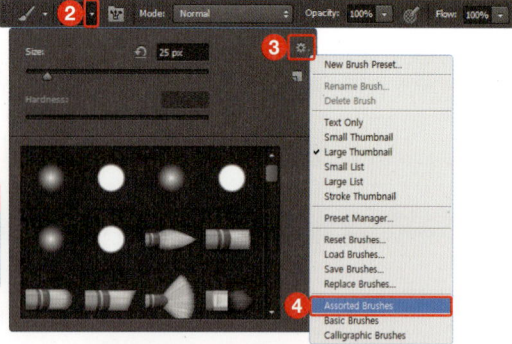

05 〈Append〉를 눌러 브러시를 추가합니다. **Starburst – Small** 브러시를 선택하고 Size를 100으로 설정한 후 브러시 패널 열기 아이콘(📋)을 클릭합니다.

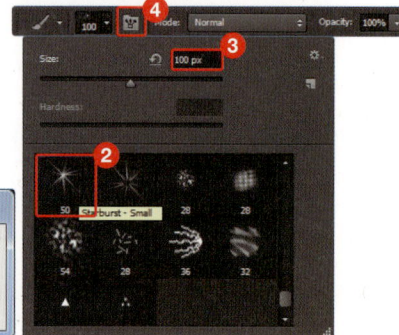
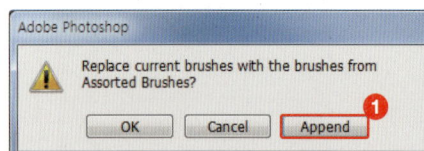

06 Brush 패널에서 왼쪽 [Shape Dynamics] 메뉴를 선택합니다. Size Jitter를 **100**으로 설정하고 Size Jitter의 Controls를 **Off**로 설정한 후 Minimum Diameter를 **0**으로 설정합니다. Angle Jitter를 **100**으로 설정하고 Roundness Jitter를 **0**으로 설정합니다. 다시 왼쪽 [Scattering] 메뉴를 선택합니다. Scatter를 **0**으로 설정하고 Scatter의 Controls를 **Off**로 설정합니다. Count를 **16**, Count Jitter를 **0**으로 설정하고 Count Jitter의 Controls를 **Off**로 설정합니다.

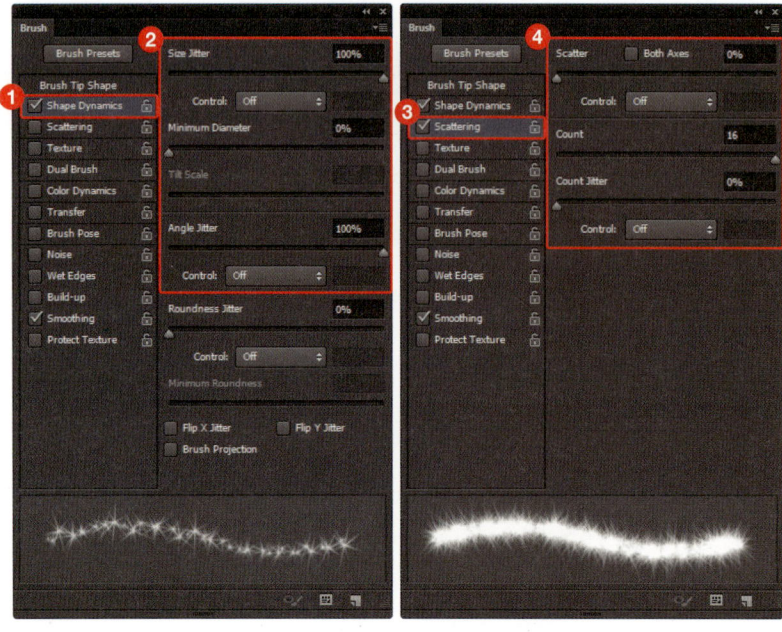

07 Paths 패널에서 브러시로 패스 테두리 그리기 아이콘(◯)을 클릭하여 패스 선을 따라 브러시를 그립니다. **한 번 더 클릭**해 빈틈없이 그려지도록 합니다.

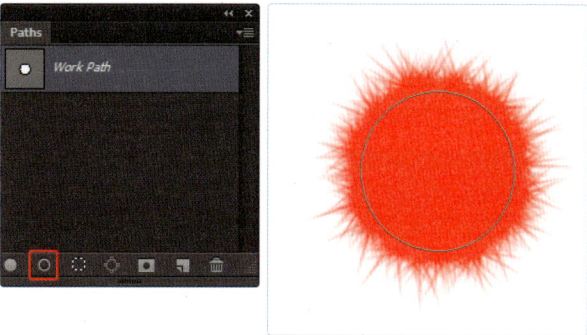

08 Paths 패널의 빈 공간을 클릭하여 패스 선을 감춥니다. Layers 패널에서 pompom 레이어의 오른쪽 빈 공간을 더블클릭하여 [Layer Style]을 실행합니다.

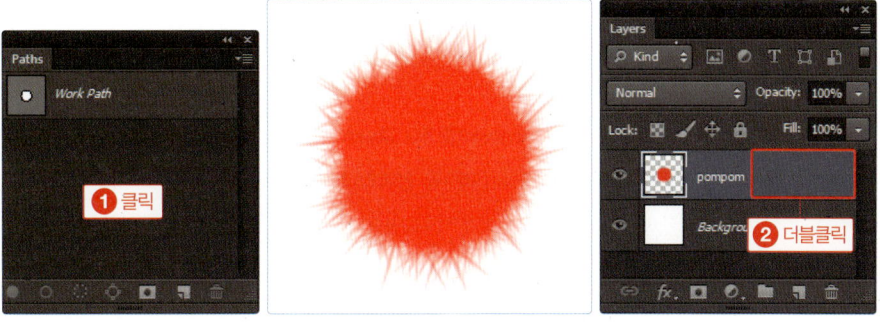

09 왼쪽 [Style] 항목 중 [Inner Shadow]를 선택합니다. Structure에서 **Use Global Light**에 체크 해제하고 Angle을 **−40**으로 설정하고 Distance를 **40**, Size를 **60**으로 설정한 후 〈OK〉를 클릭합니다. 털뭉치에 그림자 효과가 적용되었습니다.

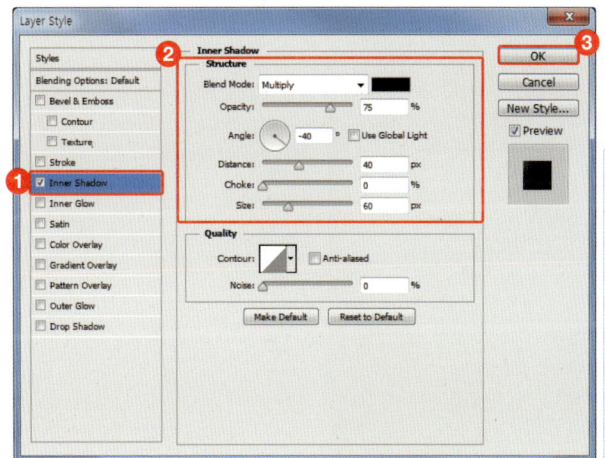
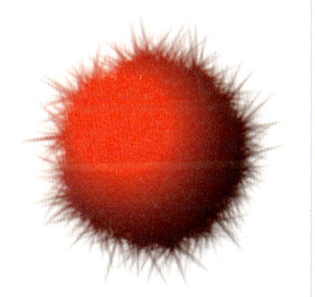

효과 적용하기

01 Layers 패널에서 새 레이어 추가 아이콘(□)을 클릭하고 레이어 이름을 **color**로 수정합니다. 전경색을 **노란색 (#f7e842)**으로 설정하고 [Alt]+[Delete]를 눌러 작업창을 전경색으로 채웁니다.

02 [Filter]-[Noise]-[Add Noise] 메뉴를 선택합니다. Amount를 **50**, Distribution을 **Uniform**, **Monochromatic**을 체크하고 〈OK〉를 클릭합니다. [Filter]-[Blur]-[Motion Blur] 메뉴를 선택합니다. Angle을 **70**, Distance를 **10**으로 설정하고 〈OK〉를 눌러 적용합니다. 작업창에 노이즈와 모션블러 효과가 적용되었습니다.

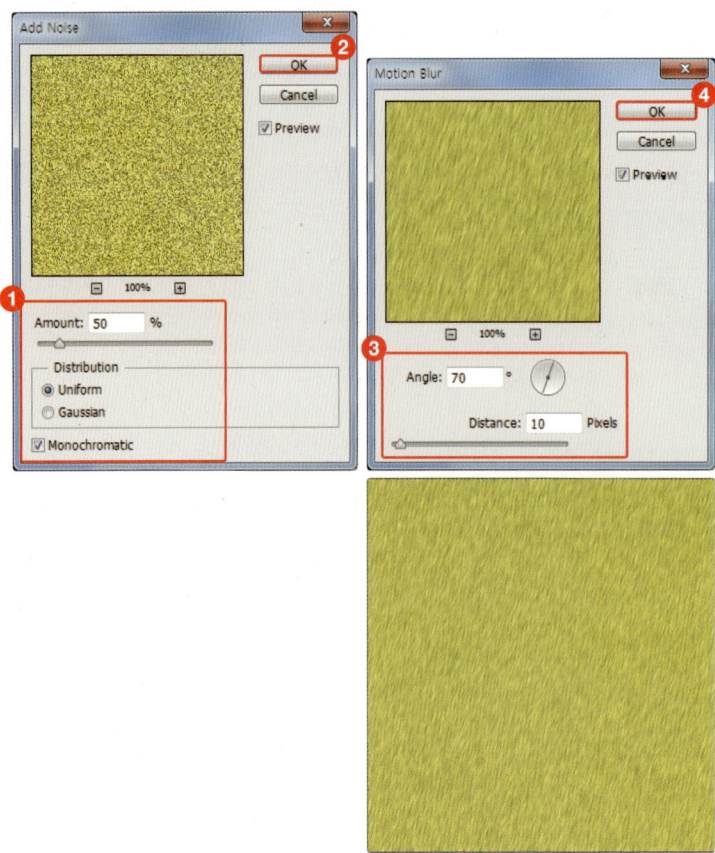

03 Layers 패널에서 Ctrl+Alt+G를 눌러 color 레이어를 클리핑 마스크 처리합니다. 털방울 효과가 적용되었습니다.

MINI GALLERY 미.니.갤.러.리

GALLERY 갤.러.리

PHOTO SHOP CS6

CHAPTER 08

패턴

ADOBE
PHOTOSHOP
CS6

패턴은 디자인 작업에서 가장 많이 사용되는 소스 중 하나입니다. 배경, 텍스트, 버튼 등 모든 요소에 골고루 사용됩니다. 보통 작은 사이즈로 제작한 후 일정한 간격으로 반복되도록 하여 어디서든 쉽게 불러다 적용합니다. 이번 장에서는 분위기를 살려주는 땡땡이, 사선, 체크, 하트, 꽃, 달마시안, 젖소 무늬를 제작하는 방법을 알아보고 패턴으로 등록하여 사용해보겠습니다.

모눈종이 패턴

Pattern Overlay, Color Overlay

▶ HOW TO + 포토샵에는 기본으로 제공하는 패턴이 있습니다. 기본 패턴을 바로 사용하는 경우도 있지만 색상이나 크기를 조절하고 다른 색상, 이미지와 합성하여 다양한 느낌으로 변경하여 사용하기도 합니다. 이번 예제에서는 하늘색의 기본 패턴을 빨간색과 합성하여 변경해보겠습니다.

▶ FILE + 완성 : end/104graphpaper.psd

01 Ctrl+N을 눌러 Name을 **graphpaper**, Width를 **500**, Height를 **500**으로 설정하고 〈OK〉를 눌러 새로운 파일을 생성합니다. Layers 패널에서 Background 레이어를 더블클릭합니다. name을 **pattern**으로 설정하고 〈OK〉를 클릭합니다.

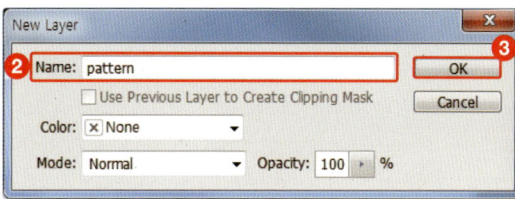
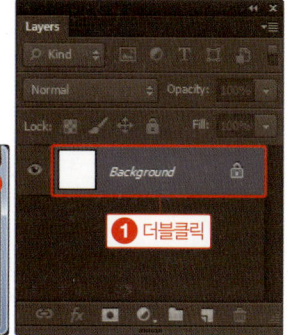

NOTE | New Layer 창 살펴보기

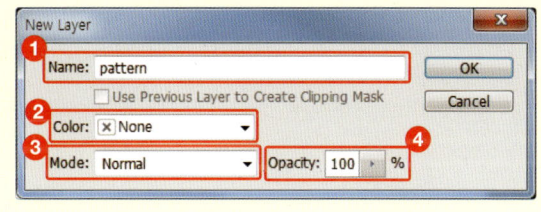

1 **Name** : 레이어의 이름을 설정합니다.
2 **Color** : Layers 패널에서 눈 아이콘( ) 영역의 색상을 설정합니다.
3 **Mode** : 합성 방식을 설정합니다.
4 **Opacity** : 불투명도를 설정합니다.

02 Layers 패널에서 Background 레이어가 pattern이라는 이름의 일반 레이어로 변경되었습니다. pattern 레이어의 오른쪽 빈 공간을 더블클릭하여 [Layer Style]을 실행합니다.

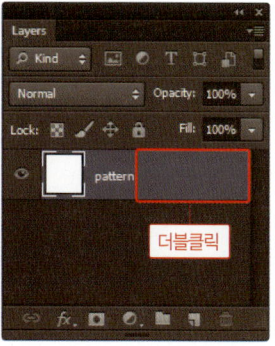

03 왼쪽 [Style] 항목 중 [Pattern Overlay]를 선택합니다. Blend Mode를 **Normal**, Opacity를 **100**으로 설정하고 Pattern의 설정 아이콘(▼)을 클릭합니다. **Graph Pager** 패턴을 선택하고 Scale을 **100**으로 설정합니다. 작업창 전체에 모눈종이 패턴이 적용되었습니다.

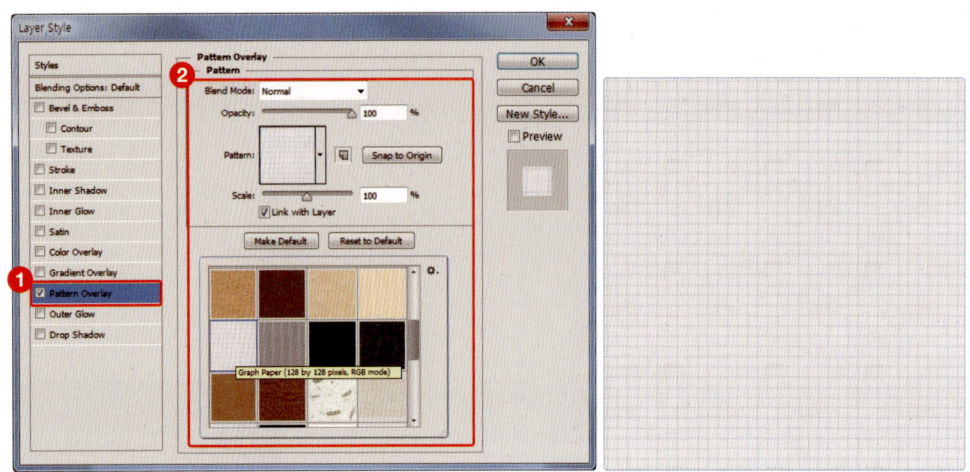

04 왼쪽 [Style] 항목 중 [Color Overlay]를 선택합니다. Blend Mode를 **Overlay**, Color를 **빨간색**(**#ff0000**), Opacity를 **100**으로 설정하고 〈OK〉를 눌러 적용합니다. 작업창에서 모눈종이 패턴의 색상이 빨간색으로 변경되었습니다.

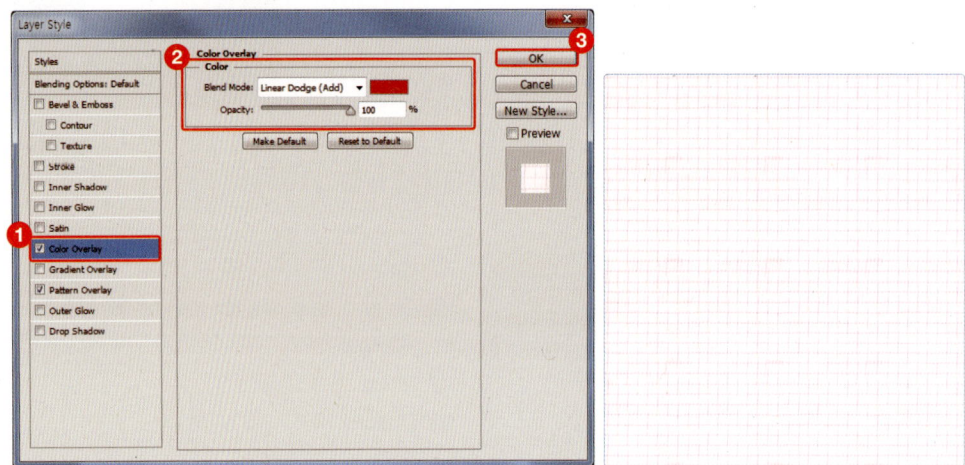

105 워터마크 만들기

Define pattern, Fill

▶ HOW TO+ 저작권을 표시하기 위해 이니셜이나 홈페이지의 도메인을 이미지 위에 일정한 간격으로 표시합니다. 이럴 경우 같은 모양의 디자인으로 표시하기 위해서 패턴으로 등록하고 반복적으로 채워서 깔끔한 워터 마크를 제작할 수 있습니다.

▶ FILE+ 예제 : data/105logo.psd, 105logo-apply.psd 완성 : end/105logo-apply.psd

패턴 등록하기

01 Ctrl+O를 눌러 data/105logo.psd 파일을 불러옵니다. Layers 패널에서 Background 레이어의 눈 아이콘(👁)을 클릭해서 배경이 보이지 않게 처리합니다. [Edit]-[Define Pattern] 메뉴를 선택하고 〈OK〉를 눌러 로고 이미지를 패턴으로 등록합니다.

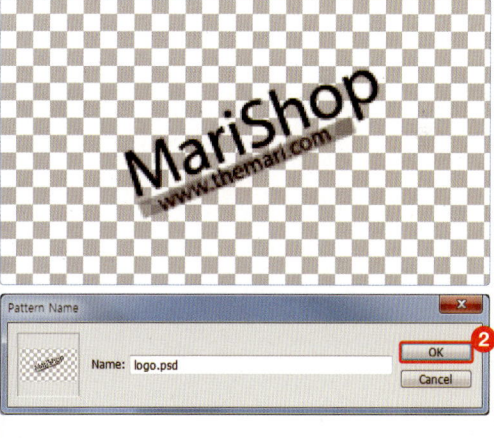

워터마크 적용하기

01 Ctrl+O를 눌러 data/105logo-apply.psd 파일을 불러옵니다. Layers 패널에서 새 레이어 추가 아이콘(🞖)을 클릭하고 레이어 이름을 **watermark**로 수정합니다.

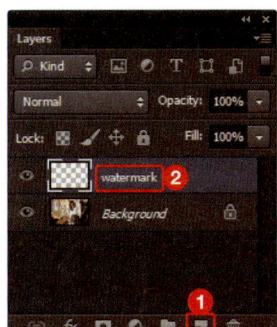

02 [Edit]-[Fill] 메뉴 또는 Shift+F5를 누릅니다. Contents에서 Use를 **Pattern**으로 설정하고 Custom Pattern의 설정 아이콘(▼)을 클릭해서 위에서 등록한 **logo** 패턴을 선택합니다. Blending에서 Mode를 **Normal**, Opacity를 **20**으로 설정하고 〈OK〉를 눌러 적용합니다.

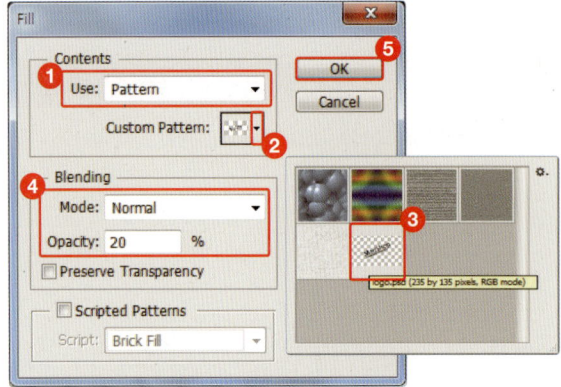

03 이미지에 워터마크가 깔끔하게 적용되었습니다.

106 사선 패턴

연필 툴, Define Pattern

▸ HOW TO ✛ 사선 패턴은 가장 쉽고 심플하게 제작할 수 있으며 깔끔하게 그려지는 연필 툴을 주로 사용해 제작합니다. 1픽셀의 사선으로 작게 만들어 고급스러운 배경 연출에 사용하고 두껍게 만들거나 색상을 다르게 하여 발랄한 분위기를 연출하는 데 사용합니다.

▸ FILE ✛ 완성 : end/106line.psd, 106line-end.psd

01 Ctrl+N을 눌러 Name을 **line**, Width를 **20**, Height를 **20**으로 설정하고 〈OK〉를 눌러 새로운 파일을 생성합니다. 툴 바에서 손바닥 툴( )을 더블클릭해서 작업창을 최대 크기로 확대합니다.

02 전경색을 **분홍색(#f59fbc)**, 배경색을 **노란색(#fdfbca)**으로 설정하고 Ctrl+Delete를 눌러 작업창을 배경색으로 채웁니다. Layers 패널에서 새 레이어 추가 아이콘( )을 클릭하고 레이어 이름을 **line**으로 수정합니다.

03 툴 바에서 연필 툴(✏)을 선택합니다. 옵션 바에서 설정 아이콘(⚙)을 클릭하고 **Hard Round** 브러시를 선택하고 **Size** 를 **5**, Opacity를 **100**으로 설정합니다.

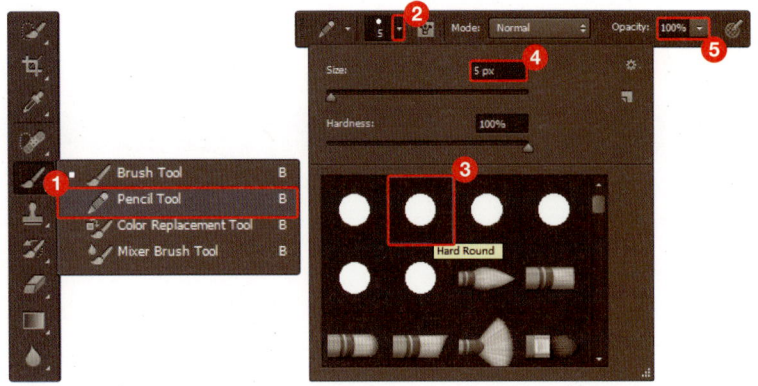

04 작업창의 오른쪽 상단 부분을 클릭해서 브러시를 찍습니다. [Shift]를 누르고 작업창의 왼쪽 하단 부분을 클릭해서 브러시로 사선을 그립니다.

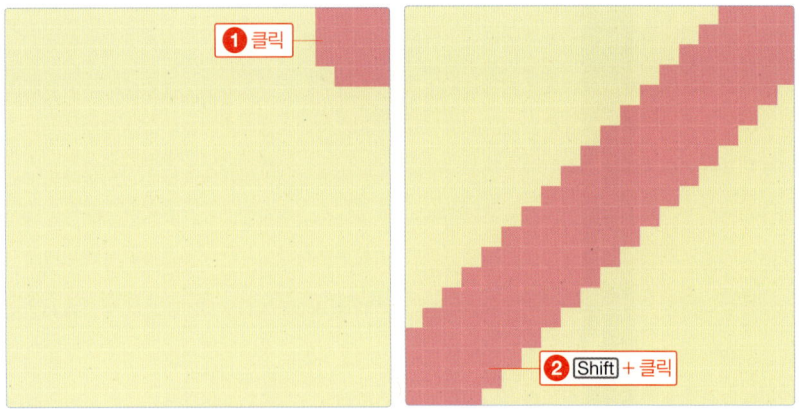

05 툴 바에서 이동 툴(▶)을 선택하고 왼쪽으로 **5**, 위쪽으로 **5** 정도 드래그하여 사선의 위치를 이동시킵니다. [Alt]를 누르고 오른쪽으로 **10**, 아래쪽으로 **10** 정도 드래그하여 사선을 복사합니다.

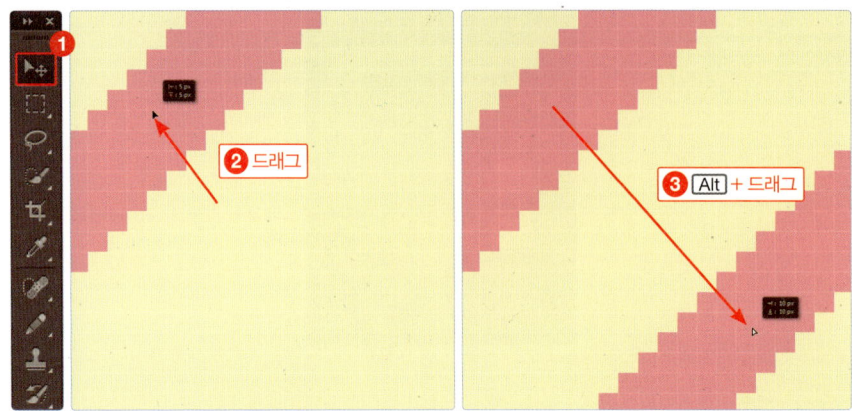

06 [Edit]-[Define Pattern] 메뉴를 선택하고 〈OK〉를 눌러 패턴을 등록한 후 사용합니다.

N OTE 등록한 패턴 사용하는 방법

패턴을 등록한 후 사용하는 방법에는 두 가지가 있습니다.

[Edit]-[Fill] : 빈 영역에 간단하게 패턴 모양을 채우는 방식입니다.
[Layer]-[Layer Style]-[Pattern Overlay] : 색상이 채워져 있는 모양에 패턴을 입히는 방식입니다. 색상의 모양이 변경되어도 패턴이 깨지지 않고 그대로 유지되는 장점이 있습니다.

• **[Edit]-[Fill]로 패턴 채우기**

1 Ctrl + N을 눌러 Width를 **500**, Height를 **500**으로 설정하고 〈OK〉를 눌러 새로운 파일을 생성합니다. [Edit]-[Fill] 메뉴 또는 Shift + F5를 누릅니다. Contents에서 Use를 **Pattern**으로 설정하고 Custom Pattern의 설정 아이콘(▼)을 클릭해서 위에서 등록한 **line** 패턴을 선택합니다. Blending에서 Mode를 **Normal**, Opacity를 **100** 으로 설정한 후 〈OK〉를 눌러 적용합니다. Layers 패널의 Background 레이어에 바로 패턴이 적용되었습니다.

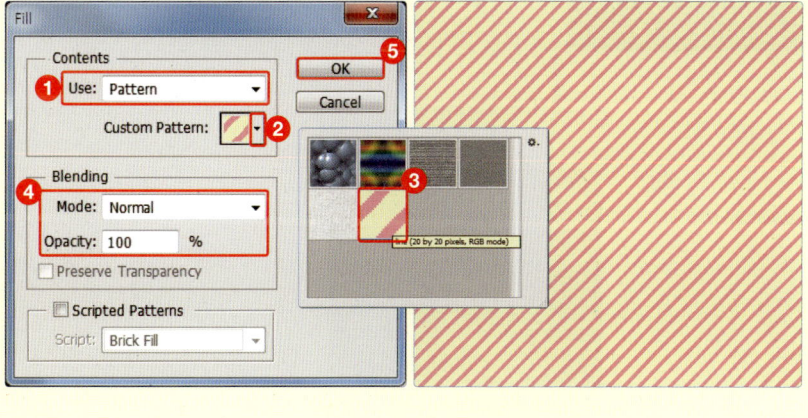

- **[Layer]-[Layer Style]-[Pattern Overlay]로 패턴 채우기**

1. Ctrl+N을 눌러 Width를 500, Height를 500으로 설정하고 〈OK〉를 눌러 새로운 파일을 생성합니다. Layers 패널에서 새 레이어 추가 아이콘(□)을 클릭합니다. 전경색을 **검은색(#000000)**으로 설정하고 Alt+Delete를 눌러 작업 창을 전경색으로 채웁니다.

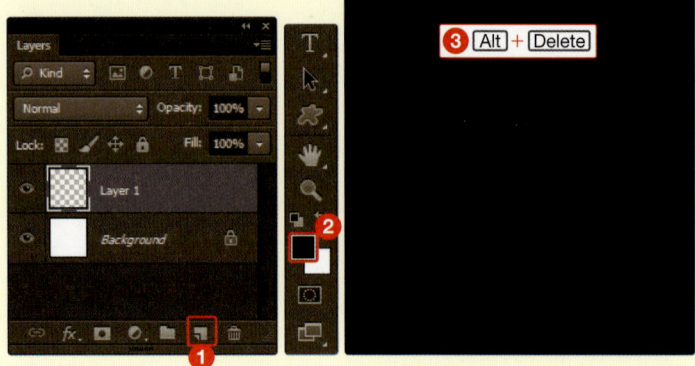

2. Layers 패널에서 Layer 1 레이어의 오른쪽 빈 공간을 더블클릭하여 [Layer Style]을 실행합니다. 왼쪽 [Style] 항목 중 [Pattern Overlay]를 선택합니다. Blend Mode를 **Normal**, Opacity를 **100**으로 설정합니다. Pattern의 설정 아이콘(▼)을 클릭하고 등록한 line 패턴을 선택합니다. Scale을 **100**으로 설정하고 〈OK〉를 눌러 적용합니다.

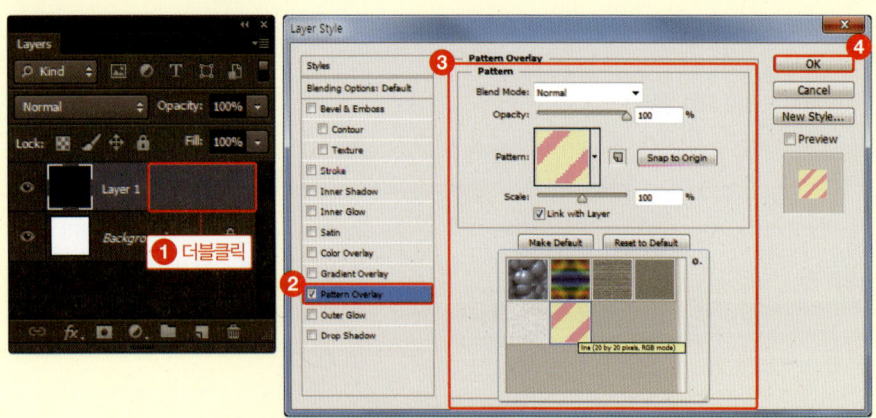

3. Layers 패널의 Layer 1 레이어에 패턴이 적용되었습니다.

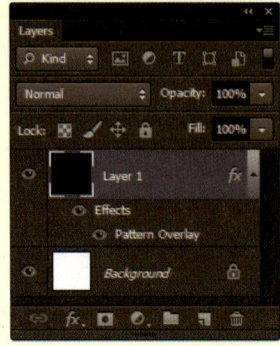

107 땡땡이 패턴

원형 툴, Define Pattern

▶ HOW TO ✚ 발랄하고 귀여운 분위기를 연출할 때 원을 이용한 땡땡이 패턴을 많이 사용합니다. 가운데에 원을 그린 후에 일정한 간격으로 복사하고 반복해도 모양이 깨지지 않도록 배치합니다. 색상과 원의 크기를 변경하여 다양한 디자인에 사용할 수 있도록 준비해봅시다.

▶ FILE ✚ 완성 : end/107circle.psd, 107circle-end.psd

01 Ctrl+N을 눌러 Name을 **circle**, Width를 **30**, Height를 **30**으로 설정하고 〈OK〉를 눌러 새로운 파일을 생성합니다. 전경색을 **분홍색(#f5b0c3)**, 배경색을 **갈색(#410400)**으로 설정하고 Ctrl+Delete를 눌러 배경색을 채웁니다. 툴 바에서 손바닥 툴( )을 더블클릭해서 작업창을 최대 크기로 확대합니다.

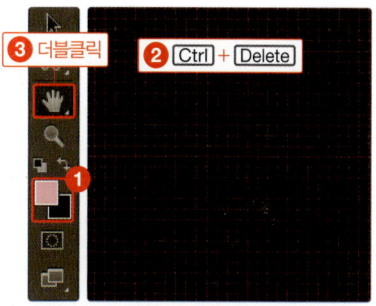

02 Layers 패널에서 새 레이어 추가 아이콘( )을 클릭하고 레이어 이름을 **circle**로 수정합니다. 툴 바에서 원형 툴( )을 선택하고 옵션 바에서 **pixels**를 설정합니다.

03 작업창을 클릭하고 Width를 **10**, Height를 **10**으로 설정한 후 〈OK〉를 눌러 적용합니다. 작업창에 가로 10, 세로 10 크기의 원이 그려졌습니다.

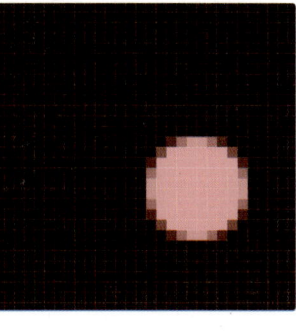
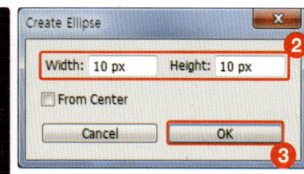

TIP. Create Ellipse 창에서 Width와 Height는 각각 도형의 가로와 세로 크기를 설정하며, From Center를 체크하면 가운데에서부터 도형을 그립니다.

04 원 이미지를 가운데로 정렬해보겠습니다. Layers 패널에서 Ctrl을 누르고 Background 레이어를 선택한 후 툴 바에서 이동 툴(🔹)을 선택합니다. 옵션 바에서 수직 중앙 정렬 아이콘(🔹)을 클릭해서 상하 위치를 가운데로, 수평 중앙 정렬 아이콘(🔹)을 클릭해서 좌우 위치를 가운데로 설정합니다. 이미지가 배경의 가운데에 정렬되었습니다.

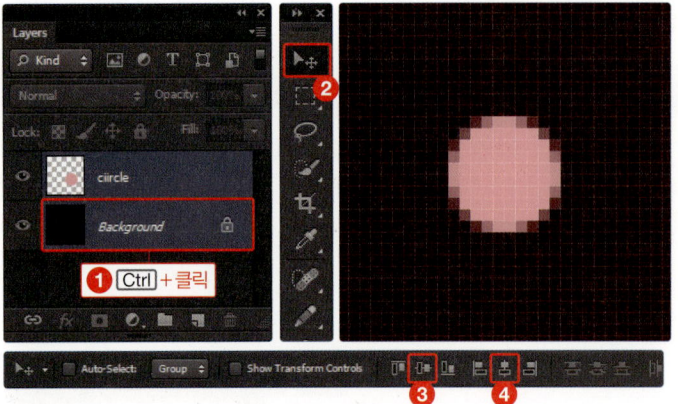

05 Layers 패널에서 circle 레이어를 선택합니다. Alt 를 누르고 원 이미지를 작업창의 왼쪽 상단으로 드래그해 복사하여 배치합니다. 같은 방법으로 원 이미지를 작업창의 각 모서리에 복사하여 배치합니다.

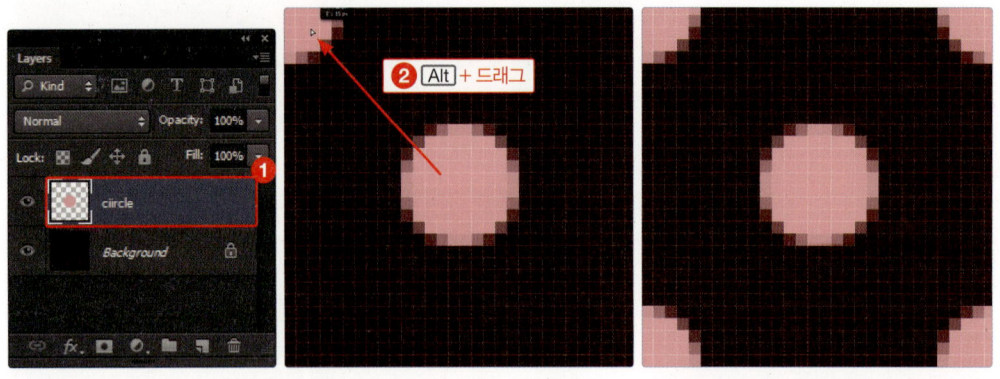

06 [Edit]-[Define Pattern] 메뉴를 선택하고 〈OK〉를 눌러 패턴을 등록한 후 사용합니다.

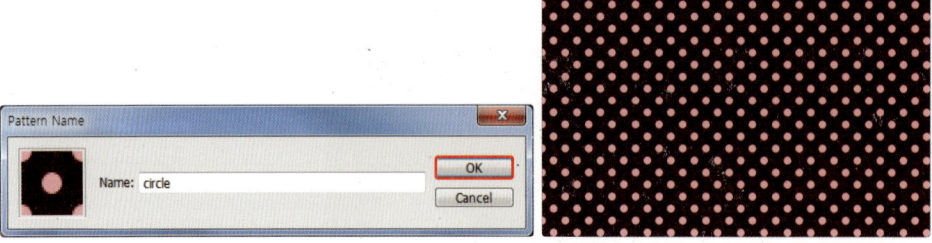

패턴 사용 모습

TIP. 패턴 사용 방법은 329쪽을 참고하세요.

선택 툴로 만드는 체크 패턴

사각 선택 툴, Rotate 90°CW

▶ HOW TO + 체크 패턴은 작은 천 조각 느낌을 표현할 때 많이 사용합니다. 사각형을 그리고 복사하여 심플한 체크 패턴을 만들어봅시다. 하나를 제작한 후에는 여러 색상으로 변경하여 다양한 패턴을 준비해둡니다.

▶ FILE + 완성 : end/108check.psd, 108check-end.psd

01 Ctrl+N을 눌러 Name을 **check**, Width를 **20**, Height를 **20**으로 설정하고 〈OK〉를 눌러 새로운 파일을 생성합니다. 툴 바에서 손바닥 툴(🖐)을 더블클릭해서 작업창을 최대 크기로 확대합니다. Layers 패널에서 새 레이어 추가 아이콘(🗔)을 클릭하고 레이어 이름을 **check**로 수정합니다.

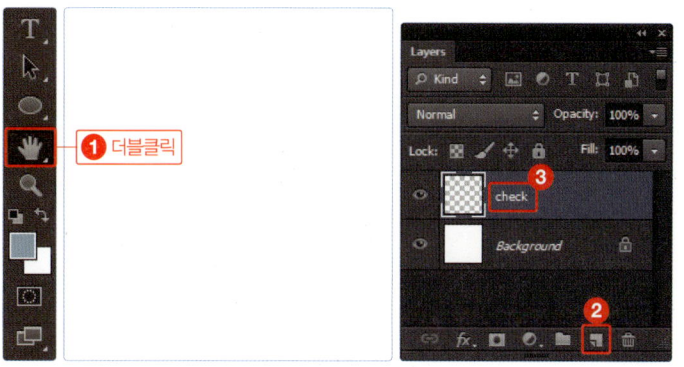

02 전경색을 **하늘색(#92b6ce)**으로 설정합니다. 툴 바에서 사각 선택 툴(▭)을 선택하고 옵션 바에서 Feather를 **0**으로 설정합니다. 작업창 상단에 가로 **20**, 세로 **8**의 크기로 선택 영역을 설정합니다.

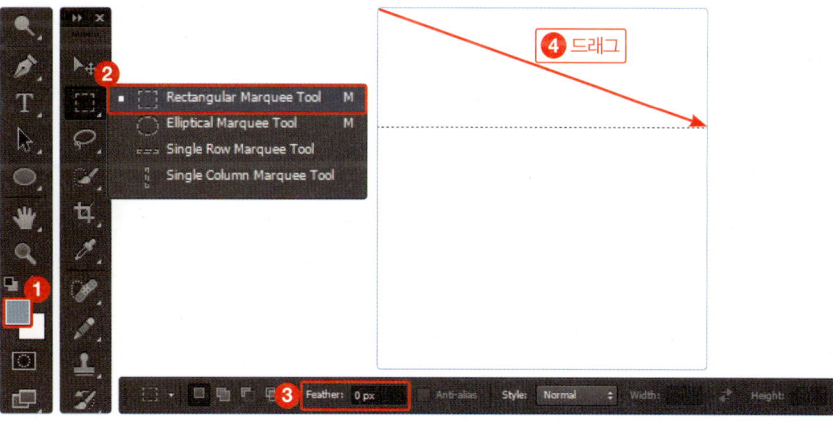

03 `Alt`+`Delete`를 눌러 선택 영역을 전경색으로 채우고 `Ctrl`+`D`를 눌러 선택 영역을 해제합니다. Layers 패널에서 check 레이어의 Opacity를 **50**으로 설정합니다.

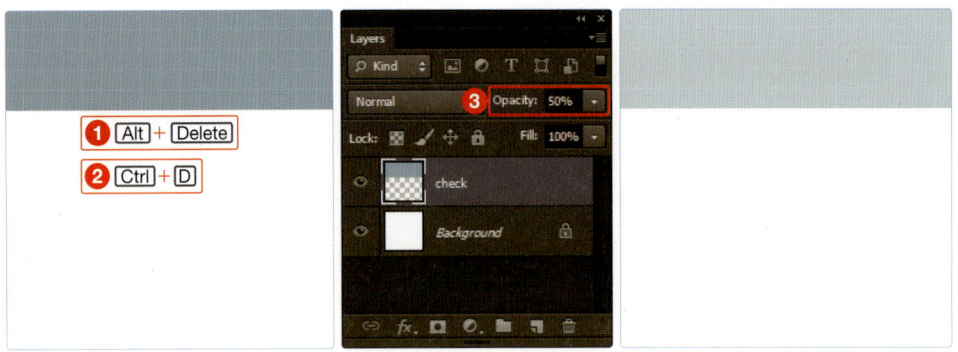

04 툴 바에서 이동 툴(🕀)을 선택하고 `Alt`+`Shift`를 누른 채 작업창 아래로 드래그해서 사각 막대를 하나 복사합니다. [Edit]-[Transform]-[Rotate 90° CW] 메뉴를 선택합니다. 복사된 사각 막대가 90도로 회전되면 이동 툴(그림)로 드래그하여 작업창의 왼쪽 끝으로 배치합니다.

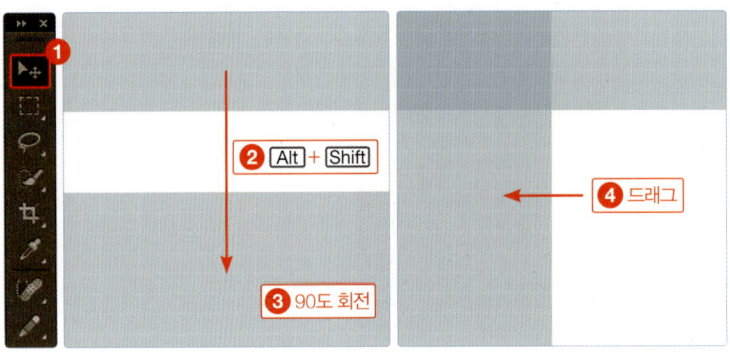

05 [Edit]-[Define Pattern] 메뉴를 선택하고 〈OK〉를 눌러 패턴을 등록한 후 사용합니다.

TIP. 패턴 사용 방법은 329쪽을 참고하세요.

109 하트 패턴
사용자 셰이프 툴, Define Pattern

▸ HOW TO + 사랑스러운 느낌을 표현하는 요소로 다양한 색상, 모양, 크기의 하트가 많이 사용됩니다. 하트는 셰이프에 내장되어 있는 모양을 사용하거나 브러시를 활용해 직접 그려서 사용하기도 합니다.

▸ FILE + 완성 : end/109heart.psd, 109heart-end.psd

01 Ctrl + N을 눌러 Name을 **heart**, Width를 **50**, Height를 **44**로 설정하고 〈OK〉를 눌러 새로운 파일을 생성합니다. 툴 바에서 손바닥 툴(🖐)을 더블클릭해서 작업창을 최대 크기로 확대합니다. Layers 패널에서 새 레이어 추가 아이콘(🔲)을 클릭하고 레이어 이름을 **heart**로 수정합니다.

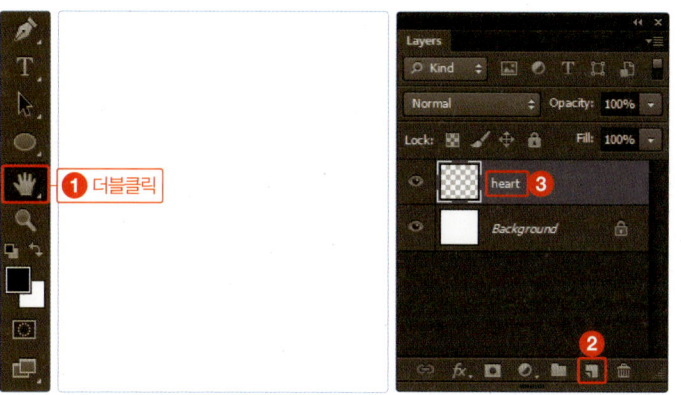

02 전경색을 **하늘색(#92b6ce)**으로 설정하고 툴 바에서 사용자 셰이프 툴(🔷)을 선택합니다. 옵션 바에서 **pixels**를 선택하고 설정 아이콘(▾)을 클릭하여 **Heart Card**를 선택합니다.

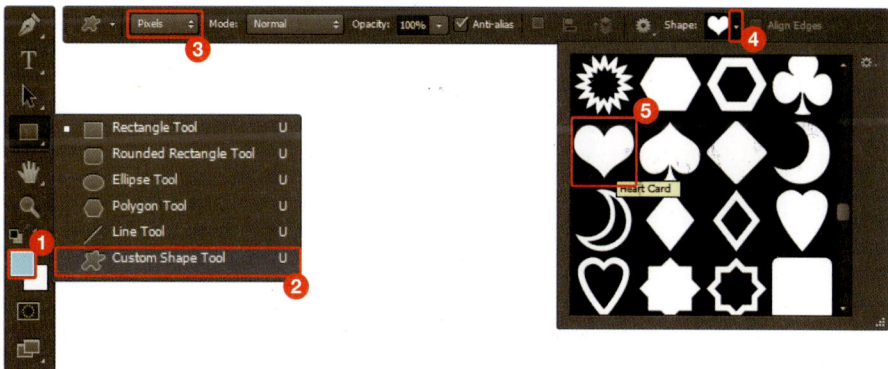

TIP . Heart Card가 없을 경우, 확장 아이콘(⚙)을 클릭한 후 [All]을 선택하고 [Append]를 클릭해 불러옵니다.

03 작업창의 왼쪽 상단에서 가로 22, 세로 19의 크기로 하트를 그립니다. 툴 바에서 이동 툴(⬚)을 선택하고 Alt + Shift 를 누른 채 첫 번째 하트와 3 픽셀의 거리를 두고 오른쪽으로 드래그해서 하트를 복사합니다. Layers 패널에서 heart copy 레이어의 오른쪽 빈 공간을 더블클릭하여 Layer Style을 실행합니다.

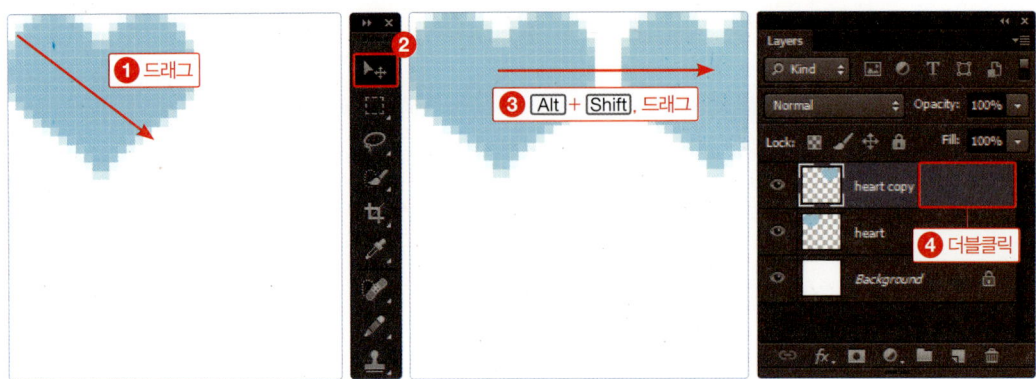

04 왼쪽 [Style] 항목 중 [Color Overlay]를 선택합니다. Color를 **살구색(#ff9277)**으로 설정한 후 〈OK〉를 클릭합니다. 복사된 하트의 색상이 살구색으로 변경되었습니다.

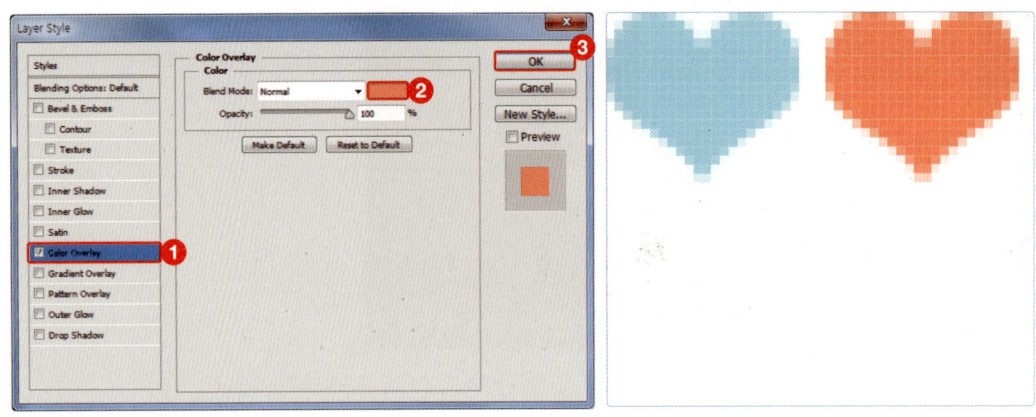

05 Alt 를 누르고 왼쪽 아래로 드래그해서 하트를 하나 복사합니다. 위쪽의 하트와 3픽셀 정도의 거리를 두고 반쪽만 나오도록 배치합니다. Layers 패널에서 heart copy 2 레이어의 오른쪽 빈 공간을 더블클릭하여 Layer Style을 실행합니다.

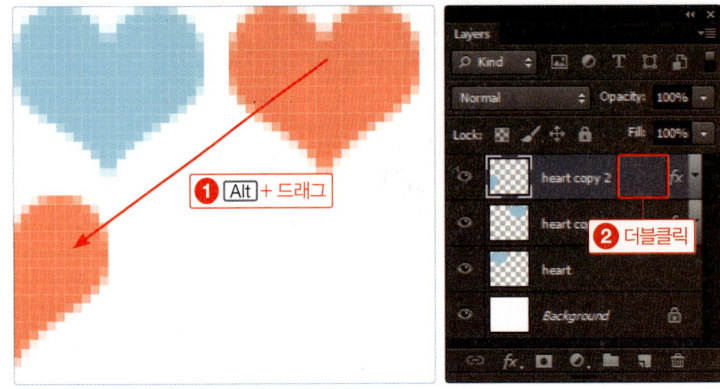

06 왼쪽 [Style] 항목 중 [Color Overlay]를 선택합니다. Color를 **노란색(#ffdd66)**으로 설정한 후 〈OK〉를 클릭합니다. 복사된 하트의 색상이 노란색으로 변경되었습니다.

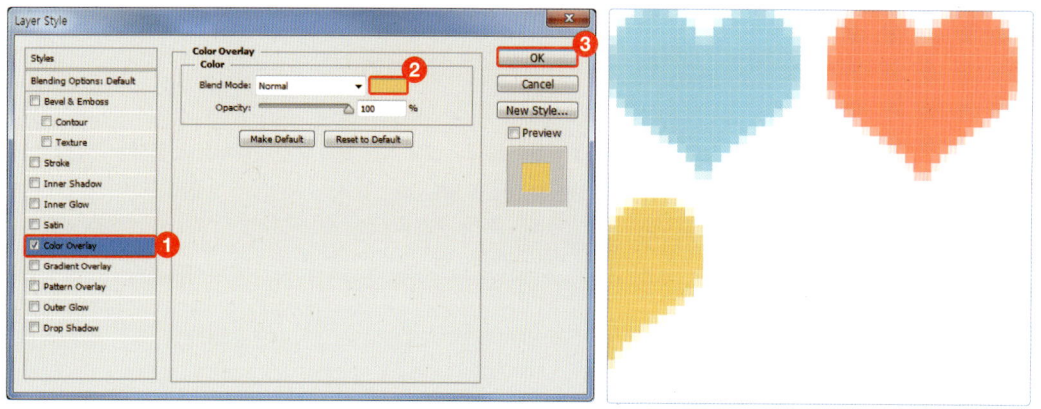

07 같은 방법으로 하트를 복사하여 배치하고 아래쪽 가운데 하트의 Color를 **보라색(#cca2ff)**으로 설정합니다.

08 [Edit]-[Define Pattern] 메뉴를 선택하고 〈OK〉를 눌러 패턴을 등록한 후 사용합니다.

패턴 사용 모습

TIP . 패턴 사용 방법은 329쪽을 참고하세요.

110 꽃 패턴

사용자 셰이프 툴, Define pattern

▶ HOW TO + 벽지에서 많이 볼 수 있는 꽃무늬 패턴을 만들어봅시다. 크고 작은 꽃과 꽃잎을 배치하고, 일정한 간격으로 반복될 수 있도록 시작과 끝 위치를 설정하는 방법을 알아봅시다.

▶ FILE + 완성 : end/110flower.psd, 110flower-end.psd

가이드 배경 그리기

01 Ctrl + N 을 눌러 Name을 **flower**, Width를 **500**, Height를 **500**으로 설정하고 〈OK〉를 눌러 새로운 파일을 생성합니다. Layers 패널에서 새 레이어 추가 아이콘(⬜)을 클릭하고 레이어 이름을 **area**로 수정합니다. 전경색을 **검은색 (#000000)**으로 설정합니다. 툴 바에서 사각 선택 툴(▭)을 선택하고 옵션 바에서 Feather를 **0**으로 설정합니다.

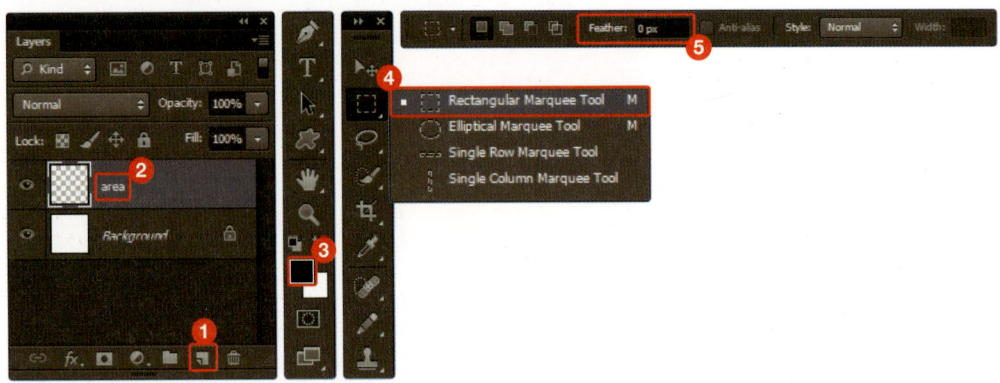

02 작업창 중앙에 가로 **200**, 세로 **200**의 크기로 선택 영역을 설정합니다. Alt + Delete 를 눌러 선택 영역을 전경색으로 채우고 Ctrl + D 를 눌러 선택 영역을 해제합니다.

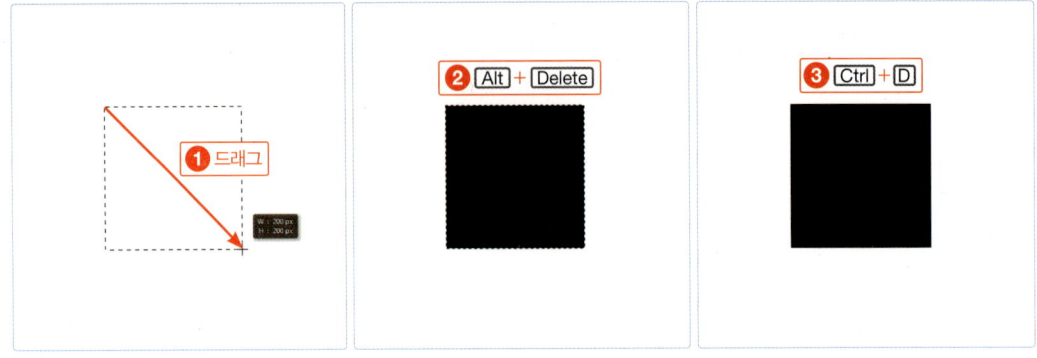

TIP . 꽃 모양을 그리고 하나의 패턴으로 등록하기 위해서 기준이 되는 영역이 필요합니다. 검은색 사각형은 패턴을 등록하기 위한 기준으로 사용한 후 삭제합니다.

셰이프로 꽃 그리기

01 전경색을 **연두색**(#d7ec73)으로 설정하고 툴 바에서 사용자 셰이프 툴( )을 선택합니다. 옵션 바에서 **Shape**를 선택하고 Fill을 **Solid Color**, Stroke를 **None**으로 설정합니다.

02 Shape에서 설정 아이콘( )을 클릭하고 **Flower 1** 셰이프를 선택합니다. 작업창에 가로 **75**, 세로 **78**의 크기로 꽃 모양을 그립니다. Layers 패널에서 새 레이어 추가 아이콘( )을 클릭합니다.

T.I.P . Flower 1이 없을 경우, 확장 아이콘( )을 클릭한 후 [All]을 선택하고 [Append]를 클릭해 불러옵니다.

03 옵션 바에서 Fill을 **None**, Stroke를 **Solid Color**, Color를 **Pure Pea Green**(#8dc63f), 두께를 **1**, 선 종류를 **점선**으로 설정합니다.

04 　작업창에서 연두색 꽃의 내부에 가로 65, 세로 65의 크기로 꽃 모양을 다시 그려줍니다. Layers 패널에서 새 레이어 추가 아이콘(□)을 클릭하고 툴 바에서 원형 툴(○)을 선택합니다.

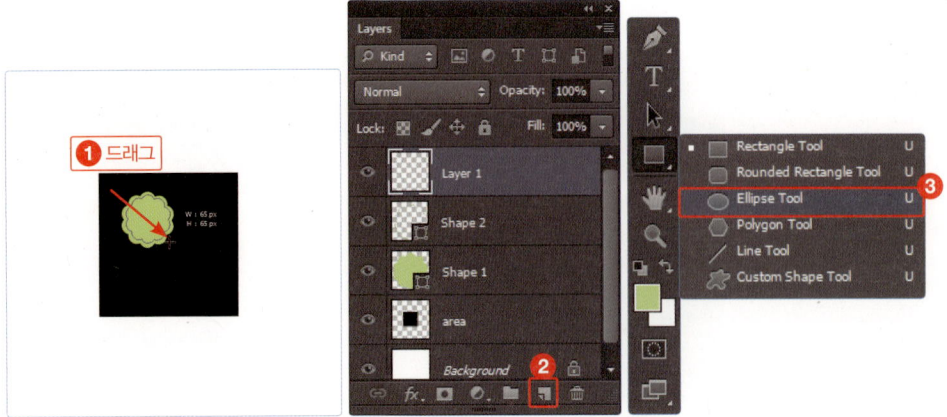

05 　옵션 바에서 **Shape**를 설정하고 Fill을 **Solid Color**, Color를 **White**, Stroke를 **Solid Color**, Color를 **Pure Pea Green**, 두께를 **1**, 선 종류를 **점선**으로 설정합니다.

06 　작업창에서 꽃의 내부에 가로 29, 세로 29의 크기로 원을 그립니다. Layers 패널에서 새 레이어 추가 아이콘(□)을 클릭하고 툴 바에서 사용자 셰이프 툴(♣)을 선택합니다.

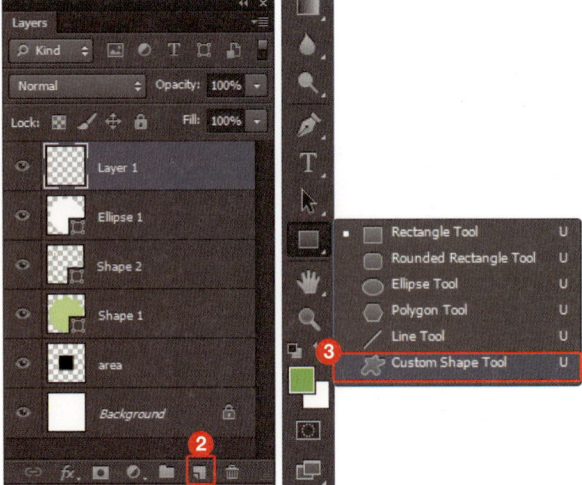

07 옵션 바에서 **Shape**를 설정하고 Fill을 **Solid Color**, Color를 **Pure Pea Green**, Stroke를 **None**으로 설정합니다. 설정 아이콘(⚙)을 클릭하고 **Leaf 3** 셰이프를 선택합니다.

TIP. Leaf 3이 없을 경우, 확장 아이콘(⚙)을 클릭한 후 [All]을 선택하고 [Append]를 클릭해 불러옵니다.

08 작업창을 약간 확대하고 가로 **18**, 세로 **45**의 크기로 꽃잎 모양을 그립니다. `Ctrl`+`T`를 눌러 꽃잎을 왼쪽으로 회전시킨 후 꽃의 왼쪽에 적절히 배치하고 `Enter`를 눌러 적용합니다.

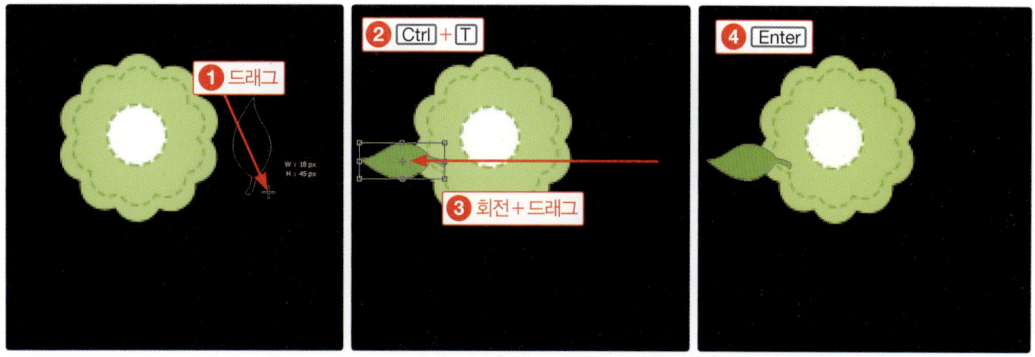

09 Layers 패널에서 Shape 3 레이어를 선택하고 Shape 1 레이어 아래로 드래그해서 레이어의 순서를 변경합니다.

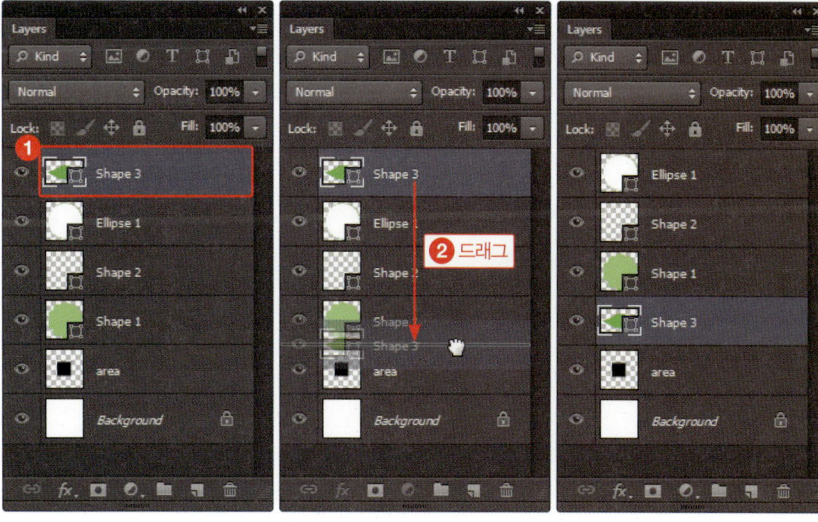

10 꽃잎 모양이 꽃 아래로 이동되어 자연스럽게 완성되었습니다. 같은 방법으로 검은색 사각형을 자연스럽게 벗어나는 형태로 여러 가지 꽃 모양을 그려 디자인을 완성합니다.

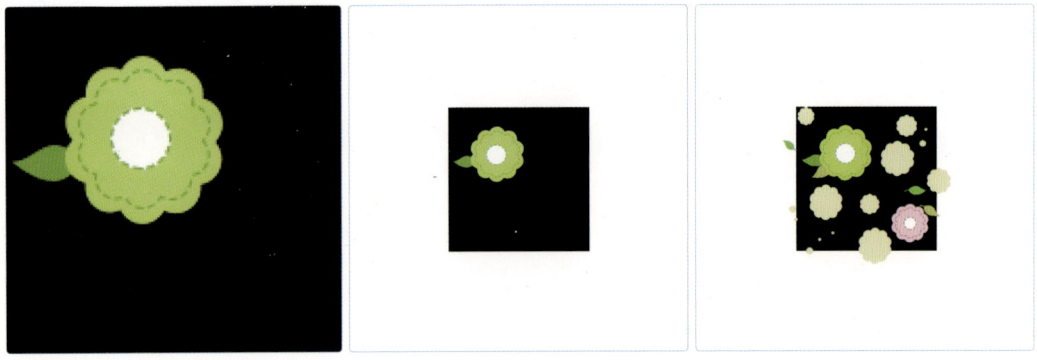

TIP. 검은색 사각형을 벗어나도록 모양을 그려야 자연스럽게 반복되는 패턴을 만들 수 있습니다.

11 Layers 패널에서 가장 위에 있는 레이어를 선택하고 Shift 를 누른 채 꽃과 꽃잎에 해당하는 레이어를 모두 선택합니다. Layers 패널에서 선택된 레이어 영역을 마우스 오른쪽 버튼으로 클릭하고 [Rasterize Layers] 메뉴를 선택합니다.

TIP. [Rasterize Layers]는 셰이프 레이어를 일반 레이어로 변환시키는 기능입니다. 선택된 레이어를 일반 레이어로 바꾸는 이유는 각 셰이프가 가지고 있는 속성을 살리기 위해서입니다. 셰이프 속성의 레이어를 그냥 합치면 각 셰이프의 속성이 무시되기 때문에 그림과 같이 이미지 병합이 제대로 되지 않습니다.

 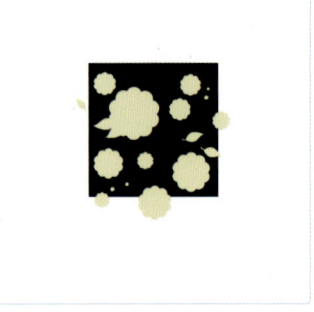

일반 레이어로 바꾸고 합친 경우   일반 레이어로 바꾸지 않고 합친 경우

12 Ctrl+E를 눌러 선택한 레이어를 하나로 병합한 후 레이어의 이름을 **flower**로 수정합니다. 툴 바에서 사각 선택 툴(▭)을 선택하고 옵션 바에서 Feather를 **0**으로 설정합니다.

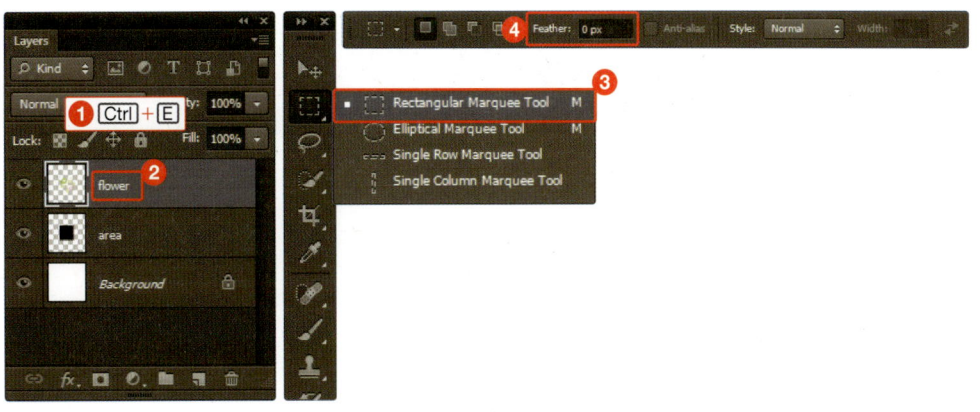

13 작업창에서 검은색 사각형 오른쪽을 드래그해서 영역을 벗어나는 꽃 모양을 선택 영역으로 설정합니다. 툴 바에서 이동 툴(▶⊕)을 선택합니다. Shift를 누르고 선택 영역을 왼쪽으로 드래그해서 벗어나는 부분을 사각형 왼쪽 밖으로 이동합니다. Ctrl+D를 눌러 선택 영역을 해제합니다.

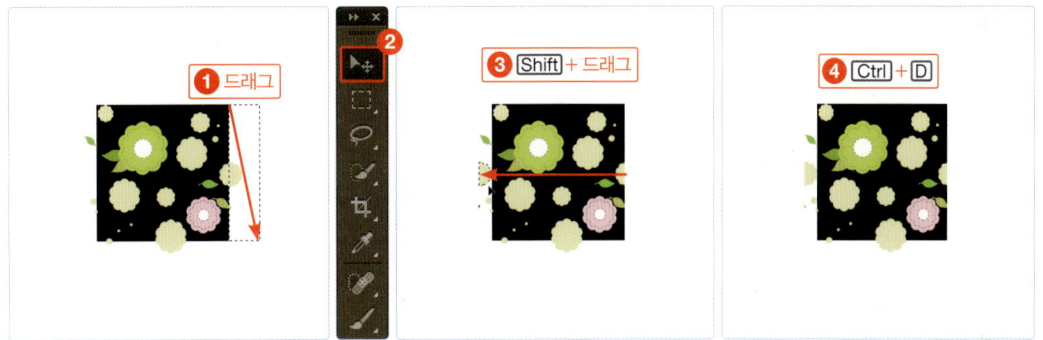

14 툴 바에서 사각 선택 툴(▭)을 선택하고 옵션 바에서 Feather를 **0**으로 설정합니다. 작업창에서 검은색 사각형 아래쪽을 드래그해서 영역을 벗어나는 꽃 모양을 선택 영역으로 설정합니다. 툴 바에서 이동 툴(▶⊕)을 선택합니다. Shift를 누르고 선택 영역을 위쪽으로 드래그해서 벗어나는 부분을 사각형 위쪽 밖으로 이동합니다. Ctrl+D를 눌러 선택 영역을 해제합니다.

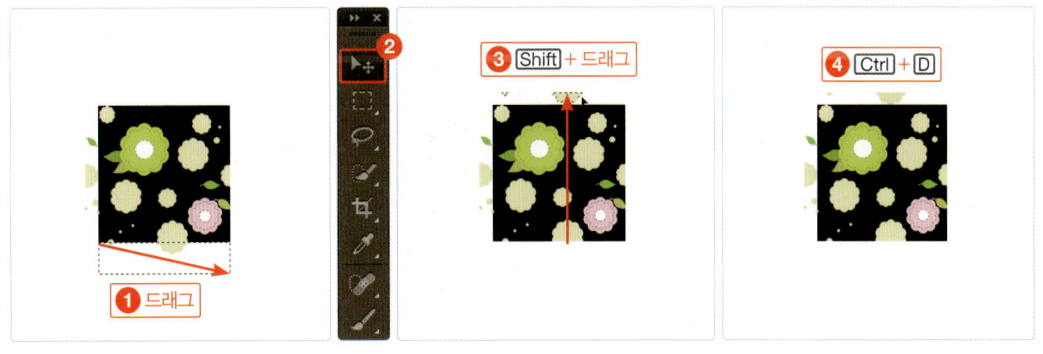

패턴으로 등록하기

01 [View]-[Rulers] 메뉴 또는 Ctrl+R을 눌러 작업창에 눈금자를 표시합니다. 눈금자의 왼쪽을 클릭하고 오른쪽으로 드래그해서 왼쪽 꽃잎이 시작하는 부분에 가이드라인을 설정합니다. 같은 방법으로 눈금자의 위쪽을 클릭하고 아래쪽으로 드래그해서 위쪽 꽃잎이 시작하는 부분에 가이드라인을 설정합니다.

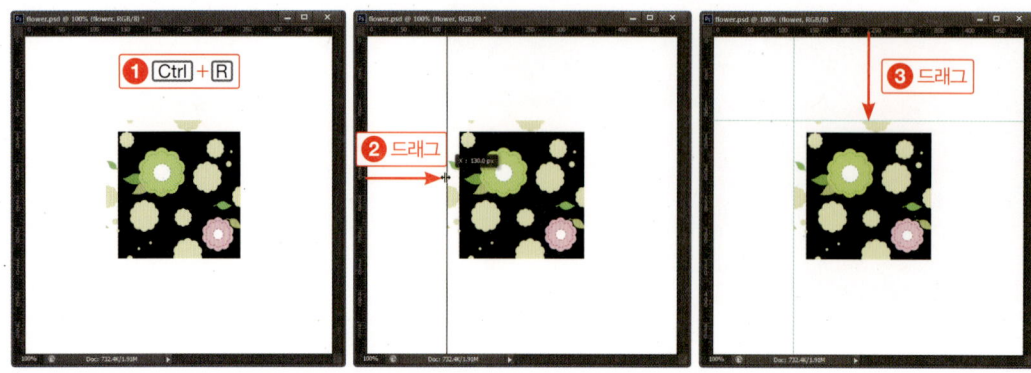

TIP . 패턴을 등록하기 위한 가이드라인을 그리자면 눈금자가 필요합니다.

02 툴 바에서 사각 선택 툴(□)을 선택하고 옵션 바에서 Feather를 0으로 설정합니다. 가이드라인이 서로 만나는 지점부터 검은색 사각형의 끝까지 드래그해서 선택 영역으로 설정합니다.

03 Layers 패널에서 area 레이어의 눈 아이콘(◉)을 클릭하여 검은색 사각형을 보이지 않게 처리합니다.

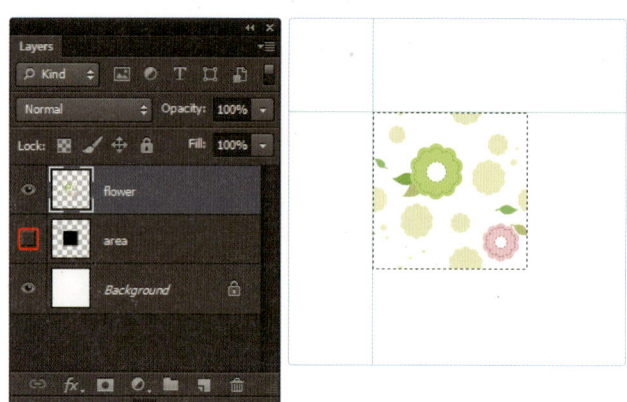

04 [Edit]-[Define Pattern] 메뉴를 선택하고 〈OK〉를 눌러 패턴을 등록한 후 사용합니다.

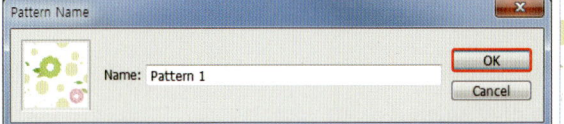

TIP . 패턴 사용 방법은 329쪽을 참고하세요.

격자, 동심원, 직선 패턴

Half Tone Pattern

▶ HOW TO ✦ Half Tone Pattern은 규칙적인 모양의 패턴을 쉽게 만들 수 있는 기능입니다. 작은 사각형들의 반복, 중앙에서부터 커지면서 퍼지는 원, 가로로 두 개의 선을 그리는 등의 패턴을 만들어봅시다.

▶ FILE ✦ 완성 : end/111halftonepattern1.psd, 111halftonepattern2.psd, 111halftonepattern3.psd

01 [Ctrl]+[N]을 눌러 Name을 **halftonepattern1**, Width를 **500**, Height를 **500**으로 설정하고 〈OK〉를 눌러 새로운 파일을 생성합니다. 전경색을 **빨간색(#b91219)**, 배경색을 **아이보리색(#fbefc1)**으로 설정하고 [Filter]-[Filter Gallery] 메뉴를 선택합니다.

Filter Gallery에서 패턴 만들기

01 [Sketch]의 **Halftone Pattern** 메뉴를 선택합니다. Size를 **5**, Contrast를 **50**, Pattern Type을 **Dot**로 설정하고 〈OK〉를 눌러 적용합니다. 격자무늬 패턴이 적용되었습니다.

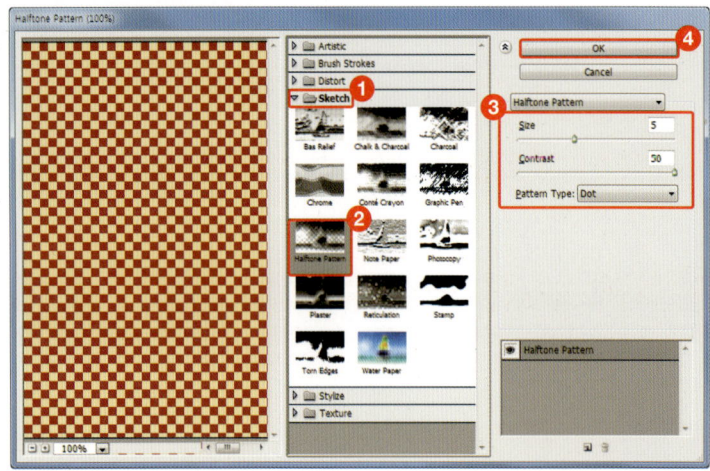

TIP . [Sketch]의 Halftone Pattern 메뉴에서 Pattern Type을 **Circle**로 설정하면 동심원 패턴이, **Line**으로 설정하면 직선 패턴이 나타납니다.

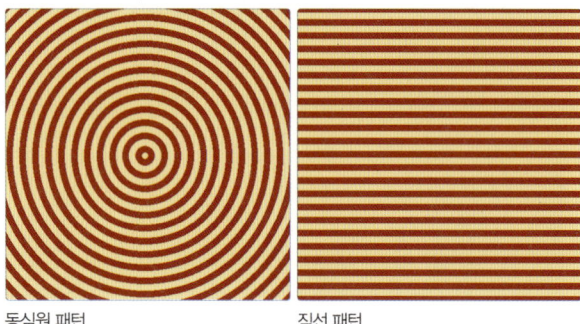

동심원 패턴 　　　　　　　　　 직선 패턴

112 중앙 집중형 패턴

브러시 툴, Polar Coordinate

▸ HOW TO + 가운데를 중심으로 서서히 커지면서 퍼져나오는 패턴을 제작해봅시다. 이벤트 페이지나 상품의 목록 이미지에 많이 활용되며, 시선을 집중시키는 효과가 있습니다. 세로 방향으로 선을 먼저 준비하고 Polar Coordinate로 완성합니다.

▸ FILE + 완성 : end/112polarcoordinate.psd

01 Ctrl + N을 눌러 Name을 **polarcoordinate**, Width를 500, Height를 500으로 설정하고 〈OK〉를 눌러 새로운 파일을 생성합니다. Layers 패널에서 새 레이어 추가 아이콘(🔲)을 클릭하고 레이어 이름을 **vline**으로 수정합니다. 전경색을 **빨간색(#ff0000)**, 배경색을 **흰색(#ffffff)**으로 설정하고 툴 바에서 연필 툴(✏)을 선택합니다.

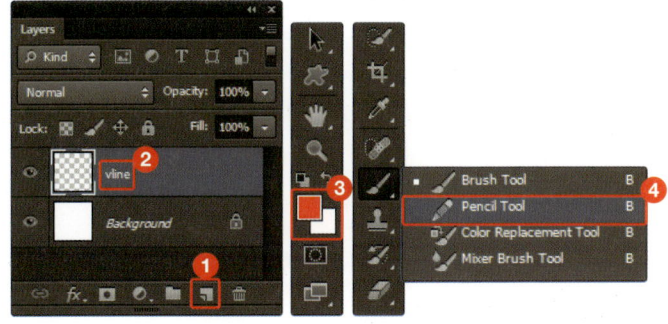

02 옵션 바에서 설정 아이콘(⚙)을 클릭한 후 **Hard Square 10 pixels** 브러시를 선택하고 Size를 10으로 설정합니다. 브러시 패널 열기 아이콘(📋)을 클릭하고 왼쪽 [Brush Tip Shape] 메뉴를 선택해 Spacing을 200으로 설정합니다.

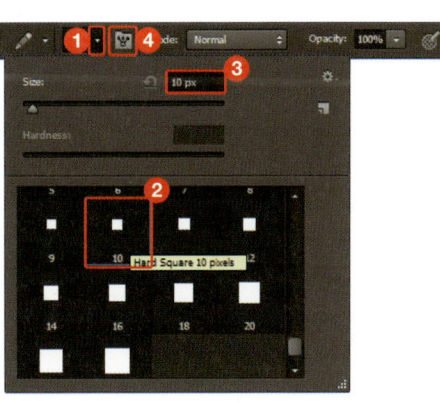

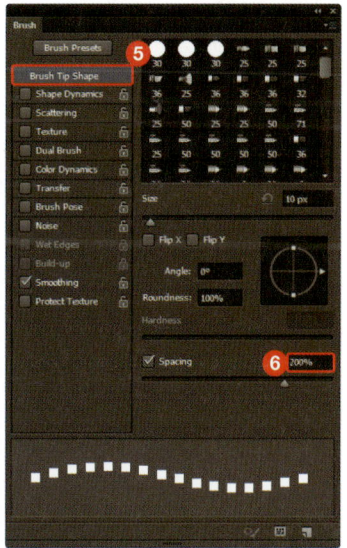

TIP. Hard Square 10pixels가 없을 경우, 확장 아이콘(⚙)을 클릭한 후 [Square Brushes]를 선택하고 [Append]를 클릭해 불러옵니다.

347

03 Shift를 누르고 작업창 중앙의 왼쪽 끝에서 오른쪽으로 드래그해서 브러시를 그립니다. Ctrl+T를 누르고 중앙 조절점 Alt를 누른 채 드래그해서 작업창에 꽉 차게 브러시를 늘린 후 Enter를 눌러 적용합니다. Layers 패널에서 Ctrl+E를 눌러 vline 레이어를 Background 레이어와 병합합니다.

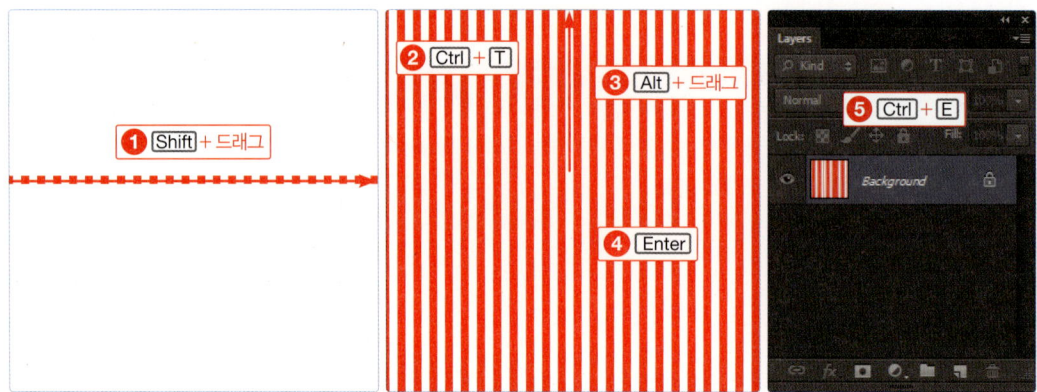

04 [Filter]-[Distort]-[Polar Coordinates] 메뉴를 선택합니다. **Rectangular to Polar**를 선택하고 〈OK〉를 눌러 적용합니다. 작업창의 중심에서 서서히 커지면서 퍼져나오는 듯한 효과가 적용되었습니다.

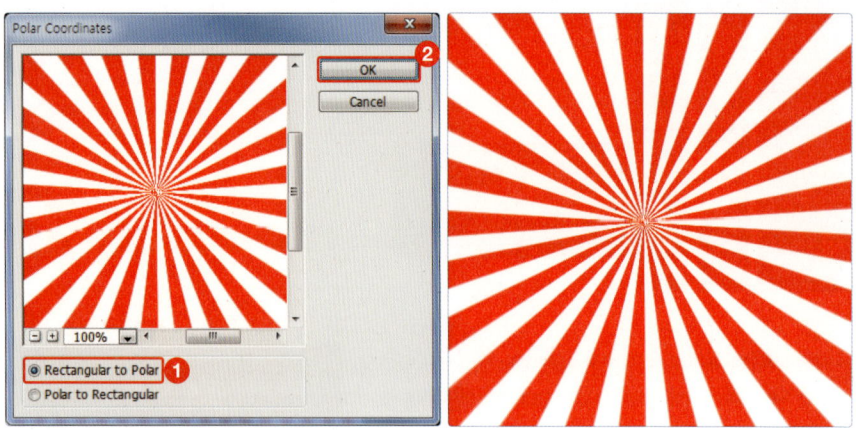

TIP. Polar Coordinates 창에서 Rectangular to Polar는 중심으로 이미지를 모아주며, Polar to Rectangular는 외곽으로 이미지를 퍼지게 합니다.

달마시안 패턴

마술봉 툴, Stained Glass

▶ HOW TO + 흰색 배경에 선명하게 검은색의 달마시안 얼룩무늬를 만들어봅시다. Stained Glass로 경계를 흰색으로 처리하고 검은색으로 작은 영역을 만듭니다. 검은색 영역의 테두리를 부드럽게 처리한 후 Sprayed Strokes 기능으로 달마시안 무늬를 완성합니다.

▶ FILE + 완성 : end/113dalmation.psd

01 Ctrl + N 을 눌러 Name을 **dalmation**, Width를 **500**, Height를 **500**으로 설정하고 〈OK〉를 눌러 새로운 파일을 생성합니다. 전경색을 **흰색(#ffffff)**, 배경색을 **검은색(#000000)**으로 설정하고 Ctrl + Delete 를 눌러 작업창을 배경색으로 채웁니다. [Filter]–[Filter Gallery] 메뉴를 선택합니다.

02 [Texture]의 **Stained Glass** 메뉴를 선택합니다. Cell Size를 **25**, Border Thickness를 **18**, Light Intensity를 **0**으로 설정하고 〈OK〉를 눌러 적용합니다.

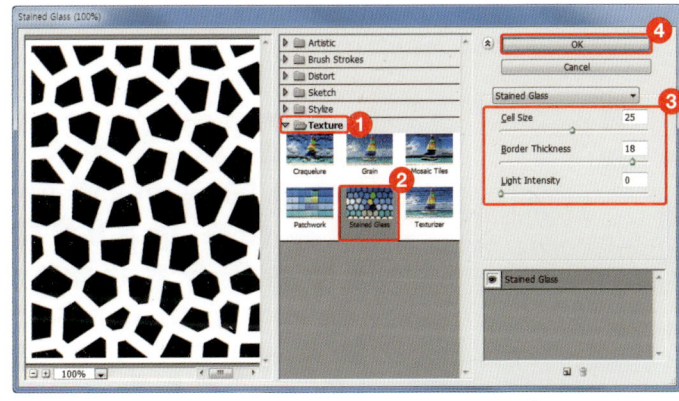

03 툴 바에서 마술봉 툴(■)을 선택하고 옵션 바에서 **New selection** 아이콘(■)을 클릭하고 Tolerance를 **30**으로 설정한 후 **Anti-alias**를 체크합니다. 작업창에서 흰색을 클릭해서 선택 영역으로 설정합니다.

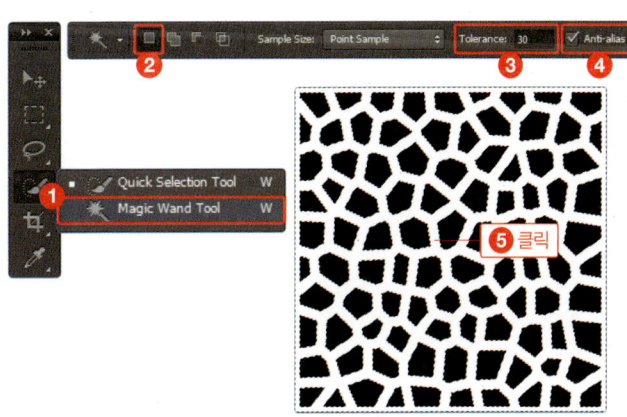

04 [Select]-[Modify]-[Smooth] 메뉴를 선택한 뒤 Sample Radius를 **10**으로 설정하고 〈OK〉를 눌러 적용합니다. 선택 영역의 경계가 부드러워졌습니다. Ctrl + Delete 를 눌러 선택 영역을 전경색으로 채우고 Ctrl + D 를 눌러 선택 영역을 해제합니다. 얼룩무늬가 조금 더 부드러워졌습니다.

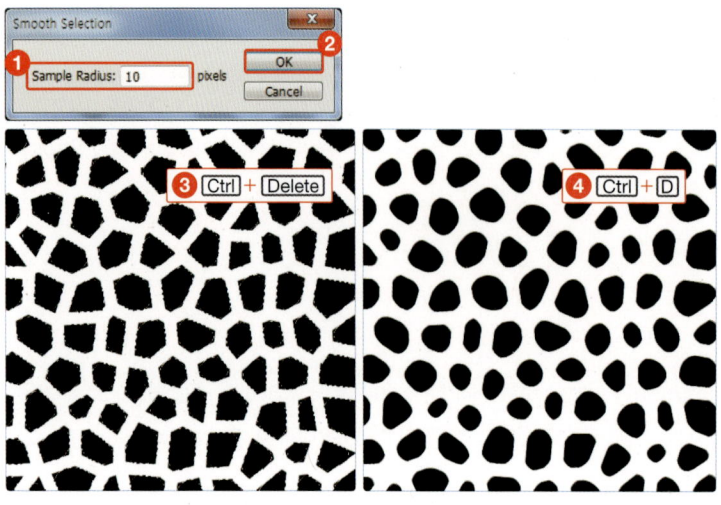

05 [Filter]-[Filter Gallery] 메뉴를 선택합니다. [Brush Strokes]의 **Sprayed Strokes** 메뉴를 선택합니다. Stroke Length를 **10**, Spray Radius를 **2**, Spray Direction을 **Right Diagonal**로 설정하고 〈OK〉를 눌러 적용합니다. 얼룩무늬가 조금 더 자연스러워졌습니다.

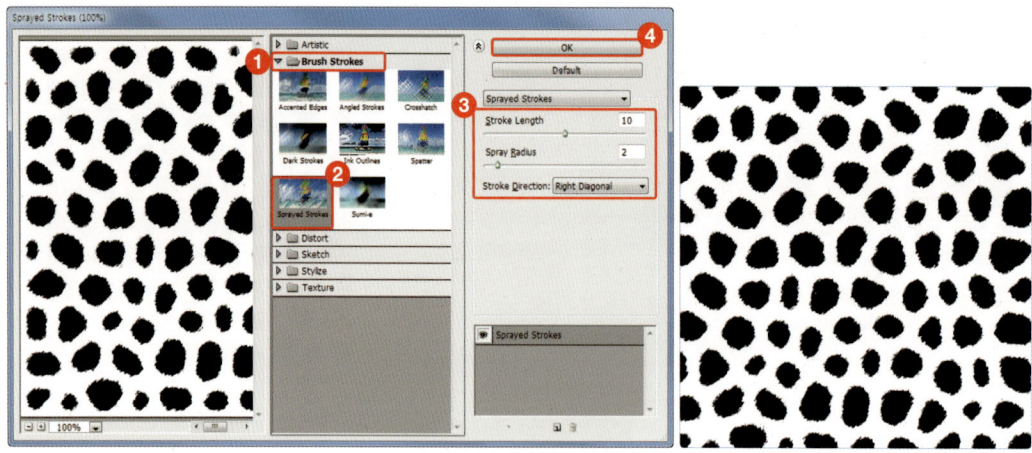

114 젖소 얼룩무늬 패턴

Clouds, Tone Edges, Add Noise, Motion Blur

▶ HOW TO + 아이보리색 배경에 검은색으로 젖소의 얼룩무늬를 만들어봅시다. 기본 패턴은 Clouds를 이용해서 만들고 Tone Edges로 무늬를 선명하게 처리합니다. Noise와 Motion Blur로 잔털의 느낌을 디테일하게 살려줍니다.

▶ FILE + 완성 : end/114cow.psd

01 Ctrl+N을 눌러 Name을 **cow**, Width를 **500**, Height를 **500**으로 설정하고 〈OK〉를 눌러 새로운 파일을 생성합니다. 전경색을 **검은색(#000000)**, 배경색을 **아이보리색(#fffee4)**으로 설정합니다. [Filter]-[Render]-[Clouds] 메뉴를 선택하면 작업창에 구름 효과가 나타납니다.

02 [Filter]-[Filter Gallery] 메뉴를 선택합니다. [Sketch]의 **Torn Edges** 메뉴를 선택합니다. Image Balance를 **24**, Smoothness를 **6**, Contrast를 **17**로 설정하고 〈OK〉를 눌러 적용합니다. 얼룩무늬의 효과가 적용되었습니다.

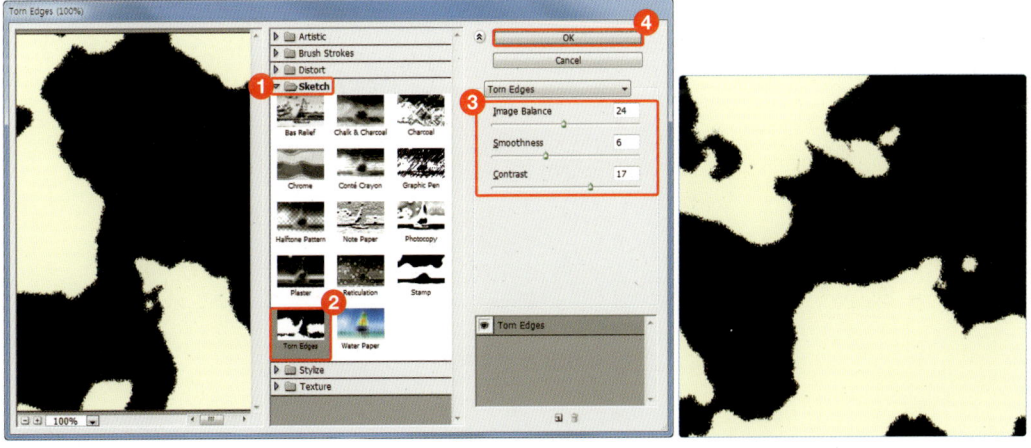

03 [Filter]-[Noise]-[Add Noise] 메뉴를 선택합니다. Amount를 **50**, Distribution을 **Uniform**으로 설정하고 **Monochromatic**에 체크한 후 〈OK〉를 눌러 적용합니다. 얼룩무늬에 노이즈 효과가 적용되었습니다.

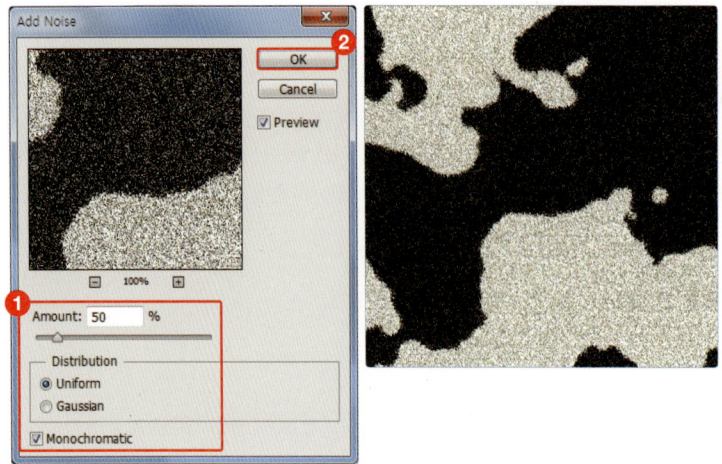

04 [Filter]-[Blur]-[Motion Blur] 메뉴를 선택합니다. Angle을 **70**, Distance를 **10**으로 설정하고 〈OK〉를 눌러 적용합니다. 얼룩무늬가 한층 더 자연스러워졌습니다.

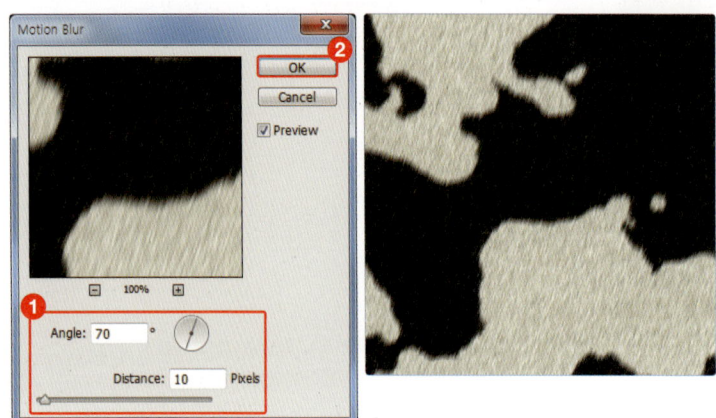

PHOTO
SHOP
CS6

CHAPTER 09

배경

ADOBE
PHOTOSHOP
CS6

멋스러운 배경을 제작하여 사진이나 텍스트와 함께 배치하면 전체적인 디자인이 더욱 풍성하고 돋보입니다. 블링블링 배경을 만들어 사랑스럽게 연출하거나 다이어리를 만들어 하루 이야기를 정리합니다. 가을 산책길에서 촬영한 단풍으로 가을 느낌이 풍성한 배경을 만들기도 하고, 종이를 구겨서 촬영한 사진을 바로 디자인 요소로 활용하는 등 누구나 쉽게 제작하여 사용할 수 있는 배경을 만들어봅시다.

115 입체감이 돋보이는 캔버스 배경

Texture, Right Effects

▶ HOW TO + Texture에는 벽돌, 캔버스, 굵은 삼베, 돌 표면 등의 모양이 제공되며 옵션을 조절하여 다양한 느낌으로 변형하여 사용할 수 있습니다. 캔버스 배경을 연출하고 조명을 비추어 입체감을 더욱 돋보이게 디자인해봅시다.

▶ FILE + 완성 : end/115canvas.psd

캔버스 느낌의 배경 제작하기

01 [Ctrl]+[N]을 눌러 Name을 **canvas**, Width를 **600**, Height를 **600**으로 설정하고 〈OK〉를 눌러 새로운 파일을 생성합니다. [Filter]-[Filter Gallery] 메뉴를 선택합니다.

02 [Texture]의 **Texturizer** 메뉴를 선택합니다. Texture를 **Canvas**, Scaling을 **100**, Relief를 **5**, Light를 **Top Left**로 설정하고 〈OK〉를 눌러 적용합니다. 캔버스 느낌의 배경이 적용되었습니다.

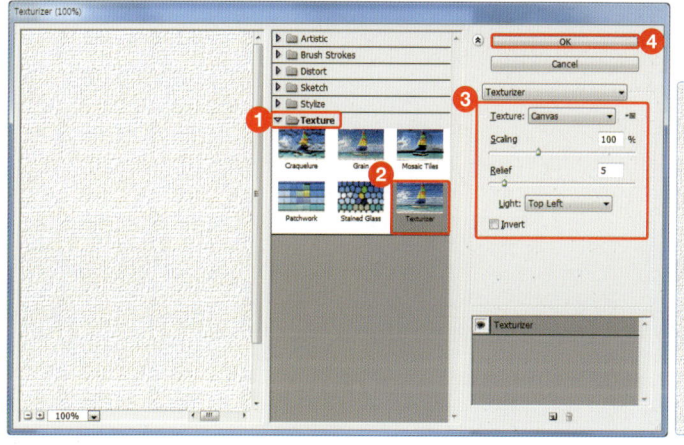

효과 적용하기

01 [Filter]-[Render]-[Lighting Effects] 메뉴를 선택합니다. 상단의 Scale Width를 마우스로 클릭하고 왼쪽 상단으로 회전시켜 빛 시작점의 위치를 변경합니다. 오른쪽의 Scale Length를 오른쪽으로 드래그하여 너비를 늘립니다.

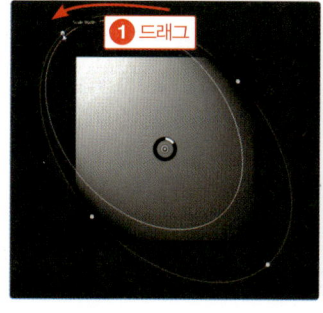
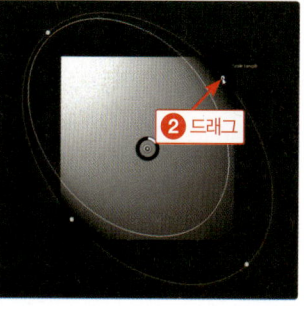

02 Properties 패널에서 Lighting Effects를 **Spot**으로 설정하고 Intensity를 **20**, Hotspot을 **70**, Colorize를 **진분홍색(#ff2874)**, Exposure를 **20**, Gloss를 **0**, Metallic을 **4**, Ambience를 **85**, Texture를 **None**으로 설정하고 상단 〈OK〉를 눌러 적용합니다. 밋밋했던 캔버스 재질의 배경에 진분홍색의 조명 효과가 적용되어 한층 더 화사하고 입체감이 돋보이는 디자인이 연출되었습니다.

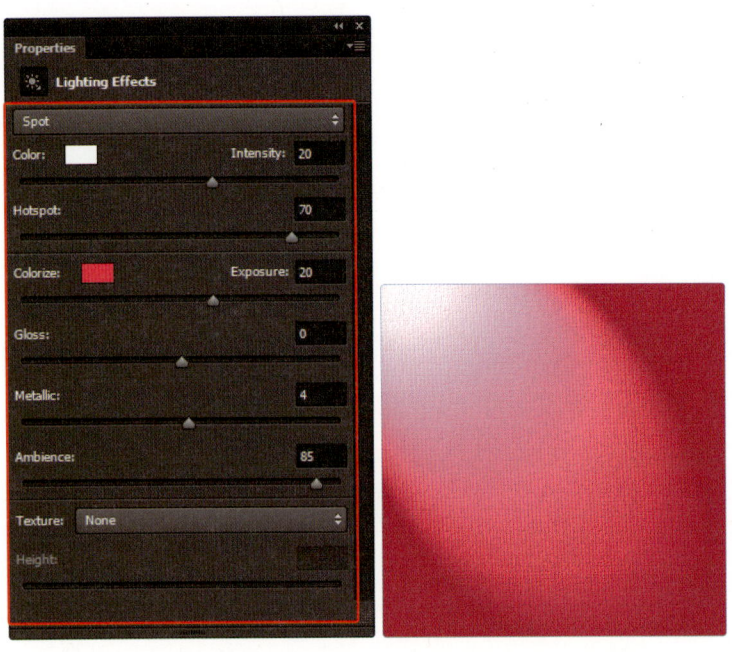

NOTE Texture의 또 다른 효과

Brick   Burlap   Sandstone

116 알록달록 색이 번진 배경

브러시 툴, 그레이디언트 툴, Clipping Mask

▸ HOW TO + 물감을 종이에 뿌려서 멋지게 번진 듯한 모양을 만들고 여러 가지 색상을 입혀 화사한 배경을 만들어봅시다. 브러시 중에서 Water Float Tip으로 번진 모양을 연출하고 Spectrum 그레이디언트로 색상을 입혀서 완성합니다.

▸ FILE + 완성 : end/116watercolor.psd

물감이 번지는 듯한 효과 내기

01 [Ctrl]+[N]을 눌러 Name을 **watercolor**, Width를 600, Height를 600으로 설정하고 〈OK〉를 눌러 새로운 파일을 생성합니다. Layers 패널에서 새 레이어 추가 아이콘(■)을 클릭하고 레이어 이름을 **area**로 수정합니다. 전경색을 **검은색(#000000)**으로 설정하고 툴 바에서 브러시 툴(■)을 선택합니다.

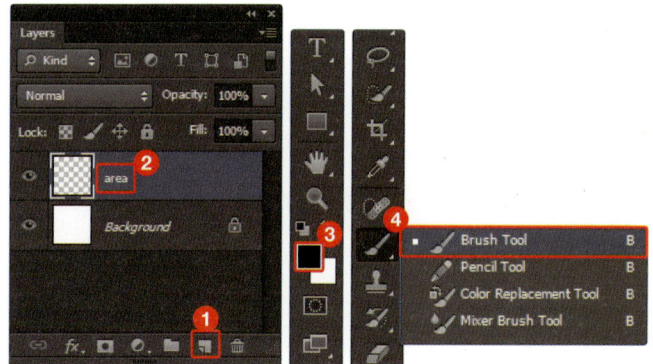

02 옵션 바에서 설정 아이콘(■)을 클릭하고 **Watercolor Fat Tip** 브러시를 선택합니다. Size를 500, Opacity를 50, Flow를 100으로 설정합니다. 작업창의 왼쪽 상단을 클릭하여 번진 듯한 모양으로 찍어줍니다.

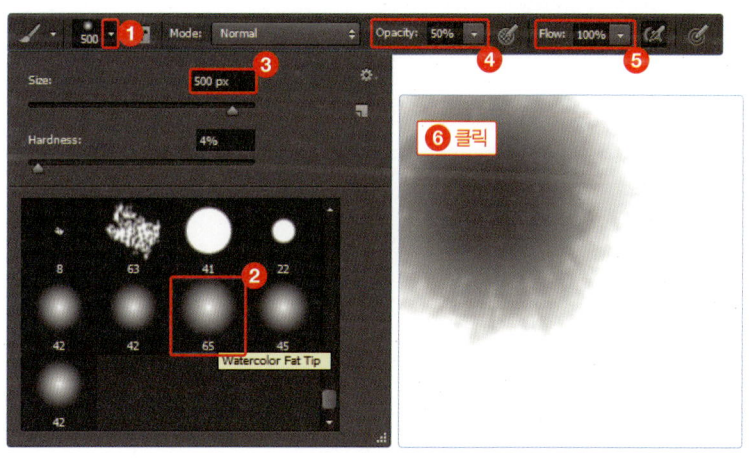

TIP. Watercolor Fat Tip이 없을 경우, 확장 아이콘(■)을 클릭한 후 [Wet Media Brushes]를 선택하고 [Append]를 클릭해 불러옵니다.

03 키보드에서 []를 눌러 브러시의 Size를 400 정도로 줄이고 옵션 바에서 줄어들었는지 확인합니다. 작업창을 다시 한 번 클릭하여 브러시를 겹쳐서 찍어줍니다. 같은 방법으로 브러시의 크기를 변경하면서 크고 작은 번짐 효과를 제작합니다.

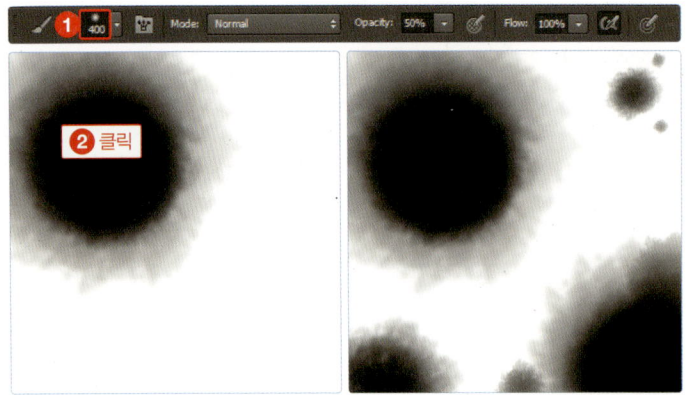

TIP. 같은 자리에 브러시를 계속 드래그하면 색상이 더 진하게 그려집니다.

번진 물감에 색 입히기

01 Layers 패널에서 새 레이어 추가 아이콘(　)을 클릭하고 레이어 이름을 color로 수정합니다. 툴 바에서 그레이디언트 툴(　)을 선택합니다. 옵션 바에서 설정 아이콘(　)을 클릭하여 Spectrum 그레이디언트를 설정하고 선형 그레이디언트(　)를 선택한 후 Opacity를 100으로 설정합니다.

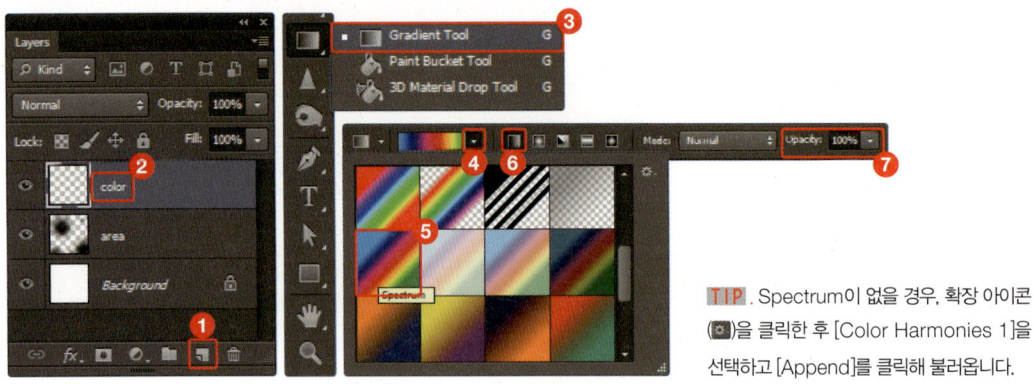

TIP. Spectrum이 없을 경우, 확장 아이콘(　)을 클릭한 후 [Color Harmonies 1]을 선택하고 [Append]를 클릭해 불러옵니다.

02 작업창의 왼쪽 상단에서 오른쪽 하단으로 드래그해서 작업창에 그레이디언트를 합니다.

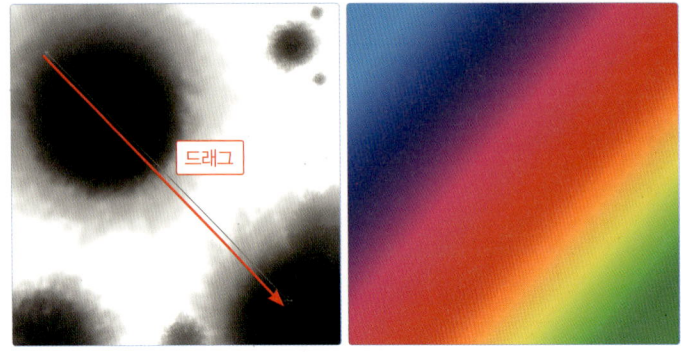

03 Ctrl+Alt+G를 눌러 클리핑 마스크 처리합니다. 물감이 번진 듯한 효과가 완성되었습니다.

활용예제 물감이 번진 배경 위에 사진과 편지 봉투 등을 배치했습니다. 물감이 번진 화사한 배경은 단조로울 수 있는 디자인에 풍성한 느낌을 더해줍니다.

117 블링블링한 불빛 배경

브러시 툴, Gaussian Blur, Outer Glow

▶ HOW TO + 여성스럽고 사랑스러운 배경을 만들 때 많이 사용되는 블링블링 배경을 만들어봅시다. 디자인의 모티브는 밤 거리의 많은 불빛들이 제각기 다른 색상과 밝기로 빛나는 모습입니다. 크기와 투명도 등을 랜덤으로 설정하여 원 모양의 브러시를 여러 번 그리면 간단하게 완성할 수 있습니다.

▶ FILE + 완성 : end/117blingbling.psd

배경 제작하기

01 Ctrl+N을 눌러 Name을 **blingbling**, Width를 **600**, Height를 **600**으로 설정하고 〈OK〉를 눌러 새로운 파일을 생성합니다. 전경색을 **진빨강(#9f0808)**, 배경색을 **검은색(#000000)**으로 설정하고 Ctrl+Delete를 눌러 작업창을 배경색으로 채웁니다. Layers 패널에서 새 레이어 추가 아이콘(□)을 클릭하고 레이어 이름을 **redbg**로 수정합니다.

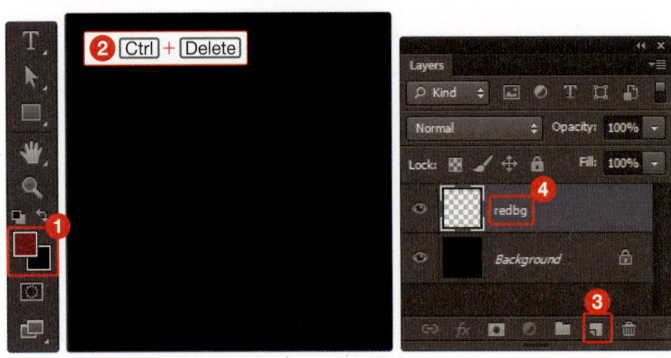

02 툴 바에서 브러시 툴(□)을 선택합니다. 옵션 바에서 설정 아이콘(□)을 클릭하여 **Soft Round**를 선택하고 Size를 **200**, Opacity를 **50**, Flow를 **100**으로 설정합니다. 작업창을 드래그해서 군데군데 빨간색으로 얼룩지게 브러시를 칠해서 기본 배경을 완성합니다.

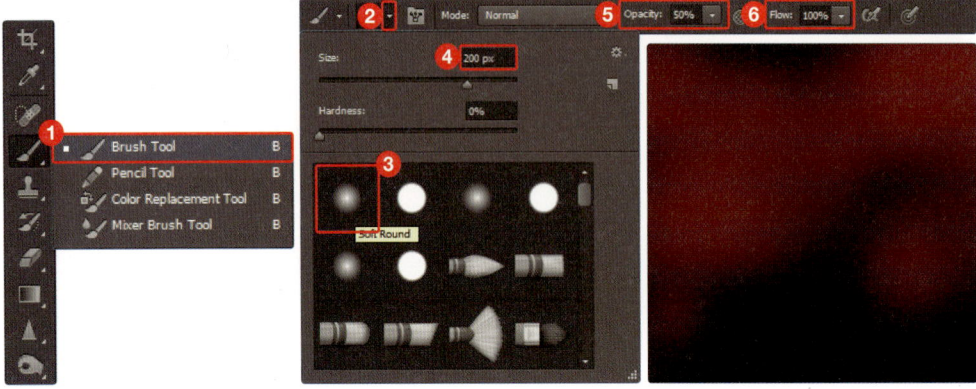

밤거리의 불빛 같은 효과 연출하기

01 Layers 패널에서 새 레이어 추가 아이콘(📄)을 클릭하고 레이어 이름을 **bling1**로 수정합니다. 전경색을 **빨간색 (#ff0000)**, 배경색을 **노란색(#fcff15)**으로 설정합니다. 옵션 바에서 설정 아이콘(▼)을 클릭하여 **Hard Round**를 선택하고 Size를 **100**, Opacity를 **100**, Flow를 **100**으로 설정합니다. 브러시 패널 열기 아이콘(🖌)을 클릭합니다.

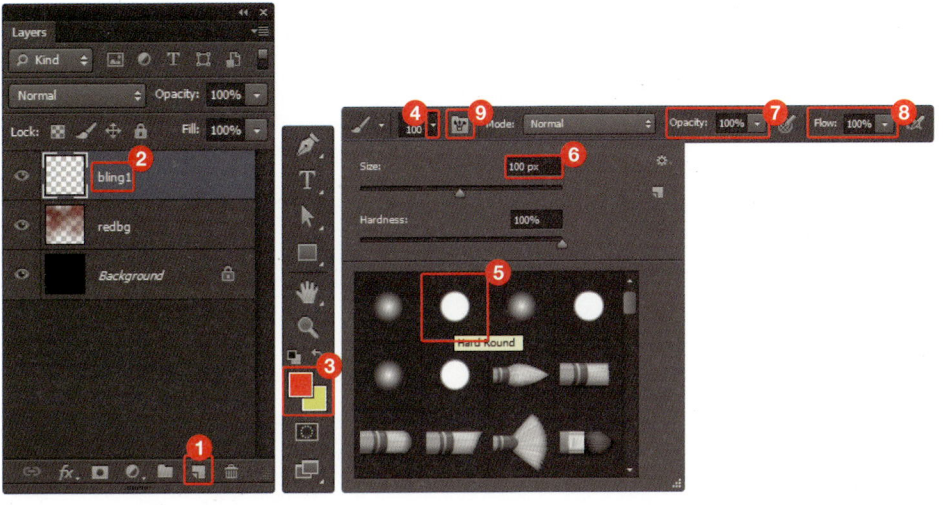

02 Brush 패널에서 왼쪽의 [Brush Tip Shape] 메뉴를 선택하고 Spacing을 **180**으로 설정합니다. 왼쪽의 [Shape Dynamics] 메뉴를 선택하고 Size Jitter를 **80**으로 설정합니다. 왼쪽의 [Scattering] 메뉴를 선택하고 Scatter를 **605**로 설정합니다.

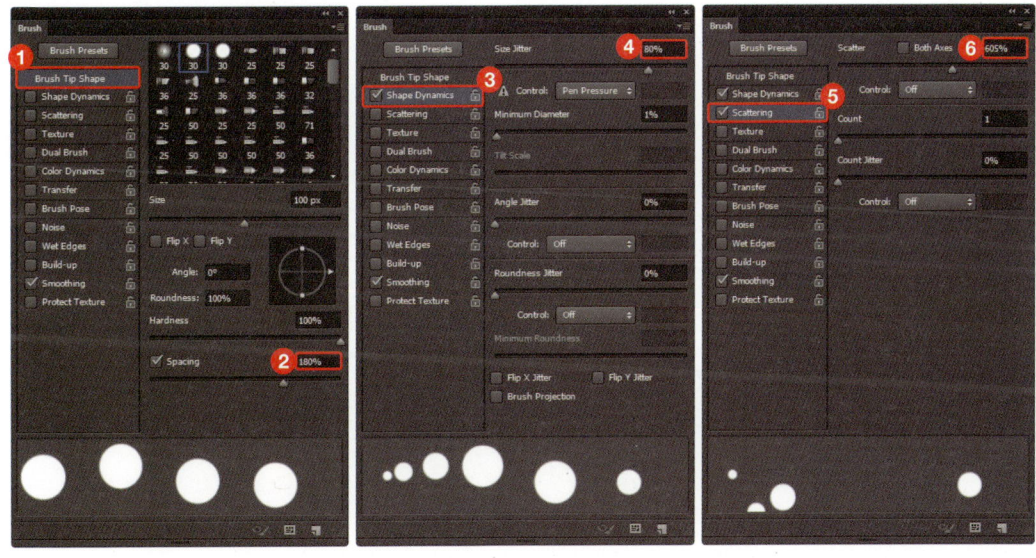

03 왼쪽의 [Color Dynamics] 메뉴를 선택하고 Foreground/Background Jitter를 50으로 설정합니다. 왼쪽의 [Transfer] 메뉴를 선택하고 Opacity Jitter를 100으로 설정합니다. 작업창에서 브러시를 드래그해서 블링블링한 느낌의 불빛을 그립니다.

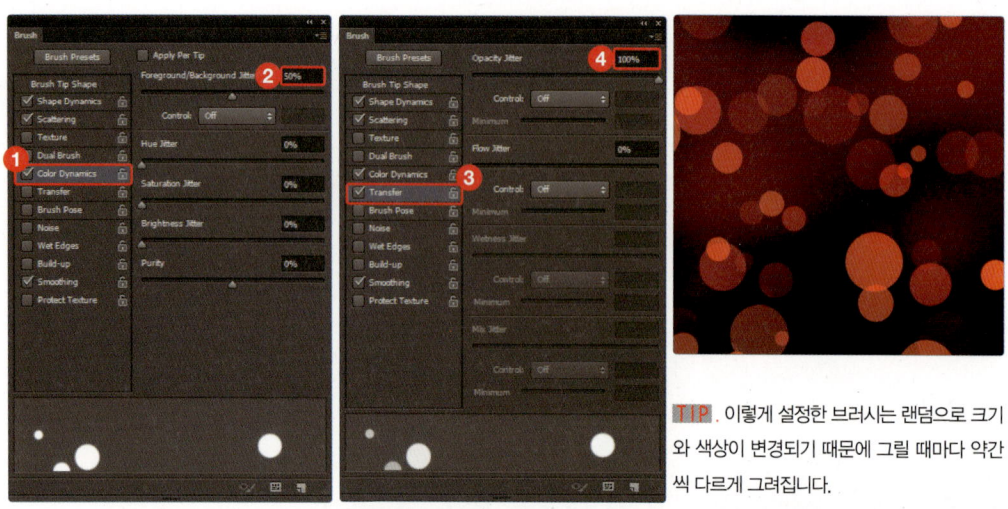

TIP. 이렇게 설정한 브러시는 랜덤으로 크기와 색상이 변경되기 때문에 그릴 때마다 약간씩 다르게 그려집니다.

04 [Filter]-[Blur]-[Gaussian Blur] 메뉴를 선택하고 Radius를 5로 설정하고 〈OK〉를 눌러 적용합니다. 브러시에 흐림 효과가 적용되었습니다.

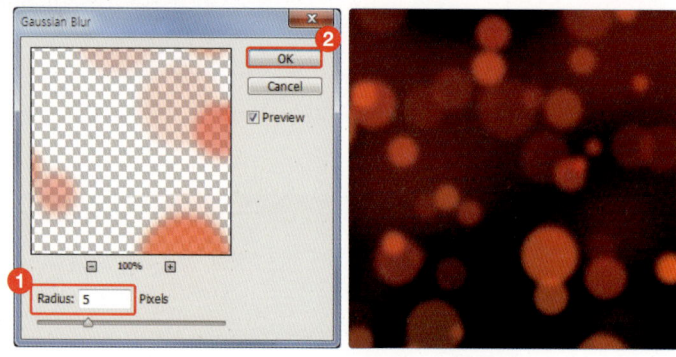

05 Layers 패널에서 bling1 레이어의 Opacity를 70으로 설정합니다. Layers 패널에서 새 레이어 추가 아이콘(　)을 클릭하고 레이어 이름을 bling2로 수정합니다.

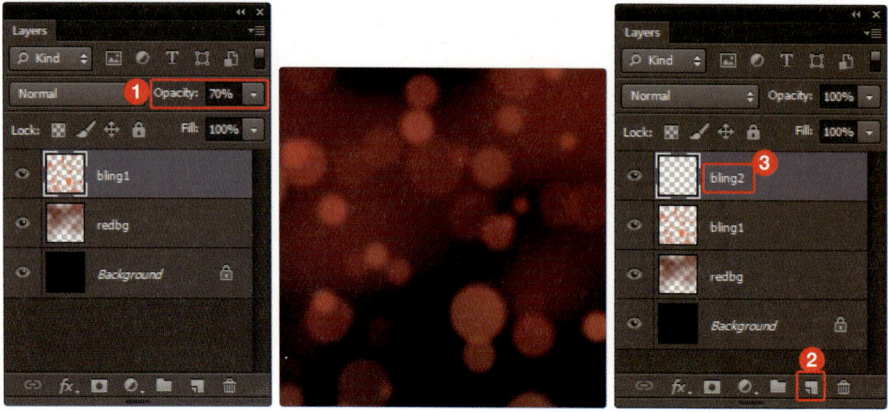

06 전경색을 **흰색(#ffffff)**으로 설정합니다. 옵션 바에서 설정 아이콘(▼)을 클릭하여 **Hard Round**를 선택하고 Size를 **70**, Opacity를 **100**, Flow를 **100**으로 설정합니다. 작업창을 한 번 더 드래그해서 브러시를 추가합니다.

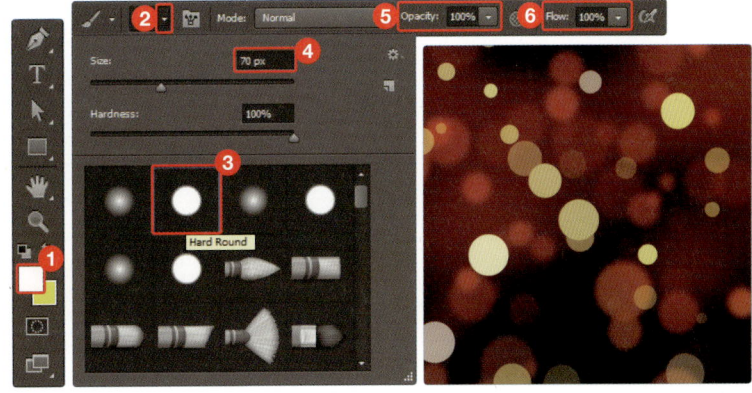

07 Ctrl + F를 눌러 이전에 적용했던 Gaussian Blur 효과를 다시 한 번 적용합니다. Layers 패널에서 bling2 레이어의 Opacity를 **70**으로 설정합니다.

08 Layers 패널에서 새 레이어 추가 아이콘(🖿)을 클릭하고 레이어 이름을 **bling3**으로 수정합니다. 옵션 바에서 브러시 패널 열기 아이콘(🖼)을 클릭하고 Brush 패널의 왼쪽 메뉴 중 [Color Dynamics] 메뉴의 체크를 해제합니다. 작업창을 한 번 더 드래그해서 브러시를 추가합니다.

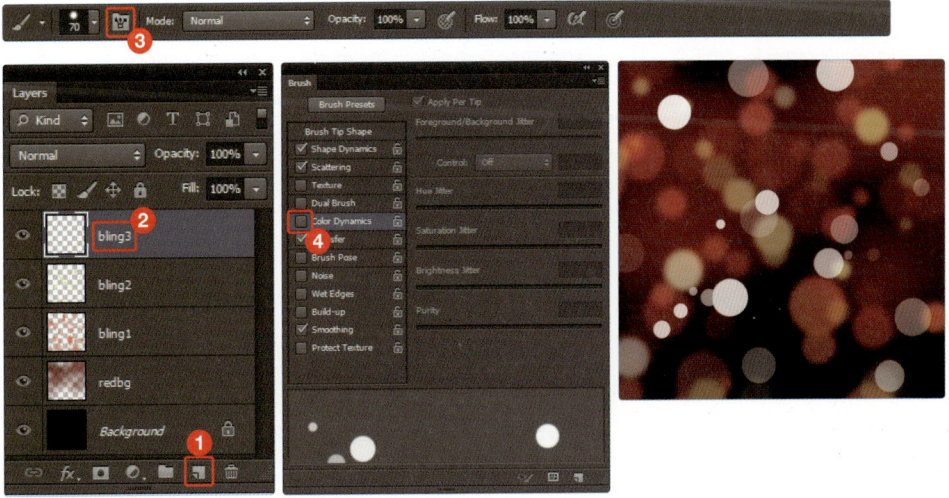

09 [Filter]-[Blur]-[Gaussian Blur] 메뉴를 선택하고 Radius를 2로 설정한 뒤 〈OK〉를 눌러 적용합니다. 적용한 브러시에 흐림 효과가 적용되었습니다.

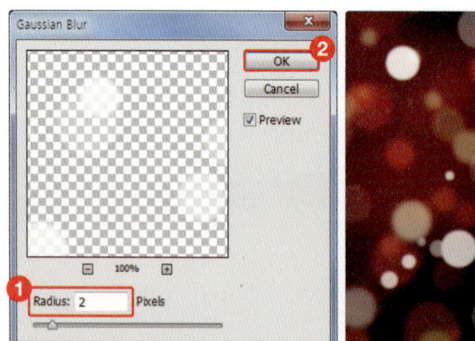

10 Layers 패널에서 bling3 레이어의 Opacity를 70으로 설정합니다. Layers 패널에서 새 레이어 추가 아이콘(🔲)을 클릭하고 레이어 이름을 bling4로 수정합니다.

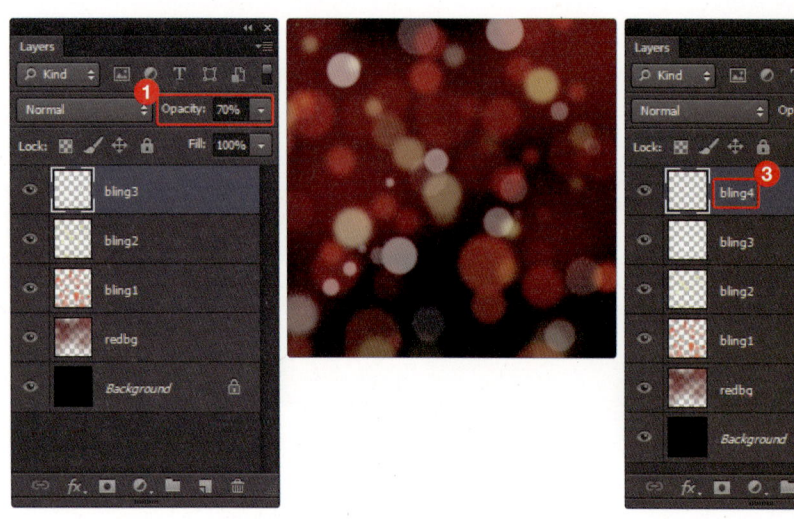

11 전경색과 배경색 바꾸기 아이콘(🔄)을 클릭합니다. 옵션 바에서 설정 아이콘(🔽)을 클릭하여 **Hard Round**를 선택하고 Size를 **100**, Opacity를 **100**, Flow를 **100**으로 설정합니다. 다시 한 번 작업창을 드래그해서 브러시를 추가합니다.

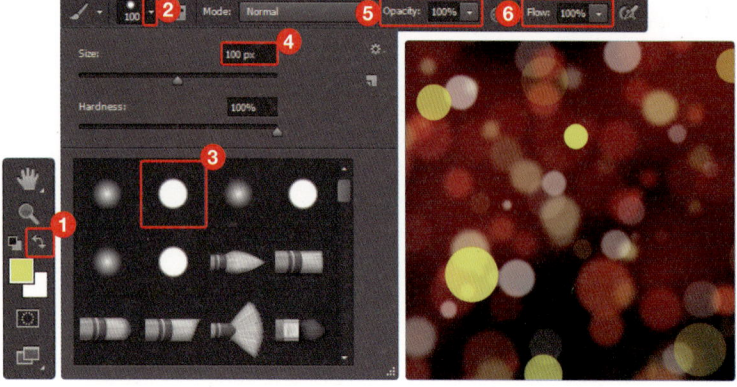

레이어 스타일 적용하기

01 Layers 패널에서 bling4 레이어의 오른쪽 빈 공간을 더블클릭하여 [Layer Style]을 실행합니다. 왼쪽 [Style] 항목 중 [Outer Glow]를 선택합니다. Structure에서 Blend Mode를 **Screen**, Opacity를 **50**, Noise를 **0**, Color를 **연노랑 (#ffffbe)** 으로 설정한 후 〈OK〉를 클릭합니다. 가장 마지막으로 추가한 노란색 브러시에 외부 빛 효과가 적용되었습니다.

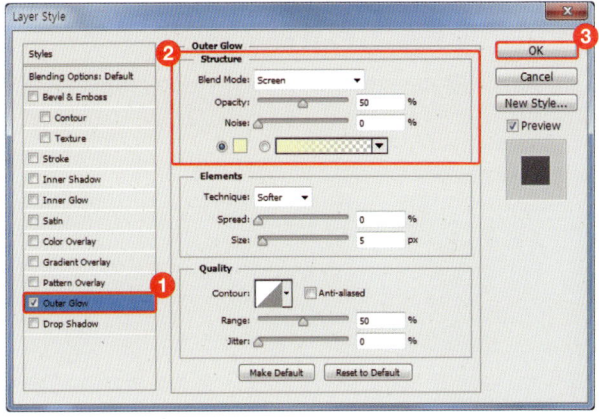

02 Layers 패널에서 bling4 레이어의 Fill을 80으로 설정합니다.

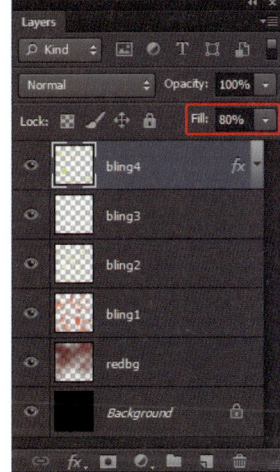
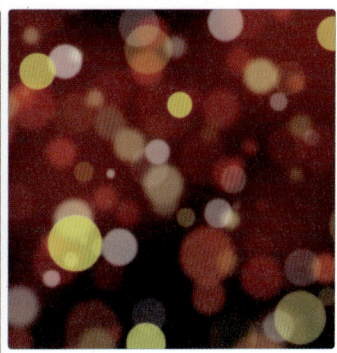

브러시 옵션의 간단한 조절만으로 다양한 색상과 크기로 불빛이 빛나는 배경을 만들었습니다. 그 위에 크리스마스카드를 올려서 화려한 축제 분위기를 연출합니다.

찢어지고 구겨진 종이 배경
지우개 툴, 브러시 툴, Drop Shadow

▶ HOW TO ✚ 구겨진 종이의 테두리가 거칠게 찢어진 느낌으로 연출해봅시다. 구겨진 모양은 실제로 종이를 구겨서 브러시로 등록한 후 바로 사용할 수 있습니다. 종이의 결을 따라 거칠게 찢어진 모양은 브러시 중에서 Rough Round Bristle로 드래그하여 연출합니다.

▶ FILE ✚ 소스 : source/118paper.abr 완성 : end/118oldpaper.psd

종이 느낌의 배경 제작하기

01 [Ctrl]+[N]을 눌러 Name을 **oldpaper**, Width를 **600**, Height를 **600**으로 설정하고 〈OK〉를 눌러 새로운 파일을 생성합니다. 새 레이어 추가 아이콘(□)을 클릭하고 레이어 이름을 **area**로 수정합니다.

02 전경색을 **녹색(#7c8500)**, 배경색을 **연두색(#d9e577)**으로 설정합니다. 툴 바에서 사각 선택 툴(□)을 선택하고 옵션 바에서 Feather를 **0**으로 설정합니다. 작업창 중앙에 가로 **500**, 세로 **450**의 크기로 선택 영역을 설정합니다.

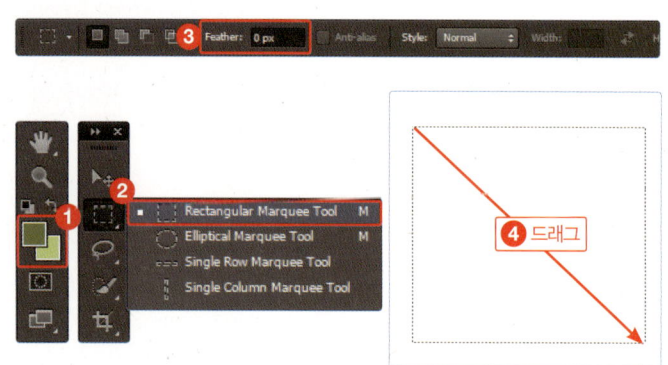

종이 느낌의 배경 제작하기

01 [Ctrl]+[Delete]를 눌러 선택 영역을 배경색으로 채우고 [Ctrl]+[D]를 눌러 선택 영역을 해제합니다. Layers 패널에서 area 레이어의 오른쪽 빈 공간을 더블클릭하여 [Layer Style]을 실행합니다.

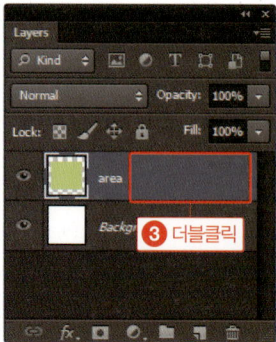

02 왼쪽 [Style] 항목 중 [Drop Shadow]를 선택합니다. Structure에서 Blend Mode를 **Multiply**, Opacity를 **75**, Distance를 **0**, Size를 **3**으로 설정한 후 〈OK〉를 클릭합니다. 사각형 이미지에 그림자 효과가 적용되었습니다.

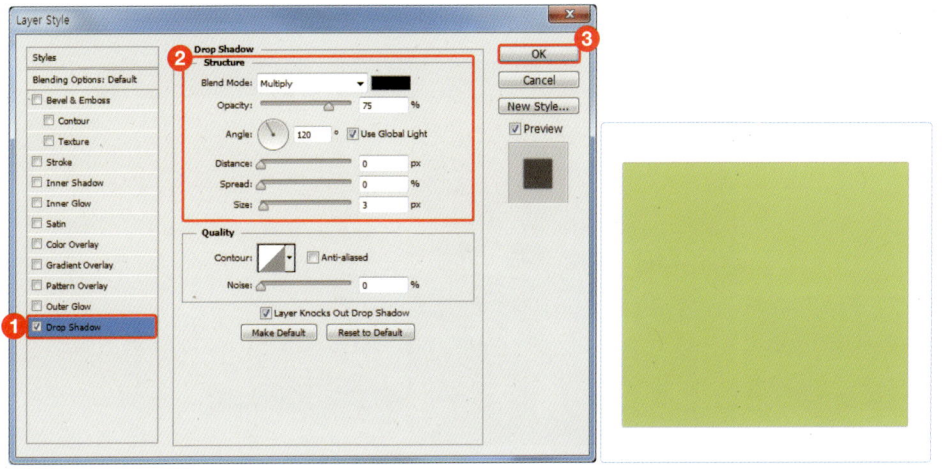

03 툴 바에서 지우개 툴(　)을 선택합니다. 옵션 바에서 설정 아이콘(　)을 클릭하고 **Rough Round Bristle** 브러시를 선택하여 Size를 **50**, Opacity를 **100**, Flow를 **100**으로 설정합니다.

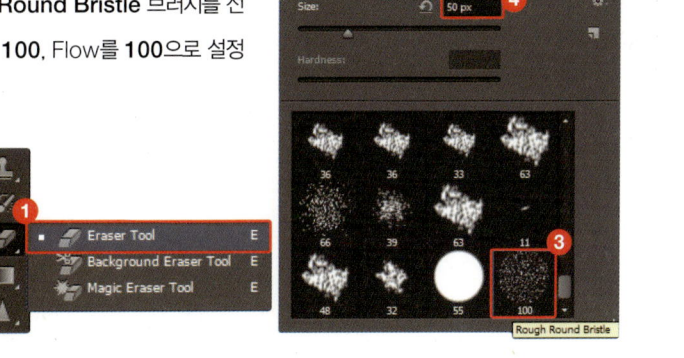

04 [Shift]를 누르고 연두색 사각형 이미지의 왼쪽 경계면을 위에서 아래로 두 번씩 드래그해서 자연스럽게 찢어진 느낌의 종이 질감을 표현합니다. 같은 방법으로 연두색 사각형의 경계를 모두 지워 자연스럽게 표현합니다.

TIP. Rough Round Bristle 브러시는 반투명 속성을 가지고 있으므로 반투명 영역이 없어지도록 두 번씩 반복하여 깨끗하게 지웁니다.

종이의 구겨진 느낌 표현하기

01 Layers 패널에서 새 레이어 추가 아이콘(□)을 클릭하고 레이어 이름을 **deco**로 수정합니다. 툴 바에서 브러시 툴(✎)을 선택합니다. 옵션 바에서 설정 아이콘(▼)과 확장 아이콘(≡)을 차례로 클릭하여 [Load Brushes] 메뉴를 선택합니다.

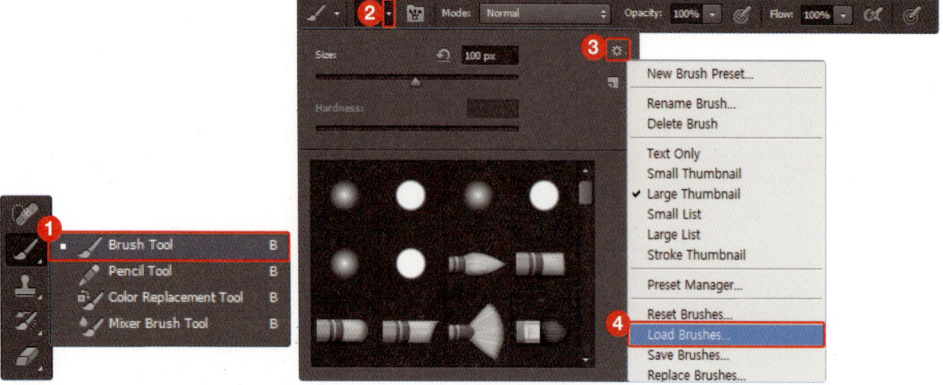

02 Source 폴더에서 **paper** 브러시를 선택하고 〈Load〉를 눌러 적용합니다. 불러온 paper.jpg 브러시를 선택하고 Opacity를 **100**, Flow를 **100**으로 설정합니다.

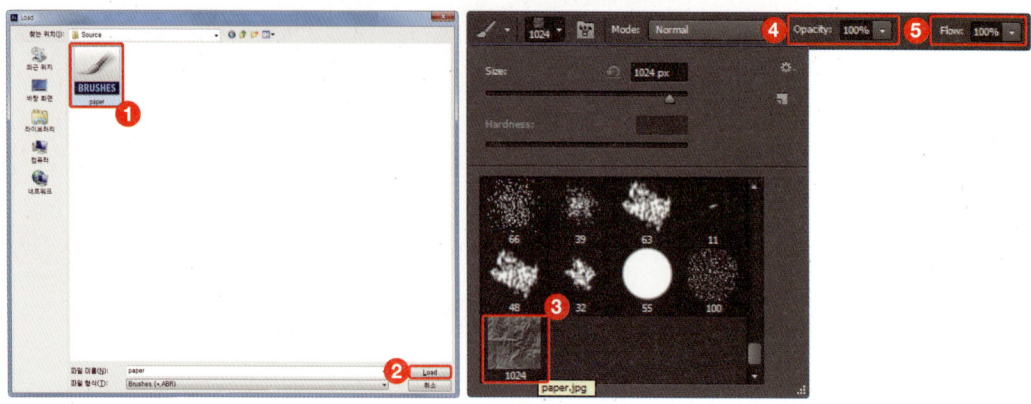

03 작업창 중앙에 브러시를 찍어 구겨진 느낌의 브러시를 적용하고 Ctrl+Alt+G를 눌러 사각형 안에 클리핑 마스크 처리합니다. 자연스럽게 구겨지고 찢어진 느낌의 배경이 연출되었습니다.

활용예제 구겨지고 찢어진 느낌의 종이는 빈티지한 배경에 가장 많이 사용되는 소스입니다. 구겨진 종이 질감만으로도 친근한 디자인 연출과 낡고 오래된 듯한 느낌까지 같이 연출하여 편안한 분위기를 연출합니다.

119 핑킹가위로 잘라낸 천 조각 배경

지우개 툴, Pattern Overlay

▶ HOW TO + 천 조각의 테두리를 핑킹가위로 잘라낸 모양으로 연출합니다. 사각형에 Pattern Overlay로 디자인을 입히고 Eraser Tool 중에서 Diamond를 설정하여 핑킹가위로 잘라낸 듯한 모양을 연출합니다.

▶ FILE + 완성 : end/119pattern.psd

천 조각 느낌의 배경 제작하기

01 Ctrl+N을 눌러 Name을 **pattern**, Width를 600, Height를 600으로 설정하고 〈OK〉를 눌러 새로운 파일을 생성합니다. 새 레이어 추가 아이콘( )을 클릭하고 레이어 이름을 **pattern**으로 수정합니다.

02 전경색을 검은색(#000000)으로 설정합니다. 툴 바에서 사각 선택 툴( )을 선택하고 옵션 바에서 Feather를 0으로 설정합니다. 작업창 중앙에 가로 500, 세로 500의 크기로 선택 영역을 설정합니다.

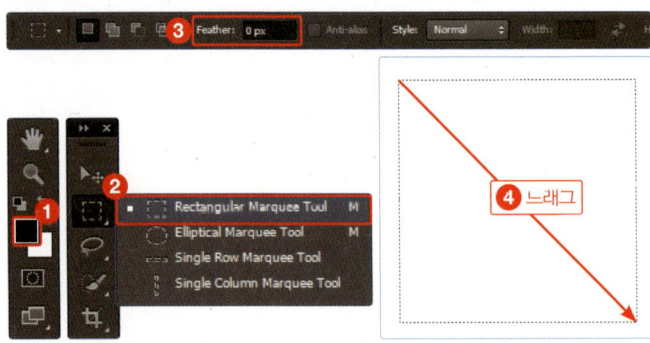

03 Alt+Delete를 눌러 선택 영역을 전경색으로 채우고 Ctrl+D를 눌러 선택 영역을 해제합니다. Layers 패널에서 pattern 레이어의 오른쪽 빈 공간을 더블클릭하여 [Layer Style]을 실행합니다.

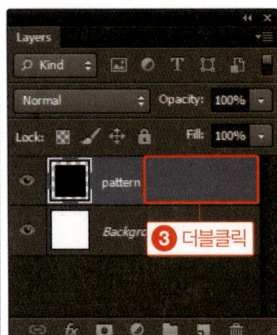

04 왼쪽 [Style] 항목 중 [Pattern Overlay]를 선택합니다. Blend Mode를 **Normal**, Opacity를 **100**으로 설정하고 Pattern의 설정 아이콘(▼)을 클릭합니다. **Check4** 패턴을 선택하고 Scale을 **100**으로 설정합니다. 작업창에서 그려준 검은색 사각형 이미지에 패턴이 적용되어 분홍색 천 느낌의 재질이 표현되었습니다.

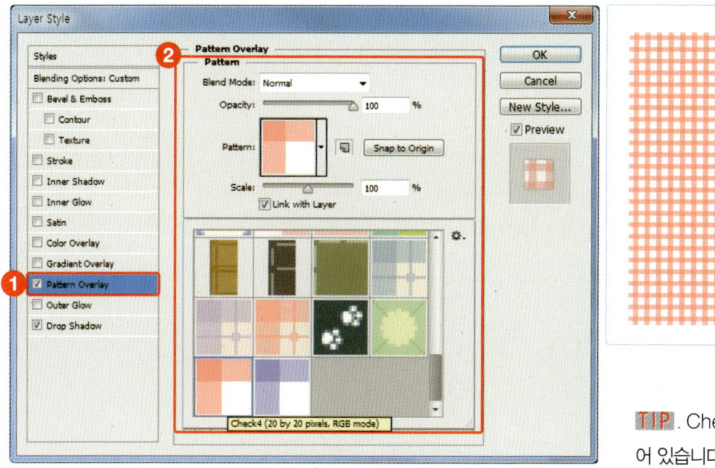

TIP. Check4 패턴은 hyPattern 패턴 메뉴에 포함되어 있습니다.(외부 패턴 불러오기는 206쪽 참고)

05 왼쪽 [Style] 항목 중 [Drop Shadow]를 선택합니다. Blend Mode를 **Multiply**, Opacity를 **50**, Distance를 **0**, Spread를 **0**, Size를 **3**으로 설정하고 〈OK〉를 눌러 적용합니다.

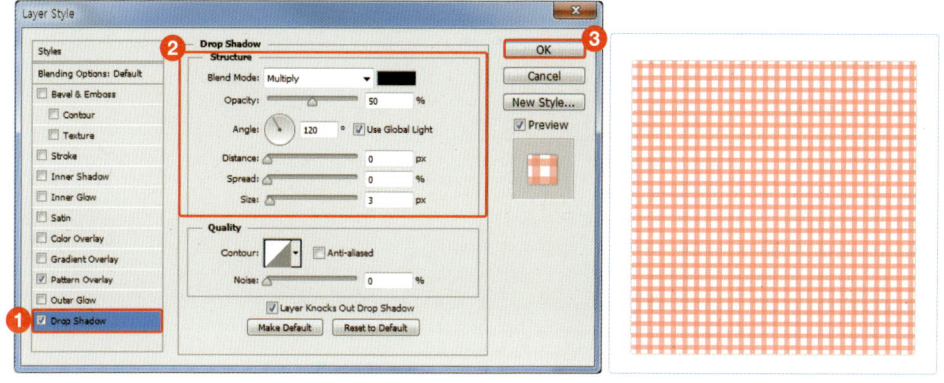

천 조각의 테두리 자연스럽게 적용하기

01 툴 바에서 지우개 툴(⌫)을 선택합니다. 옵션 바에서 설정 아이콘(▼)을 눌러 **Diamond** 브러시를 선택하고 Size를 **10**, Opadicy를 **100**, Flow를 **100**으로 설정하고 브러시 패널 열기 아이콘(⌫)을 선택합니다.

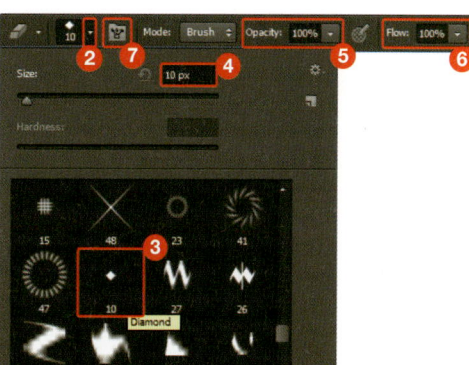

02 Brush 패널에서 왼쪽 [Brush Tip Shape] 메뉴를 선택하고 Spacing을 95로 설정합니다. Shift 를 누르고 체크 모양의 패턴 위쪽 경계면을 상단 왼쪽에서 오른쪽으로 드래그해서 자연스럽게 찢어진 느낌의 종이 질감을 표현합니다.

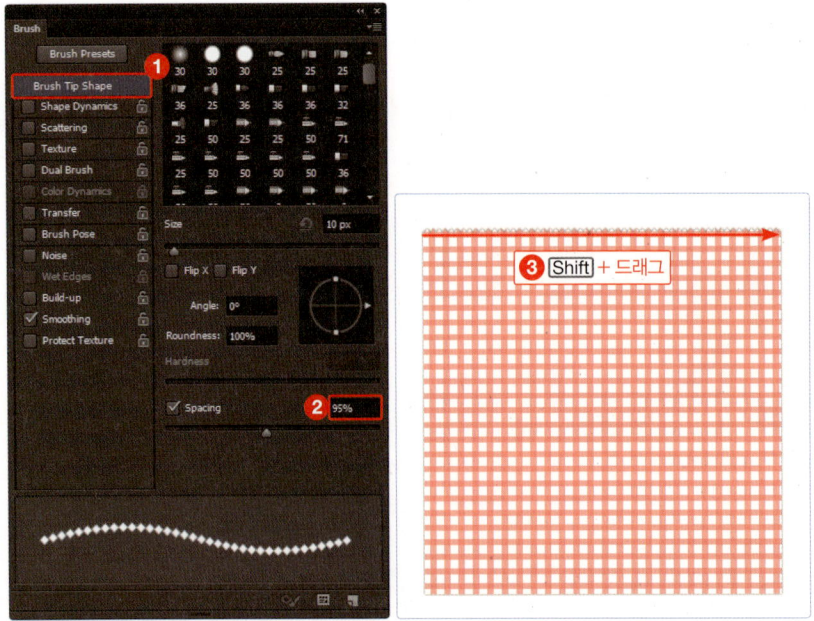

03 나머지 테두리도 같은 방법으로 드래그합니다. 천 조각 느낌의 자연스러운 배경 이미지가 완성되었습니다.

주변을 활용한 배경 1

사용자 셰이프 툴, 펜 툴, Transform

▶ HOW TO + 커피숍에서 커피를 마시다가 주변의 아이템을 촬영하거나 길을 걷다가 예쁜 풍경을 촬영하기도 합니다. 이러한 내 주변의 모든 것들은 디자인 소스로 사용할 수 있는 훌륭한 아이템이 됩니다. 셰이프에 있는 스프링 구멍이 뚫린 연습장과 주변 요소를 활용해 빈티지 배경을 편집해봅시다.

▶ FILE + 예제 : data/120girl.jpg, 120car.jpg 완성 : end/120vintage.psd

연습장 모양의 배경 제작하기

01 Ctrl + N을 눌러 Name을 **vintage**, Width를 **700**, Height를 **500**으로 설정하고 〈OK〉를 눌러 새로운 파일을 생성합니다. 전경색을 **흰색(#ffffff)**으로 설정하고 툴 바에서 사용자 셰이프 툴(□)을 선택합니다.

02 옵션 바에서 Shape를 선택하고 Fill을 **Solid Color**, Stroke를 **None**으로 설정합니다. Shape에서 설정 아이콘(□)을 클릭하고 **Grime 3** 셰이프로 설정합니다.

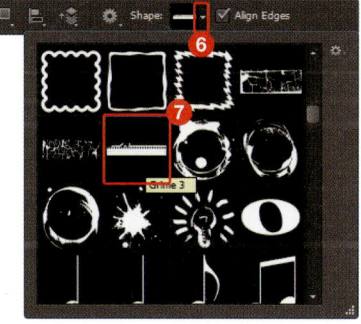

TIP. Grime 3이 없을 경우, 확장 아이콘(□)을 클릭한 후 [All]을 선택하고 [Append]를 클릭해 불러옵니다.

03 작업창 중앙에 가로 **423**, 세로 **87**의 크기로 뜯어진 연습장 모양을 그립니다. [Edit]-[Transform Path]-[Rotate 90° CCW] 메뉴를 선택합니다.

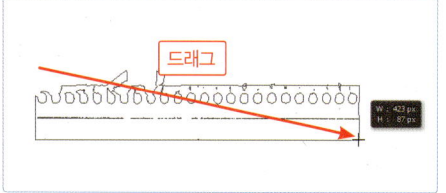

04 연습장이 왼쪽으로 90도 회전되었습니다. 툴 바에서 패스 선택 툴(   )을 선택하고 작업창에서 연습장 이미지를 클릭해서 패스 점을 모두 표시합니다. 선택된 연습장 이미지를 왼쪽으로 드래그해서 적절히 배치하고 연습장 이미지 외부를 클릭해서 패스 점을 감춥니다.

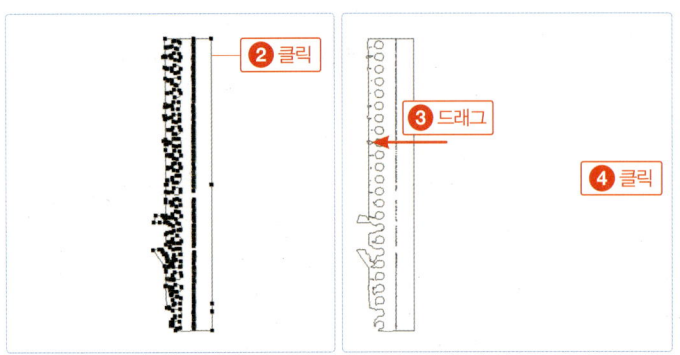

05 툴 바에서 직접 선택 툴(   )을 선택합니다. 작업창에서 연습장의 오른쪽 끝부분을 드래그해서 선택합니다. 선택한 패스를 오른쪽으로 드래그하면서 [Shift]를 눌러줍니다. 오른쪽으로 373 정도 드래그해서 크기를 키우고 외부를 클릭해서 패스 점을 모두 감춥니다.

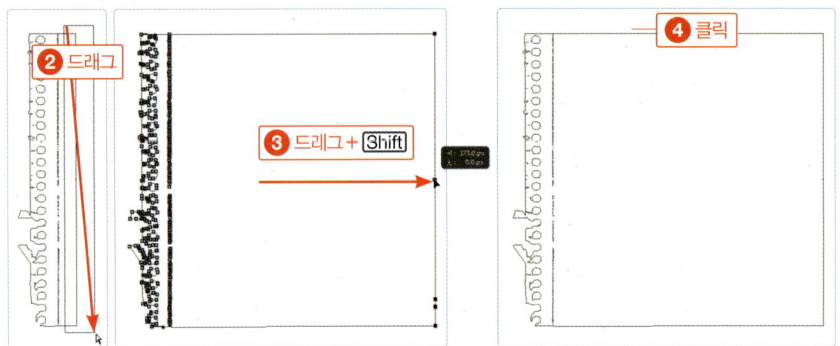

06 Layers 패널에서 Shape 1 레이어의 오른쪽 빈 공간을 더블클릭하여 [Layer Style]을 실행합니다. 왼쪽 [Style] 항목 중 [Drop Shadow]를 선택합니다. Structure에서 Blend Mode를 **Multiply**, Opacity를 **75**, Distancce를 **0**, Size를 **5**로 설정한 후 〈OK〉를 클릭합니다. 연습장에 그림자 효과가 적용되었습니다.

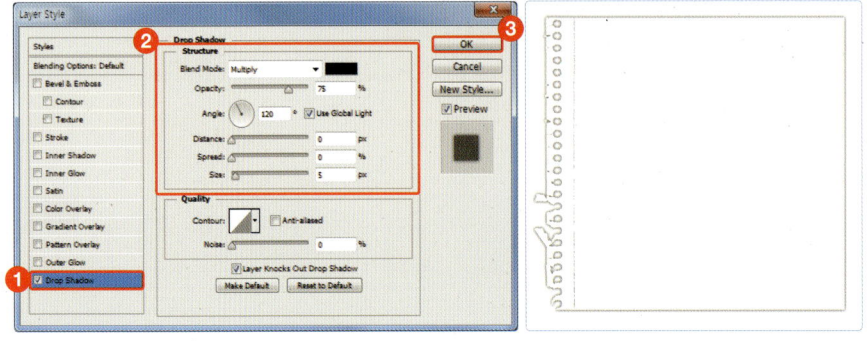

07 Layers 패널에서 새 레이어 추가 아이콘(◧)을 클릭하고 레이어 이름을 **line**으로 수정합니다. 전경색을 **회색** (**#d9dde6**)으로 설정하고 툴 바에서 연필 툴(✏)을 선택합니다. 옵션 바에서 설정 아이콘(▼)을 선택하고 **Hard Round** 브러시를 설정한 뒤 Size를 **1**, Opacity를 **100**으로 설정합니다.

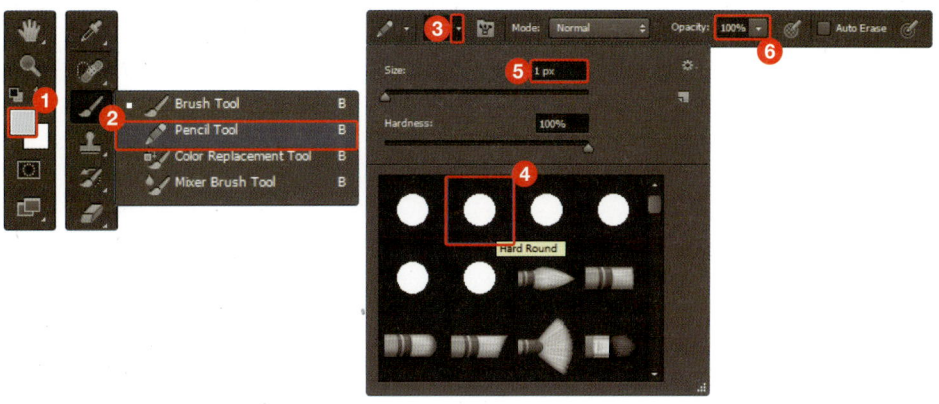

08 작업창의 연습장 상단 왼쪽에서 오른쪽으로 Shift 를 누르고 드래그해서 실선을 그립니다. 툴 바에서 이동 툴(▶)을 선택하고 작업창에서 Alt + Shift 를 누른 채 아래로 드래그해서 실선을 복사합니다. 같은 방법으로 여러 줄의 실선을 복사해서 간격 상관없이 아래에 배치합니다.

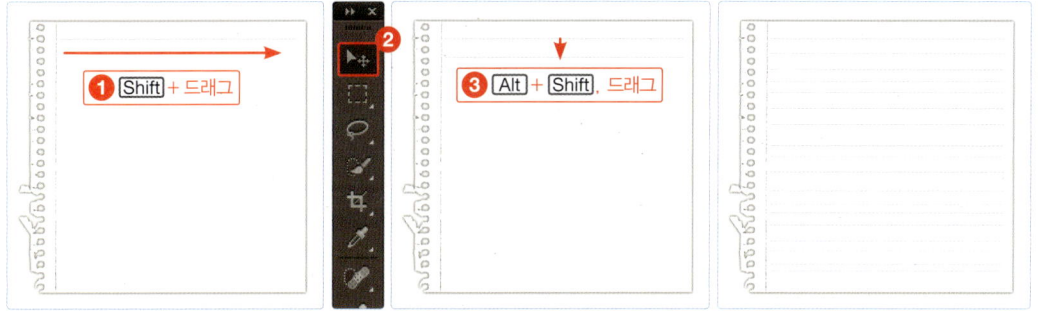

09 Layers 패널에서 Shift 를 누르고 line 레이어를 클릭하여 실선 레이어를 모두 선택합니다.

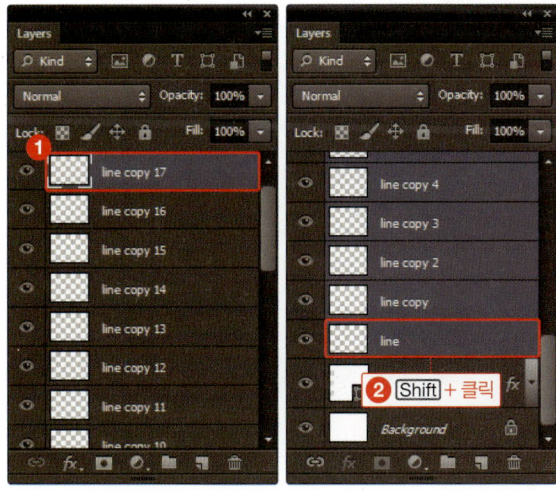

375

10 옵션 바에서 수직 중앙 분배 아이콘(￼)을 눌러 선택된 이미지의 상하 간격을 서로 맞추고 가운데 정렬합니다. Layers 패널에서 Ctrl + E 를 눌러 선택했던 레이어를 모두 병합합니다.

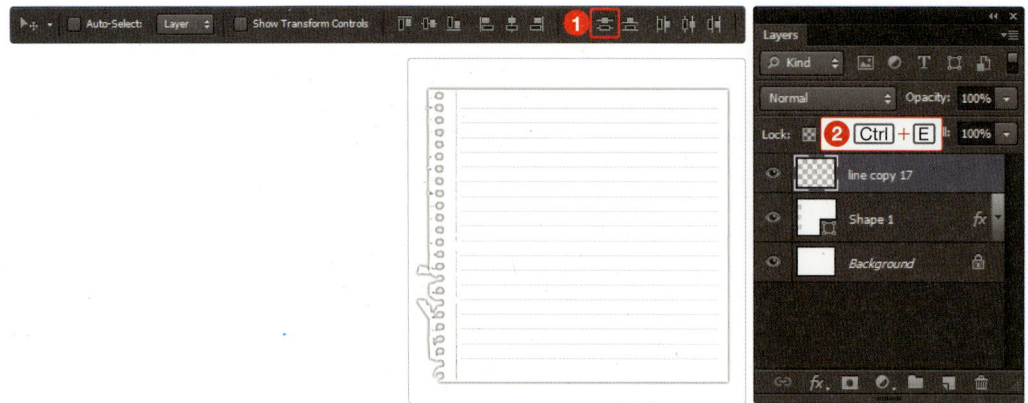

주변 요소를 활용하여 빈티지한 배경 만들기

01 Ctrl + O 를 눌러 data/120girl.jpg 파일을 불러옵니다. 소녀 이미지를 vintage.psd 파일로 드래그해서 연습장의 적절한 위치에 배치합니다. Layers 패널에서 복사된 레이어의 이름을 **girl**이라고 수정하고 girl 레이어의 블렌딩 모드를 **Multiply**로 설정합니다. 소녀의 주변 흰색 배경이 연습장 이미지와 자연스럽게 합성되었습니다.

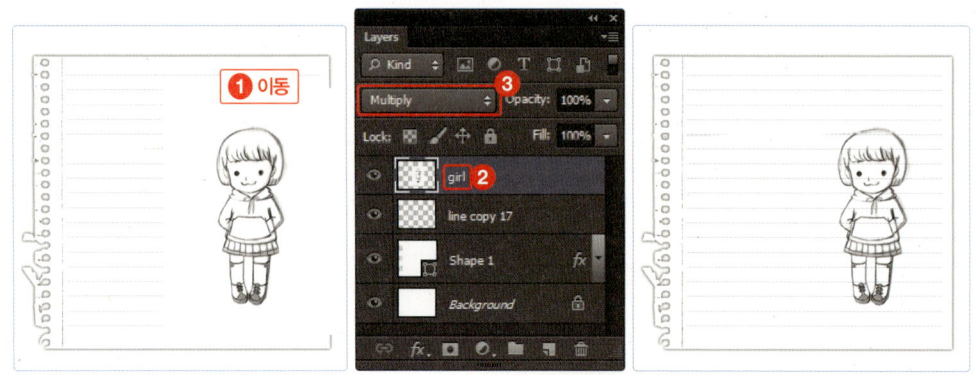

02 Ctrl + O 를 눌러 data/120car.jpg 파일을 불러옵니다. 불러온 이미지에서 연습장과 자동차만 활용해보겠습니다. 툴 바에서 펜 툴(￼)을 선택하고 옵션 바에서 **Path**를 선택합니다.

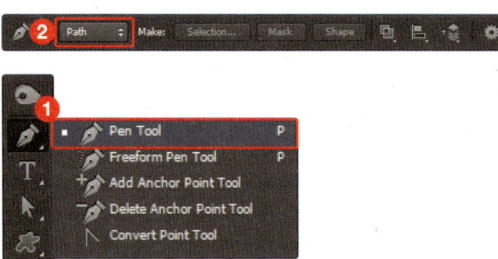

03 작업창을 확대하고 자동차의 경계를 따라 패스를 그립니다. 같은 방법으로 연습장도 패스로 그려서 연습장과 자동차 부분의 패스를 모두 완성합니다. Ctrl + Enter 를 눌러 패스로 작업한 부분을 선택 영역으로 만듭니다.

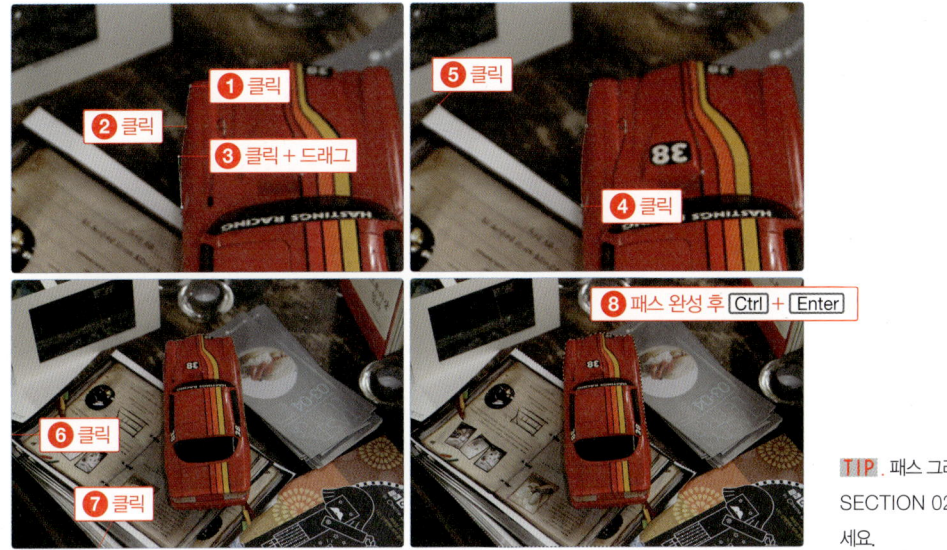

TIP. 패스 그리기는 69쪽, SECTION 028을 참고하세요.

04 툴 바에서 이동 툴( )을 선택하고 선택 영역으로 설정된 자동차와 연습장 이미지를 vintage.psd 파일로 드래그해서 불러옵니다. Layers 패널에서 자동차 이미지의 레이어 이름을 **deco1**로 수정합니다.

05 Ctrl + T 를 눌러 자동차와 연습장 이미지의 크기를 적절히 줄여서 배치하고 Enter 를 눌러 적용합니다.

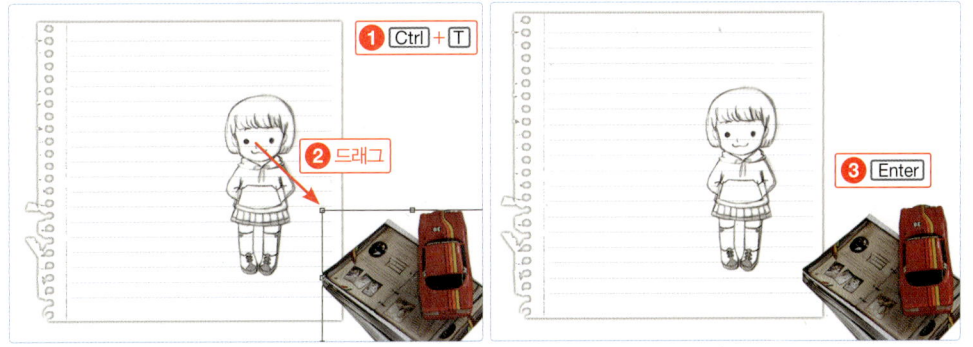

06 [Ctrl]+[U]를 눌러 [Hue/Saturation] 메뉴를 실행하고 Saturation을 **–50**으로 설정한 후 〈OK〉를 눌러 적용합니다.

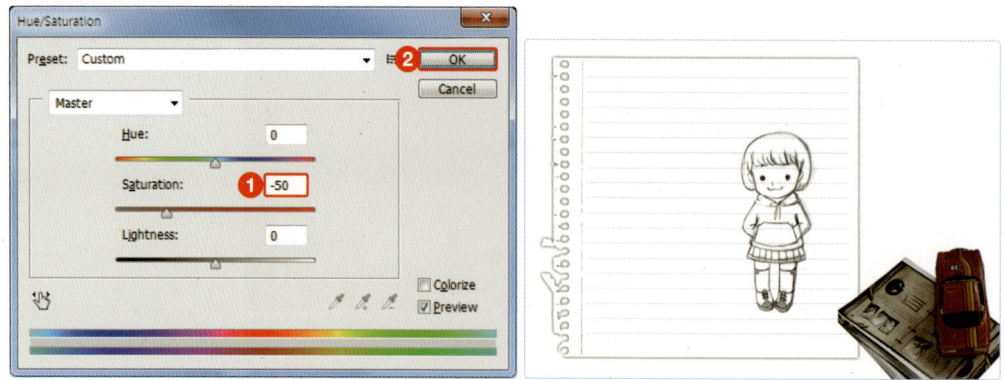

07 [Filter]-[Noise]-[Add Noise] 메뉴를 선택합니다. Amount를 **3**, Distribution을 **Uniform**으로 설정하고 **Monochromatic**을 체크한 후 〈OK〉를 눌러 적용합니다. 자동차와 연습장 이미지에 노이즈가 추가되어 거친 느낌의 효과가 연출되었습니다.

08 [Edit]-[Stroke] 메뉴를 선택합니다. Stroke에서 Width를 **5**, Color를 **흰색(#ffffff)**로 설정하고 Location을 **Outside**, Blending에서 Mode를 **Normal**, Opacity를 **100**으로 설정한 후 〈OK〉를 눌러 적용합니다. 자동차와 연습장 이미지에 흰색 테두리가 적용되었습니다.

09 Layers 패널에서 deco1 레이어의 오른쪽 빈 공간을 더블클릭하여 [Layer Style]을 실행합니다. 왼쪽 [Style] 항목 중 [Stroke]를 선택합니다. Structure에서 Size를 **1**, Position을 **Outside**, Blend Mode를 **Normal**, Opacity를 **100**, Color를 **회색(#cccccc)**으로 설정한 후 〈OK〉를 클릭합니다. 이미지의 흰색 테두리 외곽에 회색 테두리가 둘러졌습니다.

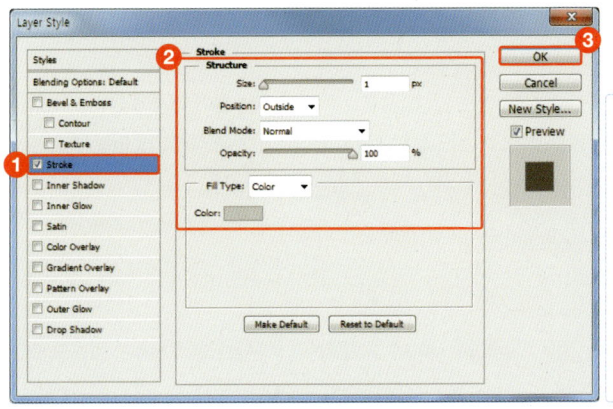

10 같은 방법으로 다른 이미지들을 배치하고 동일한 효과를 적용하여 빈티지한 느낌의 배경을 연출합니다.

활용예제 CS6에서는 셰이프에 많은 모양들이 추가되었습니다. 그중에서 연습장이 찢어진 모양으로 배경을 만들고, 주변에 있는 물건들을 촬영하여 함께 배치하여 간단하게 빈티지 배경이 연출됩니다.

주변을 활용한 배경 2
마술봉 툴, Transform, Hue/Saturation

▶ HOW TO + 가을 산길을 산책하다가 바닥에 떨어진 알록달록 예쁜 단풍잎들을 가져다가 흰색 종이 배경에 올려두고 촬영합니다. 이렇게 준비한 서너 개의 잎들로 색상, 크기, 각도를 바꿔가며 풍성한 단풍 배경을 만들어봅시다.

▶ FILE + 예제 : data/121leaf1.jpg, 121leaf2.jpg, 121leaf3.jpg, 121leaf4.jpg 완성 : end/121autumn.psd

01 Ctrl+N을 눌러 Name을 **autumn**, Width를 **750**, Height를 **600**으로 설정하고 〈OK〉를 눌러 새로운 파일을 생성합니다. Ctrl+O를 눌러 data/121leaf1.jpg 파일을 불러옵니다. 툴 바에서 마술봉 툴(■)을 선택하고 옵션 바에서 New selection 아이콘(■)을 선택한 후 Tolerance를 **80**으로 설정합니다.

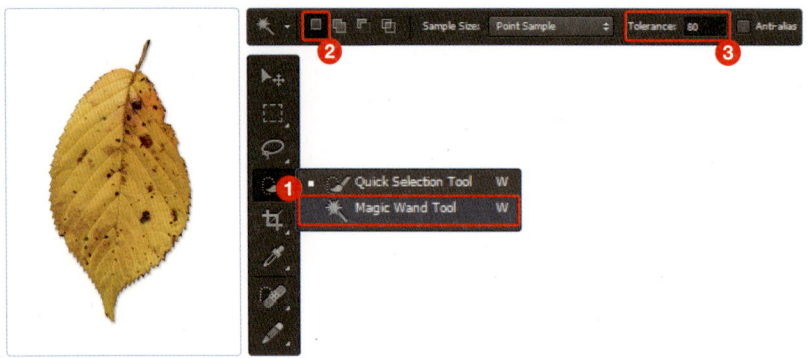

02 나뭇잎 외곽의 배경을 클릭해서 선택 영역으로 설정합니다. Ctrl+Shift+I를 눌러 선택 영역을 반전시킵니다. 툴 바에서 이동 툴(■)을 선택하고 나뭇잎 이미지를 autumn.psd 파일로 드래그해서 불러와 배치합니다.

03 Layers 패널에서 생성된 레이어의 이름을 **1**로 수정합니다. Ctrl + T를 눌러 나뭇잎 이미지를 줄이고 작업창의 왼쪽 상단에 적절히 회전시켜 배치한 후 Enter를 눌러 적용합니다.

04 Layers 패널에서 1 레이어의 오른쪽 빈 공간을 더블클릭하여 [Layer Style]을 실행합니다. 왼쪽 [Style] 항목 중 [Drop Shadow]를 선택합니다. Structure에서 Blend Mode를 **Multiply**, Opacity를 **24**, Distance를 **8**, Spread를 **0**, Size를 **9**로 설정한 후 〈OK〉를 클릭합니다. 나뭇잎 이미지에 그림자 효과가 적용되었습니다.

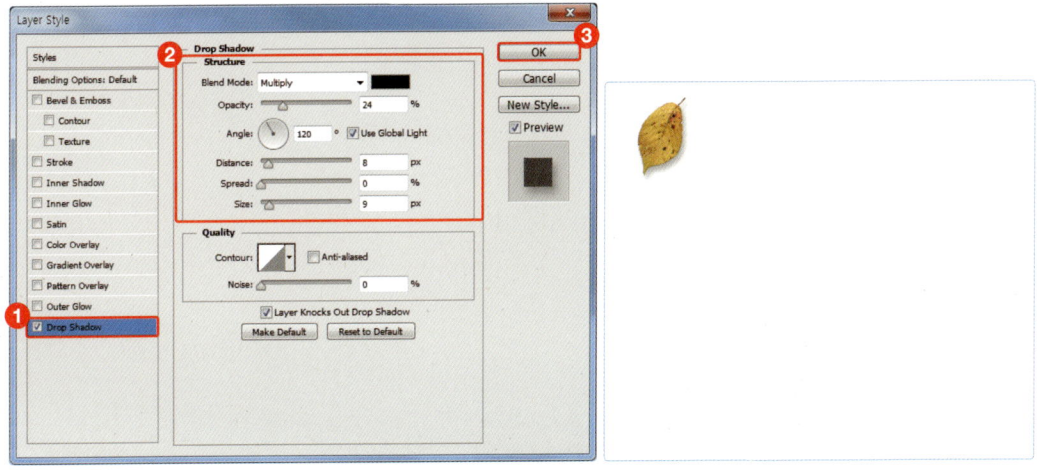

05 툴 바에서 이동 툴( )을 선택하고 작업창에서 Alt 를 누른 채 아래쪽으로 드래그해서 나뭇잎 이미지를 복사합니다. Ctrl + T를 눌러 복사된 나뭇잎 이미지의 크기를 약간 줄이고 회전하여 적절히 배치한 후 Enter를 눌러 적용합니다. Layers 패널에서 복사된 레이어의 이름을 **2**로 수정합니다.

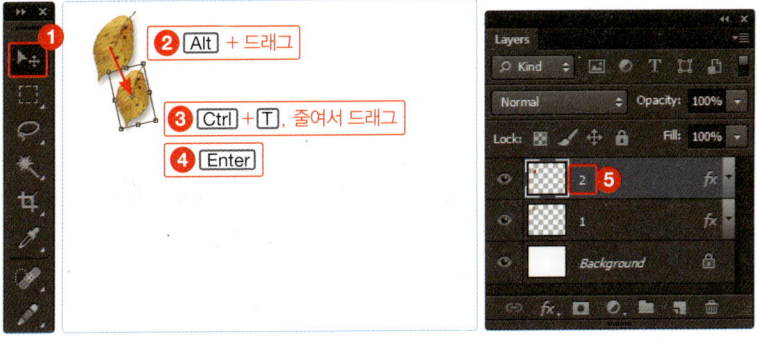

381

06 Ctrl + U 를 눌러 [Hue/Saturation] 메뉴를 실행합니다. Hue를 **-44**로 설정하고 〈OK〉를 눌러 적용합니다. 나뭇잎의 색상이 빨간색으로 변경되었습니다.

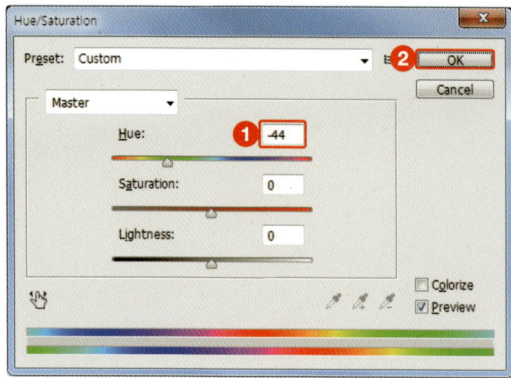 

07 같은 방법으로 다른 나뭇잎 이미지들도 불러와 크기를 축소하고 적절히 회전시켜 배치한 후 색상을 변경합니다.

활용예제

가을 산길을 산책하다가 길에 흩어져 있는 단풍을 촬영하여 디자인 소스로 활용해보았습니다. 단풍의 색상과 각도를 다르게 배치하여 풍성한 배경을 만들고, 중앙에는 편지지를 배치하여 가을 분위기를 연출합니다.

122 다이어리 배경 만들기

둥근 사각형 툴, 브러시 툴, Drop Shadow, Bevel & Emboss

▶ HOW TO + 다이어리 배경은 일상이나 팁을 메모하는 용도로 디자인에서 많이 활용됩니다. 모서리가 둥근 사각형으로 다이어리의 표지를 만들고 점선을 그려 박음질 효과를 만듭니다. 내부 속지로는 그림자가 있는 사각형을 복사하여 아래로 겹쳐서 완성합니다.

▶ FILE + 완성 : end/122diary.psd

다이어리 표지 제작하기

01 Ctrl + N을 눌러 Name을 **diary**, Width를 **750**, Height를 **600**으로 설정하고 〈OK〉를 눌러 새로운 파일을 생성합니다. 전경색을 **분홍색 (#ee7689)**으로 설정하고 툴 바에서 둥근 사각형 툴(■)을 선택합니다. 옵션 바에서 **Shape**를 선택하고 Fill을 **Solid Color**, Stroke를 **None**, Radius를 **10**으로 설정합니다.

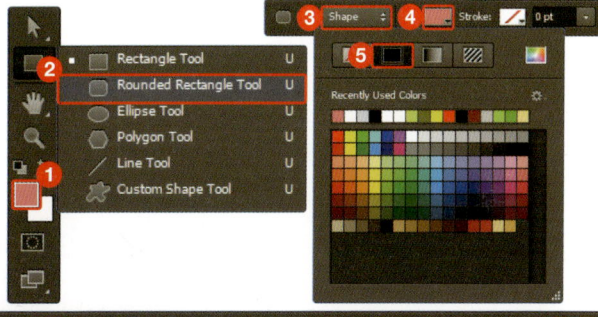

02 작업창 중앙에 가로 **665**, 세로 **450**의 크기로 둥근 사각형을 그립니다. Layers 패널에서 Rounded Rectangle 1 레이어의 오른쪽 빈 공간을 더블클릭하여 [Layer Style]을 실행합니다.

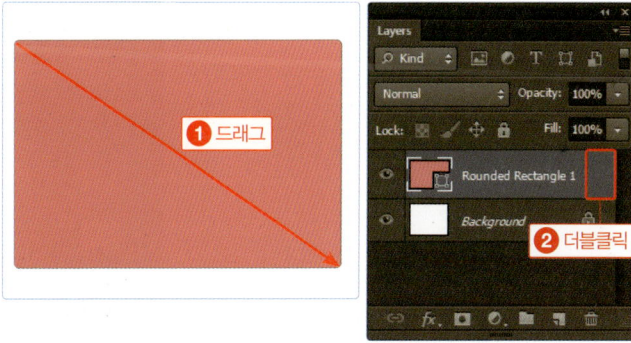

03 왼쪽 [Style] 항목 중 [Bevel & Emboss]를 선택합니다. Structure에서 Style을 **Inner Bevel**, Technique를 **Smooth**, Depth를 **100**, Direction을 **Up**, Size를 **2**로 설정합니다. 둥근 사각형에 입체감이 적용되었습니다.

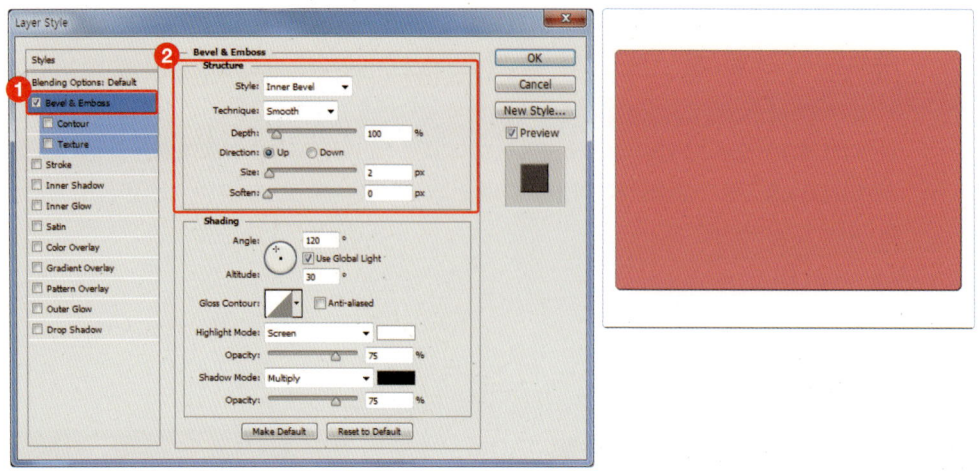

04 왼쪽 [Style] 항목 중 [Drop Shadow]를 선택합니다. Structure에서 Blend Mode를 **Multiply**, Distance를 **2**, Size를 **5**로 설정한 후 〈OK〉를 클릭합니다. 둥근 사각형에 그림자 효과가 적용되었습니다.

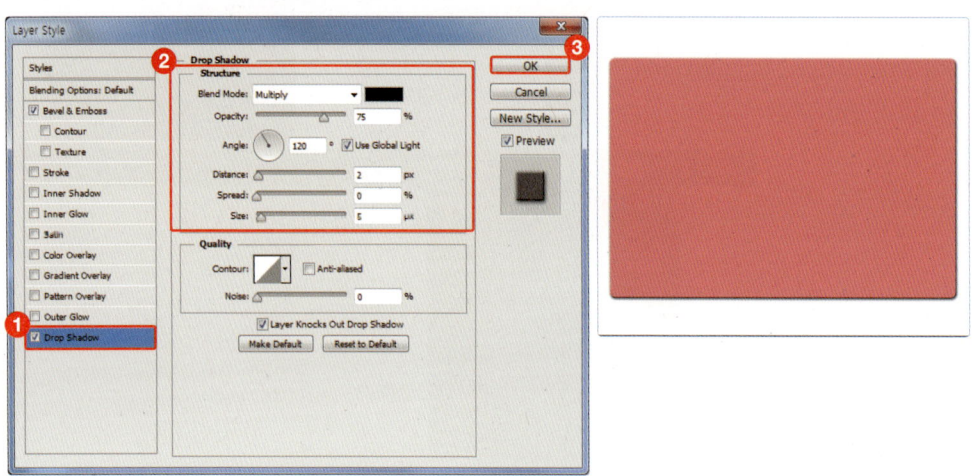

05 Layers 패널에서 레이어의 이름을 **frame**으로 수정합니다. Layers 패널에서 새 레이어 추가 아이콘 (🗔)을 클릭하고 레이어 이름을 **dash**로 수정합니다.

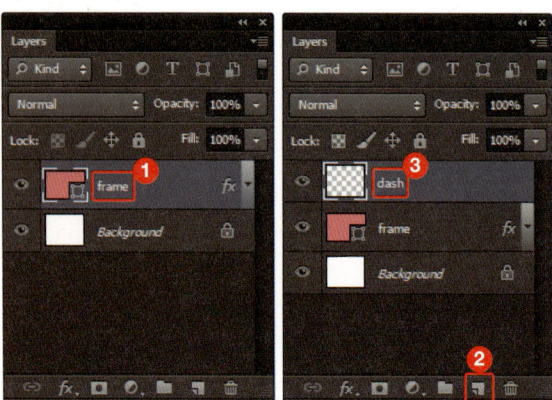

06 옵션 바에서 Fill을 **None**, Stroke를 **Solid Color**, Color를 **White**로 설정합니다. 두께를 **1**, 선 종류를 **점선**, Radius를 **7**로 설정합니다.

07 작업창에서 분홍색 둥근 사각형 영역의 안쪽에 가로 **650**, 세로 **440**의 크기로 점선 모양의 둥근 사각형을 그려 다이어리의 겉표지를 완성합니다.

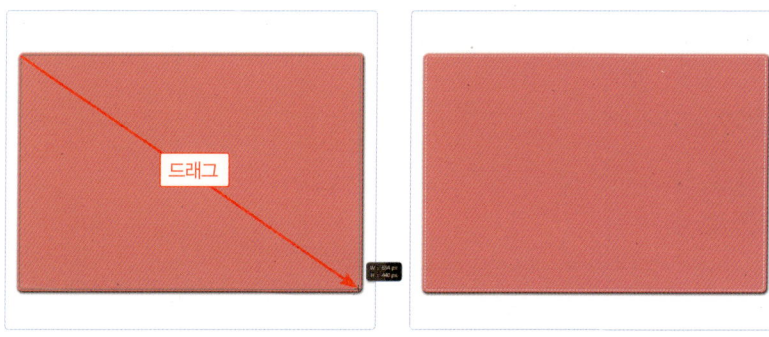

속지 표현하기

01 Layers 패널에서 새 레이어 추가 아이콘(　)을 클릭하고 레이어 이름을 **paper**로 수정합니다. 전경색을 **회색(#d5d5d5)**, 배경색을 **흰색(#ffffff)**으로 설정하고 툴 바에서 사각 선택 툴(　)을 선택한 후 옵션 바에서 Feather를 **0**으로 설정합니다.

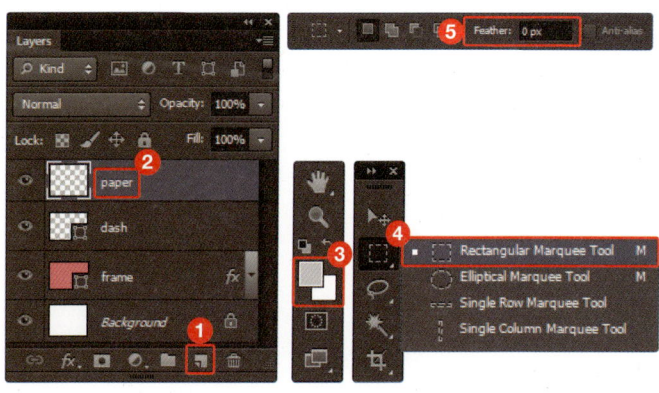

02 작업창에서 둥근 사각형의 오른쪽에 가로 305, 세로 425의 크기로 선택 영역을 설정합니다. 툴 바에서 그레이디언트 툴 (■)을 선택합니다. 옵션 바에서 설정 아이콘(▼)을 클릭하고 **Foreground to Background** 그레이디언트를 설정한 뒤 선형 그레이디언트(■)를 클릭하고 Opacity를 100으로 설정합니다.

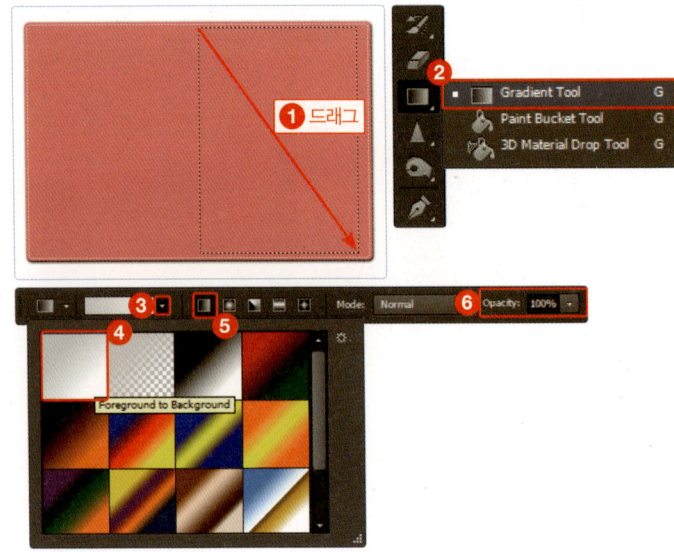

03 선택 영역의 왼쪽에서 오른쪽으로 살짝 드래그해서 선택 영역을 그레이디언트 색상으로 채우고 Ctrl + D를 눌러 선택 영역을 해제합니다.

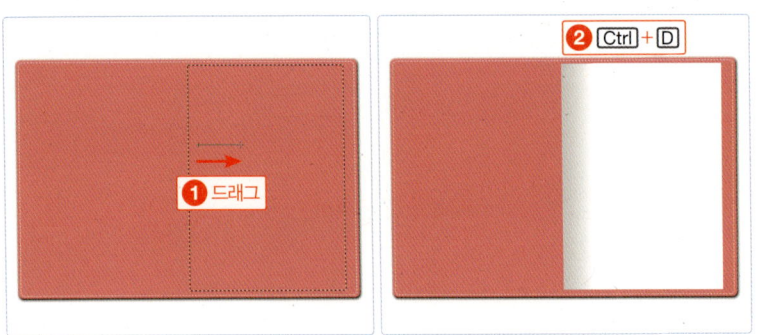

04 Layers 패널에서 paper 레이어의 오른쪽 빈 공간을 더블클릭하여 [Layer Style]을 실행합니다. 왼쪽 [Style] 항목 중 [Drop Shadow]를 선택합니다. Structure에서 Blend Mode를 **Multiply**, Opacity를 **75**, Distance를 **0**, Size를 **2**로 설정한 후 〈OK〉를 클릭합니다. 속지에 그림자 효과가 적용되었습니다.

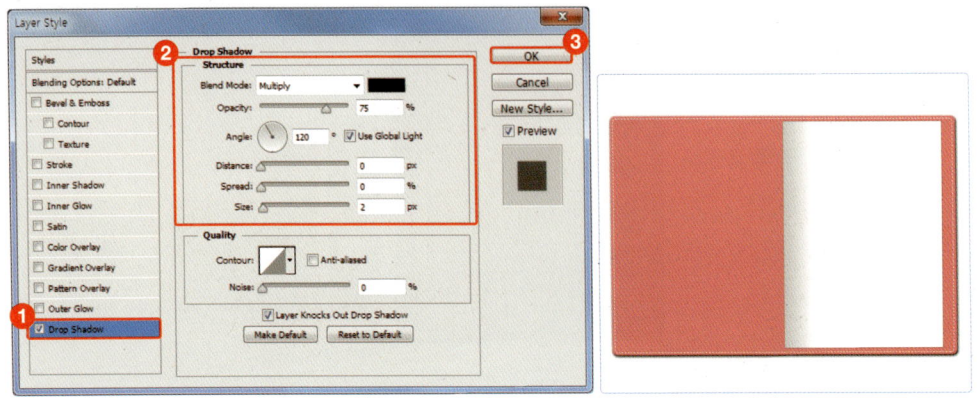

05 Layers 패널에서 Alt 를 누르고 paper 레이어를 아래로 드래그해서 복사합니다.

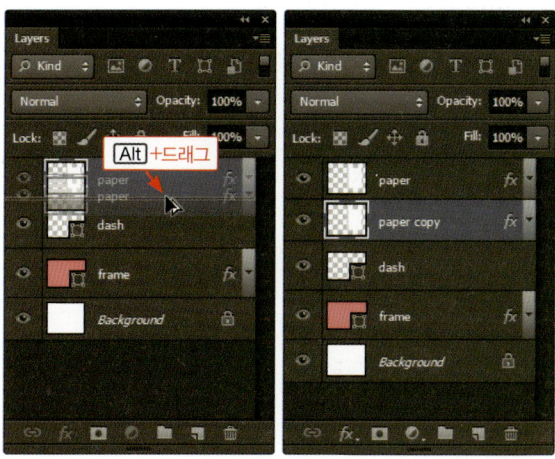

06 작업창을 400% 정도 확대한 후 툴 바에서 이동 툴(🔸)을 선택하고 →를 2번 눌러 복사된 사각형 레이어의 위치를 오른쪽으로 약 2픽셀 이동합니다. Ctrl + T 를 누르고 Alt 를 누른 채 가운데 조절점을 아래로 약 2 픽셀 드래그해서 복사된 사각형 레이어의 세로 크기를 줄인 후 Enter 를 눌러 적용합니다.

TIP. 섬세한 작업을 위해서는 돋보기를 선택(Ctrl + Spacebar)하여 작업할 부분을 드래그하여 확대합니다.

TIP. 작업창을 100%로 설정하여 확인해보면 복사된 사각형 레이어의 아래쪽 세로 크기도 함께 줄어든 것을 확인할 수 있습니다. Ctrl + T 로 FreeTransform 기능을 실행한 후 Alt 를 누른 채 조절점을 드래그하여 이미지를 확대, 축소하면 반대 방향도 같은 수치가 적용되어 빠른 작업이 가능합니다.

07 Layers 패널에서 Shift 를 누른 채로 paper 레이어를 선택하여 두 개의 레이어를 동시에 선택합니다. Alt 를 누르고 선택된 레이어를 paper copy 레이어 아래로 드래그해서 두 레이어를 모두 아래로 복사합니다.

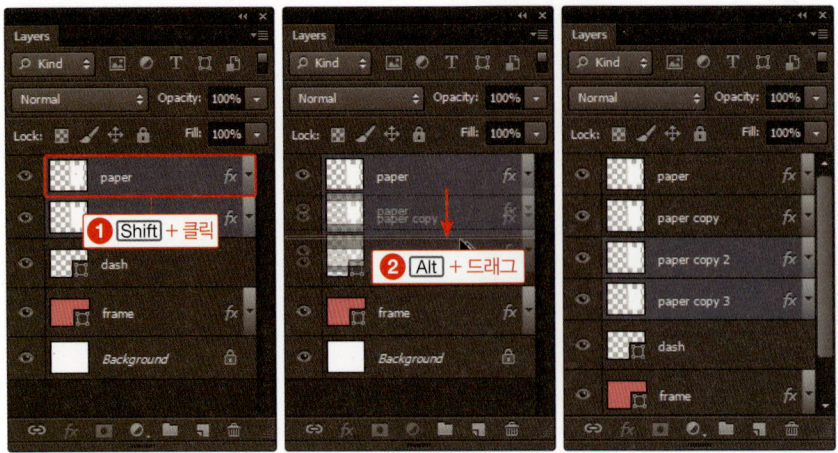

08 작업창을 다시 400% 정도 확대한 후 →를 4번 눌러 복사된 사각형 레이어의 위치를 오른쪽으로 4픽셀 이동합니다. Ctrl + T 를 누르고 Alt 를 누른 채 가운데 조절점을 아래로 약 2픽셀 드래그해서 복사된 사각형 레이어의 세로 크기를 줄인 후 Enter 를 눌러 적용합니다. 같은 작업을 반복해 총 6개의 종이가 겹쳐진 모양으로 연출합니다.

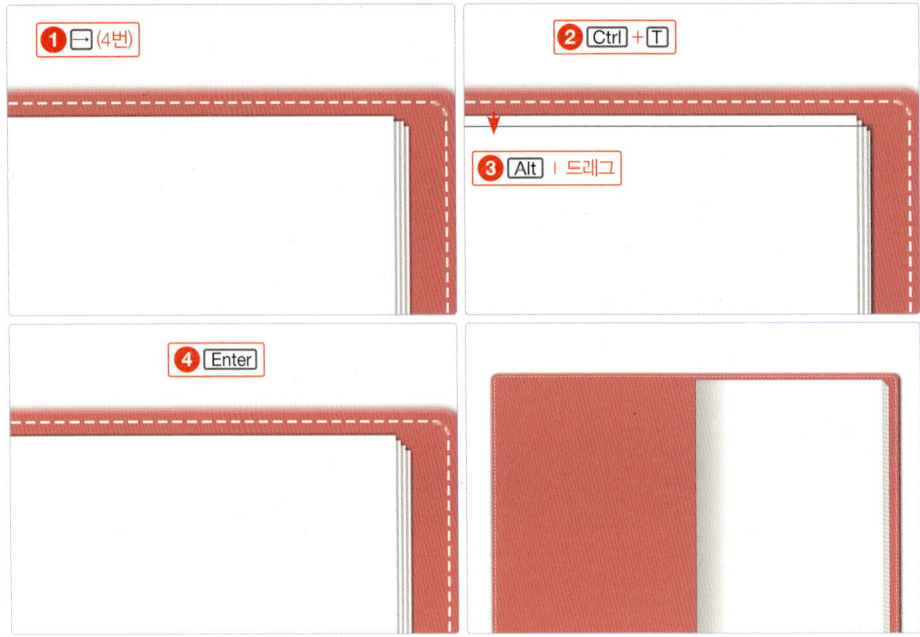

09 Layers 패널에서 Shift 를 누르고 paper 레이어를 선택하여 속지 레이어들을 모두 선택합니다. 작업창에서 Alt + Shift 를 누르고 왼쪽으로 드래그해서 속지를 복사하여 왼쪽에 배치합니다.

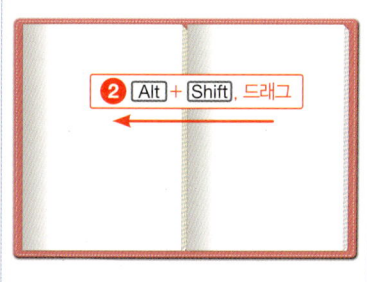

10 [Edit]-[Transform]-[Flip Horizontal] 메뉴를 선택합니다. 복사된 속지 부분이 좌우로 반전되어 다이어리 모양의 이미지가 완성되었습니다.

활용예제

다이어리 배경에 폴라로이드 사진과 포스트잇을 배치하여 꾸미는 요소로 활용합니다. 필기체 형식의 폰트로 텍스트를 입력하고, 브러시를 활용하여 곳곳에 낙서한 느낌을 연출하여 중요 사항을 꼼꼼하게 기록한 다이어리를 완성합니다.

한쪽이 말린 편지지 배경

패스 툴, 그레이디언트 툴, 브러시 툴, 지우개 툴

▶ HOW TO ┼ 종이 배경을 접었다 펴거나, 한쪽 모서리가 말리는 모양을 자주 볼 수 있습니다. 종이를 접은 모양은 그레이디 언트로 배경과의 색상 차이를 주어 간단하게 만듭니다. 한쪽 모서리가 말리는 모양은 펜 툴로 자연스럽게 모양을 만들고 그림자를 추가하여 완성합니다.

▶ FILE ┼ 완성 : end/123dogear.psd

두께감이 있는 종이 배경 제작하기

01 [Ctrl]+[N]을 눌러 Name을 **dogear**, Width를 **650**, Height를 **650**으로 설정하고 〈OK〉를 눌러 새로운 파일을 생성 합니다. Layers 패널에서 새 레이어 추가 아이콘(▫)을 클릭하고 레이어 이름을 **paper1**로 수정합니다. 전경색을 **검은색 (#000000)**으로 설정합니다. 툴 바에서 둥근 사각형 툴(▫)을 선택하고 옵션 바에서 **Pixels**를 설정한 후 Radius를 **5**로 설정 합니다.

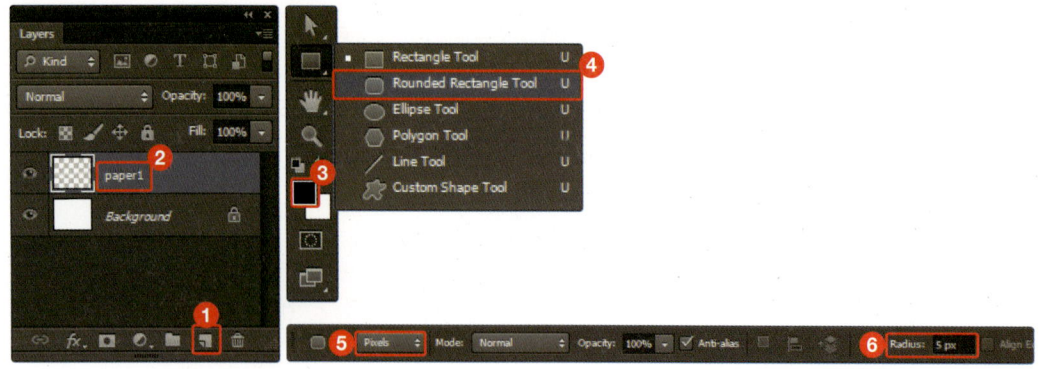

02 작업창 중앙에 가로 **410**, 세로 **515**의 크기로 둥근 사각형을 그립니다. Layers 패널 에서 paper1 레이어의 오른쪽 빈 공간을 더블 클릭하여 [Layer Style]을 실행합니다.

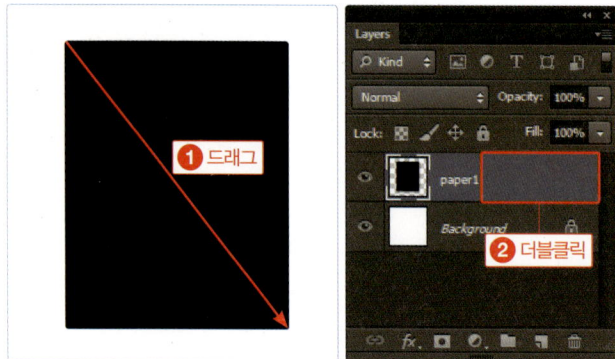

03 왼쪽 [Style] 항목 중 [Pattern Overlay]를 선택합니다. Blend Mode를 **Normal**, Opacity를 **100**으로 설정하고 Pattern의 설정 아이콘(▼)을 클릭합니다. **Beige with White Flecks** 패턴을 선택하고 Scale을 **100**으로 설정합니다. 검은색 둥근 사각형에 패턴이 적용되었습니다.

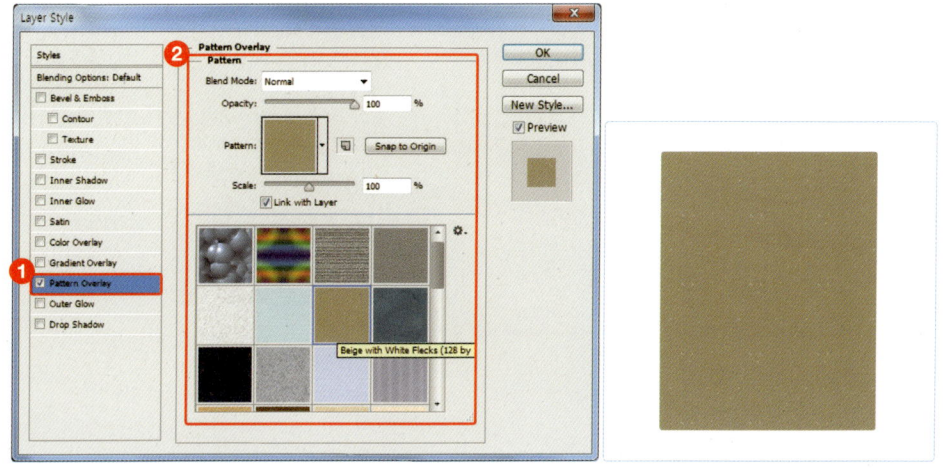

TIP . Beige with White Flecks가 없을 경우, 확장 아이콘(⚙)을 클릭한 후 [Color Paper]를 선택하고 [Append]를 클릭해 불러옵니다.

04 왼쪽 [Style] 항목 중 [Inner Glow]를 선택합니다. Structure에서 Blend Mode를 **Multiply**, Opacity를 **20**, Noise를 **40**, Color를 **갈색(#6d5b38)**, Elements에서 Size를 **30**으로 설정합니다. 사각형에 내부 빛 효과가 적용되었습니다.

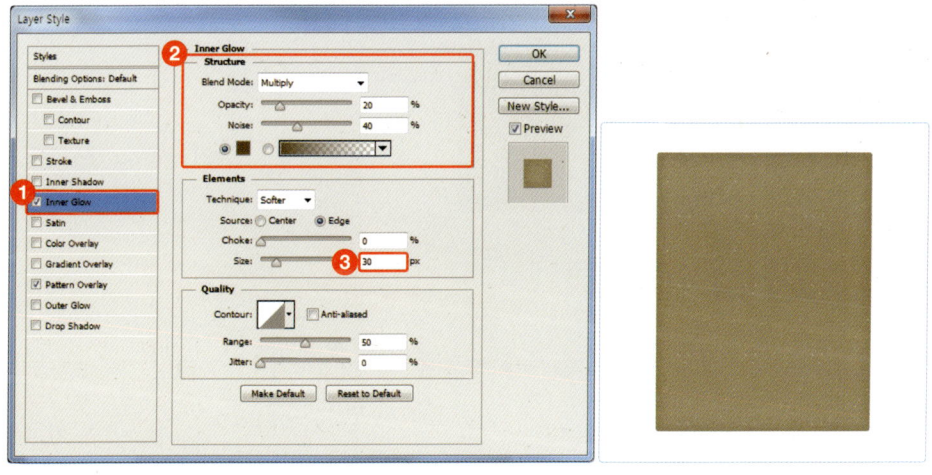

05 | 왼쪽 [Style] 항목 중 [Drop Shadow]를 선택합니다. Structure에서 Blend Mode를 **Multiply**, Opacity를 **75**, Distance를 **0**, Size를 **3**으로 설정하고 〈OK〉를 클릭합니다. 사각형에 그림자 효과가 적용되었습니다.

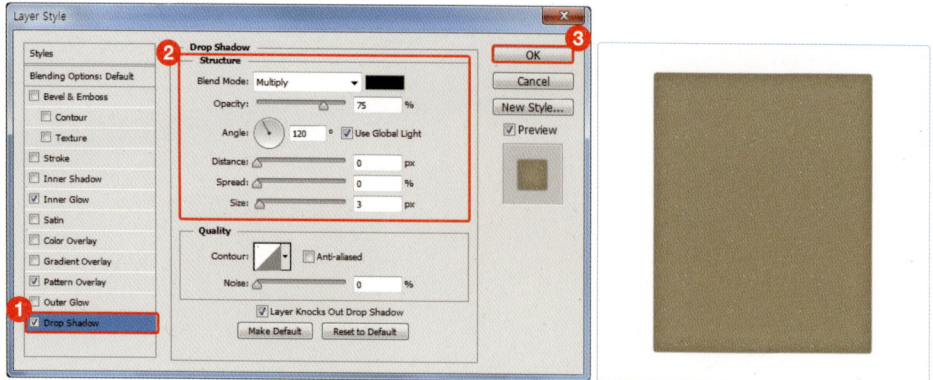

말려 내려오는 종이 배경 제작하기

01 | Layers 패널에서 새 레이어 추가 아이콘( )을 클릭하고 레이어 이름을 **paper2**로 수정합니다. 전경색을 **아이보리색 (#fffbdb)**으로 설정합니다. 툴 바에서 직사각형 툴( )을 선택하고 옵션 바에서 **Pixels**를 설정합니다.

02 | 작업창의 사각형 안쪽으로 가로 **380**, 세로 **480**의 크기로 직사각형을 그립니다. 툴 바에서 펜 툴( )을 선택하고 옵션 바에서 **Path**를 설정합니다.

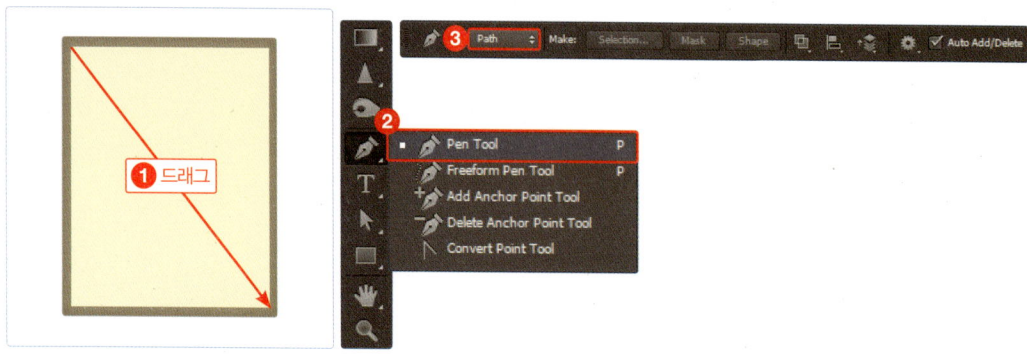

03 작업창을 확대하고 사각형 오른쪽 상단의 종이가 말려 내려올 부분을 패스로 그려 완성합니다.

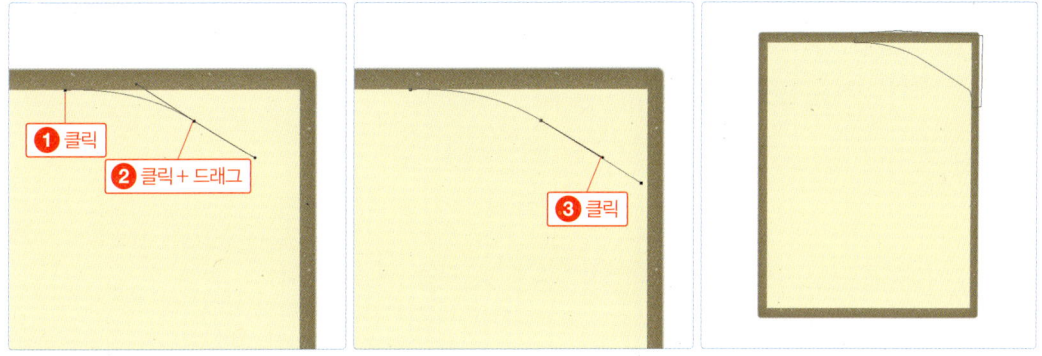

TIP . 패스 그리기는 69쪽, SECTION 028을 참고하세요.

04 Ctrl + Enter 를 눌러 패스를 선택 영역으로 설정합니다. Delete 를 눌러 선택 영역을 삭제하고 Ctrl + D 를 눌러 선택 영역을 해제합니다.

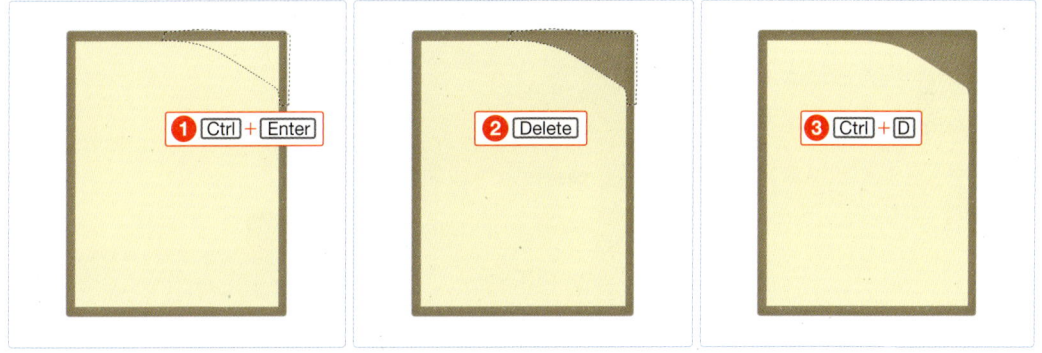

말려 내려오는 종이 제작하기

01 Layers 패널에서 새 레이어 추가 아이콘( )을 클릭하고 레이어 이름을 **dogear**로 수정합니다. 작업창을 확대하고 말려 내려오는 종이의 모양을 패스로 그려 완성합니다.

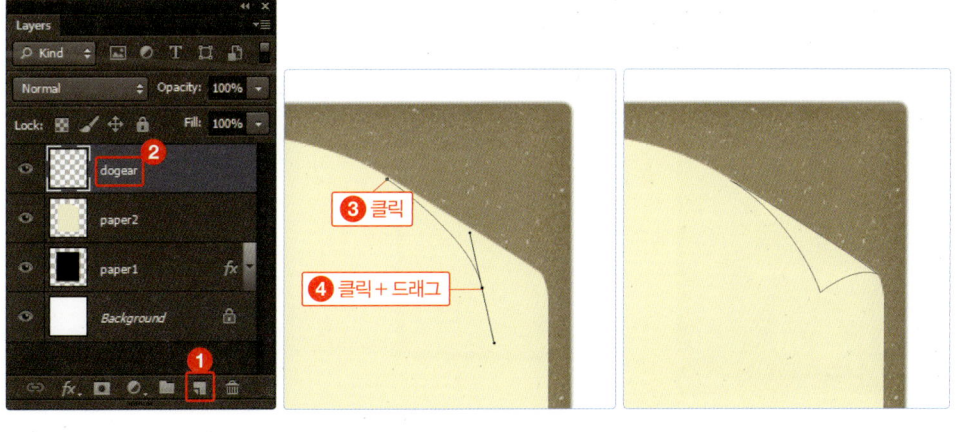

02 [Ctrl]+[Enter]를 눌러 패스를 선택 영역으로 설정하고 [Alt]+[Delete]를 눌러 선택 영역을 전경색으로 채운 뒤 [Ctrl]+[D]를 눌러 선택 영역을 해제합니다.

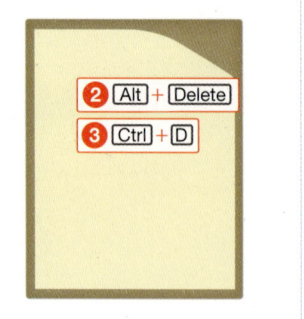

그림자 적용하기

01 Layers 패널에서 [Ctrl]을 누르고 새 레이어 추가 아이콘(■)을 클릭해서 dogear 레이어 아래로 새로운 레이어를 추가하고 이름을 **shadow**로 수정합니다. 전경색을 **회색(#cfcec9)**으로 설정하고 툴 바에서 브러시 툴(✏)을 선택합니다.

02 옵션 바에서 설정 아이콘(▼)을 클릭하고 **Soft Round**를 선택한 뒤 Size를 **60**, Opacity를 **100**, Flow를 **100**으로 설정합니다. 작업창에서 그림자가 될 부분을 드래그해서 브러시를 칠해줍니다.

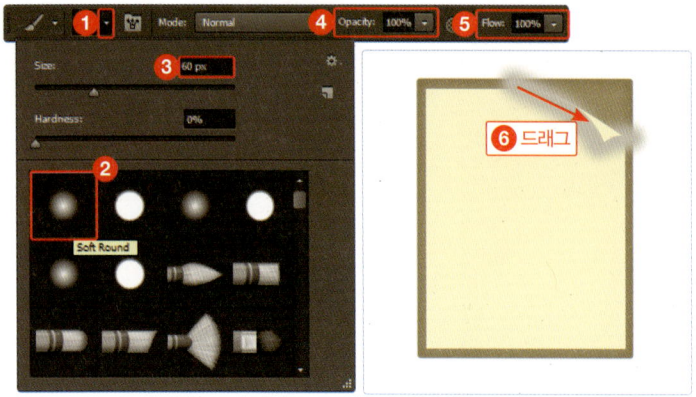

03 툴 바에서 지우개 툴(■)을 선택합니다. 옵션 바에서 설정 아이콘(■)을 클릭하고 **Soft Round**를 선택한 뒤 Size를 60, Opacity를 100, Flow를 100으로 설정합니다. 작업창에서 필요 없는 그림자를 드래그해서 지워줍니다.

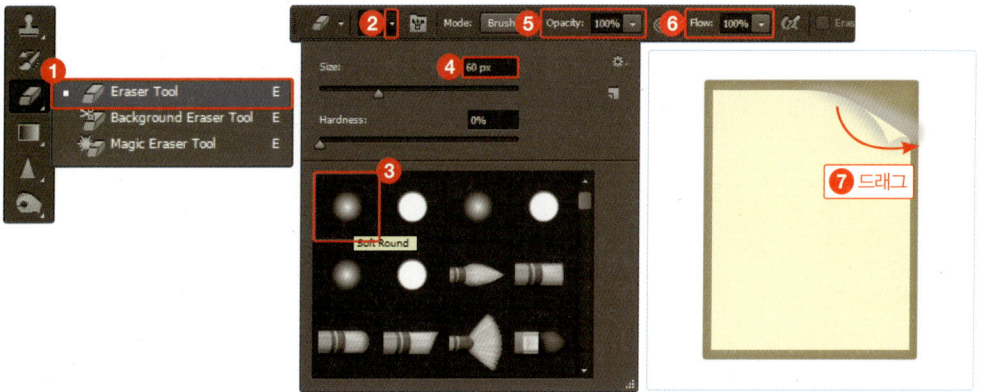

04 Ctrl+Alt+G를 눌러 그림자 이미지를 종이 안으로 클리핑 마스크 처리하고 Layers 패널에서 shadow 레이어의 블렌딩 모드를 **Multiply**로 설정합니다. Layers 패널에서 dogear 레이어를 선택합니다.

05 툴 바에서 닷지 툴(■)을 선택합니다. 옵션 바에서 설정 아이콘(■)을 클릭하고 **Soft Round**를 선택한 뒤 Size를 40, Exposure를 50으로 설정합니다. 작업창에서 말려진 종이의 끝부분을 드래그해서 색상을 밝게 처리합니다.

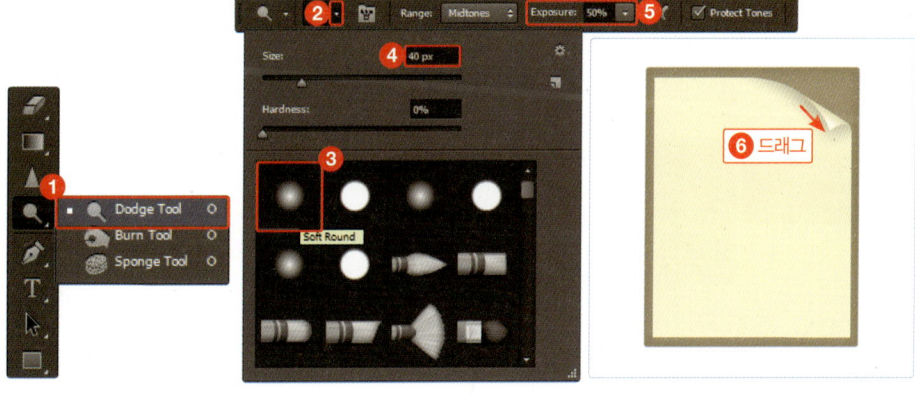

395

반이 접혔던 종이 효과 내기

01 Layers 패널에서 paper2 레이어를 선택한 뒤 새 레이어 추가 아이콘(■)을 클릭하고 레이어 이름을 **flip**으로 수정합니다.

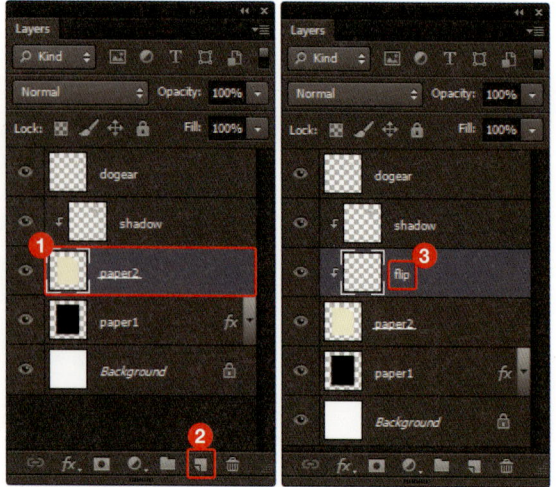

02 전경색을 **진아이보리색(#e5e1c5)**으로 설정하고 툴 바에서 사각 선택 툴(■)을 선택한 후 옵션 바에서 Feather를 0으로 설정합니다. 작업창에서 접혔던 부분을 표현할 만큼만 드래그해서 선택 영역으로 설정합니다.

03 툴 바에서 그레이디언트 툴(■)을 선택합니다. 옵션 바에서 설정 아이콘(■)을 클릭하고 **Foreground to Transparent** 그레이디언트를 선택한 뒤 선형 그레이디언트(■)를 클릭하고 Opacity를 **100**으로 설정합니다.

04 선택 영역의 아래에서 위로 드래그하여 그레이디언트를 합니다. Ctrl+D를 눌러 선택 영역을 해제하여 완성합니다.

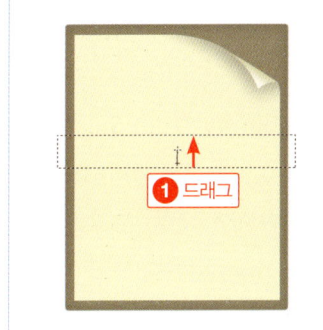  

종이의 한쪽이 자연스럽게 흘러내려오는 느낌을 응용하여 제품 박스의 표지가 벗겨지는 모습을 연출했습니다. 반짝이는 배경과 함께 제품 패키지 박스의 단조로움을 보완하고 고급스러움을 더합니다.

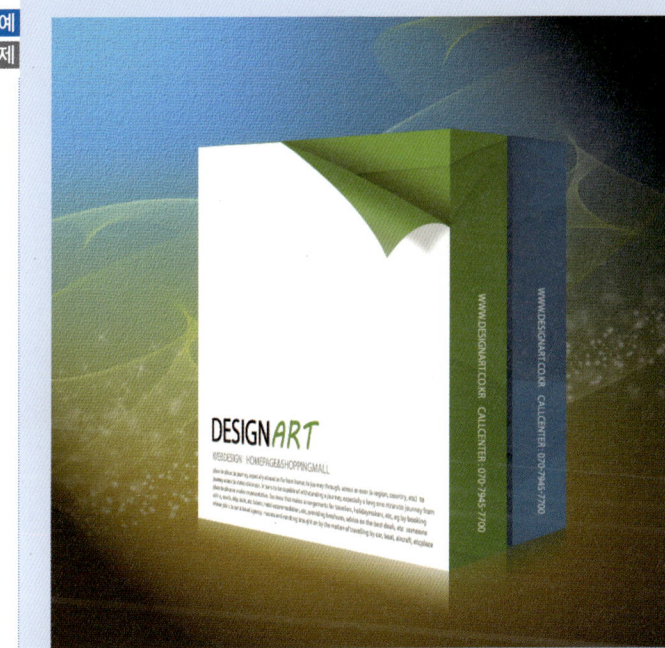

학교 칠판 배경

Add Noise, Motion Blur

▶ HOW TO + 추억을 불러일으키는 디자인이나 학생을 대상으로 하는 사이트에서 많이 사용하는 요소로 액자 프레임을 만드는 방법과 비슷합니다. Noise와 Motion Blur로 나무 재질을 표현하고 복사하여 칠판을 완성합니다.

▶ FILE + 완성 : end/124board.psd

칠판 틀 제작하기

01 Ctrl+N을 눌러 Name을 **board**, Width를 **750**, Height를 **600**으로 설정하고 〈OK〉를 눌러 새로운 파일을 생성합니다. Layers 패널에서 새 레이어 추가 아이콘(🔲)을 클릭하고 레이어 이름을 **frame**으로 수정합니다.

02 전경색을 **갈색(#dfb07a)**으로 설정합니다. 툴 바에서 사각 선택 툴(🔲)을 선택하고 옵션 바에서 Feather를 **0**으로 설정합니다.

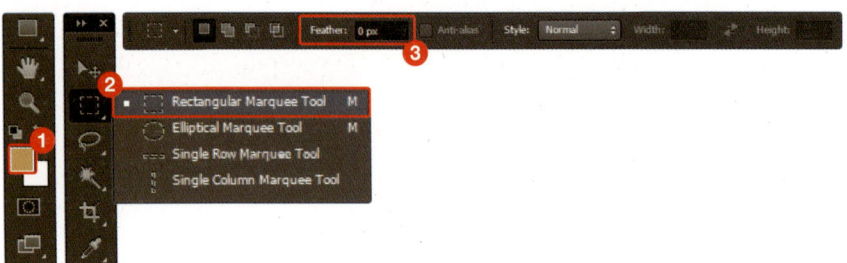

03 작업창 상단에 가로 **650**, 세로 **20**의 크기로 선택 영역을 설정합니다. Alt+Delete를 눌러 선택 영역을 전경색으로 채우고 Ctrl+D를 눌러 선택 영역을 해제합니다.

04 [Filter]-[Noise]-[Add Noise] 메뉴를 선택합니다. Amount를 **15**, Distribution을 **Uniform**으로 설정하고 **Monochromatic**을 체크한 후 〈OK〉를 눌러 적용합니다. 사각 막대에 노이즈 효과가 적용되었습니다.

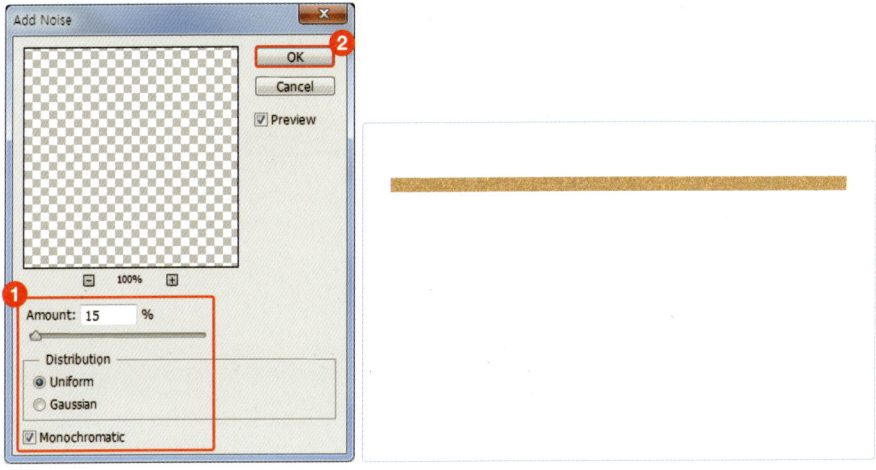

05 Layers 패널에서 투명 영역 잠그기 아이콘( )을 클릭해서 frame 레이어의 투명 레이어를 잠궈줍니다. [Filter]-[Blur]-[Motion Blur] 메뉴를 선택하고 Angle을 **0**, Distance를 **10**으로 설정한 뒤 〈OK〉를 눌러 적용합니다. 흐림 효과가 가로 방향으로 적용되었습니다.

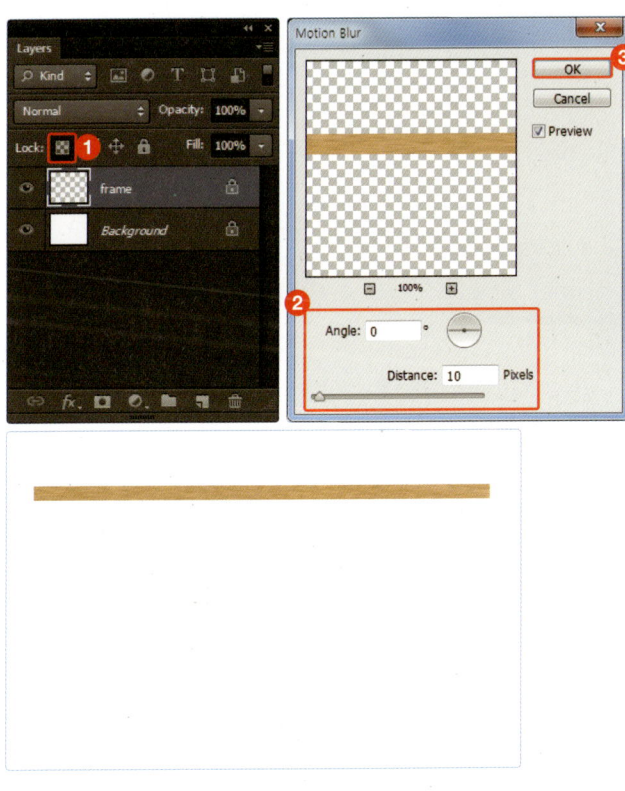

TIP. Motion Blur를 적용하는 경우 색상이 채워지지 않은 외부까지 블러가 적용됩니다. 투명 영역 잠그기 아이콘(￭)은 색상이 채워지지 않은 투명 영역에 블러 효과가 적용되지 않도록 잠그는 기능입니다.

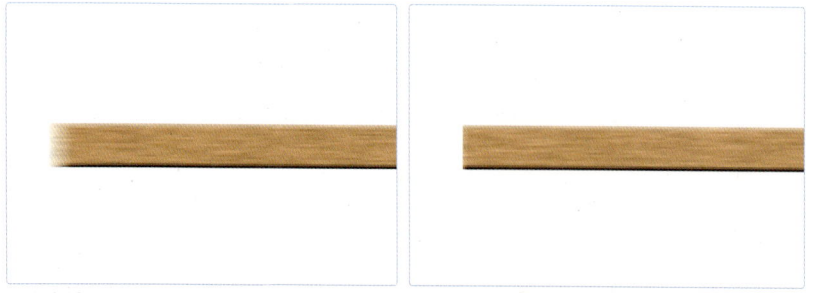

투명 영역을 잠그지 않고 블러를 적용한 화면   투명 영역을 잠그고 블러를 적용한 화면

06 Layers 패널에서 frame 레이어의 오른쪽 빈 공간을 더블클릭하여 [Layer Style]을 실행합니다. 왼쪽 [Style] 항목 중 [Bevel & Emboss]를 선택합니다. Structure에서 Style을 **Inner Bevel**, Technique를 **Smooth**, Depth를 **100**, Direction을 **Up**, Size를 **2**로 설정한 후 〈OK〉를 클릭합니다. 나무 막대에 입체적인 효과가 적용되었습니다.

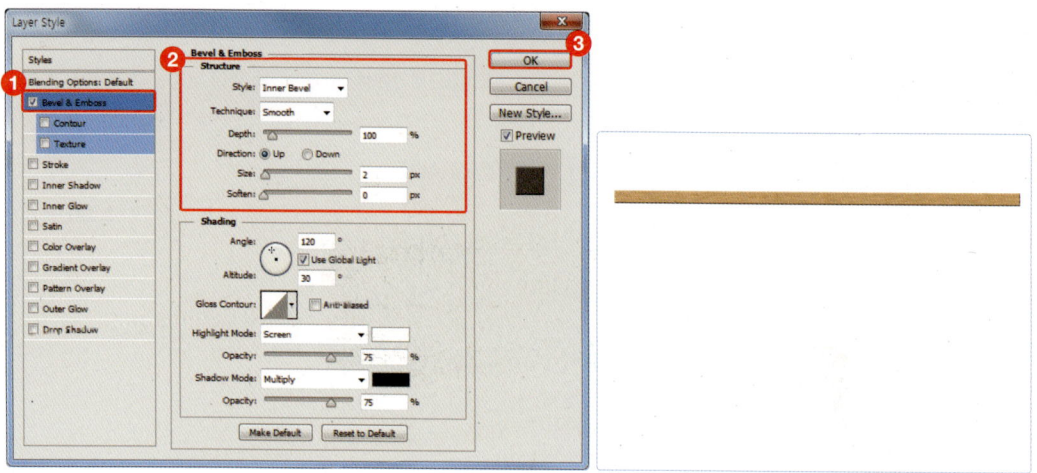

07 툴 바에서 이동 툴(￭)을 선택하고 Alt + Shift 를 누른 채 아래로 드래그해서 사각 막대를 복사합니다. Alt 를 누르고 왼쪽 상단으로 드래그해서 사각 막대를 하나 더 복사합니다.

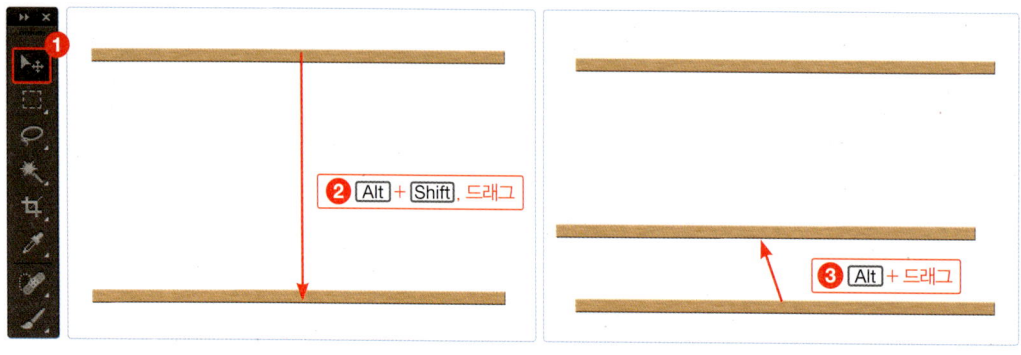

08 [Edit]-[Transform]-[Rotate 90°CW] 메뉴를 선택합니다. 사각 막대가 90도 회전되었습니다. Ctrl+T를 눌러 회전된 세로 사각 막대의 크기를 줄인 후 왼쪽 경계에 맞춰 적절히 배치하고 Enter를 눌러 적용합니다. Alt+Shift를 누르고 작업창 오른쪽으로 드래그해서 세로 사각 막대를 하나 더 복사합니다.

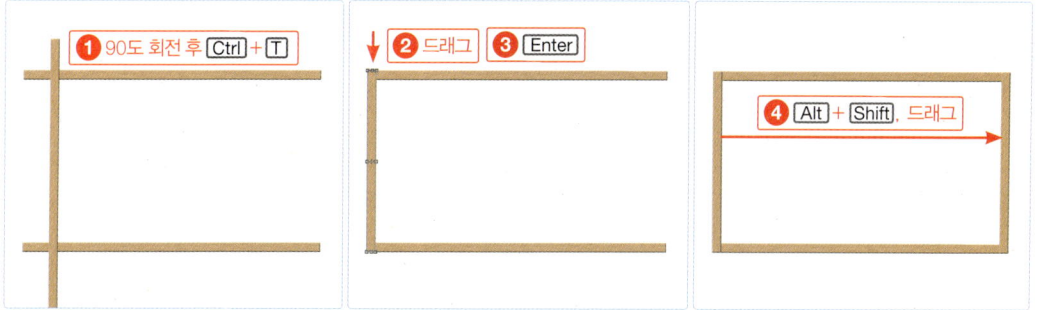

칠판 틀 색상 자연스럽게 적용하기

01 칠판 틀의 색상을 좀더 자연스럽게 적용해보겠습니다. Layers 패널에서 frame 레이어를 선택합니다. 툴 바에서 번 툴(◎)을 선택합니다. 옵션 바에서 설정 아이콘(▼)을 클릭하고 **Soft Round** 브러시를 선택한 뒤 Size를 **120**, Exposure를 **50**으로 설정합니다.

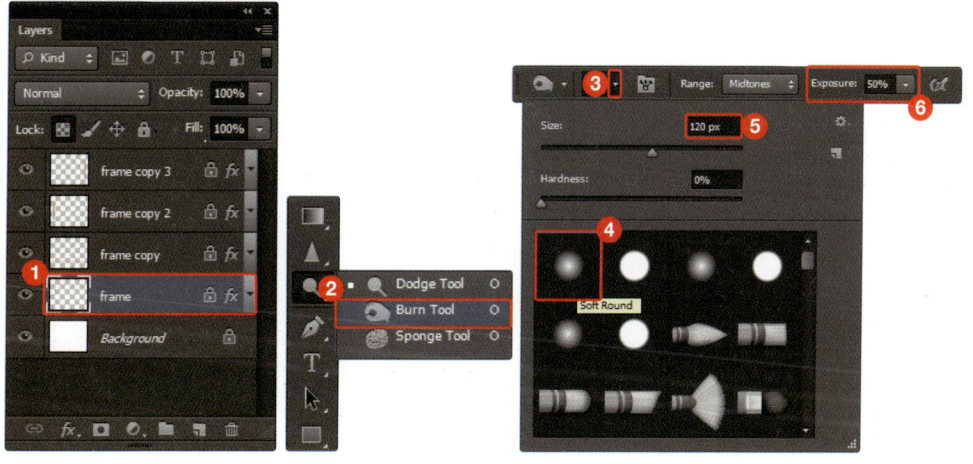

02 작업창을 300% 정도 확대하고 왼쪽과 오른쪽 상단 끝부분을 클릭하여 약간 어둡게 처리합니다. 같은 방법으로 다른 레이어들도 선택해서 군데군데 어둡게 처리하여 얼룩진 모양을 연출합니다.

칠판 영역 만들기

01 Layers 패널에서 frame 레이어를 선택하고 Ctrl을 누른 채 새 레이어 추가 아이콘(🗔)을 클릭합니다. 전경색을 **진청색 (#15261e)**으로 설정합니다. 툴 바에서 사각 선택 툴(▢)을 선택하고 옵션 바에서 Feather를 **0**으로 설정합니다.

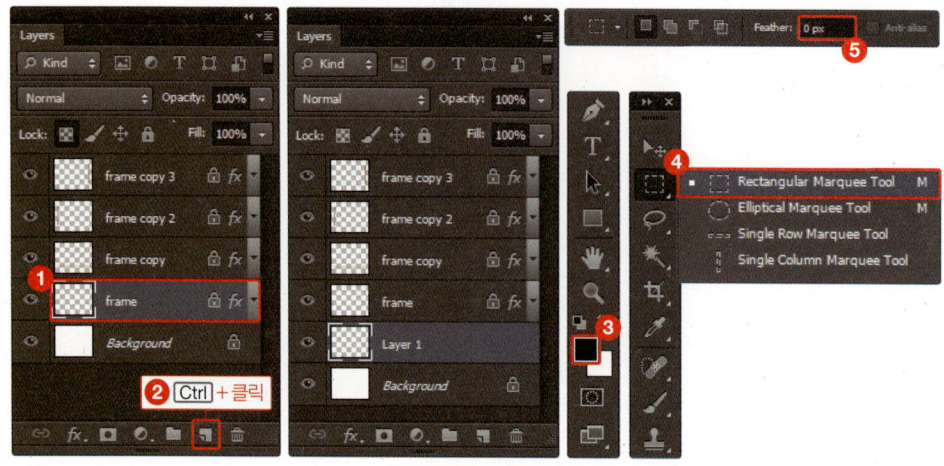

02 작업창에서 칠판 내부가 덮일 정도로 선택 영역을 설정합니다. Alt + Delete를 눌러 선택 영역을 전경색으로 채우고 Ctrl + D를 눌러 선택 영역을 해제합니다.

03 Layers 패널에서 frame copy 3 레이어를 선택하고 Shift를 누른 채 Background 레이어를 제외한 모든 레이어를 선택한 후 Ctrl + E를 눌러 병합합니다. 합쳐진 frame copy 3 레이어의 오른쪽 빈 공간을 더블클릭하여 [Layer Style]을 실행합니다.

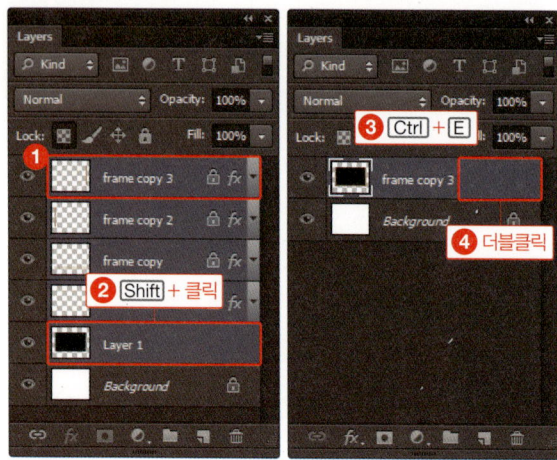

04 왼쪽 [Style] 항목 중 [Drop Shadow]를 선택합니다. Structure에서 Blend Mode를 **Multiply**, Distance를 **5**, Size를 **5**로 설정한 후 〈OK〉를 클릭합니다. 칠판 전체에 그림자 효과가 적용되었습니다.

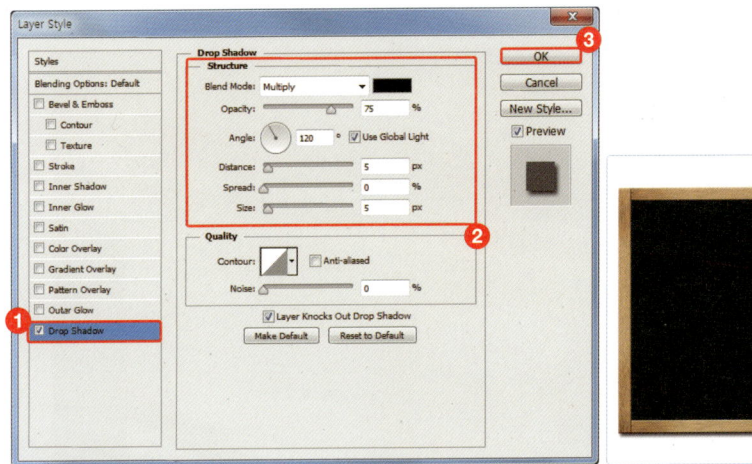

| 활용 예제 | 노이즈와 블러를 활용하여 간단하게 칠판을 제작해보았습니다. 학창 시절의 풍경을 떠올리며 칠판에 친구의 모습도 그리고 글씨도 써서 재미있는 배경을 연출합니다. |

GALLERY 갤.러.리

CHAPTER 10

애니메이션 제작/3D/비디오 편집

ADOBE
PHOTOSHOP
CS6

움직임이 있는 애니메이션은 정적인 이미지에 비해서 사람들의 시선을 끄는 데 더욱 효과적입니다. 이번 장에서는 타임라인을 활용하여 이미지와 텍스트를 순차적으로 보이게 하고, 각 프레임별로 시간을 다르게 설정하여 애니메이션을 만들어보겠습니다. 또한 더 강력해진 비디오 편집 기능으로 별도의 동영상 편집 프로그램을 설치하지 않아도 간단한 편집이 가능합니다. 비디오 파일의 길이, 사운드, 텍스트 등을 편집하고 두 개의 영상이 부드럽게 전환되는 효과까지 설정해보겠습니다.

125 깜빡이듯 움직이는 GIF 애니메이션

Scripts, Create Frame Animation, Make Frames From Layers

▶ HOW TO + 이미지 4장을 순차적으로 보여주는 단순한 애니메이션을 제작합니다. 이미지들을 한번에 불러와 이미지의 개수대로 애니메이션 프레임을 한번에 추가하고 프레임별로 시간을 설정하여 gif로 저장해보겠습니다.

▶ FILE + 예제 : data/125main1.jpg, 125main2.jpg, 125main3.jpg, 125main4.jpg 완성 : end/125main.gif

01 [File]-[Script]-[Load Files into Stack] 메뉴를 선택합니다. Use를 **Files**로 선택하고 〈Browse〉를 클릭합니다. data/125main1.jpg 파일을 선택하고 Shift 를 누른 채 125main4.jpg 파일까지 선택한 후 〈OK〉를 클릭합니다.

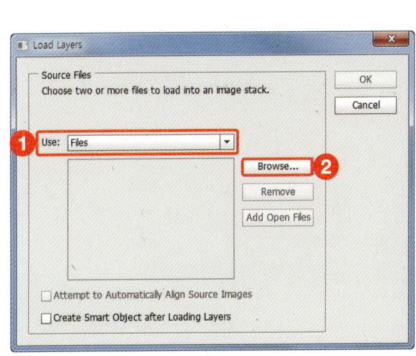 

02 Load Layers 창에서 〈OK〉를 클릭하고 각각의 레이어로 들어온 이미지를 확인합니다.

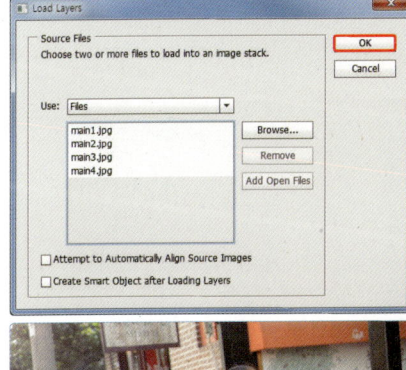

407

효과 설정하기

01 [Window]-[Timeline]을 선택합니다. 〈Create Frame Animation〉을 클릭합니다.

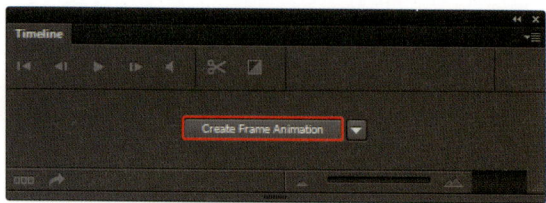

TIP. Timeline 패널 중앙의 설정 아이콘(■)을 클릭하면 옵션을 변경할 수 있습니다. [Create Frame Animation]과 [Create Video Timeline]은 처음에는 선택하도록 버튼이 나오지만 두 번째부터는 바로 사용할 수 있습니다.

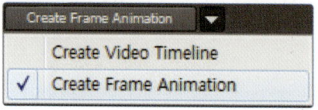

02 Timeline 패널 오른쪽의 확장 아이콘(■)을 클릭한 후 [Make Frames From Layers] 메뉴를 선택합니다. 각 프레임에 이미지가 하나씩 적용되었습니다.

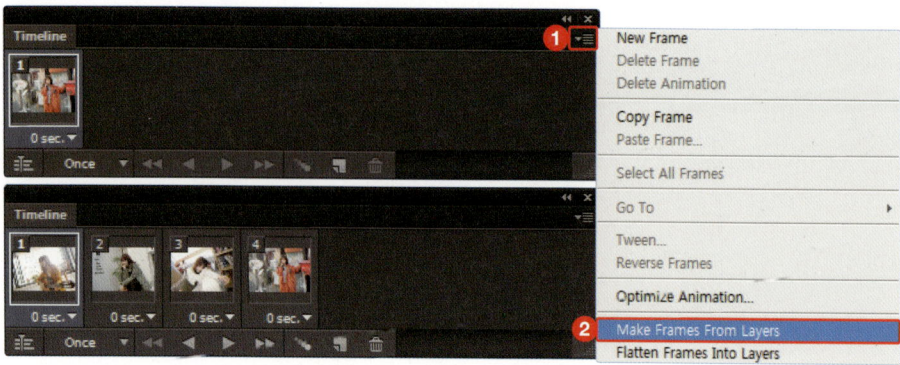

NOTE Timeline 패널 살펴보기

• **Frame Animation 모드**

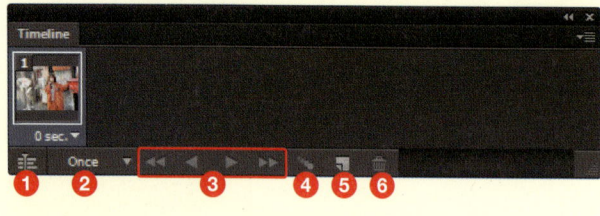

① **Convert to video Timeline** : Video 모드로 변경합니다.
② **Selects looping options** : 애니메이션의 반복 횟수를 설정합니다.
③ **Control** : 애니메이션의 재생을 제어합니다.
④ **Tweens Animation frames** : 프레임과 프레임 사이에 선택한 만큼의 프레임을 자동으로 생성합니다.
⑤ **Duplicates selected frames** : 새로운 프레임을 생성합니다.
⑥ **Deletes selected frames** : 선택한 프레임을 삭제합니다.

03 [Shift]를 누른 채 4번 프레임을 선택한 후 시간을 클릭하여 [0.5]를 선택합니다. 프레임의 시간 설정이 0.5초로 변경되었습니다. Once를 클릭하고 [Forever]를 선택합니다. 플레이 버튼(▶)을 클릭하여 애니메이션의 속도가 적당한지 확인합니다.

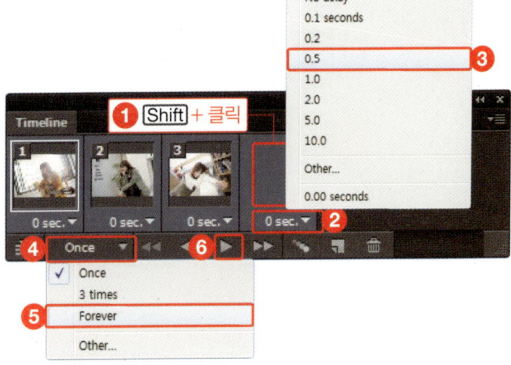

04 [Ctrl]+[Alt]+[Shift]+[S]를 누릅니다. Save for Web 창에서 파일 형식을 GIF로 선택한 후 〈Save〉를 클릭합니다. 파일 이름을 main.gif로 입력한 후 〈저장〉을 눌러 제작한 애니메이션 파일을 저장합니다.

05 0.5초마다 이미지가 바뀌는 애니메이션 효과가 완성되었습니다.

반짝반짝 별이 빛나는 밤

브러시 툴, Create Frame Animation

▶ HOW TO + 밤에 촬영한 이미지에 반짝이를 넣어 빛이 나는 효과를 추가해보겠습니다. Crosshatch 4 브러시의 크기와 개수를 설정하고 사진 위에 그려줍니다. 눈 아이콘으로 서로 다른 반짝이 효과가 번갈아 나타나도록 하여 애니메이션을 완성합니다.

▶ FILE + 예제 : data/126festival.jpg 완성 : end/126festival.gif

01 Ctrl+O를 눌러 data/126festival.jpg 파일을 불러옵니다. 전경색을 **흰색(#ffffff)**으로 선택합니다. Layers 패널에서 새 레이어 추가 아이콘(■)을 클릭하고 레이어 이름을 **star1**로 수정합니다.

02 툴 바에서 브러시 툴(✏)을 클릭합니다. 옵션 바에서 설정 아이콘(⚙)과 확장 아이콘(▸)을 차례로 클릭하여 [Assorted Brushes] 메뉴를 선택한 뒤 〈Append〉를 누릅니다. 브러시 목록에서 **Crosshatch 4** 브러시를 선택하고 Size를 **48**로 설정합니다. 옵션 바에서 브러시 패널 열기 아이콘(▣)을 클릭합니다.

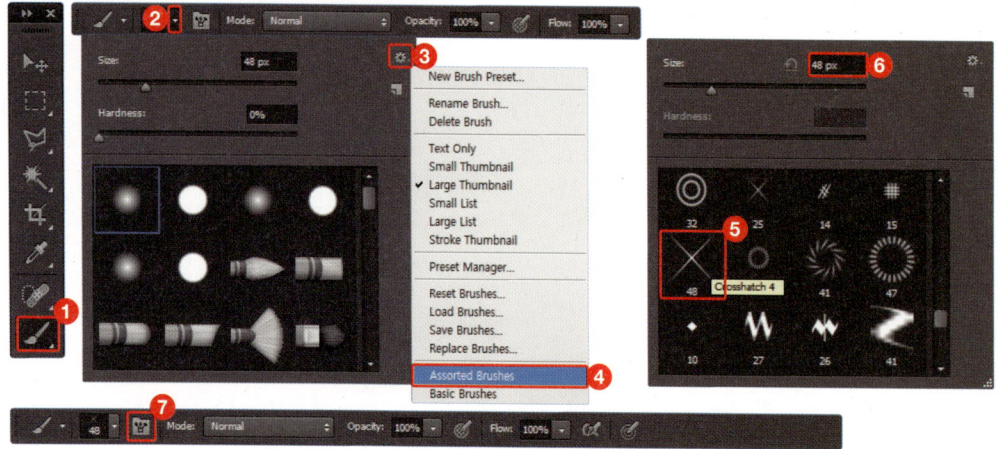

03 Brush 패널에서 왼쪽 목록 중 [Shape Dynamics] 메뉴를 선택하고 Size Jitter를 **100**으로 설정합니다. 다시 [Scattering] 메뉴를 선택하고 Scatter를 **1000**, Count를 **1**로 설정합니다.

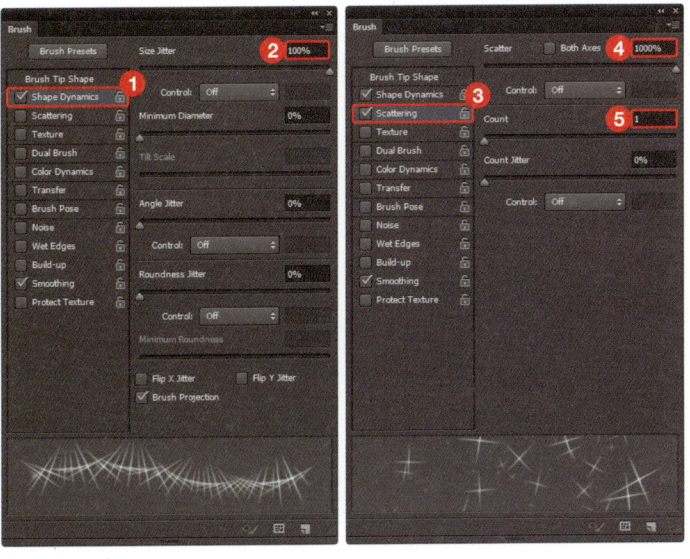

04 작업창에서 사진 위를 드래그하여 반짝이를 추가합니다. 새 레이어 추가 아이콘(□)을 클릭하고 레이어 이름을 **star2**로 수정합니다. 다시 사진 위를 드래그해서 반짝이를 추가합니다.

애니메이션 효과 적용하기

01 [Window]-[Timeline] 메뉴를 선택한 후 [Create Frame Animation]을 클릭합니다. Timeline 패널에서 선택한 프레임 복사하기 아이콘(□)을 클릭합니다.

02 Timeline 패널에서 1번 프레임을 선택한 후 Layers 패널에서 star2 레이어의 눈 아이콘(◉)을 클릭하여 보이지 않게 합니다. 작업창에서는 star1 레이어에 적용한 반짝이만 보입니다.

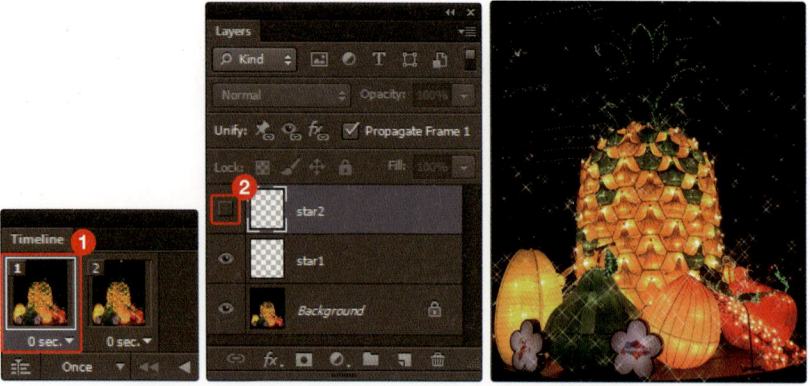

03 Timeline 패널에서 2번 프레임을 선택하고 Layers 패널에서 star1 레이어의 눈 아이콘(◉)을 클릭하여 보이지 않게 한 후, star2 레이어의 눈 아이콘(◉)을 다시 클릭하여 보이게 설정합니다. 작업창에서는 star2 레이어에 적용한 반짝이만 보입니다.

04 [Shift]를 누른 채로 1번 프레임을 선택한 후 시간을 클릭하여 [0.5]를 선택합니다. 프레임의 시간설정이 0.5초로 변경되었습니다. Once를 클릭하고 [Forever] 메뉴를 선택합니다. 플레이 버튼(▶)을 클릭하여 애니메이션의 속도가 적당한지 확인하고 [Ctrl]+[Alt]+[Shift]+[S]를 눌러 gif로 저장합니다.

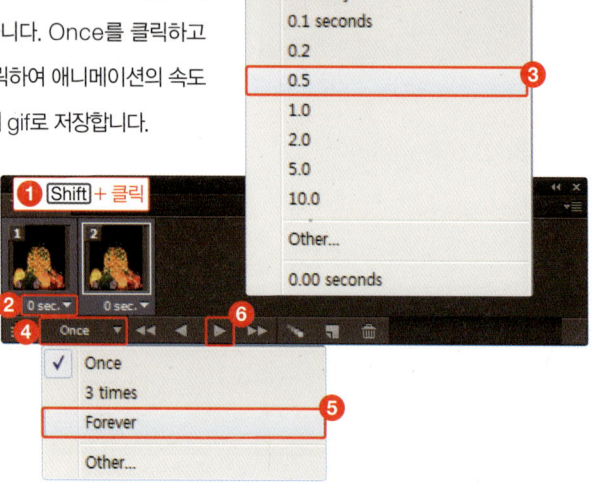

05 0.5초마다 이미지가 변경되어 별빛이 반짝이는 애니메이션 효과가 연출되었습니다.

글씨 위로 지나가는 광선

Create Frame Animation, Tweens Animation frames

▶ HOW TO ┼ 텍스트 위로 광선이 지나가는 효과를 만들어보겠습니다. 두 개의 프레임 사이에 중간 프레임을 삽입하는 Tweens를 활용하면 마치 플래시로 제작한 듯한 부드러운 움직임을 구현할 수 있습니다.

▶ FILE ┼ 완성 : end/127light.gif

글씨 쓰고 효과 주기

01 Ctrl+N을 눌러 Name을 **light**, Width를 **800**, Height를 **500**으로 설정하고 〈OK〉를 눌러 새로운 파일을 생성합니다. 전경색을 **노란색(#fffc00)**으로 설정한 후 Alt+Delete 를 눌러 작업창을 노란색으로 채웁니다. 전경색을 **검은색(#000000)**, 배경색을 **빨강색(#ff0000)**으로 설정합니다. 문자 툴(T)을 선택하고 옵션 바에서 서체를 **Times New Roman**, Size를 **100**, anti-aliasing을 **Strong**으로 설정합니다.

02 작업창을 클릭하여 **DESIGNART**를 입력한 후 Ctrl+Enter 를 눌러 적용합니다. ART를 드래그해서 선택하고 Ctrl+Delete 를 눌러 빨간색으로 변경한 후 Ctrl+Enter 를 눌러 적용합니다. Layers 패널에서 생성된 문자 레이어 오른쪽 빈 공간을 더블클릭해서 [Layer Style] 메뉴를 활성화합니다.

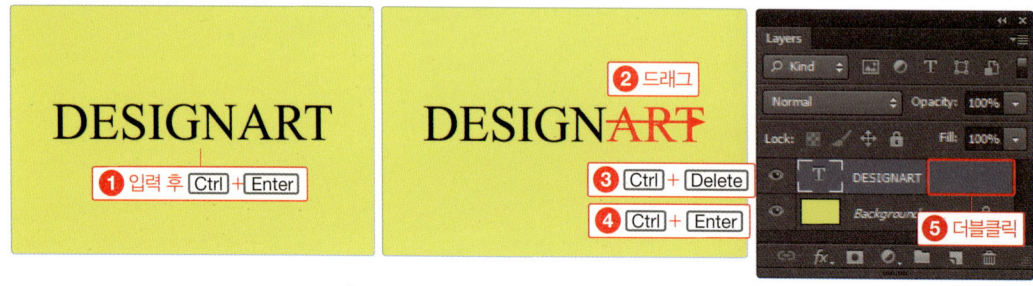

03 왼쪽 [Style] 항목 중 [Bevel & Emboss]를 선택합니다. Structure에서 Style을 **Inner Bevel**, Technique를 **Chisel Hard**, Depth를 **100**, Size를 **5**로 설정한 후 〈OK〉를 클릭합니다. 입력한 글씨에 설정한 효과가 나타났습니다.

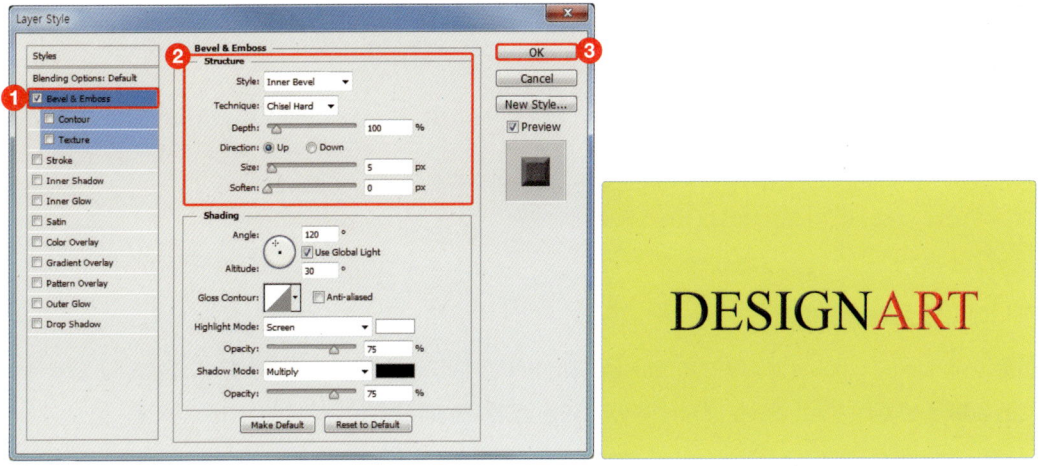

광선 효과 적용하기

01 전경색을 **흰색(#ffffff)**으로 설정한 후 Layers 패널에서 새 레이어 추가 아이콘( )을 클릭하고 레이어 이름을 **light**로 수정합니다. 사각 선택 툴( )을 선택하고 옵션 바에서 Feather를 **15**로 설정합니다.

02 작업창을 드래그하여 가로 **50**, 세로 **430**의 크기로 선택 영역을 설정합니다. Alt + Delete 를 2번 눌러 전경색을 진하게 채운 후 Ctrl + D 를 눌러 선택 영역을 해제합니다. 흰색의 번짐이 있는 사각 막대가 그려졌습니다.

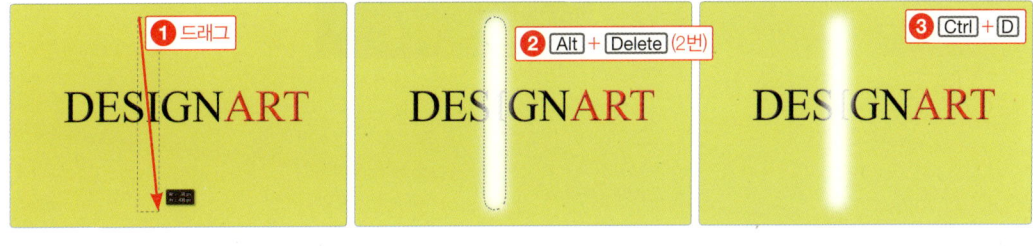

03 Ctrl+T를 누르고 흰색 사각 막대를 오른쪽으로 적절히 회전시킵니다. 회전된 사각 막대를 입력한 글씨의 왼쪽 외곽으로 드래그하여 배치하고 Enter를 눌러 적용합니다.

애니메이션 효과 설정하기

01 [Window]-[Timeline]을 선택한 후, Timeline 패널에서 선택한 프레임 복사하기 아이콘(🔲)을 클릭합니다. 툴 바에서 이동 툴(▶)을 선택하고 Shift를 누른 채 사각 막대 이미지를 입력한 글씨의 오른쪽 외곽까지 드래그하여 배치합니다.

02 Ctrl+Alt+G를 눌러 클리핑 마스크 처리합니다. 작업창에서는 흰색 막대가 보이지 않지만 Layers 패널에서 클리핑 마스크 처리되었음을 확인할 수 있습니다.

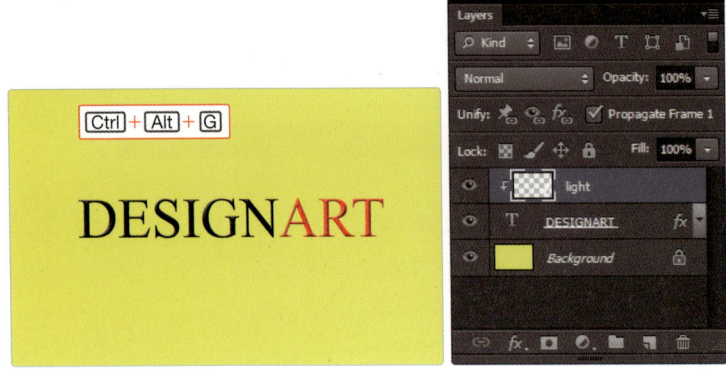

03 Ctrl을 누르고 1번 프레임을 선택한 후 Tweens animation frames 아이콘(■)을 클릭합니다. Frames to Add를 **10**으로 설정한 후 〈OK〉를 클릭합니다.

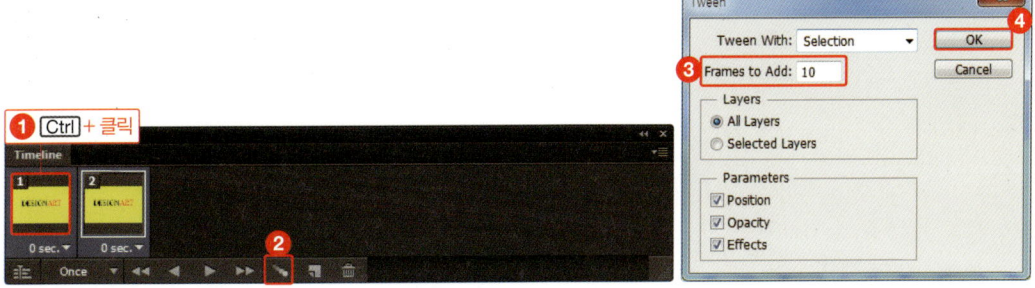

04 선택한 프레임 사이로 10개의 프레임이 추가되었습니다. Ctrl을 누른 채로 1번 프레임을 선택합니다. 시간을 클릭하고 [0.5]를 선택합니다.

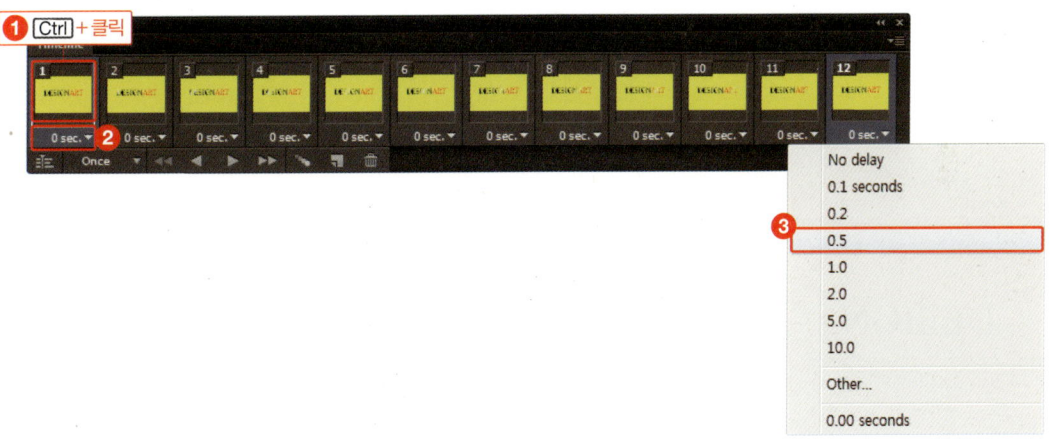

05 2번 프레임을 선택하고 Shift를 누른 채 11번 프레임을 선택합니다. 시간을 클릭하고 [0.1 seconds]를 선택합니다. Once를 클릭하고 [Forever] 메뉴를 선택합니다. 플레이 버튼(▶)을 클릭하여 애니메이션의 속도가 적당한지 확인하고 Ctrl+Alt+Shift+S를 눌러 gif로 저장합니다.

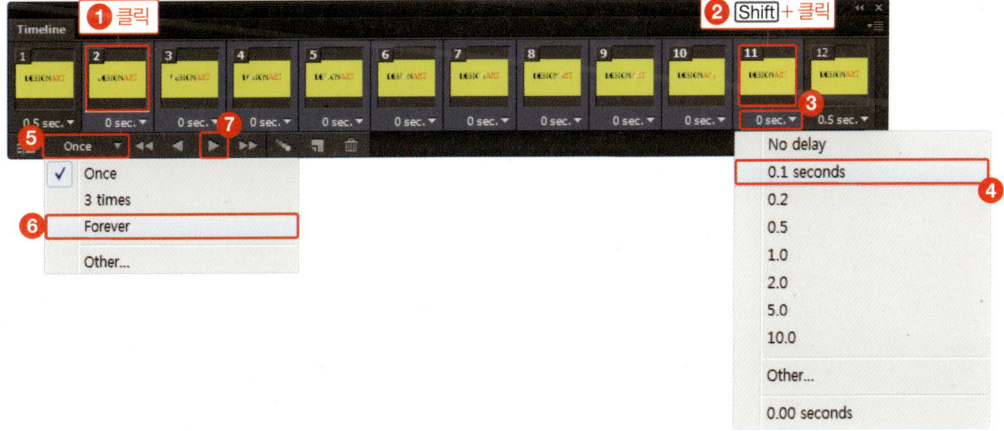

06 글자 위로 광선이 지나가는 애니메이션 효과가 연출되었습니다.

하나씩 등장하는 글자
Create Frame Animation, Expand, Smooth

▸ HOW TO ✚ 일정한 시간 간격으로 글자가 순차적으로 등장하여 마치 하나씩 써지는 것처럼 표현해보겠습니다. 글자 하나를 입력한 후 레이어를 복사하여 필요한 글자로 교체하면 하나의 레이어에 하나씩의 텍스트를 빠르게 생성할 수 있습니다. 프레임과 눈 아이콘을 조절하여 동적인 애니메이션을 만들어봅시다.

▸ FILE ✚ 완성 : end/128pop.gif

텍스트 입력하기

01 [Ctrl]+[N]을 눌러 Name을 **pop**, Width를 **600**, Height를 **600**으로 설정하고 〈OK〉를 눌러 새로운 파일을 생성합니다. 전경색을 **핫핑크(#f3217c)**로 설정한 후 [Alt]+[Delete]를 눌러 작업창을 핫핑크로 채웁니다. 문자 툴(T)을 선택하고 옵션 바에서 서체를 **헤움버블B**, Size를 **277**, anti-aliasing을 **Strong**, Color를 **노란색(#ffde00)**으로 설정합니다.

02 작업창에 초를 입력한 후 [Ctrl]+[Enter]를 눌러 적용합니다. [Ctrl]+[T]를 눌러 입력한 글씨를 왼쪽으로 적절하게 회전시킨 후 [Enter]를 눌러 적용합니다. 툴 바에서 이동 툴(▶⊕)을 선택하고 [Alt]를 누른 채 오른쪽으로 드래그하여 입력한 글씨를 복사합니다.

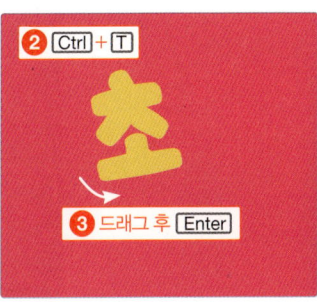
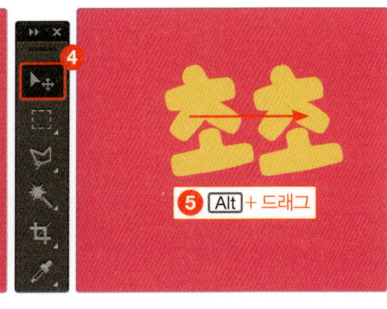

03 Layers 패널에서 초 copy 레이어의 T를 더블클릭하여 선택합니다. 보로 수정한 후 Ctrl+Enter를 눌러 적용합니다. Ctrl+T를 눌러 사이즈를 줄이고 입력한 글씨를 오른쪽으로 적절하게 회전시킨 후 Enter를 눌러 적용합니다. 옵션 바에서 color를 **분홍색(#fdd2fd)**으로 수정합니다.

04 같은 방법으로 운과 전을 각각 입력 후 사이즈를 조절하여 알맞게 배치합니다.

테두리 만들기

01 전경색을 **검은색(#000000)**으로 설정합니다. Layers 패널에서 Background 레이어를 선택하고 새 레이어 추가 아이콘(📄)을 클릭해 레이어 이름을 **frame**으로 수정합니다.

02 Layers 패널에서 Ctrl을 누른 채 초 레이어의 T를 클릭합니다. 초의 텍스트가 선택 영역으로 활성화됩니다.

03 Layers 패널에서 Ctrl + Shift 를 누른 채 보, 운, 전 레이어의 T도 클릭해서 입력한 글씨를 선택 영역으로 설정합니다.

04 [Select]-[Modify]-[Expand] 메뉴를 선택합니다. Expand By를 **20**으로 설정하고 〈OK〉를 클릭합니다. [Select]-[Modify]-[Smooth] 메뉴를 선택합니다. Sample Radius를 **10**으로 설정하고 〈OK〉를 클릭합니다. 선택 영역이 이전보다 확장되고 부드러워졌습니다.

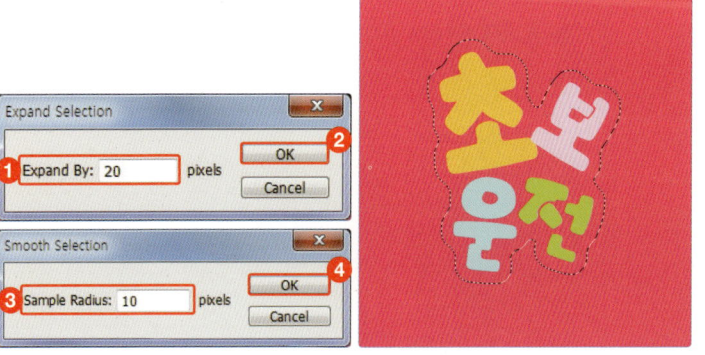

05 `Alt`+`Delete`를 눌러 전경색으로 선택 영역을 채운 후 `Ctrl`+`D`를 눌러 선택 영역을 해제합니다. Layers 패널에서 frame 레이어 오른쪽 빈 공간을 더블클릭하여 레이어 스타일을 실행합니다.

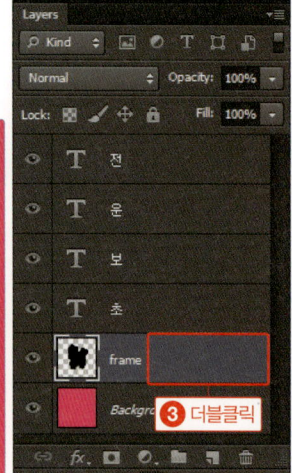

06 왼쪽 [Style] 항목 중 [Stroke]를 선택합니다. Size를 **5**, Position을 **Outside**, Color를 **흰색(#ffffff)**으로 설정한 후 〈OK〉를 클릭합니다. 선택 영역 밖으로 테두리가 그려졌습니다.

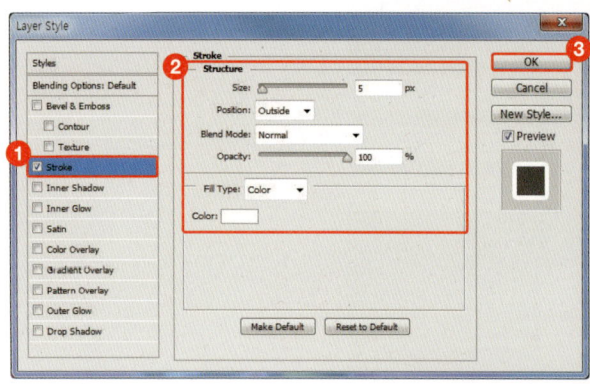

애니메이션 만들기

01 [Window]-[Timeline] 메뉴를 선택하고 [Create Frame Animation]을 클릭합니다. Layers 패널에서 초, 보, 운, 전 레이어의 눈 아이콘(👁)을 클릭하여 모두 끕니다.

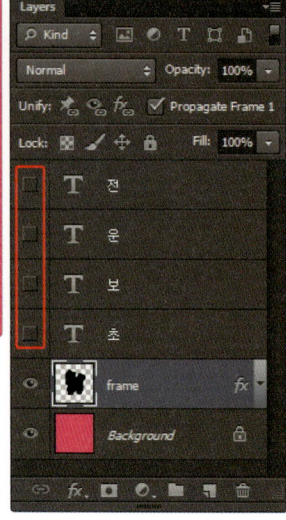

02 Timeline 패널에서 선택한 프레임 복사하기 아이콘(🔲)을 클릭하여 프레임을 추가합니다. Layers 패널에서 초 레이어의 눈 아이콘(👁)을 켭니다.

03 Timeline 패널에서 선택한 프레임 복사하기 아이콘(🔲)을 클릭하여 프레임을 추가합니다. Layers 패널에서 보 레이어의 눈 아이콘(👁)을 켭니다.

04 Timeline 패널에서 선택한 프레임 복사하기 아이콘(🔲)을 클릭하여 프레임을 추가합니다. Layers 패널에서 운 레이어의 눈 아이콘(👁)을 켭니다.

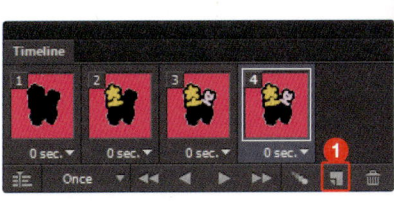

05 Timeline 패널에서 선택한 프레임 복사하기 아이콘(　)을 클릭하여 프레임을 추가합니다. Layers 패널에서 전 레이어의 눈 아이콘(　)을 켭니다.

06 [Shift]를 누르고 1번 프레임을 클릭하여 모든 프레임을 선택합니다. 시간을 클릭하고 [0.2]를 선택합니다. 프레임의 시간 설정이 0.2초로 변경되었습니다. Once를 클릭하고 [Forever] 메뉴를 선택합니다. 플레이 버튼(　)을 클릭하여 애니메이션의 속도가 적당한지 확인하고 [Ctrl]+[Alt]+[Shift]+[S]를 눌러 gif로 저장합니다.

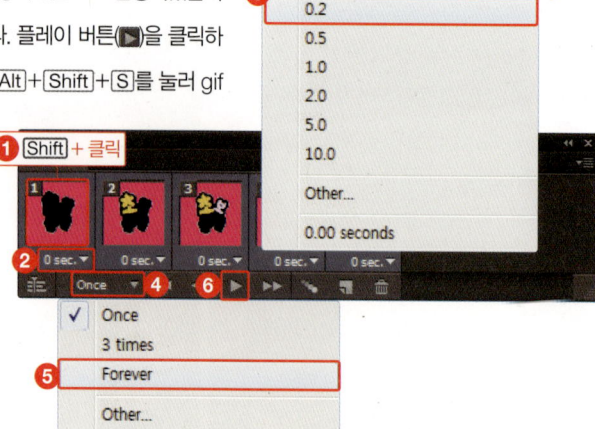

07 글자가 하나씩 나타나는 애니메이션 효과가 연출되었습니다.

129 3D 글자 만들기

3D, New 3D Extrusion from Selected Layer, Resterize 3D

▶ HOW TO + 글자를 입력하고 3D 메뉴로 입체 효과를 설정합니다. 입체 효과가 적용된 글자를 드래그하여 원하는 각도로 조절하고 다양한 효과를 선택하여 적용합니다. 3D로 완성했다면 일반 레이어로 변환한 후 디자인에 활용합니다.

▶ FILE + 완성 : end/129eco.psd

01 Ctrl+N을 눌러 Name을 **eco**, Width를 **700**, Height를 **500**으로 설정하고 〈OK〉를 눌러 새로운 파일을 생성합니다. 툴 바에서 문자 툴(T)을 선택하고 옵션 바에서 패널 열기 아이콘(📋)을 클릭합니다. 서체를 **고도B**, Size를 **350**, 자간을 **−150**, Color를 **녹색(#99b610)**, anti-aliasing을 **Strong**으로 설정합니다. 작업창 중앙에 **ECO**를 입력하고 Ctrl+Enter를 눌러 적용합니다.

02 [3D]-[New 3D Extrusion from Selected Layer] 메뉴를 선택합니다. 선택한 레이어가 3D형태로 나타납니다. 툴 바에서 이동 툴(➤)을 선택합니다. 옵션 바에서 3D 회전 아이콘(🔄)을 클릭하고 작업창에서 입력한 글씨를 오른쪽 아래 방향으로 드래그하여 적절히 회전시킵니다.

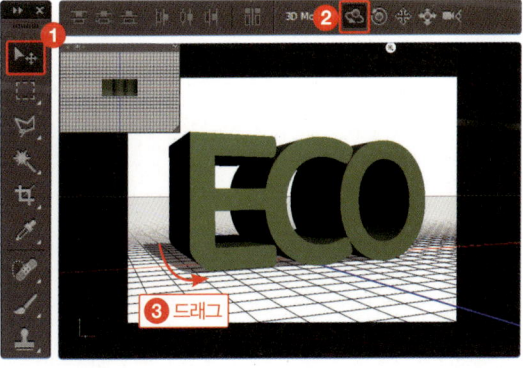

NOTE 3D 옵션 바 살펴보기

1. **Rotate the 3D Object** : 오브젝트를 회전시킵니다.
2. **Roll the 3D Object** : 오브젝트를 360도로 회전시킵니다.
3. **Drag the 3D Object** : 오브젝트를 위아래로 이동합니다.
4. **Slide the 3D Object** : 오브젝트를 앞뒤로 이동합니다.
5. **Scale the 3D Object** : 오브젝트의 크기를 조절합니다. 중앙에서 밖으로 드래그할수록 크기가 작아집니다.

03 3D 패널에서 [Environment] 메뉴를 선택하고 Properties 패널에서 Color의 Intensity를 **1000**으로 설정합니다. 작업창에서 글씨에 적용된 색상이 좀더 밝아졌습니다.

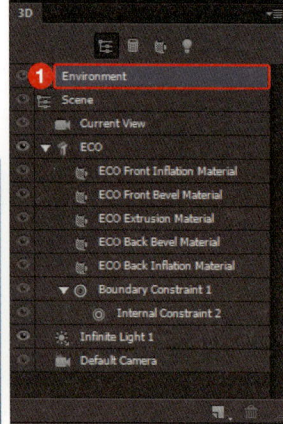

04 3D 패널에서 [ECO] 메뉴를 선택하고 [Properties] 패널에서 **Catch Shadows**의 체크를 해제합니다. 작업창에서 글씨 안에 적용된 그림자 효과가 사라졌습니다.

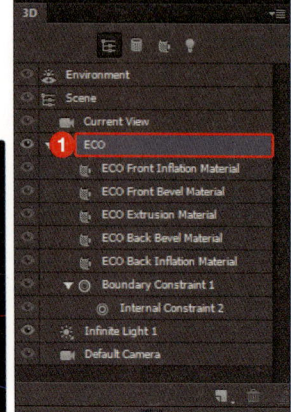

NOTE 3D와 속성 패널 살펴보기

• **3D 패널**

1. **Scene Elements** : 장면 설정을 제어합니다.
2. **3D Mesh and 3D Extrusions** : 배경 설정을 제어합니다.
3. **Materials** : 재질 설정을 제어합니다.
4. **Lights** : 조명 설정을 제어합니다.

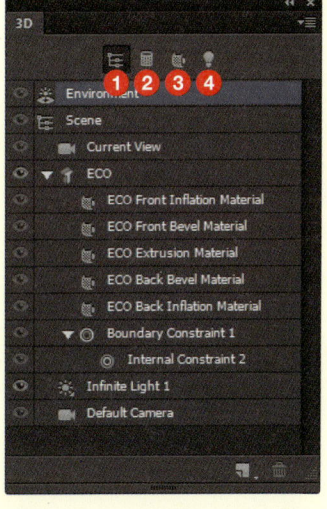

– **Environments 모드**

1. **Global Ambient** : 전체 주변 색상을 설정합니다.
2. **IBL** : 이미지 기반 조명 색상을 설정합니다.
3. **Ground Plane** : 지표 평면 그림자 및 반사를 설정합니다.

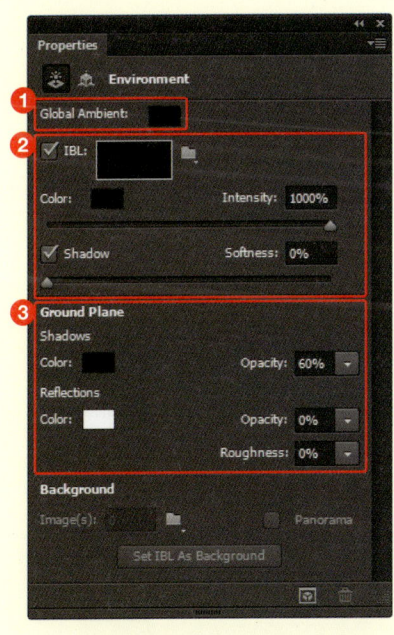

– **Scene 모드**

1. **Presets** : 렌더링 방식을 설정합니다.
2. **사용자 지정 옵션** : 횡단면, 표면, 점, 선 등의 렌더링을 설정합니다.

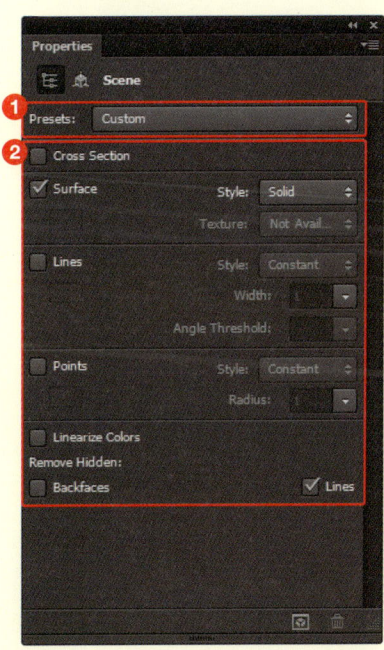

– **Mesh 모드**

① **그림자 관련 설정** : 그림자의 노출 여부를 설정합니다.
② **사용자 지정 옵션** : 그림자 및 돌출의 형태와 정도를 설정합니다.

– **Materials 모드**

① **Material Picker** : 포토샵에서 제공하는 질감을 설정합니다.
② **사용자 지정 옵션** : 빛, 반사, 거칠기, 굴곡, 투명도 등을 세부적으로 설정합니다.

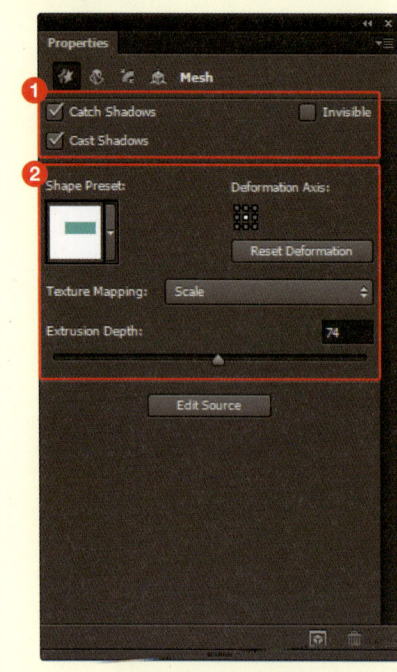
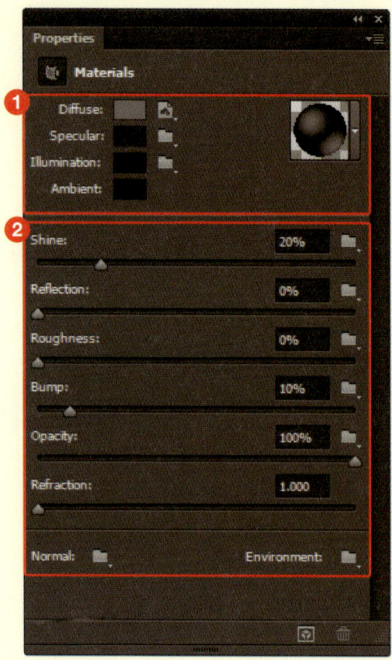

05 Properties 패널에서 아이콘(▼)을 클릭하고 **Bevel With Contour**를 선택합니다. 작업창에서 글씨의 효과가 선택한 모양으로 설정되었습니다.

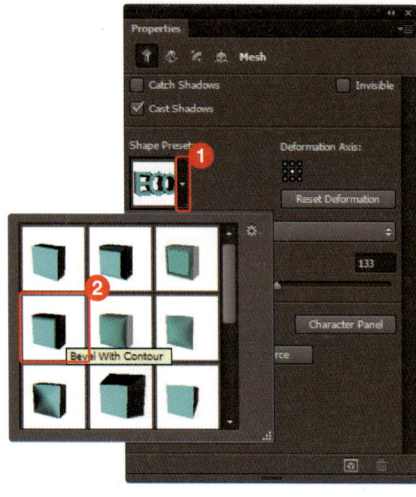

06 Layers 패널에서 ECO 레이어를 마우스 오른쪽 버튼으로 클릭한 후 [Rasterize 3D] 메뉴를 선택하여 ECO 레이어를 일반 레이어로 변경합니다.

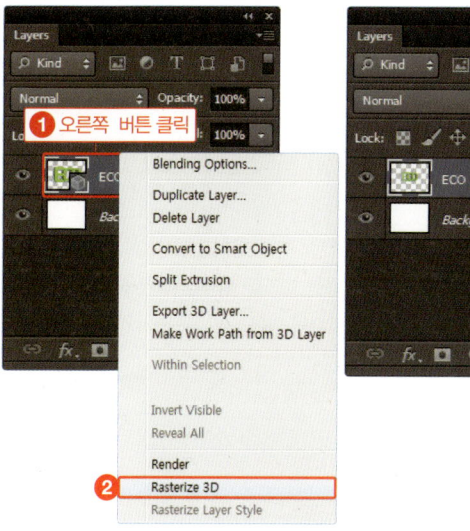
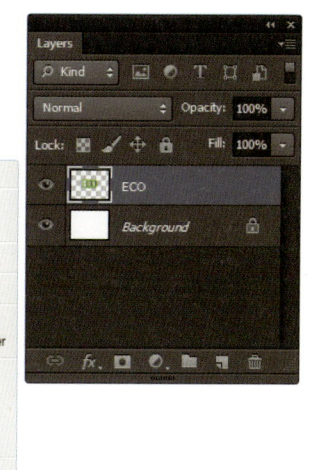

07 Ctrl+T를 눌러 입력한 글씨의 크기를 적절히 줄여 작업창 중앙에 배치합니다.

MINI GALLERY 미.니.갤.러.리

3D 상자 만들고 이미지 입히기

3D, New 3D Extrusion from Selected Layer, Resterize 3D

▶ HOW TO + 선택 툴로 그린 간단한 사각형을 손쉽게 입체적인 상자로 만들어봅시다. 3D 글자와 마찬가지로 원하는 각도로 조절하거나 다양한 효과를 적용할 수 있습니다. 뿐만 아니라 각 면에 이미지를 넣어서 더 자연스러운 3D 모양을 연출할 수도 있습니다.

▶ FILE + 예제: data/130apple.jpg 완성: end/130box.psd

3D 상자 만들기

01 Ctrl+N을 눌러 Name을 **box**, Width를 **800**, Height를 **800**으로 설정하고 〈OK〉를 눌러 새로운 파일을 생성합니다. 전경색을 **연두색(#ccdb7f)**으로 설정하고 Alt+Delete를 눌러 작업창을 전경색으로 채웁니다. Layers 패널에서 새 레이어 추가 아이콘( )을 클릭하고 레이어 이름을 **box**로 수정합니다.

02 전경색을 **흰색(#ffffff)**으로 설정합니다. 툴 바에서 사각 선택 툴( )을 선택하고 옵션 바에서 Feather를 **0**으로 설정합니다. 작업창 중앙에 가로 **500**, 세로 **750**의 크기로 선택 영역을 설정합니다. Alt+Delete를 눌러 전경색으로 채우고 Ctrl+D를 눌러 선택 영역을 해제합니다.

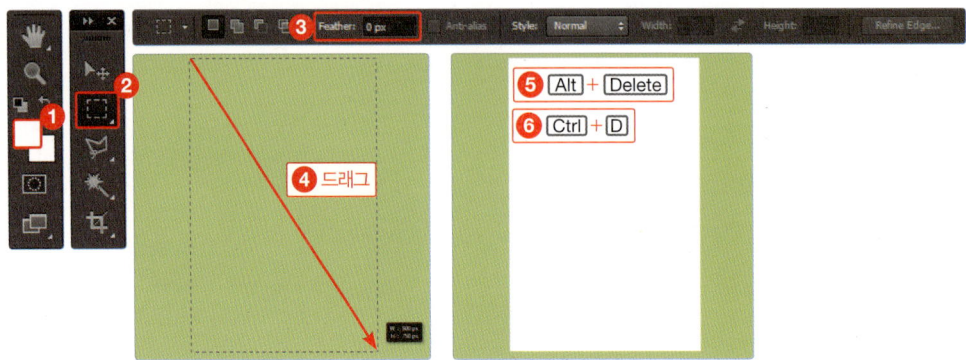

03 [3D]-[New 3D Extrusion from Selected Layer] 메뉴를 선택합니다. 선택한 레이어가 3D로 변환되고 화면이 3D 편집창으로 변경됩니다. 툴 바에서 이동 툴(▶)을 선택합니다. 옵션 바에서 3D 회전 아이콘(◎)을 클릭하고 작업창에서 박스를 왼쪽으로 드래그하여 적절히 회전시킵니다.

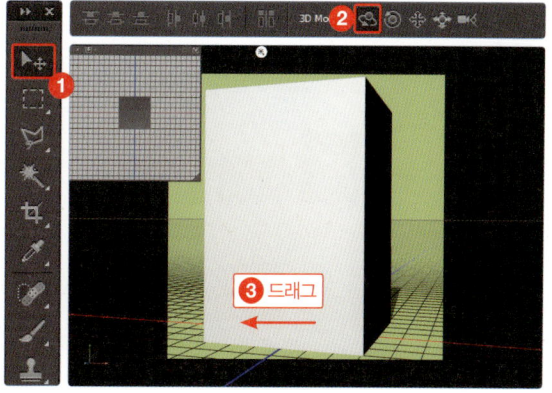

04 3D 패널에서 [box] 메뉴를 선택합니다. Properties 패널에서 **Catch Shadows**와 **Cast Shadows**의 체크를 해제하고 Extrusion Depth를 **300**으로 설정합니다. 작업창에서 박스에 적용된 그림자 효과가 사라졌습니다.

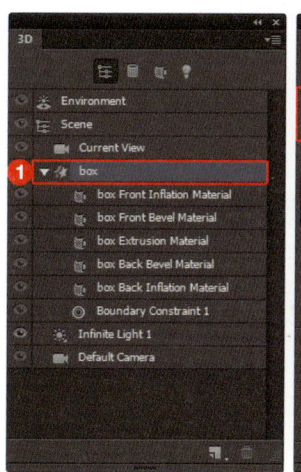
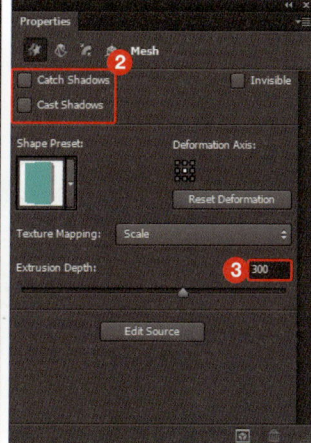
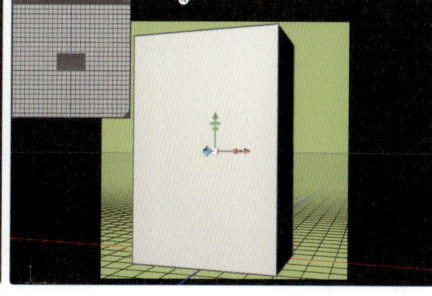

이미지 입히기

01 3D 패널에서 [box]-[box Front Inflation Material]을 선택하고 [Properties] 패널에서 Diffuse의 아이콘(◎)을 클릭한 후 [Replace Texture] 메뉴를 선택합니다.

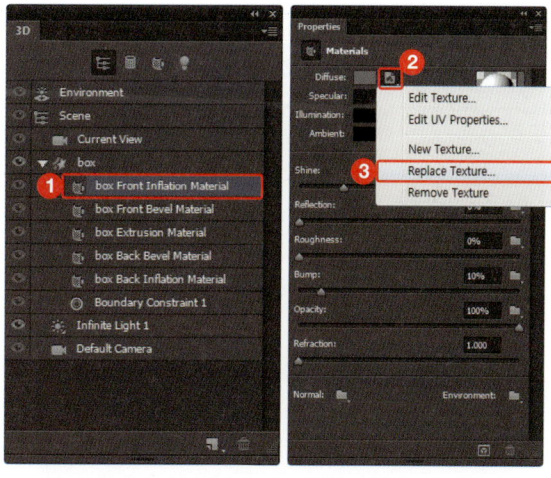

02 data/130apple.jpg 파일을 선택하고 〈열기〉 버튼을 눌러 박스 이미지 불러오면 앞면에 선택한 이미지가 적용됩니다.

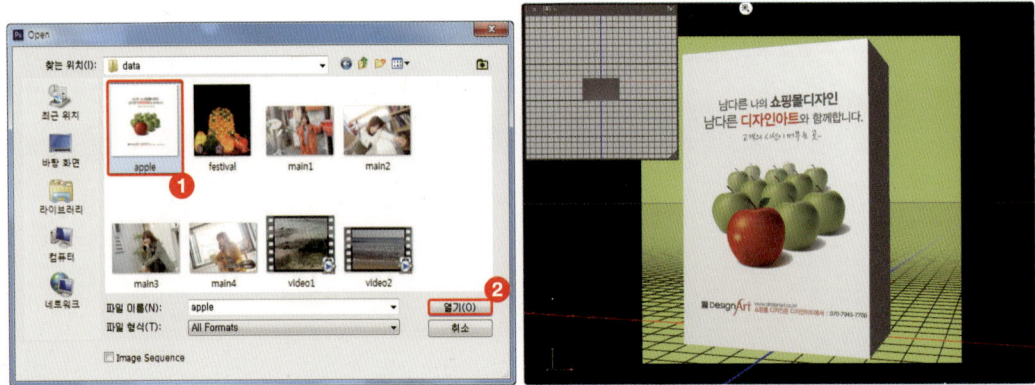

03 3D 패널에서 [box]-[box Extrusion Material]을 선택하고 Properties 패널에서 Illumination의 색상을 **빨간색 (#800000)**으로 설정합니다. 작업창에서 박스 이미지의 옆면 색상이 변경되었습니다.

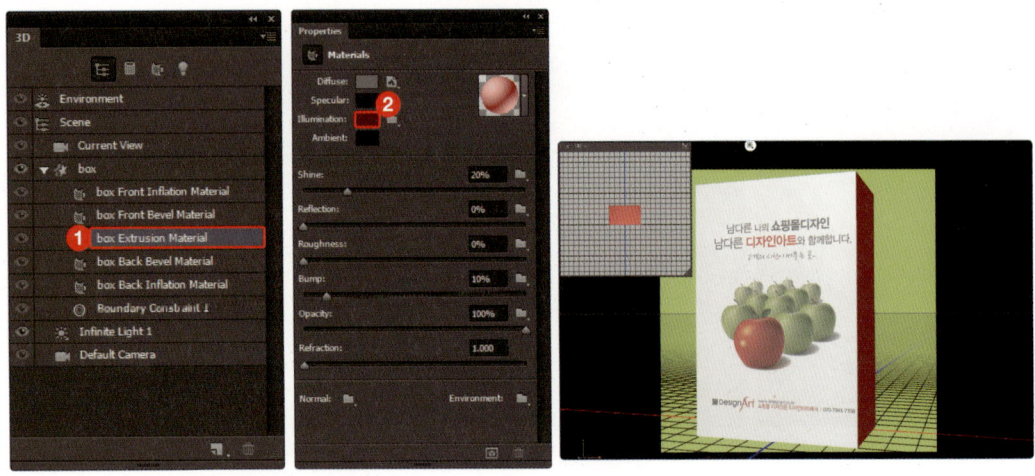

04 옵션 바에서 3D 크기 조절 아이콘(￭)을 선택합니다. 작업창의 중앙에서 밖으로 드래그하여 박스 이미지의 사이즈를 축소합니다.

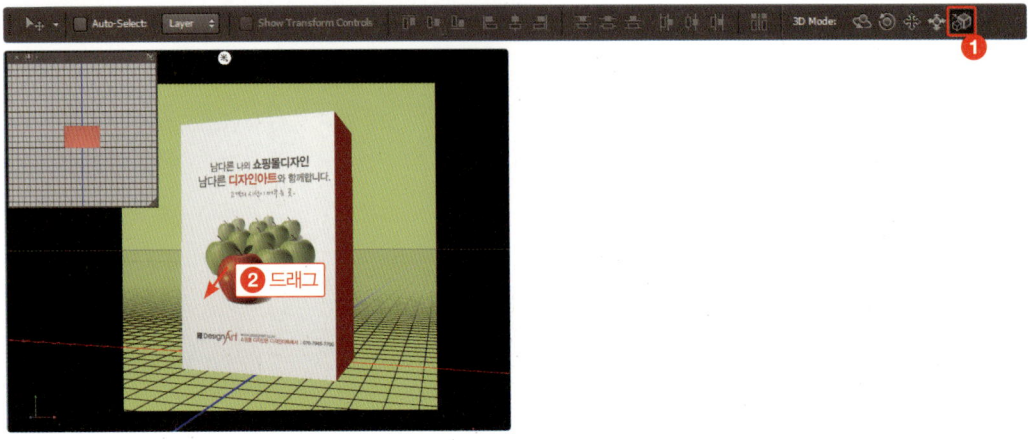

05 Layers 패널에서 box 레이어를 마우스 오른쪽 버튼으로 클릭한 후 [Rasterize 3D]를 선택하여 일반 레이어로 변경합니다. 완성된 이미지를 확인합니다.

MINI GALLERY 미.니.갤.러.리

NOTE 3D에 내장되어 있는 입체 모양 살펴보기

[3D]-[New Mesh from Layer]-[Mesh Preset] 메뉴에서 내장되어 있는 입체 모양을 모두 확인할 수 있습니다.

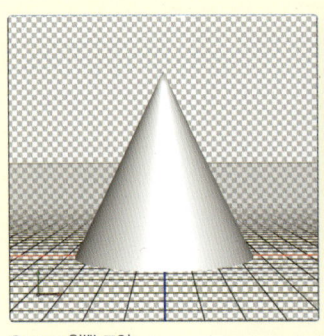
Cone : 원뿔 모양

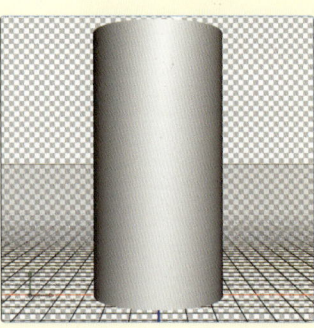
Cube Wrap : 육면체 모양

Cylinder : 원기둥 모양

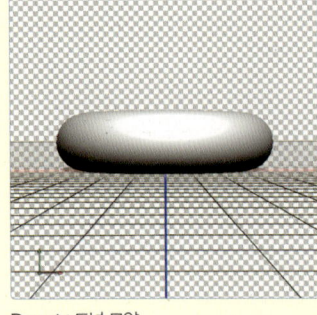
Donut : 도넛 모양

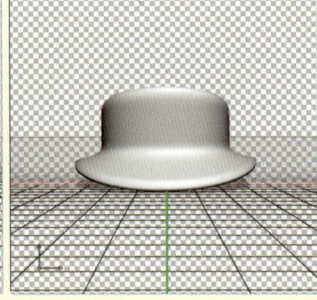
Hat : 모자 모양

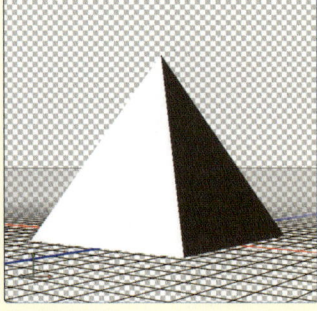
Pyramid : 삼각뿔 모양

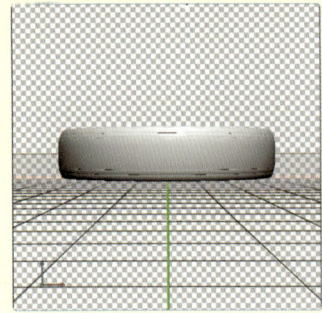
Ring : 반지 모양

Soda : 음료수 캔 모양

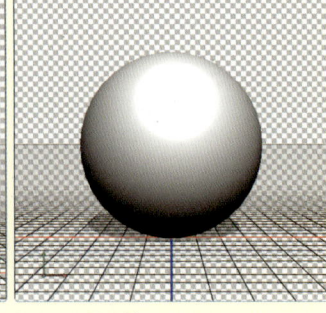
Sphere : 구 모양

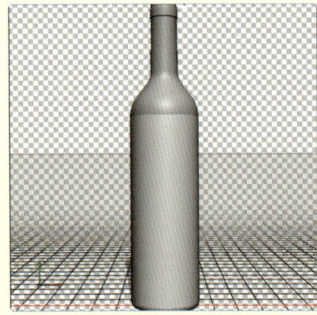
Wine Bottle : 와인병 모양

Spherical Panorama : 구에 이미지를 입힌 모양

TIP. Spherical Panorama 모양은 이미지가 있어야 모양을 미리보기 할 수 있습니다.

동영상 편집하기

Create Video Timeline, Video Layers, Transition

▶ HOW TO + 휴대폰이나 카메라로 촬영한 동영상 파일 여러 개를 불러와 필요 없는 부분을 잘라내고 마치 이미지처럼 밝기와 사이즈 등을 조절합니다. 두 개의 동영상이 만나는 지점과 시작하고 끝나는 지점에 Fade 효과를 적용하여 부드럽게 변하는 모습을 연출해봅시다.

▶ FILE + 예제 : data/131video1.MOV, 131video2.mp4 완성 : end/131video1_end.mp4

불러오기와 자르기

01 Ctrl+O를 눌러 data/131video1.MOV 동영상 파일을 불러옵니다.

TIP. 동영상 파일을 불러올 경우에는 작업창이 자동으로 동영상 편집 모드로 변경됩니다. [Window]-[Timeline]을 클릭해도 변경됩니다.

NOTE Video Timeline 모드 살펴보기

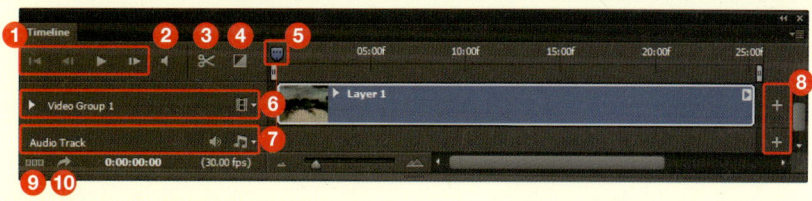

1. **Control** : 동영상의 재생을 제어합니다.
2. **Mute Audio Playback** : 음소거를 제어합니다.
3. **Split at Playhead** : 프레임을 잘라냅니다.
4. **Select a transition and drag to apply** : Fade 기능을 선택합니다.
5. **Timeline** : 편집 중인 동영상의 시간 및 프레임을 확인할 수 있습니다.
6. **Video Track** : 동영상, 이미지, 문자 등을 추가/편집할 수 있습니다.
7. **Audio Track** : 소리를 추가/삭제할 수 있습니다.
8. **Add media to track** : 해당되는 트랙의 파일을 추가합니다.
9. **Convert to frame Animation** : 애니메이션 모드로 변경합니다.
10. **Render Video** : 영상으로 만들어 내보내는 역할을 합니다.

02 Timeline 패널에서 Layer 1 레이어 오른쪽 확장 화살표 아이콘(▶)을 클릭하고 Audio 아이콘(♫)을 클릭한 후 Mute Audio에 체크하여 비디오 촬영 시의 잡음을 제거합니다.

03 Timeline 패널에서 Layer 1 레이어 오른쪽 경계선을 클릭한 채 왼쪽으로 드래그합니다. 비디오 파일의 각도가 변경되는 부분까지 드래그해서 필요 없는 부분을 제거합니다.

04 [Layer]-[Video Layers]-[New Video Layer from File] 메뉴를 선택합니다. data/131video2.mp4 파일을 선택하고 〈열기〉를 눌러 비디오 파일을 불러옵니다. Timeline 패널에서 시간 부분의 화살표(▼)를 Layer 2로 드래그하여 불러온 비디오 파일을 확인합니다.

TIP. 동영상 파일을 촬영하는 기기에 따라 mov, mp4 등 다양한 확장자로 저장됩니다. 포토샵의 동영상 편집 기능으로 확장자가 다른 파일을 하나의 작업 파일에서 편집할 수 있습니다.

05 Timeline 패널에서 Layer 2 레이어 오른쪽 확장 화살표 아이콘(▶)을 클릭하고 Audio 아이콘(♫)을 클릭한 후 Mute Audio에 체크하여 비디오 촬영 시의 잡음을 제거합니다.

06 Timeline 패널에서 Layer 2 레이어 오른쪽 경계선을 클릭한 채 왼쪽으로 드래그합니다. 사람이 등장하기 전까지 드래그해서 필요 없는 뒷부분을 제거합니다.

크기 편집하기

01 Layers 패널에서 Layer 2 레이어를 마우스 오른쪽 버튼으로 클릭하고 [Convert to Smart Object] 메뉴를 선택합니다. 작업창에서 Ctrl+T를 누르고 Shift를 누른 채 모서리 끝 부분을 안쪽으로 드래그해서 동영상의 사이즈를 알맞게 축소한 후 Enter를 눌러 적용합니다.

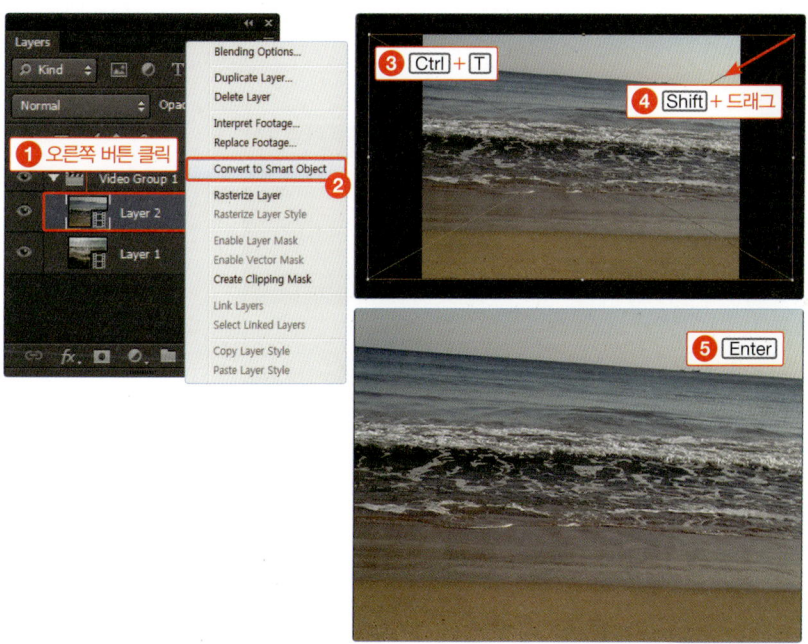

TIP. 비디오 파일의 크기를 변환하기 위해서는 Convert Smart Object로 변환하는 작업이 먼저 진행되어야 합니다.

02 Layers 패널에서 새로 칠하기 또는 조정 레이어 추가 아이콘(　)을 클릭하고 [Levels] 메뉴를 선택합니다. Properties 패널에서 수치를 0, 1.50, 200으로 설정합니다. 작업창에서 131video2.mp4 파일의 밝기가 밝아졌습니다.

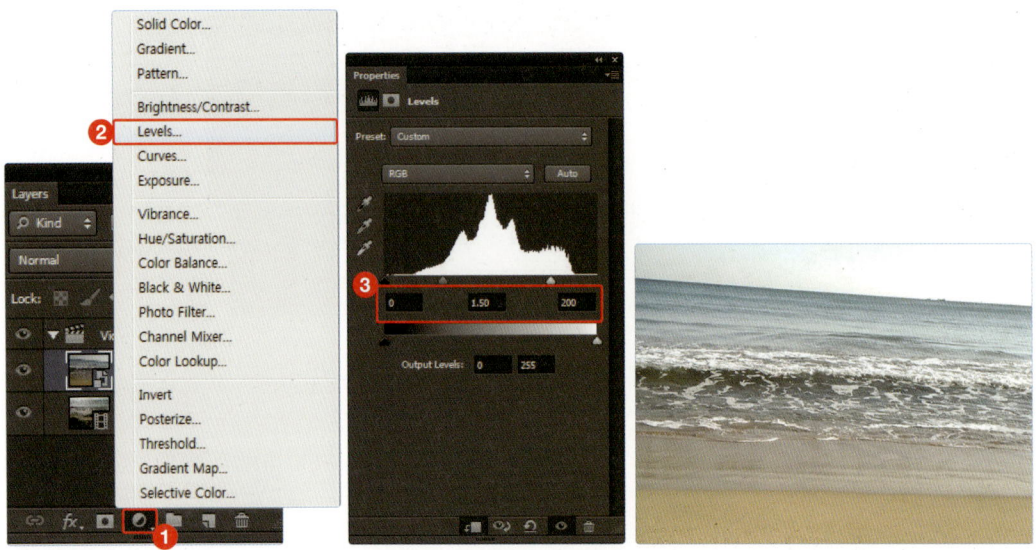

03 Timeline 패널에서 Video Group 1 오른쪽의 아이콘(　)을 클릭하고 [New Video Group] 메뉴를 선택합니다. 새로운 비디오 그룹이 생성되었습니다.

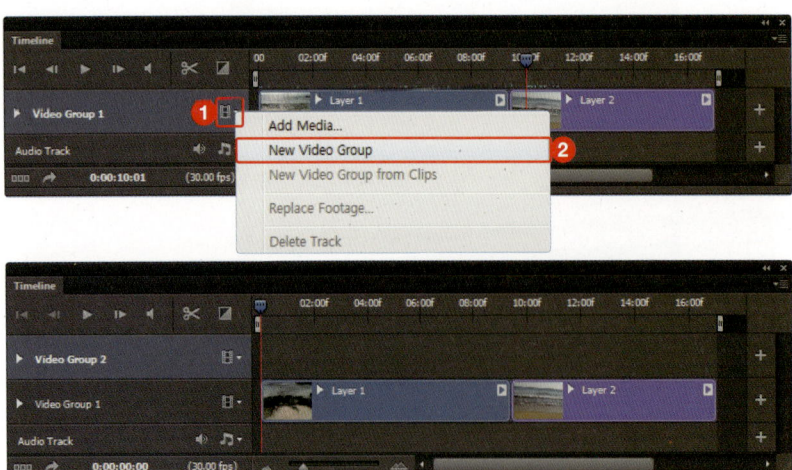

04 전경색을 **검은색(#000000)**으로 설정하고 툴 바에서 문자 툴(T)을 선택합니다. 옵션 바에서 서체를 **나눔손글씨 붓**, Size를 50, anti-aliasing을 **Strong**으로 설정합니다. 작업창 중앙 하단을 클릭하여 **겨울바다의 추억**을 입력합니다.

효과 설정하기

01 Select a transition and drag to apply 아이콘을 클릭하고 Drag To Apply를 **Cross Fade**, Duration을 **2s**로 설정합니다. [Cross Fade]를 Video Group 1에서 두 개의 비디오 파일 사이로 드래그합니다. 두 개의 비디오 파일 사이에 부드럽게 전환되는 효과가 적용되었습니다.

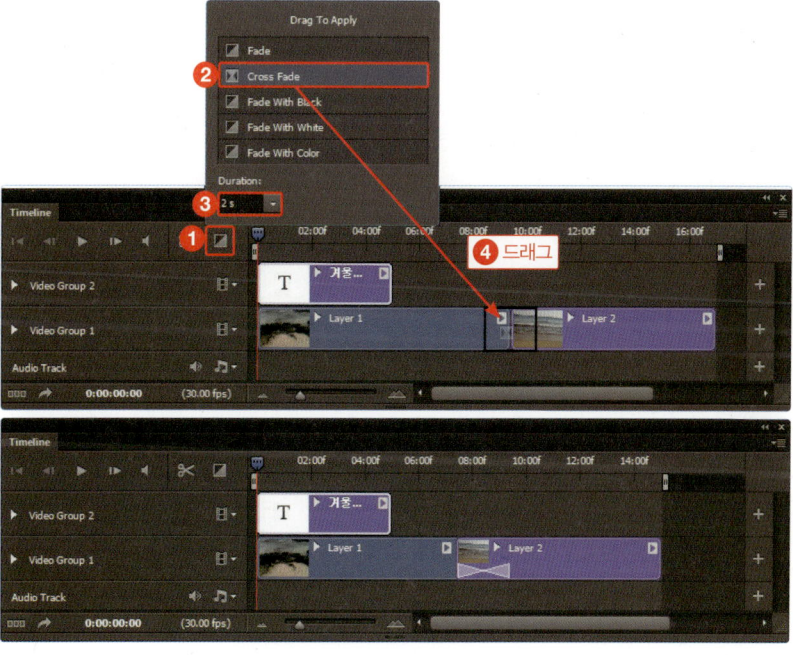

02 다시 Select a transition and drag to apply 아이콘(▨)을 클릭하고 Drag To Apply를 **Fade With White**, Duration을 **1s**로 설정합니다. [Fade With White]를 Video Group 1에서 첫 번째 비디오 파일 앞 부분에 드래그하여 배치합니다. 흰색 화면에서 서서히 동영상의 시작 화면으로 전환되는 효과가 적용되었습니다.

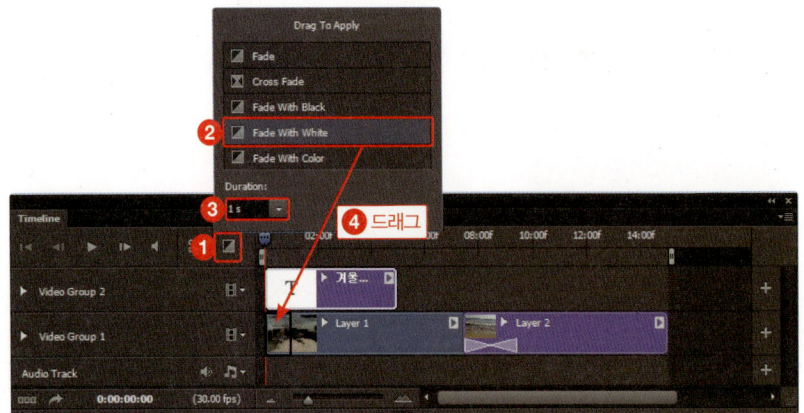

03 같은 방법으로 [Fade With White]를 Video Group 1에서 두 번째 비디오 파일 끝 부분에 드래그하여 배치합니다. 동영상의 마지막 화면에서 흰색 화면으로 동영상이 서서히 전환되는 효과가 적용되었습니다.

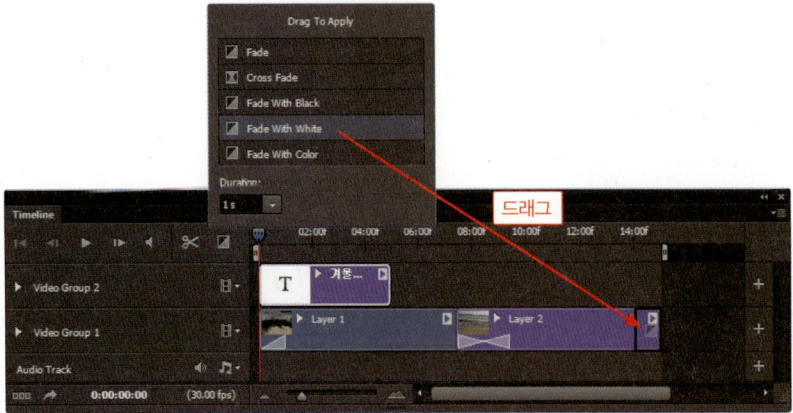

04 같은 방법으로 Video Group 2의 텍스트 레이어에도 텍스트의 시작과 끝 부분에 [Fade With White] 효과를 적용합니다.

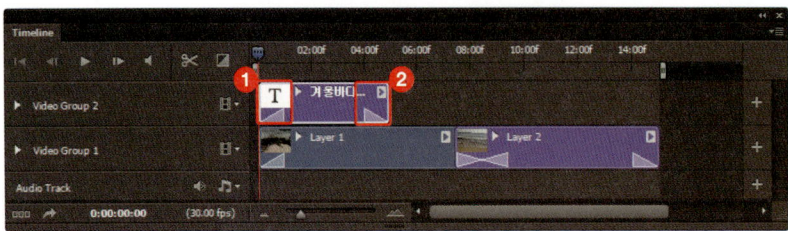

05 텍스트의 오른쪽 경계선을 오른쪽으로 드래그하여 비디오 파일과 길이를 맞춥니다.

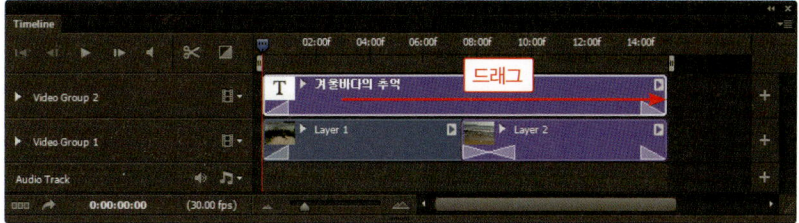

동영상 저장하기

01 [File]-[Export]-[Render Video] 메뉴를 선택합니다. 〈Render〉를 클릭하여 편집한 비디오를 저장합니다.

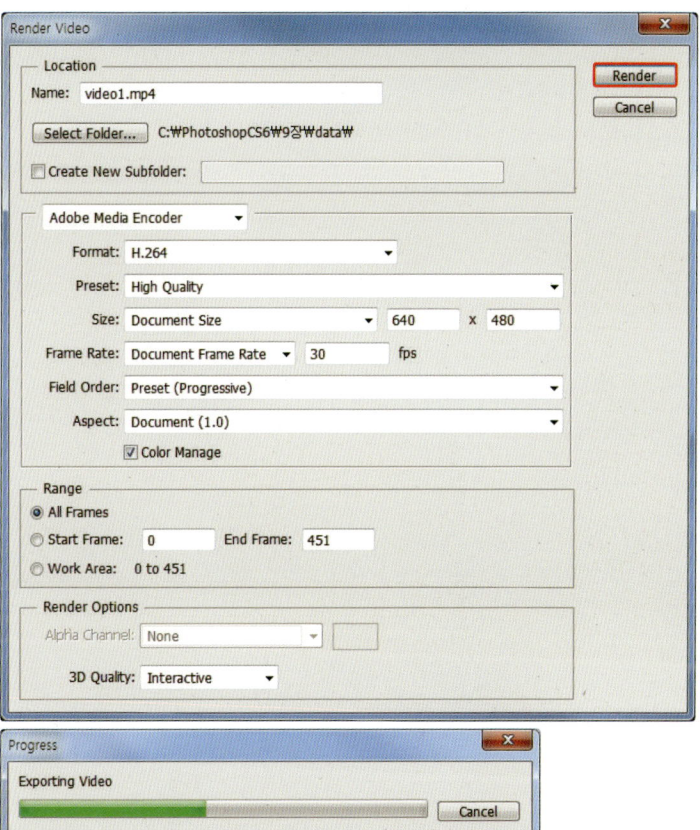

02 흰색 화면에서 동영상이 서서히 나타났다가 부드럽게 화면이 전환되고 다시 서서히 흰색 화면으로 변경된 효과가 적용되었습니다.

찾/아/보/기

ㄱ~ㄴ
가로 문자 마스크 툴 030
가로 문자 툴 030
가로선 선택 툴 030
그레이디언트 툴 030, 246
기본색/전경색 031
기준점 변환 툴 030
기준점 삭제 툴 030
기준점 추가 툴 030
내용 인식 이동 툴 030
노트 툴 030
눈금자 툴 030

ㄷ~ㄹ
다각형 올가미 툴 030, 263
다각형 툴 030, 304
닷지 툴 030
도장 툴 030
돋보기 툴 031
둥근 사각형 툴 030, 235
딩벳 폰트 242
레이어 마스크 추가 아이콘 154

ㅁ~ㅂ
마술봉 툴 030, 380
매직 지우개 툴 030
메뉴 바 029
배경 지우개 툴 030
번 툴 030, 263, 264, 401
보기 모드 031
분할 선택 툴 030
분할 툴 030
브러시 툴 030

블러 툴 030
블렌딩 모드 047
빠른 선택 툴 030

ㅅ
사각형 선택 툴 030
사각형 툴 030, 256
사용자 셰이프 툴 030, 180
상태 표시줄 029
색상 대체 툴 030
색상 샘플러 툴 030
샤픈 툴 030
선 툴 030
세로 문자 마스크 툴 030
세로 문자 툴 030
세로선 선택 툴 030
손바닥 툴 031
스머지 툴 030
스팟 힐링 브러시 툴 030, 149
스펀지 툴 030
스포이트 툴 030

ㅇ
아트 히스토리 브러시 툴 030
안티에일리어싱 071
연필 툴 030, 244, 327
올가미 툴 030
옵션 바 029
원근 자르기 툴 030
원형 선택 툴 030
원형 툴 030, 331
이동 툴 030

ㅈ~ㅌ
자르기 툴 030
자석 올가미 툴 030
작업창 전환 모드 031
적목 제거 툴 030
전경색과 배경색 031
정렬 071
지우개 툴 030, 371
직접 선택 툴 030
카운트 툴 030
캔버스 029
클리핑 마스크 179
텍스트 방향 071
투명 영역 잠그기 아이콘 400
툴 바 029

ㅍ~ㅎ
파일 이름 탭 029
패널 설정 071
패널 029
패스 선택 툴 030
패스 테두리 그리기 아이콘 225
패치 툴 030, 147
패턴 도장 툴 030
페인트 통 툴 030
펜 030, 223
폰트 071
프리폼 펜 툴 030
혼합 브러시 툴 030
화살표 030
회전 툴 031
히스토리 브러시 툴 030
힐링 브러시 툴 030

기타

35mm Film 2 197
3D Mesh and 3D Extrusions 427
3D 드롭 툴 030
3D 스포이트 툴 030

A

Actions 134
Actions 패널 031
Actual Pixels 079
Add media to track 435
Add Noise 191
Add to selection 052
Additional Crop options 043
Adjust Edge 159
Adjustments 패널 031
Advanced Mode 157
After Space 072
Align Edges 046
Align Text 072
Altitude 283
Ambience 130
Anti-alias 052, 064, 349
anti-aliasing 205
Assorted Brushes 316
Attribute 038
Audio Track 435
Auto Correction 탭 101

B

Baseline Shift 072
Before Space 072
Beige with White Flecks 391

Bend 230
Bevel & Emboss 206, 216
Bevel With Contour 428
Black & White 108
Blending 089, 168
Blizzard 135
Bloat Tool 157
Blur 039, 103, 120
Blur Effects 120
Blur Tools 패널 039, 120
Bokeh 120
Bokeh Color 120
box Extrusion Material 432
box Front Inflation Material 431
Brush Pose 060
Brush Tip Shape 060, 212
Brush 패널 031

C

Cancel current crop operation 043
Canvas extension color 077
Canvas Size 145
Catch Shadows 426
Channel 098
Channels 117
Channels 패널 031
Character 패널 031
Clone Source 패널 031
Clouds 116, 351
Color 038, 072
Color Dynamics 060
Color Halftone 202
Color Paper 292

Color Range 102
Color 패널 031
Colorize 099
Commit current crop operation 043
Constrain Proportions 077
Content-Aware 139
Content-aware Scale 142
Contents 089
Contiguous 064
Contract 192, 278
Contrast 054
Control 435
Convert to frame Animation 435
Convert to Smart Object 437
Copy Shape Attributes 045
Create Warped text 229
Create Frame Animation 408
Create new document from current state 083
Create new snapshot 083
Create Video Timeline 408
Cross Fade 439
Crosshatch 112
Crosshatch 4 410
Crown 5 241
Current Size 077
Cursors 037
Custom 탭 101

D

Dashed Line 181
Define Brush Preset 163, 310, 312
Define Pattern 087, 325

Delete Brush 091
Delete Cropped Pixels 043
Delete current state 083
Delete Pattern 089
Desaturate 105
Diamond 371
Distort 247, 301
Distribution 111
Dither 066
Document Size 077
Drag the 3D Object 426
Drag To Apply 439
Drop Shadow 182
Dry Media Brushes 225
Dual Brush 060
Duplicate 126

E
Edge Detection 159
Edit 036, 161
Effect 038
Ellipse 282
Environment 426
Environments 모드 427
Exclude Overlapping Shapes 253
Expand 141, 211, 307
Export 441
Exposure 130
Extensions 084

F
Fade With White 440
Feather 052, 102, 184, 256

Field Blur 039, 120
File Handling 037
File 033
Fill 074
Fill Screen 079
Filter 039, 100
Filter Gallery 112, 114
First Line 072
Fit Screen 079
Flip Horizontal 272
Flip Vertical 218
Flow 064
Flower 1 339
Font 072
Font Style 072
Fonts 243
Foreground/Background Jitter 362
Forward Warp Tool 157
Frame 6 291
Frames to Add 417
Frames 액션 173
Free Transform 161
Freeze Mask Tool 157
Frequency 054
Fuzziness 103

G
Gaussian Blur 103, 162, 187
General 037
Global Ambient 427
Gloss Contour 283
Go Back/Go Forward 085
Gold Parchment 292

Gradient 066
Gradient Overlay 228
Gradient Style 066
Grayscale 127
Grid & Slices 037
Grime 3 373
Ground Plane 427
Guides 037

H
Half Round 283, 306
Half Tone Pattern 346
Heart Card 335
Herringbone 2 267
Histogram 패널 031
History 패널 031
Holly 209
Horizontal Distortion 230
Horizontal Scale 072
Hotspot 130
Hue 097
Hyphenate 072

I
IBL 427
Image Effects 134
Indent Sides By 304
Info 패널 031
Inner Bevel 236
Inner Glow 208
Inner Shadow 241
Input Levels 098
Intensity 130

Interface 036, 037, 153
Intersect With selection 052
Invert 128
Iris Blur 119, 120

J~K

Justify 072
Justify All 072
Kerning 072
Kind 038

L

Large Graphite with Heavy Flow 225
Layer Comps 패널 032
Layer Via Copy 103
Layers 패널 032
Leading 072
Leaf 3 072
Left Margin 072
Lens Correction 100
levels 097, 129
Light Bokeh 120
Light Range 120
Lighting 133
Lighting Effects 130, 355
Lights 427
Limits 064
Liquify 155
Load 368
Load Files into Stack 407
Load Selection 128, 211
Location 168
Lock 104

M

Make Frames From Layers 408
Master 영역 099
Material Picker 428
Materials 427
Materials 모드 428
Medium Spectrum 228
Mesh Preset 434
Mesh 모드 428
Metallic 130
Mini Bridge 084
Mini Bridge 패널 084
Mode 038, 064, 066, 127
Monochromatic 111
More Options 044
Motion Blur 399
Mute Audio 436
Mute Audio Playback 435

N

Name 038
Navigator 패널 032
Nebula 300
New 3D Extrusion from Selected Layer 425, 431
New Mesh from Layer 434
New Pattern 089
New selection 052
New Size 077
New Video Layer from File 436
New Workspace 035
Noise 191

Notes 패널 032

O

Oil Paint 132
Opacity 064, 066, 104
Open 033
Operation 128
Orientation 081
otf 243
Outer Glow 214
Output Levels 098

P

Paragraph 패널 032
Paste Layer Style 274
Paste Shape Attributes 045
Path 074, 219
Path alignment 074
Path arrangement 074
Path operations 074
Paths 211, 225
Paths 패널 032
Pattern Overlay 222, 266
Performance 037
Pick tool mode 074
Pillow Emboss 216
Pinch 299, 301
Pixel Dimensions 077
Pixelate 202
Pixels 074
Plug-Ins 037
Polar Coordinates 247
Position 081

Preferences 036, 153
Preset 099
Preset Manager 089
Preview 099
Print Size 079
Protect 146
Protect Foreground Color 064
Pucker Tool 157
Push Left Tool 157

R

Radial Blur 121
Radius 187
Rain drop 226
Rasterize 3D 429
Rasterize Layers 342
Reconstruct Tool 157
Rectangular to Polar 247
Refine Edge 158
Remember Settings 159
Rename Pattern 089
Render 116
Render Video 435, 441
Replace Texture 431
Resample Image 077
Reset the Crop box 043
Resize Windows To Fit 079
Return to Adobe Photoshop 085
Reveal recent file or go to recent folder 085
Reverse 066
Right Margin 072
Ring 283
Roll the 3D Object 426
Rotate 180° 185
Rotate 90° CCW 373
Rotate 90° counterclockwise 085
Rotate 90° clockwise 085
Rotate the 3D Object 426
Rough Round Bristle 367
Roundness 212

S

Sample All Layers 064
Saturation 097
Save for Web 409
Save Selection 144
Scale Styles 077
Scale the 3D Object 426
Scattering 060, 316
Scene Elements 427
Scene 모드 427
Screen 104
Scrubby Zoom 079
Select a transition and drag to apply 435
Shading 283
Shape 074, 235
Shape Dynamics 060, 212
Shape option 074
Shape stroke width 074
Sing 1 286
Size 072
Size Jitter 361
Skew 276, 280
Slide the 3D Object 426

Smooth 169, 307
Smooth Corners 304
Smooth Indents 304
Solid Color 235
Sort by Filename 085
Spacing 212
Spectrum 358
Split at Playhead 435
Sprayed Strokes 350
Square Brushes 279
Stained Glass 349
Stamp 1 194
Star 304
Straighten Layer 142
Straighten 043
Stroke 074, 167, 221
Stroke Options 044, 074
Styles 230
Styles 패널 032
Subtract from selection 052
Swatches 패널 032, 088

T

Texture 060
Thaw Mask Tool 157
Tilt-Shift 040, 120
Timeline 408, 435
Timeline 패널 032
Tint 109
Toggle the Brush panel 106
Tolerance 064, 349
Tool Presets 패널 032
Torn Edges 351

Tracking 072
Transfer 060, 362
Transform 187
Transform Path 272
Transform Selection 192
Transparency 066
Transparency & Gamut 037
Transparent Rainbow 247
ttf 243
Tumbnail size Slider 085
Tweens 414
Tweens animation frames 417
Twirl Clockwise Tool 157
Twist 229
Type 037

U
Units & Rulers 037
Use Global Light 236, 305

V
Vertical Distortion 230
Vertical Scale 072
Vibrance 110
Video Track 435
View contents 085
View 043
Vignette 100

W
W/H 074
Warp 187
Watercolor Fat Tip 357
Watercolor Heavy Pigment 177
Waves Frame 172
Width 054
Window 035
Work Path 211
Workspace 035
Wrap Text 071

Z
Zoom All Windows 079
Zoom In/Zoom Out 079